THEY
COME FROM HERE

他们
从这里走来

上海社会科学院老干部办公室　/ 编
上海社会科学院党委组织部

上海社会科学院出版社
SHANGHAI ACADEMY OF SOCIAL SCIENCES PRESS

雷经天
（1904—1959）

杨永直
（1917—1994）

李培南
（1905—1993）

黄逸峰
（1906—1988）

沈志远
（1902—1965）

李亚农
（1906—1962）

少年时期的雷经天　　青年时期的雷经天　　雷经天在延安

雷经天与夫人吴树琴在延安　　1948—1949年，淮海战役中任华野两广纵队政治委员的雷经天

雷经天（中）与战友在延安

新中国成立后的雷经天

1938年，雷经天（二排左二）在陕甘宁边区高等法院

1941年10月19日，雷经天（二排左四）在延安参加陕甘宁边区司法会议

1945年5月,雷经天(三排左十)赴前线前与陕甘宁边区高等法院人员告别合影

1945年,雷经天(前排左四)和在延安的红七军同志合影

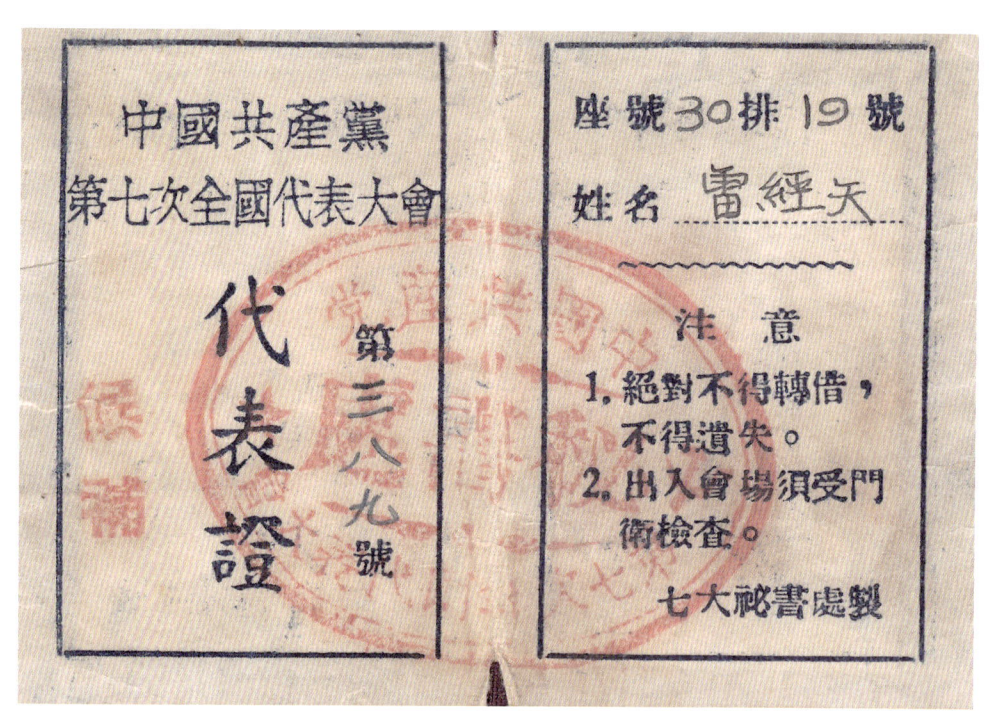

1945年，雷经天的中共七大候补代表证

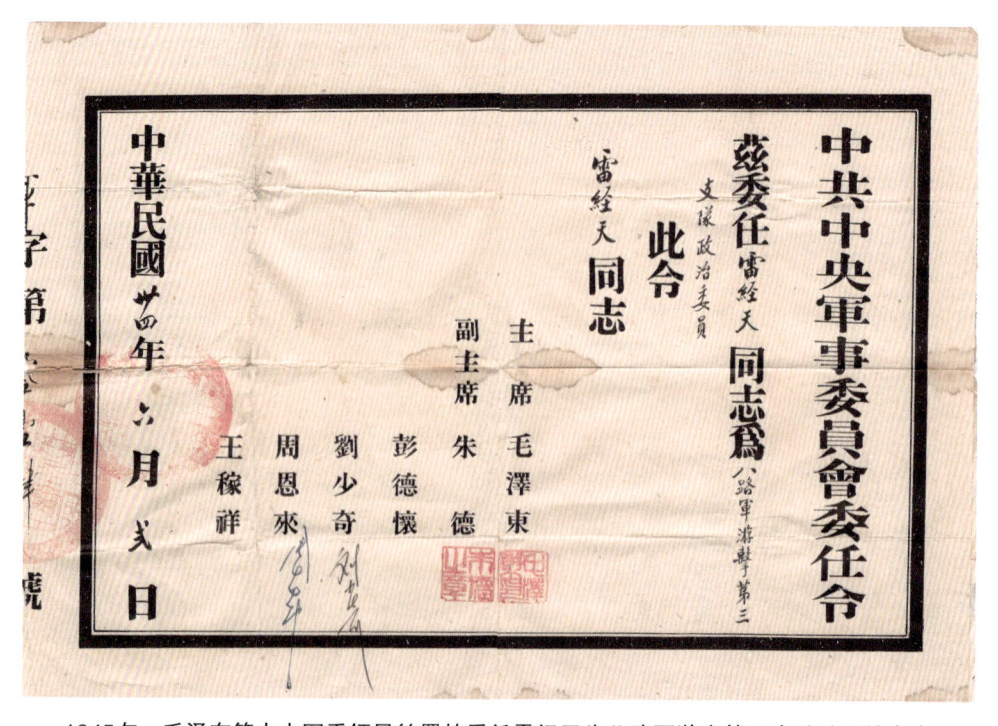

1945年，毛泽东等中央军委领导签署的委任雷经天为八路军游击第三支队政委的命令

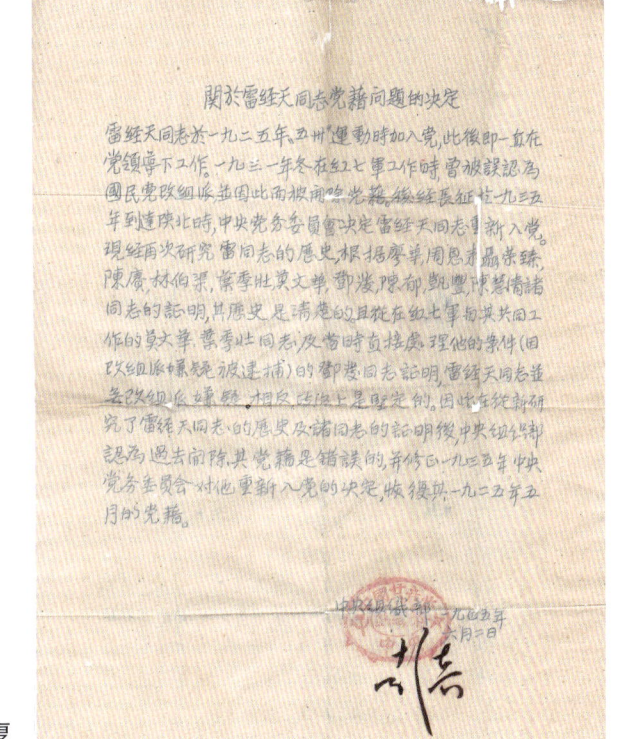

1945年，彭真签署的中央组织部恢复雷经天1925年党籍的决定

1948年雷经天（二排右三）参加华东野战军高干会议

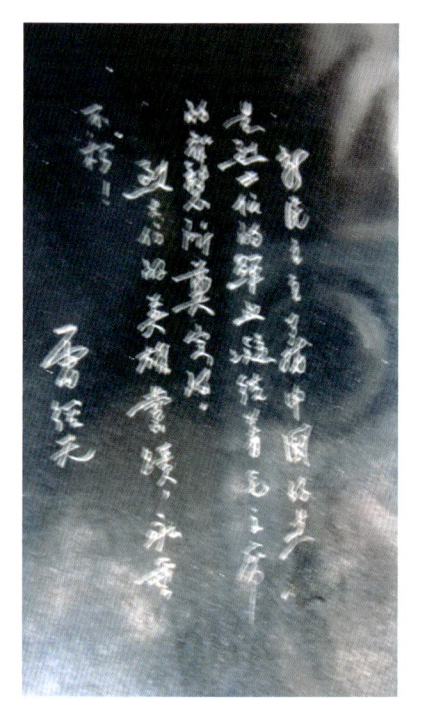

淮海战役纪念碑林中,雷经天的题词——新民主主义中国的基础是烈士们的鲜血凝结着毛主席的智慧所奠定的。烈士们的英雄业绩永垂不朽!

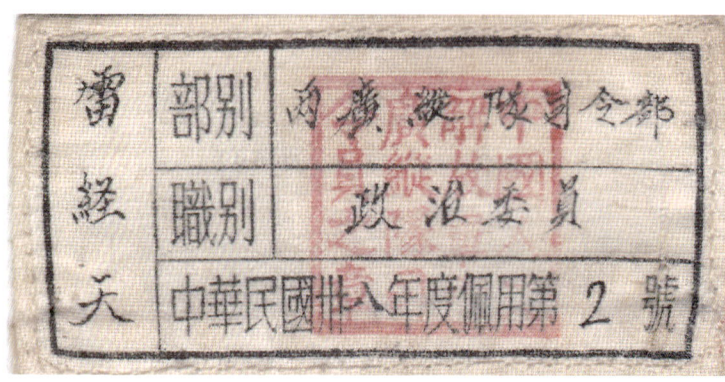

1949年,雷经天任中国人民解放军两广纵队政委时佩戴的胸标

1950年,雷经天(前排右一)参加全国第一届司法会议

1950年11月,最高人民法院中南分院成立时的雷经天(前排右四)

1956年，由周恩来签署，委任雷经天为华东政法学院院长的国务院任命书

1958年3月，雷经天（前排右六）与原红七军、红八军参加广西壮族自治区成立典礼特邀代表与百色地区代表合影

1958年，雷经天与红七军老同志在一起

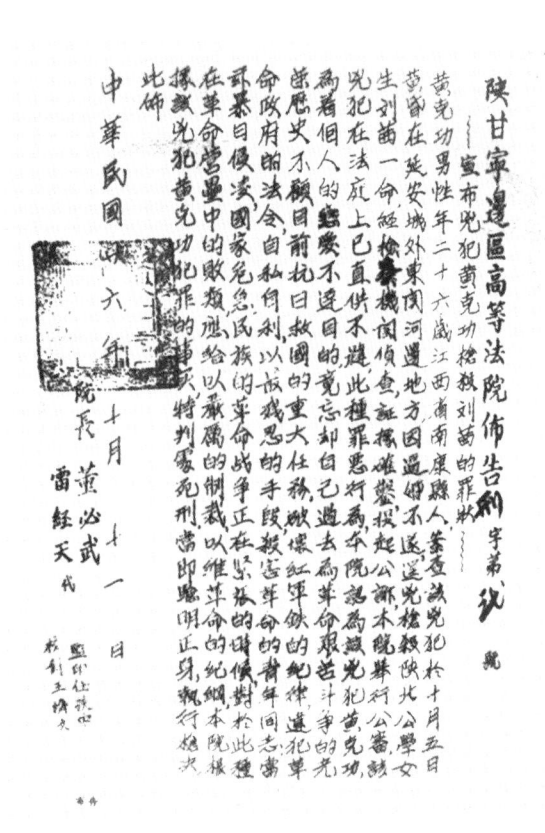

1937年10月，雷经天签署的黄克功案件布告

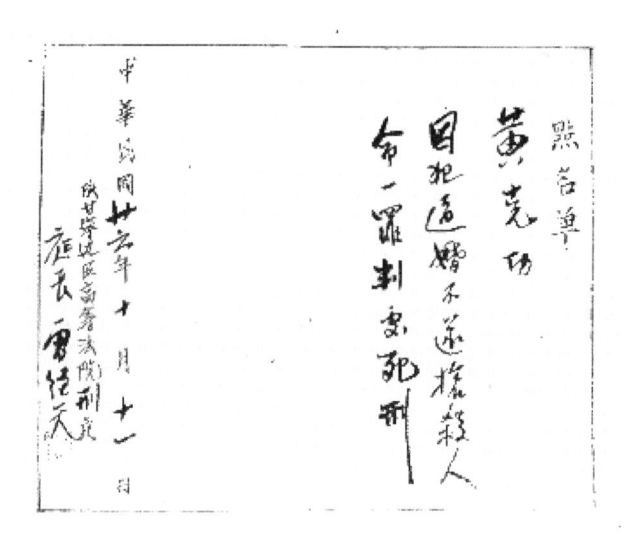

1937年10月，雷经天签署判决黄克功死刑的点名单

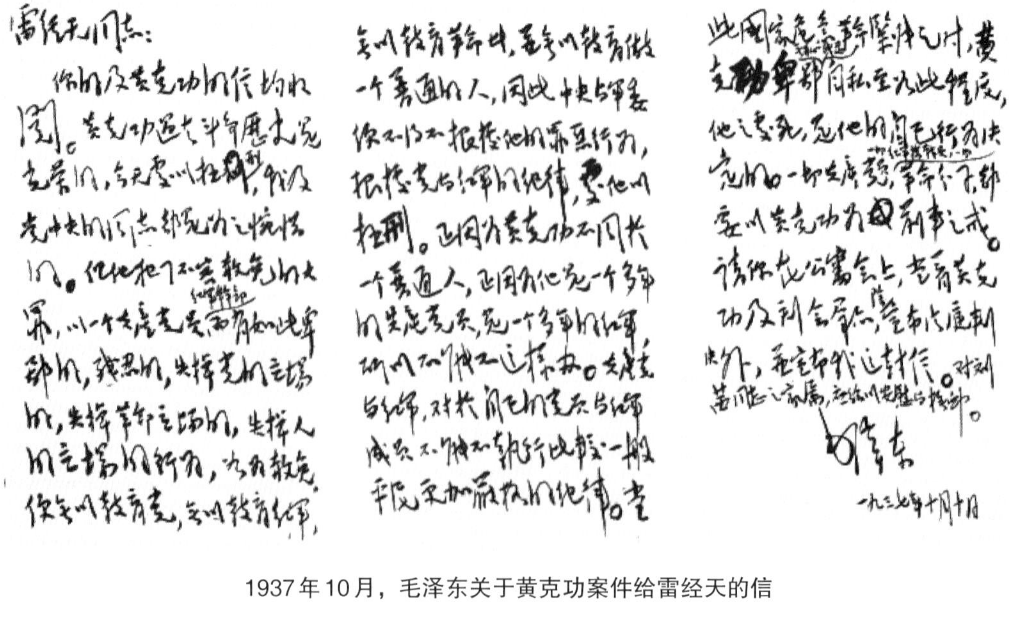

1937年10月，毛泽东关于黄克功案件给雷经天的信

十 培養地方新聞幹部發展邊區新聞事業普遍新聞發行網讀者網提高新聞效能以擴大和加強抗戰建國宣傳工作案

理由：依照邊區的客觀上所具有的優越條件與主觀上的需要，新聞宣傳工作都沒有做到可能與必要的程度，考其基本原因，不外：（一）一般人未注意到新聞宣傳的重要性，而忽視了對這一工作的覺助與推動；（二）邊區文化落後缺乏地方新聞幹部；（三）因邊區交通不便，新聞發行困難，故發展邊區新聞事業，應從促起各級機關，各界人民對這一工作的注意與培養大批新聞幹部及建立新聞發行網著手。

辦法：（一）開辦新聞短期訓練班；（二）建立全邊區通訊網；（三）創辦以縣為單位的新聞紙；（四）發行政務委員性質的公報；（五）由各級政府等機關辦新聞發行。（通過）

周揚、雷經天等十人

第六十八期　　解放　　36

九 提高婦女政治經濟文化地位案

理由：不發動佔全國人口之半的婦女參加抗戰中來，最後勝利是困難的，因之，怎樣從廚房、閨房中使婦女解放出來，提高婦女的政治、經濟、文化地位的是一件迫切的工作，邊區婦女本已得到解放，為加強其工作能力與服務熱忱，有提高其政治、經濟、文化的必要。

辦法：（一）發動各級黨政、各機關應有百分之二十五的女黨員，各級發展會應有最發展熱忱的女幹部專任人材；（二）設立婦女訓練所，培養婦女幹部及專門人村；（三）建立婦嬰醫院及教育婦女衛生工作；（四）明令禁止婦女護足保護婦女，擴大女工教育，一夫一妻制，廢除一切歧視婦女制度；（五）助女及女工作人員訓練；（六）嚴禁打罵婦女，組設兒童防疫醫療之設置，加強醫院工作，解決醫藥困難，開辦紗廠訓練班；（七）獎助抗戰婦女開辦紡織工廠，推動婦女參加生產。（通過）

周敏珍、馮蘭英等六人

十 培養地方新聞幹部發展邊區新聞事業普遍新聞發行網讀者網提高新聞效能以擴大和加強抗戰建國宣傳工作案

理由：依照邊區的客觀上所具有的優越條件與主觀上的需要，新聞宣傳工作都沒有做到可能與必要的程度，考其基本原因，不外：（一）一般人未注意到新聞宣傳的重要性，而忽視了對這一工作的覺助與推動；（二）邊區文化落後缺乏地方新聞幹部；（三）因邊區交通不便，新聞發行困難，故發展邊區新聞事業，應從促起各級機關，各界人民對這一工作的注意與培養大批新聞幹部及建立新聞發行網著手。

辦法：（一）開辦新聞短期訓練班；（二）建立全邊區通訊網；（三）創辦以縣為單位的新聞紙；（四）發行政務委員性質的公報；（五）由各級政府等機關辦新聞發行。（通過）

周揚、雷經天等十人

十一 建立邊區衛生工作保障人民康健案

理由：邊區地廣人稀，氣候乾燥，文化落後，雖自土地分配後，人民生活已有極大的改良，衛生事業亦稍有起立。因之，為保健人民之自由解放，不良困難，堅苦奮鬥，不敷需要，因之，（一）廣泛開展邊區村極工作，用以調節水量，轉變氣候；（二）提高人民衛生知識，實行消滅疾病，注意個人與公共的衛生；（三）各縣城及較大區鎮，設立醫藥房，使從事於防疫及治療；（四）由各縣區派適當青年，入衛生學校，用為各地衛生幹部；（五）破除迷信，敢辭巫醫，保證人民康健。（通過）

雷映光、羅成德等十八人

十二 獎勵抗戰建國有功幹部案

邊區各級幹部，為了中華民族之自由解放，不良困難，堅苦奮鬥，積極進行，不遺餘力，際此抗戰將入新階段之際，為了提高各級幹部的積極性，創造性，以渡過困難，完成抗戰建國的事業，本席等提議予以適當獎勵。（通過）

喬鍾靈等八人

1938年，雷經天與周揚等提案，《解放》1938年第68期

陝甘寧邊區的司法制度（邊區通訊）

雷經天

邊區高等法院，去年七月間才設立。它是遵照國民政府司法制度，執行司法工作的任務；同時，它也是承受過去蘇維埃政權時代司法制度的革命傳統。因為邊區的法律，是建築在人民的基礎上的；保障人民的利益，鞏固抗日的政權，還是邊區法律的最高原則。在目前抗戰的時期，「抗戰為了一切，一切服從抗戰」，因此，邊區的司法工作都是遵照這個原則，以求抗戰得到最後的勝利。

現在邊區法院，取三級三審制。縣政府的承審員（四名秘書兼保衛兼設地方法院）是第一級的初審，邊區高等法院是第二級的複審，中央最高法院是第三級的終審。在目前，邊區法院是受邊區政府主席團的指示和領導。

法院的組織分為法庭，檢查處，書記室及看守所四個部分，而法庭更設有民事，刑事和軍事的庭別。軍事法庭附設於八路軍後方政治處，但仍隸屬於法院。檢察處的工作現在還不能夠完全獨立行使職權。看守所和監獄暫不分開，未判決或已判決的人犯均由看守所負責分別管押。

邊區施行的法律，採用中央所頒佈各種決議及原則，並參照地方的實際情形。因此，在邊區處理任何的案件，一方面根據法律的條文，同時却特

別注意邊區人民的實際情形及所頒佈的一切文告皆依歸。

為著便利於人民的訴訟，在邊區訴訟的手續非常簡單。訴訟當事人不加以任何的限制，訴訟詞狀不規定任何的格式，只要把訴訟的原因說的清楚，看得明白就夠了。假如訴訟當事人，自己不會寫訴狀，又找不到代寫時，也可以不用訴狀，直接到法院口頭申訴，由法院書記員紀錄下來。沃院同樣的受理。故一般苦的人民受到冤屈的壓迫欺侮時，都有機會向法院請求解決。

法院受理一切案件，無論是訴狀詞，出差檢驗，處理牧任何的監審，同樣的不加訴訟當事人以經濟上的負擔，因為在邊區內大家認為政府完全是將人民服務，政府機關所需用的一切經費，既經由人民供給，當不應當再額外徵收。

法院沒有故意擺設莊嚴的法堂，便犯人發生恐惧。在邊區訴訟機關審問一切案件，完全採取說服解釋的談話方式，主要的是將案情審問清楚，尋求解決的途徑，而不實行威嚇。特別是對於民事案件的處理，首先是進行調解，使雙方的意見接近，一直到兩願的解決，沒有任何的強

迫。我們以為能有這樣才能使雙方心悅誠服。假如有一方面不願接受調解，法庭即依據法律裁判，經判決不進行上訴，至於說，又不遵照判決時，法庭可以根據判決強制執行。對於刑事被告的審問，在邊區完全取消肉刑，反對苦打成招；因為施刑所得到的供詞，有時不是真實的，甚至有時是相反的。假如經過說服解釋後被告始終頑强不肯承認犯罪的行為時，法庭只要獲得確切的證據，同樣的可以判決。這樣的判決，是不會錯誤的。

邊區的審判還有一種特殊的形式，就是舉行人民的公審。凡公審的案件，必須與緊衆有密切的關係，對緊衆有教育的意義。在公審前，由法院指定主審，他對於審判的進行負完全的責任。此外再通知與此次審有關的機關，部隊或羣衆團體推出代表參加陪審，人數視依情形而定。這使陪審及檢察員等對案情得到充分了解起見，主審、陪審及檢察員先召集一次問話，必須將各機關部隊及羣衆對案情提出的代表一次作充份報告，但不提出判決的意見。這樣，主審、陪審有充分準備進行審判的機會，各代表更可以給羣衆傳達，以便發言。公審的場合，不但法院的法庭舉行，而是在能够容納最大羣衆參加的地方，推許羣衆自由參加。在審問的過程中，羣衆經過報名後得自由說話。但判決不由羣衆表决，必須經過主審和陪審聽取羣衆意見共同討論，而末審的陪審有同等的權力，根據法律及實際情形，對判決所作最後的決定，因為陪審是羣衆的代表，這樣的判決仍然是代表人民的意見的。就此

陕甘宁边区高等法院院长雷经天简历

三十七岁，广西省人，共产党员，曾任广西佑江苏维埃主席，邝一届参议会被选为边区高等法院院长。

1941年11月25日，雷经天，常驻议员简历，《解放日报》1941年11月25日

上海社會科學院

敬爱的雷院长：

昨天下午我们在毕业典礼大会上听取了您的来信，您的信中每一个字都打动了我们的心弦，您的每一句话都像慈父对待即将离去的孩子那样亲切的教导，您对我们的希望，我们将永远地铭记在心里。全体同学，为您在抱病休养中还如此的关怀我们感到万分的感动和莫大的鼓舞，并且由衷地感谢。

全体同学一致表示，向您保证：

一、坚决服从祖国分配，不仅在学校里要坚决的服从分配，愉快地走上工作岗位，而且到达工作岗位也要坚决的服从分配，信心百倍地去工作！

二、加强政治挂帅，坚持党的绝对领导，永远听党的话，跟党走，做一个党的驯服工具！

三、不怕任何困难，我们要在战胜一切困难中来锻炼自己考验自己，我们绝不会被任何困难所吓倒，而要一切困难在我们面前低头！

四、虚心学习，戒骄戒躁，我们不仅要继续向书本学习，而且要向面临着的一切新事物学习，要向劳动人民学习，向工农同志学习，向老同志学习，向先进学习，我们永远地记住毛主席的教导："骄傲使人落后，虚心使人进步"。

五、我们要使自己年青的生命火花，在祖国各个角落里，在不同的工作岗位上发光发热。我们要以出色的工作成绩来为上海社会科学院首届毕业生而争光，绝不为母校丢一点脸。

我们不久即将奔向党和国家所指定的方向。在这将要告别的前夕，我们七百多个毕业同学，多么想去看望您老人家啊！每一个人都想和您握一握手，表白一下自己的心愿，使您看到，在您的辛勤培养和教导下的孩子，个个都像个小鹰。使您相信，他（她）们全很好地去建设祖国，保卫祖国，会成一个永远忠实于党的事业的坚强战士！但是，为了使您能够安静的休养，不打扰您，因此只能通过两位代表和这封短短的书信来表达我们全体毕业同学的心愿和亲切的慰问。我们全体同学祝您早日恢复健康，我们相信，不久的将来，您的孩子将会从祖国各个地方飞来胜利的捷报，来向您报喜，也是对您最好的安慰，请您等待着吧！

祝您
愉快、健康！

上海社会科学院本科首届毕业生
全体同学敬上
一九五九、八、八

1959年8月，上海社会科学院本科首届毕业生给雷经天院长的信

1938年，杨永直于四川江津

1947年，时任《晋察冀日报》编辑部主任的杨永直（后排右一）

1949年4月23日，山西日报社送杨永直（三排居中）南下合影

1956年10月8日，杨永直（左一）在上海迎接苏联《真理报》访华团

1961年秋，时任上海社会科学院党委书记的李培南（二排左三）、时任上海社会科学院院长的杨永直（二排左五）参加本科生毕业典礼

1990年初秋，杨永直于法国巴黎

杨永直（二排左四）与哥伦比亚新闻代表团合影

青记总会学术奖金
号召会友推荐作品

【本报讯】记者学术奖金评制委员会，兹已聘定博古、碰峰、余光生、曹若茗、胡小丁、何定华、杨永直、黄钢、金照等九同志为评制委员。该会并决定每月十五号前，将推荐奖金作品交记者"学术奖金评制委员会"，每月十五号公布得奖作品，希望会员、通讯员、报社、文化团体踊跃推荐云。

1942年，杨永直与博古等人在延安共同主持记者学术奖金评审活动，《解放日报》1942年10月14日

西北工业剪影（通讯拔萃） 杨永直

这篇报导工业情形的通讯，写得很通顺、平淡，叙述很明朗，这些都是看来不难而其实不易做到的。一般做剪裁题材的文章，通常多是不能做到生动活泼的，这就是说，作者没有吸取许多活生生的事实，通讯里面有许多新鲜事实，是能够全部做到这点。但大致说起来，这篇通讯虽不能十分完备，我们对西北工业发展的了解，而且引起我们阅读兴趣的帮助。

"可，你是坚强的，同样是富足，你是屏弱的又同样是强壮！"

——苏联 涅克拉索夫

四年以前陕北是落后中国中最落后、最屏僻的地方，不仅谈不上工业，就连手摇的纺织机在这里也是很少见的。现在这里的情况起了大大的变化了，千余年来屏僻，闭塞、停滞了一大步工业便开始突破一切困难向前进展，因此陕北工业的发展形成了一个特别的情形，一开始就是半手工业和机器工业的综合，延安附近有纺织厂，炼革厂，造纸厂，化学肥皂厂，农具工厂，和一些煤矿矿井……

杨永直著文《西北工业剪影》，《采访与写作》1941年第24—25期

解放战争时期的李培南　　　　　晚年的李培南

左起：周纯全、李培南、袁也烈、闫捷三，1940年在沂南县东高庄合影

1940年7月1日，时任抗大一分校政委的李培南在东高庄建党19周年时讲话

1946年解放博山后，李培南（右一）政委与王建安司令和徐化鲁合影

李培南（右一）（1981年）

1982年，李培南（左二）与抗大一分校老战友王德、白彦、罗加合影

1982年11月12日，李培南（左二）与李伟、戴朋、杨大易、孙红合影

李培南（右一）在马克思逝世一百周年纪念会上讲话（1983年）

1988年7月7日,上海抗大研究会成立后,
李培南(前排左五)与抗大一分校部分同志合影

李培南(前排左三)与抗大一分校部分女同志合影

1988年7月7日，李培南会长在上海抗大研究会成立大会上讲话

1992年9月，抗大一分校在济南召开校史定稿会议
李培南（左四）与老战友合影

1992年，李培南（一排左七）在济南一分校校史定稿会时与相关同志合影

○邳縣大捕共黨
▲包圍教育機關與公安隊
▲捕獲中學校長等多人

二十四日徐州快信，省監選委員段木貞等，日前赴邳縣監選、查悉邳縣中學實驗小學公安大隊長等三部分中，均有共黨分子潛伏，互相連結，在邳公開宣傳，縣長馮士奇以缺乏武力，莫能處置，段於返徐之後，即向徐海區監選主任顧乎揚報告，決請第一師擬隊馳捕，經顧主任與劉師長接洽，由段監選員攜帶命令，於二十一日由徐赴運河，該處為第一師第四團梁華鑫駐防之處，段到運河與梁團長接洽後，撥部隊兩連，隨段赴邳，二十二日早，由運河武裝出發，正午到達邳郊，跑步入城，段入縣府，指揮兩連部隊，當將公安大隊部，及兩中隊部，拜教育局，邳縣中學實驗小學，同時包圍，搜查捕人，計在邳縣中學捕校長佟本皓（化名盧吾）教員李光琛（化名雪飛）遠涵等，在實驗小學捕教員李培南等，在教育局第二中隊長宋元培（化名徐麗芬）與其妻徐鹿芳，拜教育局之張漢光及某處之李振華等，當時拜捕得各該處所之附帶關係人，均經咨監選員開訊釋放，其佟本皓李光琛張繼超（化名白村）等，在實驗小學女教員許又新許遠涵等六名，則於二十三日解邏繼超許又新許遠涵李培南等六名，則於二十三日解邏

李培南被捕消息，《邳县大捕共党》，《申报》1929年1月27日

新中国成立初担任华东军政委员会交通部长时的黄逸峰

1952年时的黄逸峰

1981年，在病休中的黄逸峰

《铁路职业指导》一书之广告，《申报》1936年9月

黄逸峰受聘沪江大学城中区商学院消息，《申报》1936年9月23日

私立立信會計專科學校創立特刊

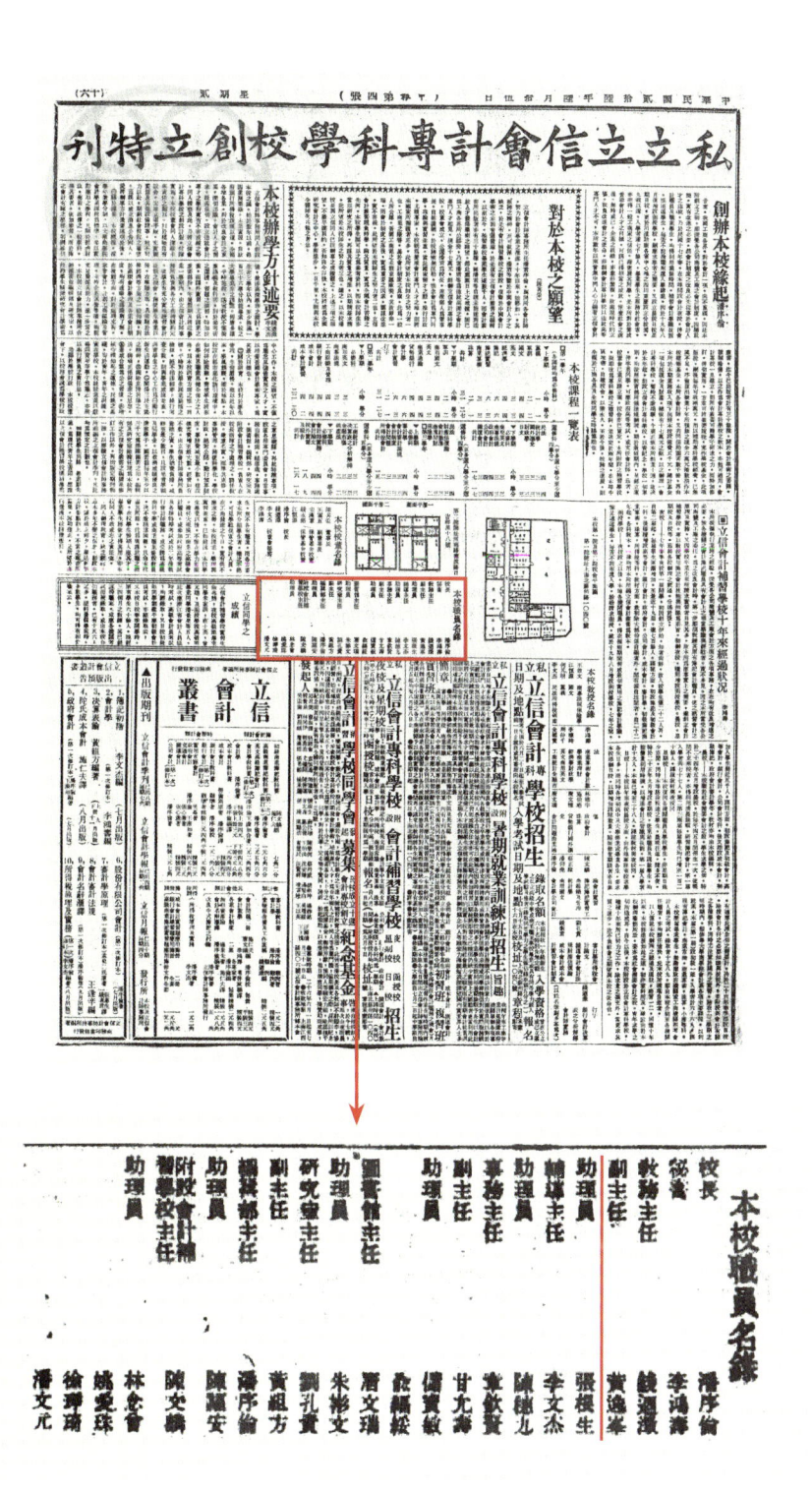

本校職員名錄

校長	潘序倫
秘書	李鴻壽
教務主任	錢迺澂
副主任	黃逸峯
助理員	張梗生
輔導主任	李文杰
助理員	陳穗九
事務主任	章欽賢
副主任	甘兆壽
助理員	傅寶敏
會計主任	潘鏡鈴
助理員	朱彬文
圖書館主任	潘孔實
助理員	潘序倫
研究室主任	陳祖方
副主任	陳漢安
助理員	陳顗安
補習部主任	林倉會
附設會計補習學校主任	姚雯珠
助理員	徐理蒲
助理員	潘文元

黄逸峰受聘担任立信会计专科学校教务副主任,《私立立信会计专科学校创立特刊》,《申报》1937年6月15日

□介紹

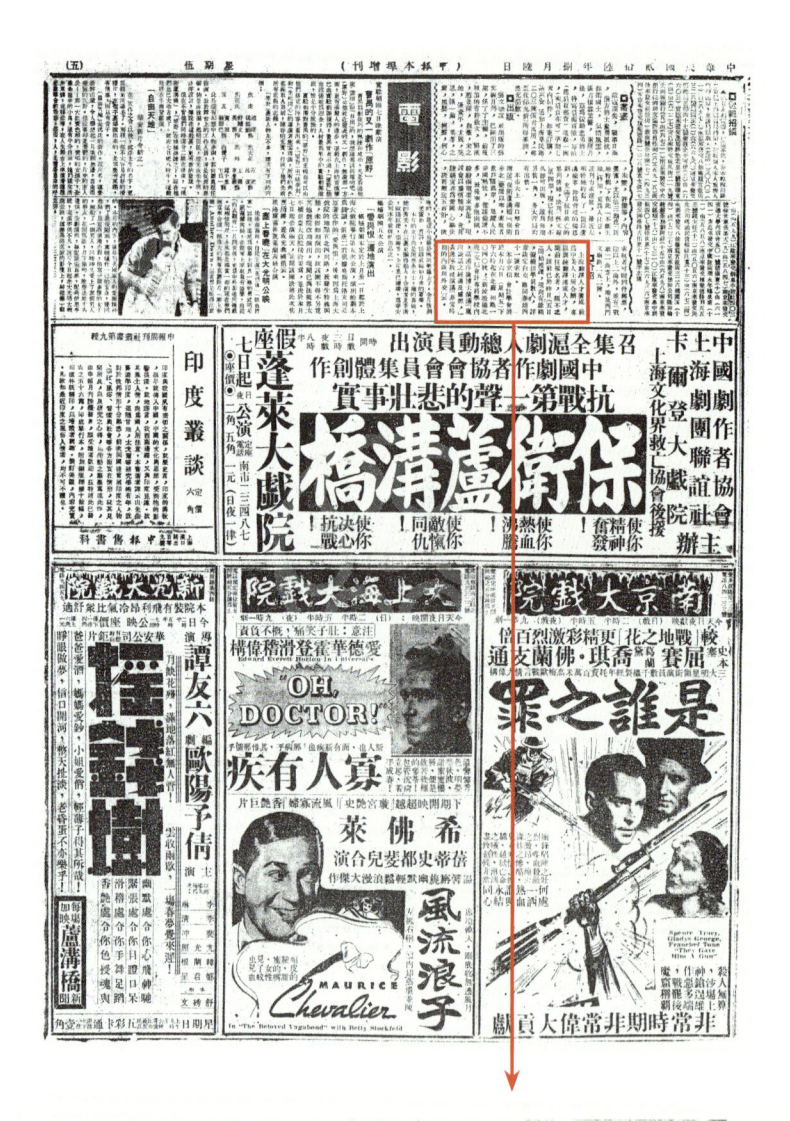

上海翻譯人才養成社為中美人士所合辦，專以訓練翻譯速成人才，聞前往報名者，頗不乏人。該社已於昨日（五日）開始授課，現尚有餘額，擬續招學員數人，詳章請向白克路同春坊四十一號索取。

本市立信會計學會將於本月六日（星期五）下午六時起在北蘇州路一〇四〇號之（新垃圾橋北堍）立信會計專科學校內，箭潘序倫博士演講「盧山談話之經過及感想」，黃逸峯教授演講「非常時期的內政與外交」云。

黄逸峰在立信会计学校演讲广告，《申报》1937年8月6日

民眾應如何保衞大上海

黃逸峯

閘北江灣我軍因大場之失，而有計劃的撤退了一部份民衆不明眞相誤信因目擊閘北我軍之退却以致引起我軍放棄上海了。其實日軍經兩個半月之代價有二十數萬之兵籍耗損無數之彈藥和鋼鐵所獲得者僅上海市不满二十平方公里之一隅，我軍現在仍保守着滬東北滬西滬南浦東子深及租界各處而佐以士氣百倍人起在萬萬振奮其威死衛上海者亦有三民衆，且經最殘酷的犧牲與流血之試煉而佐以三百多人主因爲防禦之移動對於我軍作戰更爲有利上海且經有三步的保障武裝我們的保衛大上海將永遠不至於失敗因此我們相信大上海依然可以防守，可是上海民衆如何保衛大上海呢？

在防禦移動以後上海民衆對保衛大上海所可能取的有趣向有三種。

第一逃避的失敗主義。這一派是代表一型「技術未預備心」「救亡原則根」的份子他們感覺我們的軍事的退却就證明上海軍事之失敗，他們儘僅看到成敗的只注目上海軍事的問題忘却了他們這些敵人和漢奸派發的目的。上表現着政府和民衆所感的不安全首以以致着加緊戰如事敵人們謠言上表現着抵禦的預備如果民衆不加以遏阻或者就會迅速的演成動搖前進方之安定心上海局在上海金堆者擺拨人如果不因爲經過這救亡運動前進所有着幾許的可能。

第二妥協的取消主義者。這一派人在主張上對於救亡工作有相當的熱心不過因自己缺乏決心毅力進到前途工作的艱苦因此對於今後的救亡工作認爲應該採取的根否因止不能採軟性的方式以求避免摧折的壓迫與摧折。主張把我們的工作從各機關中從馬路從崗位中最好都把工作退回到秘密的活動不主張我們必須以嚴正的公開的姿態對他們加以實。

第三情感的蠻幹主義者。這一派是最熱情的青年他們憤怒於閘北江灣我軍之退出民衆救亡工作之未能積極開展因而使力分子妥協派之橫行他們暗笑自己的工作迫切主張加緊公開工作迫切的主張由全國工作者過同樣甚橫激的工作主張使工作劇烈形成盛誠對抗當地所謂敷衍氣氛其注一採。此舉必將加繁救亡工作之推廣困難問題。

上面三種態度都他們的資源以期有利於救亡工作之發展但但都是成認識的程度不同而容易導致錯誤的但他們的愛護加救亡工作的熱誠則其餘是。

我們對於上面三種錯誤主意應該採取一致的態度，不以便他個能革，要實行：

一 以集體行動提高大衆的情緒 大衆的救亡情緒有些低落了，救亡工作有待於提高大衆的情緒大衆的組織起來要組織起來必須要有組織者的行動他之在救亡中的威召他之在我們平中的奮起。他們要行動全上海三百多萬的民衆大量的民族在敵人的威脅下，我們必須拿出其中大上海的人力財力物力與我們的軍事相配合把敵人所加在大上海我們將以我們的戰力扼止他使他不能把金上海的民衆來資行屠殺而我們不但使大上海依然屹立不傾而且在抗戰中我們必擊碎敵人帝國主義的陰毒謀我們要在這樣廣大的毀滅威脅下不怕恐怖恰相反盡其所能給予堅決的抵抗，若金上海我們不能把金上海的民衆的力量集合行動起來救亡大上海我們決不能保衛大上海是不可能保衛的。

二 廣大的開展羣衆的組織。無疑的上海三百多萬的民衆來一個公開的和平的集體行動以懺高大衆的情緒事實告訴羣衆以示上海的救亡工作不但不因閘北江灣我軍撤退而應反因此而更積極與加强起來。

我們應即將過去閘北江灣我軍如果能將選三百多萬上海的民衆來保衛上海是不會淪陷了敵人之手的我們一方面要把眞實力量集中上海上方面要組織大政治軍事能組訓使人民生活輪予以至於取消恐怖地組織能激動偉大的力量來保衛自己的上海上海。

三 争取救亡工作的公開。救亡工作在羣衆的人民行動中是不僅僅只以伸張意見要組織武裝的力量而已。我們必須救亡工作不能化整爲零祇採取秘密的方式只能零星而來衆的慾怖來實現我們絕不能因怕恐怖的話而迫我們的工作停止救亡工作絕不能停止1，反而應更加大大衆組織起來以至於取消敵將地組織機能激動偉大的力量來保衛自己的上海上海。

四 金上海總動員 我們不可以把金上海的人力財力物力與我們的軍事相配合金上海的民衆組織起來一個人民的自由使人民的生活輕予以至於取消憔狀地，組織機能激動偉大的力量來保衛自己大上海。

救亡情緒有些低落了大衆的組織起來要有組織者的行動大衆的激發在我們拿出先鋒定組召我們負責任便是一個人人民的身上我們誓死實行金上海總動員把金上海民衆的偉大的組織起來永遠愛實永遠的保衞着大上海大衆是在我們呼中的戲庇要擔庇這一個人人民的身上我們的身上上海的動員的責任永在我們身上遊戰的身上我們金首兄自己定最召我們

黃逸峰著文《民衆應如何保衞大上海》，《救亡週刊》1937年第4期

到淪陷區去工作

黃逸峯

我們抗戰了十八個月，我們不否認，為了戰略與戰術的關係，我們曾失去了幅員相當廣大的土地，可是我們的抗戰並未失敗，而且正向著最後勝利的前途邁進。因為我們只失去了城市與交通線，並沒有失去鄉村與山野，並沒有失去人民，只是形式，不是實質，失去的只是局部，不是全部。正因如此，我們對於那些失去的土地，仍保持着支配的機能，使之產生偉大的力量；只要敵人良好的政權，瓦解敵人的武裝，以期進一步與我們的武裝配合，收復失地的政權，瓦解敵人的武裝，以期進一步與我們原有的機能呢？這便是淪陷區的工作問題。

過去，很多青年，都有一種共同的傾向，這種傾向，正是青年熱誠與愛國心的最高度的表現，就是「到前線去」。是的，在後方太安閒，太不緊張，良心上受苦悶。所以上前線去的就有其年是擔當歐身的因為民族的機會。可是我覺得到前線去，就是我們當前的機會。因為民族的解放，一個弱的國家，持久戰，歷史告訴我們，持久戰是持久戰爭的武器。持久戰是我們主要因素，瓦解敵人的武裝，我們不能在敵人的後方搭奠我們的力量，是我們空間上的勝利。我們除了到前線共同的錯誤，就是對於淪陷區的工作忽略了。就是大家都犯了一種誤解。最近政府為了淪陷區的工作，不到淪陷區工作可言。一般最近政府為了淪陷區工作，蓋意識到淪陷區的勤幾都不會發生，還覺得，就難怪他們不做，一個戰地黨政委員會，而以蔣委員長擔任該委員會的委員長，中央對

淪陷區工作的重視，於此可見一斑。我想，現在正應要大批青年到淪陷區工作，而且必須鼓勵大批青年到淪陷區的工作問題。

首先我們就如何自淪陷區的環境，和敵人的策略，以及我們的工作。第一，敵人雖已侵佔了我們的土地，並不能夠收服我們的行動，簡稱因為這樣，敵人便不得不時時提防我們人民憤怒的行動，簡稱政權與欺騙，當然並不能不矇混成我國人民永續的恐懼。第二，敵人佔領我們的土地象徵，敵人便不得不設法驅使我們的人心。因為這樣，敵人的軍隊數量是很有限的，他們不能不分散來監制這些，可是敵人的軍隊數量是很有限的，他們不能不分散方面裡來分散龐大戰爭方面，一方面以供給其軍需，原有工商商店與處用。第四，敵人為了希望快快收復的繁榮。一方面，現在有條件下恢復起來，建立偽政權，維持地方秩序，快快恢復其繁榮，根據最近情形看觀。敵人在淪陷區已經建與邁進假成民與奴隸的幹部。根據最近情形看觀，敵人在淪陷區已分別實際情形先後的實行了。正因為此，我們對於淪陷區的工作愈厚，可是敵人的勢力雖然很強大，他們的要跟成民與奴隸已有進一步加強的必要，尤其是在第二期抗戰時期，敵人追加地要鞏固已估領的土地，所以我們在淪陷區的中心工作是要：

（1）政治鬥爭——爭取人民，粉碎敵人的偽政權。
（2）軍事鬥爭——參加士兵，瓦解敵人的偽軍，揭動日軍的叛變。
（3）經濟鬥爭——破壞敵人已恢復的生產機構，斷絕敵人的軍需供給，妨礙敵人對資源的開發。
（4）文化鬥爭——搞破敵人的麻醉與恩惠，激勵人民的愛國心，並以實際行動教育人民。

因為敵人要建立偽政權，建立偽軍，實行經濟掠取，實行文化

黄逸峰著文《到沦陷区去工作》，《国民公论》1939年第7期

东北铁纵黄逸峰同志报告（一九四九年一月）

东北铁路纵队成立纲要此很短，最近中央不令率东、华北、中原各地铁路修复工作停止，由东北继续修路工作，我们感到非常惭愧，但任务期修路能才获得各方面的帮助水准远依希望，战事优待讨论友援越，并欲得各方面的好批评和同时对铁路还不是技术大师希望。

以下简单叙述东北铁路纵队的情形五点：
(一)铁道纵队成立经过；
(二)铁道纵队组织；
(三)铁道纵队修路的一般情况；
(四)铁道纵队修路、固桥经验；
(五)我们的要求、希望。

(一)铁道纵队成立经过——通过东北修路很复，经有计划地修路和养路之间就发生矛盾，因修路收买而阻碍养路，而养路既次要用、养路枕木被用作修路材料，被修路所用，修路材料不敷。同时，因修路和养路分工、管理机关分立，由于各管理局工作疲惫，但修路收此紧迫，既养路收复成次要，修路则用的人员、材料非常少。在长春玉同时，修路组织纸五的向、沈阳、四战工修路、大规模的修桥梁和桥梁，修路组织也应当修路、大规模的修路和桥梁

黄逸峰著文《东北铁纵黄逸峰同志报告》，1949年1月29日

黄逸峰在新中国成立初被任命为上海铁路管理局局长，《中国人民革命军事委员会铁道部平津铁路管理局局报》1949年第1卷第14期

上海社会科学院院长、上海市会计学会筹备委员会主任
黄逸峰同志讲话

（根据记录整理　未经本人审阅）

今天上海市会计学会召开成立大会，我代表筹备会讲几句话。

首先，对社联领导下的会计学会召开成立大会表示热烈的祝贺。上海组织会计学会是十分必要的。上海财会工作人员现有约十万人以上，这是一支分布在各个经济领域，涉及面广，人数众多的队伍，需要有一个群众性的学术组织，来从事会计理论的研究。革命导师马克思、列宁都强调会计对经济工作的作用。因为会计是管理经济必不可少的工具。回顾解放以来，在社会主义经济建设中，会计工作对国民经济的发展，确实起了积极的作用。社会主义经济越发展，会计越重要。在新时期总任务中，发挥会计工作的职能作用，比过去更为必要，是不言而喻的。所以筹组会计学会是适应当前形势发展的需要。今天大会有市财政局领导王眉征同志和市人民银行领导黄朝治同志参加，充分反映了财政、金融部门对会计工作的重视和对会计学会的关心和支持。

其次，我们组织会计学会的目的是要积极宣传会计的重要性，从事会计理论研究，充分发挥会计职能作用，使会计工作更好地为实现新时期总任务作出贡献。这在《成立上海市会计学会缘起》中已经阐明，毋需赘述。如众周知，在社会主义企业里，如果没有会计，没有经济核算和财务管理，其后果是不堪设想的。回忆在"四人帮"横行的日子里，经济工作和会计工作都受到干扰、破坏，许多工厂企业不重视会计工作，认为会计核算可有可无，因而出现帐目混乱，人力、物力、财力浪费，企业完不成计划，亏损面扩大，积累水平下降，使国民经济遭到严重破坏，处于崩溃边缘。沉痛的教训，记忆犹新。因此，我们要重新强调会计的重要性，广泛宣传做好会计工作对发展国民经济的重要意义。会计学会要和广大财会工作人员紧密结合起来，贯彻落实《会计人员职权条例》，完成新时期对会计工作提出的新要求。

再次，任何一门自然科学和社会科学都有不少新、老问题有待于我们去探索、研究和解决。会计也不例外，如记帐方法，现在大致可分三种：一种是从西方国家学来的借贷记帐法，再一种是我国固有的收付记帐法，另一种是我们在六十年代创造的增减记帐法。究竟哪一种记帐方法好？值得大家探讨。讨论记帐方法，是否不要去究究它的出处，有没有阶级性，而要着眼于它对我们的经济核算、财务管理有没有好处。我认为会计方法一般是没有阶级性的，资产阶级可以用，无产阶级也可以用，这与我们引进西方的技术没有两样。虽然社会制度不同，只要对我们建设有利的方法，我们都可以采用。学术研究要贯彻百家争鸣的方针，提倡自由辩论。党中央三中全会的精神就是要发扬民主，加强法制，理论一定要由实践来检验，要贯彻"三不"主义，这对开展学术研究是很重要的。要保证大家自由发表意见，自由摆观点，容许犯错误，错了可以改。在工作中要消除过去"文人相轻"的旧社会影响，互相尊重，对于不同的观点和意见，不分古今中外，凡是正确的，大家就拥护。这样，我相信会计学术研究工作一定会有很大的进展。

今天大会，出席人数很多，是关心学会的好现象。希望大会以后，在社联的正确领导下，把各项活动积极开展起来。我离开会计工作已经几十年了，今天作为一个老学生前来参加学会，愿与同志们一起边学边干，把学会办好。发言中如有错误，请大家指正。

黄逸峰在上海市会计学会成立大会上的讲话，《上海会计》1979年第1期

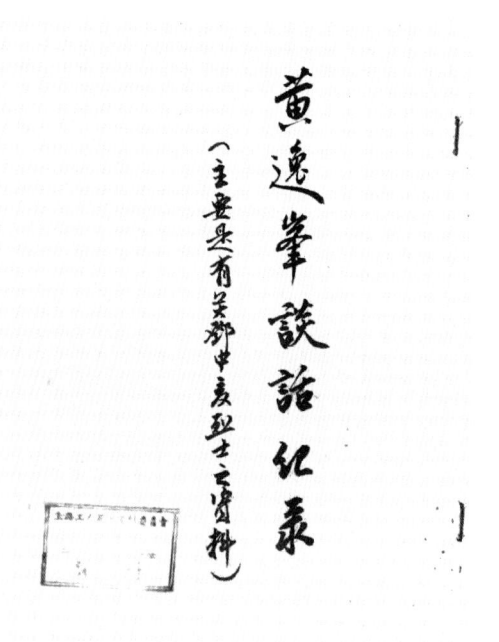

《黄逸峰谈话纪录》(1957年),上海社会科学院历史研究所现代史研究室藏书

黄逸峰著文《科学研究的必由之路》,《文汇报》1962年4月22日

留学时期的沈志远（前排左三）

1950年2月3日，华东军政委员会第一次全体委员会议留影（二排左七为沈志远）

1954年中华人民共和国第一届全国人民代表大会代表合影（三排右四为沈志远）

1962年，沈志远与家人在上海愚园路寓所

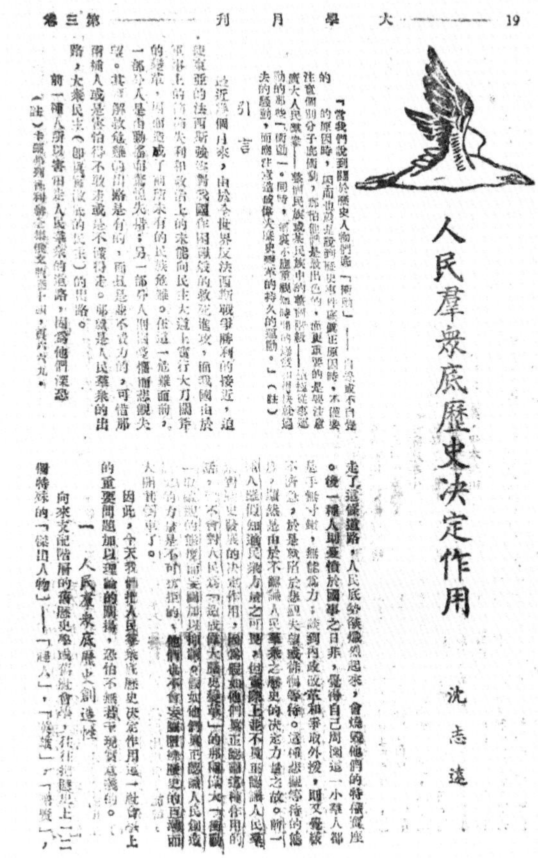

沈志远著文《人民群众底历史决定作用》，
《大学月刊》1944年第3卷第11—12期

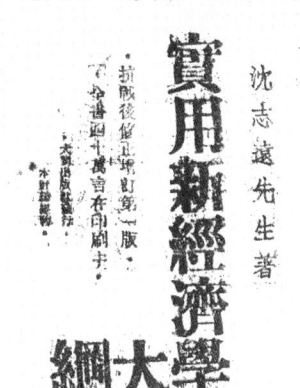

沈志远《实用经济学大纲》广告，
《新华日报》1945年2月13日

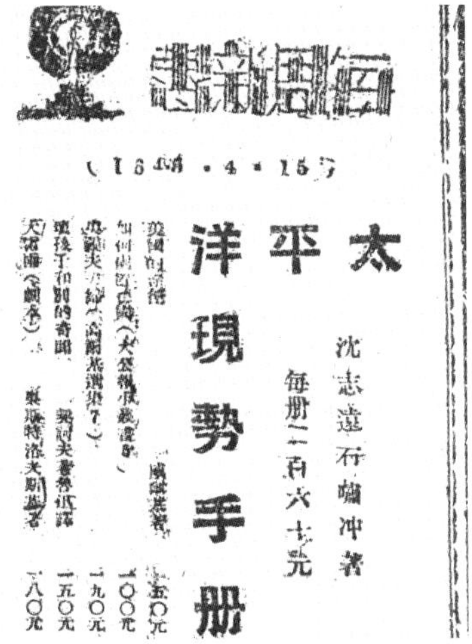

沈志远、石啸冲著《太平洋现势手册》一书之广告，《新华日报》1945年4月16日

沈志远主编的《理论与现实》杂志

沈志远著文《新人生观讲话》,《邮江生活》1947年第4期

沈志远所著《政治经济学基本问题讲话》自序,展望周刊社1951年版

关于按劳分配的几个问题

沈志远

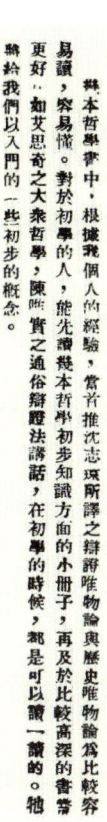

一、按劳分配是社会主义的经济规律

三、怎样理解"在原则上仍然是资产阶级式的法权"一语？

沈志远著文《关于按劳分配的几个问题》，《文汇报》1962年8月30日

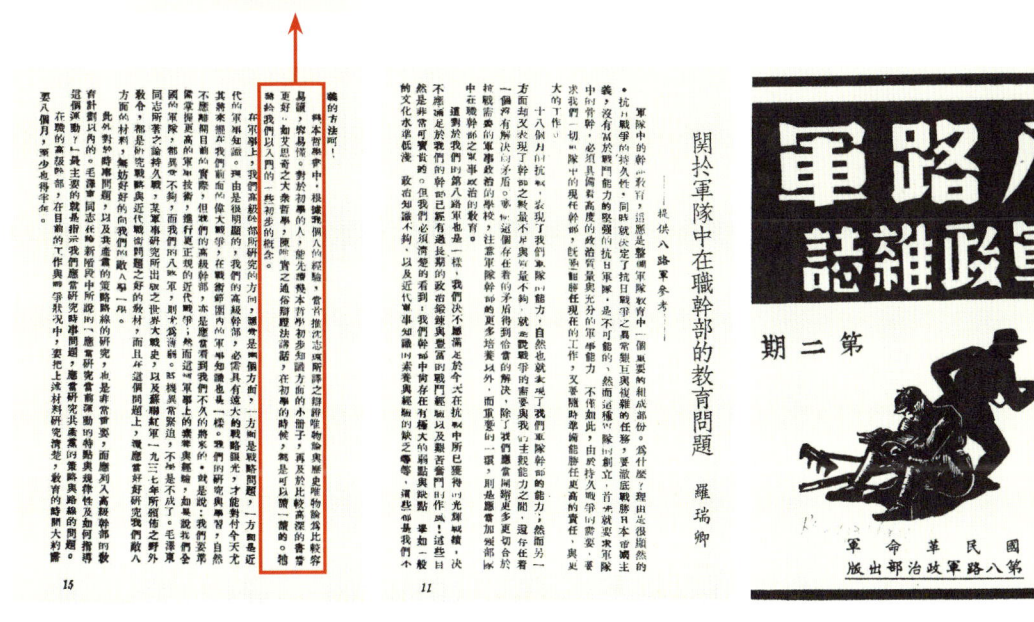

关於军队中在职干部的教育问题

——提供八路军参考——

罗瑞卿

八路军政治杂誌 第二期
国民革命军第八路军政治部出版

罗瑞卿在《关于军队中在职干部的教育问题》一文中推介沈志远所译学术著作

料本哲学书中。根据我个人的经验，当首先推沈志远所译之辩证唯物论与历史唯物论为比较容易读，容易懂。对於初学的人，能先读几本哲学初步知识方面的小册子，再及於比较高深的书等等。如艾思奇之大众哲学，陈唯实之通俗辩证法讲话，在初学的时候，都是可以读一读的。他对於我们以入门的一些初步的概念。

日本留学期间的李亚农

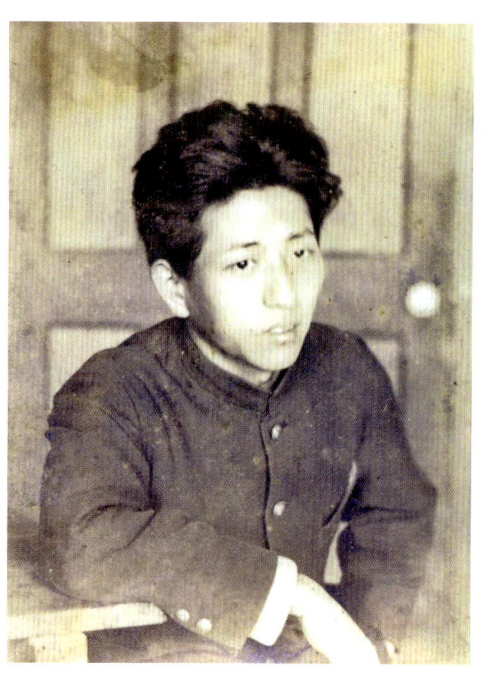

青年时期的李亚农

新四军时期的李亚农

新中国成立初期的李亚农

新中国成立初期的李亚农

新中国成立初期李亚农与家人合影

1955年，郭沫若签字颁发的聘任李亚农为中国科学院哲学社会科学部委员的聘书

李亚农生前部分著述

接國外要電

史(戚族史學之模)奧昭(皖)、廖體仁(鄂)、希余緒(鄂)、葉英華(皖)、周斌(皖)、王哲剛(蘇)、宋健鵬(遼)、周元洪(豫)、林裴青(遼)、宋大鼎(皖)、鄭道瓦(粵)、鄭柏(粵)、吳韻和(皖)、黃雄滬(粵)、鄭道瓦(粵)左鴻暗(川)、劉元齣(潮)、余炳文(川)、古公慙(粵)、楊長僧(桂)、李味五(陝)、劉先源(鄂)、鄭長郁(粵)、姚岸(粵)、史懷文(皖)、劉原尚(鄂)、劉達倫(鄂)、 暗(吃)、崔說(陝)、馮驥(粵)、鍾文電龍(吃)、右傑(粵)、且開進(粵)、黃錫愈(粵)、(粵)

▲日聯社十六日東京電　爲在日本中國共產黨家事件而被逮者三百餘名、其中多

數爲中國留日學生、黨員自稱名已起訴、陳審決定有罪者三十餘名、黨員決定有罪者外、尚有驅逐出境、即剝出境者四十名、隨時出境者九名、大都爲二十四五歲之青年、鶴玉蔚之子亦在內、中國共產黨特別支部曾膺與日本共產黨交涉要求互相提攜、但中國之黨本部以日本共產黨參加兩國共產黨、遂於昭和四年三月佐野學等加上海對中日兩國民衆發表聯名之合全國評議會系蘭人相聯絡、自昭和四年八月以來、與日本勞働組宣言、日本特別支部黨員李亞農余炳文等、當局起訴、在上海之三十條名中、有一名總審免訴、付東京地方裁判所公判三十二名、其他一名付公判、一名在神戶

关于李亚农作为中共党员在日本活动的记载，《申报》1931年2月17日

緒論

周族的宗法制度像一綫紅絲似的貫串着三千年來的中國歷史，使中國的歷史，尤其是古代史變成一個撲朔迷離，難於猜破的謎。因此，徹底研究滅殷時期，或稍前於滅殷時期的周族的宗法社會，是解開中國歷史之謎的一把鑰匙。

關於滅殷以前的周族的社會制度，我們從詩經、尚書、史記中可以獲得一些"史料"，假如我們僅僅根據這些資料來研究當時周族的社會生活，我們雖然可以窺見周族社會生活的一班，但是關於當時周族的社會制度，還是很難作出人皆信服的無可辯駁的結論。爲了解決問題，在客觀條件所容許的範圍內，我們必須搜集更豐富的史料。那麼，這些史料從何而來？

考古學者向我們提議。要我們精極地從事於田野發掘的工作。儘量地去發見埋藏在地下的資料。如果我們能夠從地下發掘出大批文王、武王時代或者文武以前的周族的古物，毫無問題，對於我們的研究有很大的幫助。但這裏有兩個問題：第一，直到今天爲止，我們發見了許多般代的古物，可是誰也沒有發見過文武以前的周代的古物。我們要到什麽時候才能發見我們所需要的東西呢？恐怕誰也不能保證。儘管我們相信我們的考古學是有無

· 1 ·

李亚农所著《周族的氏族制度与拓跋族的前封建制》绪论，华东人民出版社1954年版

總序

十年以來，著者陸續發表了五本著作，即中國的奴隸制與封建制、周族的氏族制與拓跋族的前封建制、般代社會生活、西周與東周，中國的封建領主制和地主制等，其目的在於依照一般社會發展的規律來劃分中國歷史的發展階段，並盡可能依照具體的史料來闡述各階段的人民的生活情況。經過十年的勞力，著者認爲自己總算替四五千年來的中國歷史劃了一個框框。至於這個框框是否比他人劃的更圓一些？結論就不應該由著者來做，而是應該讓讀者來做了。

著者在抗戰前，本來是歡喜搞一點甲骨文、金文的。打算在認識幾個甲骨文、金文之後，然後在這些最古老的文字中去研究一點古代社會情況。誰知道一鑽進這些甲骨文、金文之中，便樂而忘返，竟把古代社會的研究置諸腦後，研究起中國古代文字學本身來了。著者曾經把四五年内研究出來的一點寒傖的成果寫在鐵雲藏龜零拾、金文研究、殷契摭佚、殷契摭佚續編等薄薄幾本書中，前三本是以李旦丘這個化名發表在抗戰之前的，殷契摭佚續編則是在解放戰爭勝利後才出版的。書的外表雖則寒傖，但在其中研究出來的成果，至今思之，仍不無有一

一

李亚农所著《欣然斋史论集》总序，上海人民出版社1962年版

目　　录

第一编　红　色　人　生

黄逸峰生平活动年表 …………………………… 姜　铎　003
文武将军黄逸峰 …………………… 郑华玉　孙亚宜　009
雷经天生平活动年表 …………………………… 徐建兴　017
雷经天传 ………………………………… 王林涛　执笔　027
自传 ……………………………………………… 雷经天　049
李培南（传略） ………………………………… 朱伟强　062
父亲杨永直的风云岁月 ………………………… 杨沪生　068
沈志远传略 ……………………………………… 沈骥如　079
杰出的马克思主义传播者
　　——沈志远 ………………………………… 施恬逸　105
光辉的一生
　　——李亚农同志传略 ……………… 《史林》编辑部　120

第二编　雪　泥　鸿　爪

革命年代：允文允武赤子心　　　　　　　　　　　145
民众应如何保卫大上海 ………………………… 黄逸峰　145
到沦陷区去工作 ………………………………… 黄逸峰　148
东北铁纵黄逸峰同志报告 ……………………… 黄逸峰　153

陕甘宁边区的司法制度（边区通讯）	雷经天	161
广西的苏维埃运动	雷经天	166
抗大旗帜飘扬在山东	李培南	180
四年交通工作纪实	李培南	192
中共浙南地委四届十一次扩大会议上的讲话 （1949年6月）	李培南	202
我在延安《解放日报》的日子	杨永直	206
西北工业剪影	杨永直	212
新人生观讲话	沈志远	216
人民群众底历史决定作用	沈志远	229

解放初期：齐心建设新中国 ················ 240

联运业务与城乡物资交流	黄逸峰	240
工厂和它的特点 ——工厂是一个合唱队	黄逸峰	248
"片面"不能无忧	杨永直	251
"礼"的革命	杨永直	253
学习政治经济学与联系中国实际	沈志远	257
《周族的氏族制度与拓跋族的前封建制》绪论	李亚农	262

上社肇造：筚路蓝缕社科人 ················ 270

科学研究的必由之路 ——资料工作漫谈之一	黄逸峰	270
重视工作的方式方法 ——资料工作漫谈之二	黄逸峰	273
坚决贯彻党的教育方针 （1958年10月17日在南通大队师生干部会议上讲话摘要）	雷经天	279
在学校中开展科学研究和学术讨论	李培南	284

关于按劳分配的几个问题 ………………………… 沈志远 288
《欣然斋史论集》总序 …………………………… 李亚农 298

老骥伏枥：改革开放显风流 ………………………………… 314
在上海市会计学会成立大会上的讲话 …………… 黄逸峰 314
对上海长远规划指导方针的一些看法 …………… 黄逸峰 317
从黄桥战役看陈毅同志的军事思想
——记黄逸峰同志在历史所的一次讲学
  ……………………………………… 王 鲁 整理 324
哲学工作者要发扬艾思奇同志的精神 …………… 李培南 330
略谈马克思主义在中国的传播和发展 …………… 李培南 332
有关学习《资本论》的几点意见 …………………… 李培南 339

第三编 风 范 长 存

追忆黄逸峰 ………………………………………………… 347
黄逸峰强调调查研究 ……………………………… 陈 绛 347
也谈黄逸峰 ………………………………………… 邓伟志 353
开拓理论研究和壮大社科队伍的带头人：怀念黄逸峰
  同志 ……………………………………………… 张仲礼 355
黄小峰谈黄逸峰 …………………………………………… 359
厉敏之谈黄逸峰 …………………………………………… 365

追忆雷经天 ………………………………………………… 375
审判长雷经天 ……………………………………… 陈其钦 375
雷炳坚谈雷经天 …………………………………………… 379
陈其钦谈雷经天 …………………………………………… 386
邓伟志谈雷经天 …………………………………………… 390

追忆李培南 ··· 393
老红军李培南二三事 ························· 史慰慈 393
轻松而又沉重的一日调查
　　——忆陪李培南老师"白相"城隍庙 ······· 张文香 400
李小苏谈李培南 ······································· 408
邓伟志谈李培南 ······································· 420

追忆杨永直 ··· 425
难忘杨永直 ···························· 蓝 瑛　邓伟志 425
跟杨永直学写作 ······························· 邓伟志 429
为谁谋幸福
　　——写在父亲杨永直诞辰100周年之际 ······· 杨宁生 431
杨沪生谈杨永直 ······································· 434
邓伟志谈杨永直 ······································· 448

追忆沈志远 ··· 454
纪念沈志远逝世二十周年 ······················· 胡 绳 454
回忆往事，悼念沈志远同志 ···················· 罗竹风 458
怀念沈志远先生 ······························· 谈家桢 462
钟祥财谈沈志远 ······································· 464

追忆李亚农 ··· 487
怀念李亚农同志 ······························· 陈修良 487
挽亚农：史笔千秋在，翰墨一代香 ············· 陈同生 492
我的父亲李亚农 ······················ 李小骝　樊波成 498
李小骝谈李亚农 ······································· 513
汤志钧谈李亚农 ······································· 521

第一编　红色人生

黄逸峰生平活动年表

姜 铎 整理

1906 年 6 月

出生于江苏省东台县城一商人家庭,原名黄承镜,父亲黄仰塘,经营木行。母亲黄徐氏,家庭妇女。家庭环境小康。

1911—1918 年

5 岁起,到一秀才主持的东台私塾启蒙读古文,历时 8 年,他学习勤奋,成绩优异,深得塾师赞扬。

1919—1921 年

12 岁时,在南通师范教语文的表兄说服父亲,带他进南通师范附属小学读书直至毕业。小学生活对他后来能进一步求学深造,走上革命道路,起着决定性的作用。因为父亲原来不打算让他读书,而是要他继承父业,主持木行生意。

1922—1924 年

1922 年下半年考进南京东南大学附中初中班,第二年便跳级进入高中班。他受"五四"运动的影响,并结识了大学生中早期的共产党员宛希俨等,思想开始左倾,在校内成立了一个名为"合作社"的进步组织,还出版了《合作周刊》,被推为合作社社长和周刊编辑,在南京学生群体中崭露头角。1924 年暑假,黄逸峰因拒绝校方解散合作社的勒令,被开除出校。

1924—1926 年 8 月

1924 年下半年,考入上海中国公学大学部就读,只读了一个学期,嫌这个学校死气沉沉,便于 1925 年春转学至复旦大学商学院。在此期间,他经常到左派创办的上海大学听课,参加"五卅"运动,思想更加进步。1925 年 8 月,在上海大学加入共青团,同年 10 月转为中国共产党员。1926 年"五卅"运动一周年纪念时,担任复旦大学共青团支部书记,因领导学生举行罢课和游行示威,又被复旦大学开除出校。

1926 年 9 月—1927 年 6 月

入暨南商科大学就读,并担任中共闸北区委宣传部长、国民党一区党部常务委员、闸北区人民委员会主席、上海学生联合会主席等职务,参与了上海工人三次武装起义。1927 年 4 月初,进驻闸北区的蒋介石嫡系部队二十六军二师师长刘峙,派短枪排逮捕了黄逸峰,半天后获释。

1927 年 7—10 月

担任中共南京地委书记,只一个多月,8 月即被捕,关在南京第一监狱,10 月被释放出狱。

1927 年 11 月—1928 年 1 月

担任中共江苏省委候补委员、省委秘书处巡视员、省委近郊区委员会书记等职,参与青浦农民暴动。

1928 年 2 月—1929 年 3 月

担任中共南通特委书记,一个多月后在东台组织农民暴动,3 月间遭国民党逮捕,押送南京关入第一监狱,被判处 1 个月徒刑,刑满释放出狱。

1929 年 4—10 月

在南通养病,并担任南通中学教员。

1929 年 11 月—1930 年底

从南通回到上海中共江苏省委,担任全国铁路总工会秘书长后不久,考进英商公共汽车公司当售票员。因叛徒盯梢,无法存身,要求组织上另派工作,组织上怀疑他政治动摇,割断了他的组织关系。

1931—1932 年 4 月

被党组织割断组织关系后,只得自找出路,到暹罗新民学校和新加坡华侨中学当教员,在华侨中学进行抗日救亡活动。

1932 年 5—10 月

从南洋回到上海,未能找到组织关系。

1932 年 11 月—1934 年 5 月

第二次流亡至南洋,担任暹罗华侨总商会文牍、华侨中学和南洋中学校长。在此期间组织"曼谷学会",创办《沸力周刊》,组织和领导华侨反对暹罗政府强迫华侨学校一律用暹语教学的群众运动,先后遭受暹罗政府 3 次逮捕。最后被变相驱逐出境。

1934 年 6 月—1937 年 6 月

从南洋回国,化名林敏,考入京沪、沪杭甬铁路局机务训练班,毕业后分配在铁路局机务处任司事,组织铁路青年社,出版《铁路青年》刊物,被推选为社长和主编,领导铁路青年职工开展反对贪污和抗日救亡活动。1936 年冬天,铁路局的国民党特务为强迫黄逸峰交出铁路青年社的领导权,在南京和平门车站逮捕了黄逸峰,黄逸峰最后被迫离开铁路局。

1937 年 6 月—1938 年 1 月

担任沪江大学教授、立信会计专科学校副教务长、上海职业界救亡协会组织部长兼常务委员,组织武装人员训练班,积极准备武装抗日活动。因不符合当时中共上海地下党的政策,被劝令离开上海。

1938 年 2 月—1939 年 3 月

在广西桂林担任广西省政府会计专员、广西大学教授,领导学生下乡进行抗日宣传。

1939 年 4 月—1940 年 9 月

先在重庆国民党战地党政委员会担任少将设计委员,后又至苏北鲁苏战区担任党政分会中将委员，在国民党军队中开展抗日统一战线工作。

1940年10月—1944年10月

通过叶剑英的介绍，与正在开创苏中根据地的新四军陈毅接上关系，在陈毅的直接领导下，为争取国民党地方部队李明扬、陈泰运等部联合抗日，孤立国民党顽固派韩德勤，为黄桥决战的胜利做出贡献。1941年3月，经陈毅、朱克靖的介绍，黄逸峰被批准重新入党，并奉命组织"联抗"部队，担任司令员兼政委，后又担任中共兴东太地委书记；苏北参议会成立时被选为议长。

1944年11月—1945年9月

"联抗"部队奉命结束，调任苏中军区第一军分区司令员，兼任中共苏中区党委委员。

1945年10月—1946年

先被决定担任华中人民代表团团长兼支部书记，准备赴延安出席全国人民代表会议，后因会议暂不召开而中止。接着被派赴北平军调处执行部，担任中共代表团的交通处处长，并兼中共安平小组组长。

1947—1949年4月

先担任东北铁路总局副局长兼东北铁路学院院长，后担任东北人民解放军铁道纵队司令员兼中共党委书记，担负抢修铁路，配合辽沈战役的军事任务。

1949年5月—1950年2月

担任上海军事管制委员会铁道处处长，接管上海铁路，担任新中国第一任上海铁路局局长，后任华东财经委员会运输部部长。

1950年3月—1953年3月

调任华东军政委员会交通部部长兼中共党组书记、华东财经委员会委员、华东交通专科学校校长、交通大学教授，直到发生交专学生"薛承凤事件"，被开除党籍并撤销本兼各职。

1953 年 4 月—1956 年 7 月

调任华东财经委员会秘书和中共华东局工业部搞调查研究,后华东机构撤销,调中共上海市委工业部工作。

1956 年 8 月—1966 年 5 月

1956 年底,根据本人要求,中共上海市委批准他重新入党。奉命筹建中国科学院上海经济研究所(后改组为上海社会科学院经济研究所),担任副所长。从此转入社会科学研究岗位,除担任部分行政工作外,还亲自动笔,撰写学术论文和专著,陆续发表了不少学术成果,特别在中国近代经济史的研究领域,做出了突出贡献。

1966 年 6 月—1976 年 10 月

"文化大革命"期间,一开始便被打入"牛鬼蛇神"行列,剥夺了一切合法权利,遭受种种残酷的无休止的批斗,他的党籍被停止。后又被迫下放奉贤五七干校劳动,身心备受摧残,直到 1976 年 10 月粉碎"四人帮",才获得解放。

1976 年 11 月—1978 年 10 月

在上海市直属机关五七干校第九连学习期间,积极投入批判"四人帮"和恢复党的优良传统的宣传教育活动,写文章,作报告,精力充沛,十分活跃。

1978 年 11 月—1983 年

以 73 岁高龄就任上海社会科学院院长兼党委副书记、院学术委员会主任,肩负起恢复和重建上海社会科学院的繁重任务。不顾年老体弱,日夜操劳,1980 年 9 月 26 日下午在上海交通大学作学术报告时突然中风,晕倒在讲台上,一病不起。

1984 年 1 月

转任上海社会科学院名誉院长,5 月,办离休手续。

1987 年 5 月 27 日

中共中央组织部对中共上海市委组织部作下列批复:"同意恢复黄逸峰 1941 年 3 月重新入党前的党籍,党龄从 1926 年 10 月起连续计算,参加革命工作时间从1925年8月参加共青团时算起。"最终对黄逸峰党内经历做出公正评价。

1988年11月27日下午3时40分

在华东医院因病逝世,享年83岁。

(摘自姜铎:《一个传奇式的共产党员:黄逸峰的一生》附录一,上海社会科学院出版社1991年版)

文武将军黄逸峰

郑华玉　孙亚宜

黄逸峰(1906—1988年)出生于东台城。少年时期他就满怀报国之志。青年时期,他为救国救民,选择并确立了共产主义信仰,成为东台籍第一位中共党员。从此,他把自己的一切,同民族的命运、人民的利益、党的事业紧紧地联系在一起。

黄逸峰的革命生涯充满了传奇色彩。他曾经7次被敌人抓捕入狱,始终坚贞不屈;在党内他多次蒙受委屈,3次被迫退党又入党;十一届三中全会后,中共中央组织部为他彻底平反;革命的烈火将本是一介书生的他锻造成叱咤风云的司令,历史的长河又将他浇灌成著名的学者;1939年蒋介石授予他中将军衔,1940年又下令全国通缉他;1946年他又被中共中央首批授为将军,他是中国人民解放军铁道兵部队的主要创始人。

(一) 热 血 青 年

5岁时,黄逸峰入私塾读书,师承清代秀才蔡召猷。他聪明好学,练就了一手好字,10岁时就能写出颇有见地的作文。1918年冬,黄逸峰渴望求知,了解世界。他随表哥陈虚舟赴南通求学,用三年半时间读完小学六年的课程,以优异成绩毕业。1922年,黄逸峰考入南京东南大学附中,主编和出版《合作周刊》,宣传进步思想,在学生中产生较为广泛的影响。1924年秋,考入上海中国公学,一学期后转入复旦大学就读。在复旦大学期间,黄逸峰经常到中国共产党和国民党左派创办的上海大学去听课、听共产党员教授的演讲,在那里他初步掌握了马克思主义的科学理论,加深了对中国共产党的认识。1925年8月,他在上海大学加入了共产主义青年团。同年10月转为中共党员,成为第一个东台籍共产党员。他兼任复旦大学团支部书记,成为该校出色的学生运动的领导者和组织者。

1925年,上海发生"五卅"惨案,黄逸峰与全市学生一起抗议日本资本家的暴行,积极声援工人斗争。1926年,黄逸峰因组织同学举行罢课和游行示威纪念"五卅"运动一周年,被复旦大学校方开除出校。之后,他转入暨南商科大学继续就读,并被选为学校的团支部书记和上海学生联合会主席,成为上海大学生中的带头人。

(二) 播 火 东 台

黄逸峰是东台人民的儿子,他把马克思主义的先进理论介绍给家乡,将革命的烈火在家乡点燃。黄逸峰关注着东台革命斗争,源源不断地向东台青年邮寄《红旗》杂志,马克思列宁主义的著作和李大钊、陈独秀的文章,宣传国际形势和国内大事。1927年1月,黄逸峰传达中共的指示,中国共产主义青年团在东台县的第一个组织——东台母里师范联合支部正式诞生。

1927年蒋介石发动"四一二"政变后,中共江苏省委为开辟苏北的工作,先后抽调数名党员到东台开展活动,时任省农委外埠工作部秘书长的黄逸峰受命回东台。在他的指导下,中共东台县委于1928年1月成立,宣益东任县委书记,陈雪生、沈方中任县委委员,时有党员20多人。1928年3月,黄逸峰受王若飞的指令,以中共南通特委书记的身份来到东台组织农民暴动,当时化名张文彩。1928年5月,因坏人告密,黄逸峰和县委领导人不幸被捕。在受审时,黄逸峰用铁的事实揭露国民党背叛了孙中山三民主义的真相。

黄逸峰、陈雪生、沈方中等同志被敌人用重兵押赴南京国民党特别法庭受审,临行时,黄逸峰对送别的乡亲们大声说:"东台是我的家乡,我人死,魂亦回!"黄逸峰被国民党政府抓走了,但他播下的革命火种继续在古老的东台大地上燃烧着……

(三)营救周恩来

在大革命的洪流中,黄逸峰日渐成熟起来。不管是国民党反动派的抓捕,党内极左势力的迫害,还是被迫流亡到国外,他从来没有后悔过自己对中国共产党的政治选择,从来没有动摇过对共产主义的坚定信仰。特别是上海工人三次武装起义,使他走上了职业革命道路,他只身从国民党军队的虎口中营救出周恩来,为中国革命做出了一大贡献。

1926年10月4日—1927年4月,黄逸峰参加了中国共产党领导的上海工人三次武装起义,并在斗争中成长为一名优秀的基层指挥员。1927年4月12日,蒋介石悍然发动了震惊中外的反革命政变,大批共产党人倒在敌人的屠刀下。当天中共中央军委书记、上海工人武装起义总指挥周恩来被国民党二十六军二师扣押。时任中共江浙区委书记的罗亦农,指令黄逸峰要不惜一切代价将周恩来营救出来。黄逸峰与二十六军党代表赵抒,直闯二师师部——上海宝山路天主教堂,经过反复做工作,国民党二十六军二师终于放出周恩来。黄逸峰从"虎口"中营救出周恩来,深得中共中央嘉许,时为中共中央总书记的陈独秀为此专门接见并表扬了他。在黄逸峰的《上海工人三次武装起义》和肖岗的《周恩来、黄逸峰在上海第三次武装起义中》都详细叙述了当时营救周恩来的情况。

（四）联 抗 司 令

1937年底，黄逸峰在广西认识了国民党元老李济深，二人一见如故，对抗战大计所见略同，李济深委任黄逸峰为国民党少将设计委员。黄逸峰接受任命后主动要求到敌后开展抗日游击战，大得蒋介石赏识，蒋介石将黄逸峰升任为鲁苏战区党政分会中将委员。黄逸峰凭着蒋介石的委任状，单枪匹马活动于国民党江苏省主席韩德勤和苏北实力派李明扬、陈泰运之间，很快打开了工作局面，并以自己的"处事公正"和"不爱钱"树立了不同于国民党高官的良好形象。韩德勤不得不主动到东台黄逸峰府拜访。

1937年12月，黄逸峰在泰州李明扬家中会见了陈毅。二人相互早有了解，相见恨晚。黄逸峰当即表示："敝人愿成为陈指挥麾下的一员抗日士兵。"黄逸峰与陈毅会见后不久，借去重庆述职为名，找到了八路军驻重庆办事处。叶剑英明确要求他在陈毅的直接领导下，以合法身份开展统战工作。黄逸峰历经艰辛，终于重新和党建立了联系。1940年9月27日，黄逸峰在姜堰镇曲江楼主持召开了苏北军民代表会议，这是旨在"停止苏北内战、一致团结抗日"的重要会议，苏北新四军代表陈毅在会上阐明了中共抗日民族统一战线政策的主张。

1940年10月黄桥决战中，新四军以5 000兵力对韩德勤、李明扬、陈泰运的3万人马，形势对我军十分不利。陈毅要求黄逸峰务必争取李、陈二部中立。黄逸峰运用一切方法动员说服李、陈，晓以大义、陈述利害，李、陈也明白自己的处境，最终做出中立的承诺。在黄桥决战的四天四夜里，黄逸峰和朱克靖、季方、李俊民寸步不离地守在李明扬的身边，监视他的部队行动，以防李、陈突然变卦。由于李、陈的中立，新四军黄桥决战大胜，在苏中、苏北站稳了脚跟。黄逸峰为我党创建苏中根据地、发展党的抗日民族统一战线做出了贡献，受到陈毅的器重。黄桥决战中新四军歼灭韩勤德部1.1万人,苏北抗日新局面由此打开。

1940年10月31日,黄逸峰以"联抗"部队司令员和战地党政委员会鲁苏战区分会委员的双重身份,在曲塘主持了具有历史意义的苏北抗敌和平会议,史称"曲塘和会"。这次会议使得蒋介石震惊。1940年11月15日,苏北临时参政会在海安县中山堂召开,江都、高邮、泰县、扬中、丹阳、泰兴、靖江、如皋、南通、海安、崇明、东台、盐城、兴化等14个县的代表共388人出席会议。胡服(刘少奇)、陈毅、管文蔚、韩国钧(韩紫石)、黄逸峰、朱履先、朱克靖等在主席台就座。黄逸峰被选为参政会议长。痛定思痛的蒋介石对黄逸峰发出了全国通缉令。

黄桥决战后,黄逸峰受党的指令,担任"联抗"部队司令(任职时间为1940年10月—1944年10月)。该部队全称为"鲁苏皖边区游击总指挥部直属纵队"、"鲁苏战区游击指挥部第三纵队联合抗日司令部",是国民党军队的番号。1941年3月,陈毅介绍黄逸峰重新入党。黄逸峰带领"联抗"部队广泛发动群众,建立民兵组织,反击日伪顽敌。刘少奇、陈毅、赖传珠、粟裕等新四军首长多次为部队作形势报告,关心"联抗"部队建设。黄逸峰的"联抗"部队先后参加了西征讨伐李长江、北上保卫新四军军部、策动国民党胥金城部起义和多次对日伪军的反"扫荡"作战,为苏中地区抗日战争的胜利屡建功勋,被誉为党领导下的统战武装。1944年10月,"联抗"部队完成了党赋予的特殊历史使命,奉令撤销。黄逸峰将自己创建的部队交给了党,出任苏中一分区司令员,并担任中共苏中区党委委员。1945年8月16日,黄逸峰率部包围被日伪盘踞多年的宝应县城,歼俘日伪军2 000多人,收复了宝应县城。

(五)铁 道 元 勋

抗日战争胜利后,黄逸峰奉命赴北平,在共产党、国民党和美国三方组成的军调处执行部,担任中共代表团交通处少将处长。黄逸峰作为中国共产党的代表,参加了震惊华北的由美国和国民党军队策划的"安平事件"的调查处理工作,揭露了美方"公证人"的真面目,平息了事态,受到了周恩来的表扬。

1947年初,党中央急调黄逸峰赴东北铁路总局任副局长,主管铁路的修复工作。在交通相对发达的东北,铁路是敌我双方争夺的重点。在他的领导下,到1948年,解放区控制并修复通车的铁路里程达到9 818千米,占东北通车里程的98%。1948年7月,辽沈战役在即,军用物资调运问题突出。经中央批准,成立了东北野战军铁道纵队,这是人民解放军第一支铁道兵部队,黄逸峰受命担任铁道纵队的首任司令员兼党委书记。在辽沈战役中,他率部顶着敌机的轰炸,日夜抢修铁道500千米,桥梁总长3 500米,为整个战役的胜利提供了交通保证。在被敌人炸瘫的、经铁道纵队指战员抢修好的东北松花江大桥上举行通车典礼,陈云、吕正操、黄逸峰等出席。辽沈战役硝烟未散,黄逸峰奉命率部队抢修沈阳到山海关的铁路,保证解放大军出敌意料地迅速投入平津战役,并取得了战役的胜利。1949年4月,上海解放前夕,毛泽东任命黄逸峰为上海铁路局局长,又于1950年3月任命他为华东军政委员会交通部长兼党委书记。

(六) 理 论 尖 兵

1956年8月,黄逸峰奉命筹建中国社科院上海经济研究所,从政界步入社会科学领域。黄逸峰以上海为典型实例,努力探索中国资本主义工商业的产生、发展和改造的历程。1958年《南洋兄弟烟草公司史料》《大隆机器厂的发生、发展和改造》《恒丰纱厂的发生、发展和改造》等著作相继出版,引起国内外经济史学界的高度瞩目,《红旗》杂志分别发表了评论文章。此后,《上海资本主义工商业的社会主义改造》《荣家企业史料》等一批有影响的著作陆续问世。

1958年,时任上海市委宣传部长的张春桥抛出了《供给制万岁》的文章,鼓吹破除资产阶级法权,实现军事共产主义,否定社会主义商品生产、价值规律和按劳分配原则。黄逸峰敏锐地发现了问题,坚决进行抵制,公开批驳张春桥的谬论,阐明他对社会主义经济建设基本理论的看法。20世纪60年代,对洋务运动这一中国近代史上的大事,在国内学术理论界的一片否定声中,黄逸峰独树一帜,坚持一分为二的科学态度,对洋务运动的作用客观地、实事求是地给予了肯定。

"文化大革命"中,黄逸峰坎坷的革命经历使他再次受到了巨大的冲击,他累遭批判,被开除党籍,关进牛棚。1978年11月,黄逸峰以73岁的高龄复出,肩负起重建上海社会科学院的艰巨任务。他日夜操劳,忘我工作,在短短3年时间内,奠定了上海社会科学院的科研基础,成绩斐然。1980年9月,黄逸峰由于过度疲劳,在作学术报告时突然中风,晕倒在上海交通大学的讲坛上。

黄逸峰在病中除了放心不下工作外,希望组织上能公正地处理他的党籍问题。1987年5月27日,中共中央组织部对此做出批复,同意黄逸峰党龄从1926年10月起连续计算,参加革命时间从1925年8月参加共青团时算起。

黄逸峰与病魔抗争了8年,终因医治无效,于1988年11月27日下午3时40分心脏停止跳动。黄逸峰病逝后,中共上海市委、市人大、市政府、市政协、中共江苏省委、中共南京市委、中共东台市委,中国社会科学院等有关单位送了花圈。中央和上海市在一线和退居二线的党政领导干部江泽民、朱镕基、陈丕显、彭冲、张爱萍、宋时轮、谷牧、张劲夫、吕正操、黄华、胡绳、于光远、王光美、陈昊苏等数百人以个人名义送了花圈。上海市党政领导和有关方面负责人江泽民、朱镕基、曾庆红、陈国栋、胡立教、夏征农、汪道涵、赵启正、王一平、杨堤、杨士法、张仲礼、严瑾、姚锡棠等,以及上海社会科学院和其他方面的人士近500人参加了黄逸峰遗体告别仪式。《人民日报》《文汇报》《解放日报》等各大报纸对黄逸峰的病逝发了消息和悼念文章。黄逸峰的骨灰安葬在"联抗"烈士陵园。1989年,上海市决定以黄逸峰名字命名科研出版基金。2006年,上海社会科学院组织拍摄了电视纪录片《黄逸峰》。2006年黄逸峰诞辰100周年时,上海、东台两地举行了悼念活动。

　　黄逸峰的生命之树是长青的,其魅力是永恒的。他的英名将永载史册。正如戴为然在东台市"黄逸峰同志生平业绩展览"的序中所说:"逸峰同志的一生是波澜壮阔、辉煌壮丽和不断奋进的一生,也是艰苦战斗、曲折坎坷和富有传奇色彩的一生。他从书生到将军,又从将军到学者的全部革命生涯,是同党所领导的新民主主义革命、社会主义革命和建设的光辉历程紧密相连的。他是一个久经考验的忠诚的共产主义战士,也是一个彻底的爱国主义者。他那坚定的革命信念、崇高的思想品德、高尚的革命情操、优良的工作作风,永远是我们学习的楷模。"

(原载《档案建设》2013年10月)

雷经天生平活动年表

徐建兴

雷经天,原名荣璞,号经天,又号擎天。

父亲雷昆池,思想进步,具有正义感。早年当过会计和经理,对清朝的腐败统治极为不满。1907年,他到广州参加孙中山组织的同盟会,并受同盟会委派担任广西南宁支部长。在民主主义思想的影响下,雷昆池支持创办新学堂,动员年已42岁的妻子去读书;集资开办崇实种植公司,发展经济林木;在南宁,他带头第一个剪掉了辫子。

1904年

五月二十四日(农历),雷经天出生于广西南宁市郊津头村。

1910年

到南宁新创办的模范小学读书。

1913年

进邕宁县立高等小学。

1915年

考入广西省立第一中学。

1918年

当选为南宁学生联合会会长,出席广西学生联合会代表大会。

1919年

暑期中学毕业。

五四运动爆发后,年仅15岁的雷经天当选为南宁市学联主席。

6月,雷经天组织南宁市的中小学生3 000多人举行声援北京学生正义斗争的大会,积极投入反帝反封建斗争,抵制日货,反对北洋军阀投降卖国行径。

9月,与母亲赴广州跟随父亲生活。因父亲失业,家庭困难,失学4年。

1923年

进上海浦东中学特别班补习。

秋,考入厦门大学理科。不久被选为校学生自治会成员,并结识了学生中的共产党员施乃铸。

1924年

5—6月,厦门大学爆发"反对学校反动统治,要求实行民主治校"的学潮。6月2日,学校当局以雷经天带头闹学潮,破坏校规等罪名,将其开除。

9月,雷经天来到上海,进大夏大学继续学习。

1925年

年初,雷经天加入共青团。

5月,在"五卅"运动中,被推举为大夏大学学生会代表,继而代表上海市学联参加全国学联,又代表全国学联参加上海工商学联合会。经恽代英、贺昌介绍,加入中国共产党。随后受组织委派,担任大夏大学的党团支部书记,参加沪西区委。旋因发动进步学生与国家主义派、国民党右派进行斗争,被开除学籍。不久,中央军委派他到黄埔军校政治部任宣传科长。

1926年

3月,蒋介石炮制"中山舰事件",雷经天因抵制蒋介石的反动命令而被撤职。

不久,国共合作进行北伐战争,雷经天受党组织派遣到国民革命军第六军政治部任宣传科长,随军挺进江西。占领南昌、九江后,翌年改任政治部九江留守主任,接着出任第三十六军第一师政治部主任。

1927 年

蒋介石发动"四一二"反革命政变后,中央军委调雷经天到国民革命军第四军叶挺领导的第二十四师六十团任党代表,随军参加南昌起义。部队南下作战过程中,雷经天左腕和肺部受重伤。汀州扩编时,雷经天升任二十四师党代表。

部队在揭阳汤坑战斗失利被迫转移,雷经天因伤住院,未能随部队转移。11月乘船到香港,党组织送他到澳门治疗。

11月,党组织派雷经天赴广州,接替不幸被捕的广州起义委员会书记周文雍的工作。他一到广州就积极组织工人纠察队,准备起义;并与同志们一起,将周文雍营救出狱。

12月11日,广州起义爆发。雷经天任起义行动委员会委员、广州工人赤卫队总指挥部政治部主任,在观音山一线指挥战斗。

广州起义失败后,我军全部撤出广州。雷经天因重伤在身,来不及转移,便躲在家中。后经花埭斋堂佛教徒滕云山协助离开广州,转移到香港,找到党组织。

1928 年

1月,受广东省委委派回广西,重建遭受国民党桂系"清党"严重破坏的广西党组织。他与交通员谢生桦取海道经钦州入境,回到离别近9年的家乡津头村。他联系共青团员韦佩珠、谢翱等人,恢复了团组织。吸收雷祝平、雷八斤等人为党员,恢复了党组织。还到宾阳县建立党支部,以赵子谦为书记。同时,与留在梧州的广西特委书记邓拔奇接上关系。广西地方的党组织逐渐得到恢复。

其间,广东省委却错误地做出了"雷荣璞同志临急欺骗潜逃,应即以开除党籍"的决议(《关于广州暴动问题的决议案》)。

同年春,周恩来到香港,宣布这一处分决定无效。

6月上旬,中共广西特委在贵县召开扩大会议。中共中央委员、广东省委常委恽代英亲自到会指导。会议推选朱锡昂为特委书记,雷经天为常委。

12月，中共广西特委改称中共广西临时省委，朱锡昂为书记，雷经天为省委常委，领导南宁及右江各县的工作。后又从水路乘船去了恩隆、奉仪县。后因特（省）委遭到严重破坏，主要领导被捕，雷经天经梧州到香港向中共广东省委汇报情况并请示工作。

1929年

1月，中共广东省委再次派雷经天回广西，重建广西省委机关，文沛任省委书记，雷经天协助文沛工作。

2月，文沛回广东，指定雷经天代理省委书记。他在南宁中山路开设光昌汽灯店，作为省委临时机关。雷经天以汽灯店老板的身份主持工作。

4月，广西省委改为广西特委，仍由雷经天主持工作。在他领导下，南宁中共党员发展到40人，并建立了市郊、那马、三官3个区委。

夏，中共中央、广东省委派邓小平、张云逸、陈豪人等党员领导干部到南宁领导广西党的工作。雷经天领导广西特委配合广西军委迅速发展广西革命力量。

8月中旬，在邓小平领导下，我党在南宁公开召开广西省第一次农民代表大会，雷经天被选为省农民协会筹备处主任委员、韦拔群为副主任委员。

9月10—14日，在中央代表邓小平（当时化名邓斌）领导下，广西省第一次党代会在南宁市郊津头村雷经天家正屋西边厢房秘密召开，会议传达和贯彻了中共六届二中全会精神。雷经天在会上作广西党组织的工作报告。大会通过《政治决议案》，把组织工农红军、武装夺取政权、创立苏维埃政府、土地革命等新民主主义革命任务提上日程。并选举雷经天、严敏等组成广西特委。会后，雷经天受邓小平派遣为右江特委书记。

12月11日，邓小平等组织发动了百色起义，成立中国工农红军第七军。同一天，在田东县平马镇召开右江地区第一届工农代表会议,选举雷经天为右江工农民主政府主席,韦拔群、陈洪涛等8人为委员。

接着,根据中共中央的指示,组织了中共红七军前敌委员会,邓小平为书记,张云逸、陈豪人、雷经天、韦拔群、李谦、何世昌等为委员。地方组织了中共右江特委,雷经天为书记,陈洪涛、陆浩仁、滕国栋、黄治峰、严敏等为委员。

革命政权成立后,雷经天率领右江特委政府一班人,深入发动群众,先后建立了9个县委和18个区委,建立了16个县革命政权,建立了右江赤卫军总指挥部和15个县赤卫军1.5万人,并建立了5个县总工会,7个县妇女组织和青年组织。协助邓小平在平马开办了两期党政干部训练班。

1930年

1月,在雷经天的直接领导下,右江苏维埃政府发出了《土地问题决议案大纲》。

年初,桂系军阀派兵进攻右江苏区,红七军转移到贵州地区打游击。雷经天与红七军二十一师师长韦拔群留在右江坚持斗争,领导东兰、凤山等地农民群众开展以土地革命为中心的根据地建设。

4月,雷经天协助邓小平在东兰县武篆进行土地革命试点并在屯州举办党员训练班,培养了一批土地革命骨干。

5月1日,右江苏维埃政府颁布《土地法暂行条例》,明确了根据地土地革命的路线、政策和分配原则。

5月15日,右江苏维埃政府颁布《共耕条例》,在总结东兰等地进行共耕社试点的经验后,进一步明确了土地革命的一些具体政策。

6月,红七军主力回师右江。在以雷经天为首的右江工农民主政府的领导下,东兰、凤山县的大部分乡村,凌云、隆安、奉义、百色、思林、恩隆等县的部分乡村,开展了土地革命运动。翻身农民踊跃参军,红七军从5 000人增加到近万人。

11月7日,中共红七军前委在河池召开红七军第一次党代会,在

"立三路线"控制的中央委派的代表邓岗的主持下,因雷经天反对红七军北上攻打城市,不仅在会前被免去党内外一切职务,而且在这次会上被开除党籍并降职为宣传员。

1931年

4月,红七军在江西永新召开第二次党代会,传达中共中央指示,批判"立三路线"。会议决定为雷经天平反,恢复党籍。关于这段历史,中共中央于1945年6月做出总结:"右江特委雷经天同志曾表示要保留一部分地方武装,保卫广西苏维埃区域的意见,但这个意见不被采纳,结果红七军的前委反认为这是保守思想,不愿集中全部地方武装来扩大红七军的部队,没有执行中央的决定,给予雷经天同志以打击,撤销他的右江特委书记和右江苏维埃主席的职务,甚至开除他的党籍,并强令右江苏维埃委员的大部分(仅留韦拔群、陈洪涛两同志)及各县苏维埃的主席并所有比较负责任的地方干部全部拉去随军行动,致使广西苏维埃运动完全失败。"

9—10月,由于王明"左"倾冒险主义路线统治党中央,搞肃反扩大化的错误。有些领导怀疑红七军有国民党改组派,有人诬供雷经天是国民党改组派。于是雷经天遭到逮捕,被开除党籍,贬为炊事员,继而被解送中央国家政治保卫局。因国家政治保卫局局长邓发相救,免遭杀身之祸,获释并被邓发留保卫局做审计工作。

中央红军长征时,雷经天被编在中央干部团当战士。

中央红军长征到达陕北后,雷经天被调到中央粮食部任秘书科长。

1935年

经中央党务委员会审查后,决定让雷经天重新入党。

1937年

10月初,雷经天受理"黄克功枪杀刘茜"要案。卢沟桥事变后,董必武兼任陕甘宁边区高等法院院长,雷经天任法庭庭长。不久,董必武调往重庆,即由雷经天代理高院院长。

"黄克功案"中,雷经天给毛泽东主席写了一封信,报告了案情和处理意见,建议严格依法办事,对黄克功处以极刑。

10月10日,毛泽东主席给雷经天回信。全文如下:

> 雷经天同志:你的及黄克功的信均收阅。黄克功过去斗争历史是光荣的,今天处以极刑,我及党中央的同志都是为之惋惜的。但他犯了不容赦免的大罪,以一个共产党员、红军干部而有如此卑鄙的、残忍的、失掉党的立场的、失掉革命立场的、失掉人的立场的行为,如为赦免,便无以教育党,无以教育红军,无以教育革命者,并无以教育做一个普通的人。因此中央与军委不得不根据他的罪恶行为,根据党与红军的纪律,处他以极刑。正因为黄克功不同于一个普通人,正因为他是一个多年的共产党员,是一个多年的红军,所以不能不这样办。共产党与红军,对于自己的党员与红军成员不能不执行比较一般平民更加严格的纪律。当此国家危急、革命紧张之时,黄克功卑鄙无耻、残忍自私至如此程度,他之处死,是他的自己行为决定的。一切共产党员,一切红军指战员,一切革命分子,都要以黄克功为前车之戒。请你在公审会上,当着黄克功及到会群众,除宣布法庭判决外,并宣布我这封信。对刘茜同志之家属,应给以安慰与抚恤。

10月11日,雷经天在延安大操场主持召开了公审大会,在会上当众宣读了毛泽东主席的这封信,随后对黄克功作了宣判并将黄克功枪决。

12月起,为解决边区缺少司法干部的困难,雷经天先后举办了4期干部训练班。

1939年
在陕甘宁边区第一届参议会上,雷经天被选为边区高等法院院长。

1941年
雷经天为边区司法制度的创立做出了巨大贡献,他的工作在边区有口皆碑。边区劳模大会授予雷经天特等劳动模范工作者的光荣称号。

1942 年

组织上进一步培养雷经天,调他去中央党校学习深造。

1945 年

年初,延安整风审干中,中共中央为了解决雷经天的组织问题,特派彭德怀、陈毅主持召开原红七军的干部会议,总结红七军和右江苏区的工作,对雷经天的工作、政治状况进行了调查核实。根据曾是雷经天的领导或一起工作过的周恩来、聂荣臻、林伯渠、邓发等负责同志的证实,做出了结论:"雷经天自1925年参加革命以来,一直在党的领导下工作;经过长期艰苦环境的考验和磨炼,政治上坚定,'并无改组派嫌疑'。是个忠于党,忠于革命事业的好同志。"中央组织部认为过去开除其党籍是错误的,并修正1935年中央党务委员会对他重新入党的决定,恢复其1925年5月的党籍。

4—6月,雷经天以西北局候补代表的资格列席我党在延安召开的七大。会议期间,中央决定抽调警备第一旅和八路军总部警卫团合编为八路军南下三支队,到湘、粤、桂边区开辟根据地,任命文年生为司令员,雷经天为政委。在中共七大结束后的第二天,他就率队出发。在南下途中,雷经天又奉调赶赴东北,任八路军热辽军区副政委。

1946 年

年初,雷经天奉调到张家口任晋察冀中央局副秘书长。

夏,为瓦解国民党的两广部队,刘少奇、朱德找雷经天谈话,派他到山东省去做敌军工作。

1947 年

8月,中国人民解放军两广纵队成立,曾生任司令员,雷经天任政委和党委书记,归华东野战军指挥。

1948 年

秋,雷经天率两广纵队参加淮海战役。淮海战役结束后,两广纵队划归第四野战军指挥。

1949 年

7月,雷经天率部参加解放华南的大进军,经河南、湖北、江西三省,向广东东江流域挺进。

10月,广州解放后,雷经天奉命担任广西省人民政府第三副主席。年底,他和张云逸主席一起到梧州。

1950 年

6月,雷经天奉命担任中华人民共和国最高法院中南分院院长。在雷经天负责的两年里,中南分院共审理6 000多起重大案件。

1953 年

司法改革时,有些同志抓住雷经天在审理季沈离婚等案件中的错误,指控他"犯有隐瞒错误,抵抗批评,进行非组织活动及在工作上严重失职等错误",决定给予雷经天"留党察看两年"处分。

1954 年

4月,雷经天奉调担任汉口港务局副港长。

6月,因同样原因,又受到中央人民政府政务院对他撤销本兼各职的处分,工资从七级降为十级。

1955 年

雷经天调往最高人民法院任督导员。

中共中央监察委员会做出决定:"按期取消雷经天同志留党察看两年处分。"

1956 年

雷经天调上海华东政法学院担任院长兼党委书记。他到任后就提出:领导要深入基层,首先抓好教学;院领导要选择一门课程,一面学习,一面了解情况。他还亲自参加一个教研组的活动,同时规定每星期四下午院领导轮流接待来访的师生。

1958 年

9月,雷经天出任上海社会科学院第一任院长。此时,他的肝病已十分严重。

1959 年

8月11日,雷经天因患肝癌在上海逝世,享年55岁。

8月12日,上海市举行雷经天公祭仪式,由上海市委书记处书记曹荻秋主祭。市委书记处书记石西民在悼词中说:雷经天"从1925年参加党的时候起就把毕生精力贡献给了中国人民的革命事业";"在长期的革命斗争中,雷经天同志对党的事业做出了许多贡献";"他是党和人民的忠实儿女,在他的工作中,经常想到党和人民的利益";"艰苦朴素,平易近人,对群众以劳动者姿态出现,数十年如一日,保持了革命工作者的优良作风和崇高品质";"中华人民共和国成立后,雷经天在政法工作岗位上继续坚持斗争,直到他的心脏停止跳动为止"。

1984 年

经中共上海社会科学院党委复查,并报中共中央纪律检查委员会批准:"同意撤销1953年6月给予雷经天同志留党察看两年处分和1954年6月对雷经天同志撤销本兼各职的处理决定。"再次为雷经天平反,恢复名誉。

(原载上海社会科学院院史办公室编著:《重拾历史的记忆:走近雷经天》附录一,上海社会科学院出版社2014年版)

雷 经 天 传

王林涛　执笔

编写《雷经天传》，是1979年冬在广州召开的全国党史人物会上，广西大学马列主义教研室接受的任务。1980年间，党史教研组教师庞光耀（马列主义教研室主任）、王林涛（党史教研组组长）、林为才、梁士瀛等，做了初步的调查访问工作，搜集了部分资料。王林涛1981年5月底调桂林电子工业学院工作后，继续进行调查访问、搜集资料，在这个基础上，执笔编写了这篇传记的初稿。

雷经天同志是中国共产党的优秀党员。他1925年入党后，就把毕生精力贡献给了中国人民的革命事业，在长期的革命斗争中，为党为人民做出了重要贡献。他参加过五卅运动、南昌起义和广州起义，曾任广西省委代理书记、右江特委书记和右江工农民主政府主席，是广西党组织和右江革命根据地的创建人之一。在二万五千里长征中，在抗日战争和解放战争的战场上，都曾留下了他的足迹。新中国成立后，他继续发扬革命的优良传统，不计较个人得失，兢兢业业，为党的司法事业努力工作，直到心脏停止跳动。

雷经天不愧为党和人民的忠实儿女。他在党的培养教育下，锻炼出了共产党员应有的崇高品质，无私无畏，赤胆忠心。他虽然先后受到对他进行三次错误的处分，两次被开除党籍，一次被撤职降级。但他始终坚信党，坚信人民，任劳任怨，委曲求全，紧紧地跟随党，踏踏实实干革命，充分展示了这位革命者的崇高精神面貌和宽广的政治胸怀。

（一）

雷经天，原名荣璞，字季崐，号经天，1904年农历五月二十四日出生于广西南宁市郊区津头村。他父亲雷昆池曾当过商行学徒和经理，辛亥革命前夕，在民主主义思潮影响下，支持创办新学堂，集资开办崇实种植公司，在南宁第一个带头剪掉辫子，不久，被同盟会委派为南宁支部负责人，在桂南发展同盟会员。

雷经天生长在这样一个具有进步思想的家庭里，从小就受到民主思想的熏陶。他曾回忆道："我年轻，不懂得什么叫政治，但看到我父亲的政治活动，从自己生活上的体会，对现状是不满的。"[1]1910年，他跟着哥哥到南宁新创办的模范小学读书，一直读到1919年中学结业。在校期间，他喜爱读《三国演义》《红楼梦》《水浒传》等古典优秀小说，从中受到除暴安良、富于反抗精神形象的感染。他还喜爱文体活动，练就了强壮的体魄。

五四运动爆发后，北京学联派代表到广西发动群众，雷经天被推选为南宁学生代表，前往梧州参加广西省第一次学代会。回南宁后，年仅15岁的雷经天被选为南宁市学联主席，发动学生响应五四运动的伟大号召。6月的一天，他组织南宁市中小学生3 000人，召开大会声援北京学生的正义斗争。他在大会上的发言，博得"大家热烈鼓掌"。[2] 年轻的雷经天初露锋芒，即显示了他的革命才干。

雷经天在中学结业后，于1919年9月偕同母亲文英到广州跟随父亲生活。但这时父亲正失业，家庭经济困难，他从此失学4年。在此期间，他经常到省立图书馆翻阅书报，寻找新知识。

1923年暑期，雷经天考取了厦门大学理科。他结识了同学中的共产党员施乃铸，经常到他处看进步书刊，和他接近。次年，厦门大学学

---

[1] 雷经天：《自传》，1954年撰写。
[2] 李微：《忆当年，继传统》，《广西日报》1979年5月7日。

生闹学潮,校方横暴地殴辱学生,他便决定作为厦门大学离校学生团的成员去广州,帮助部分同学转学中山大学。这时,广州的革命空气正在高涨,因此,他对革命的认识又提高了一步。后转学去上海大夏大学,经阮啸仙介绍,找到了恽代英,随即在恽代英领导下,参加学生运动。1925年初,经梅电龙、刘稻薪介绍,加入了共青团。同年5月,在轰轰烈烈的"五卅"运动期间,由恽代英、贺昌介绍,转为中国共产党正式党员。

"五卅"运动爆发后,上海学联改组,雷经天代表大夏大学学生会参加上海学联,随即出席全国学联,又代表学联出席上海工商学联合会。这是在中国共产党领导下的公开的群众组织,作为上海罢工、罢课、罢市的最高指挥机关。在这群众性的反帝斗争中,雷经天做了大量的宣传组织工作。

"五卅"运动后,雷经天又回大夏大学读书。大夏大学成立时,聘有国家主义派头子曾琦等当教授,他们在"五卅"运动中和国民党右派相勾结,破坏学生的革命行动,进行反共宣传。当时,雷经天担任大夏大学的党团支部书记,他在上级党组织的领导下,发动进步学生与国家主义派和国民党右派进行坚决的斗争,在学校举行的"双十"纪念会上,公开揭露他们的反革命行径和蒙骗学生的阴谋。学校借此说雷经天侮辱师长、诋毁学校,给予记过处分。为此学生们起来强烈反对,要求学校撤销对雷经天的处分。但校方不仅不接受,反而进一步开除了雷经天的学籍,并提前放假,以防止学生为此而闹事。雷经天随即离开大夏大学,投身到大革命的洪流中。

当时,广州革命形势飞快地发展,正急需干部。中央军委即派雷经天到黄埔军校入伍生部政治部任秘书,不久,转到政治部当宣传科长。在"中山舰事件"中,蒋介石的反革命面目开始暴露。5月7日,广州举行国耻纪念会。蒋介石操纵的孙文主义学会有意分裂群众运动,带领军校学生到没有工农参加的会场上去。雷经天以政治部代表身份及时通过在部队中的党团员,发动群众,自行整队离开,转到有工农参加的群众大会上去。为此,蒋介石恼羞成怒,当晚即下令将雷经天撤职查办。

北伐战争开始,党派雷经天到国民革命军第六军政治部任宣传科长,随军进发江西,攻占南昌、九江。当第六军会攻南京时,他留守九江。南京攻克后,蒋介石东下到九江,组织一批流氓包围第六军政治部留守处,雷经天调集部队严守,粉碎了敌人的破坏捣乱。

后来,第六军代表林伯渠来电调雷经天到南京,蒋介石发动"四一二"反革命政变时,党派人到南京第六军政治部联络,指示雷经天暂留南京,并设法将第六军拉回江西去。后因第六军代总指挥杨源浚和第十六师师长张振武犹豫动摇,没有决心突围,结果被蒋介石的反革命部队包围堵截,党只好指示第六军中的党员撤离南京。雷经天等化装离开了南京,旋即被派到第三十六军一师任政治部主任。不久,中央军委调雷经天到叶挺领导的第二十四师六十团任党代表,随军去南昌,参加"八一"起义。起义后,跟随部队南下,英勇作战,不幸在战斗中左腕和肺部负重伤。到汀州时,第二十四师扩编为第十一军,雷经天即任第二十四师党代表,他因治伤,随参谋团行动。部队在揭阳汤坑战斗失利时,雷经天同陈赓等受伤同志住在医院,无法找到部队,只好乘船转去香港找组织关系。

雷经天到香港后,党组织送他到澳门治伤。不久,广州起义委员会书记周文雍被捕。党立即决定调雷经天去广州接替他的工作。当时,雷经天的伤势尚未痊愈,但他一到广州,即积极组织工人纠察队,同时设法营救周文雍。他们先要周文雍装成重病,迫使监狱送他到医院治疗,然后乘敌不备,由红色恐怖队从医院里把周文雍营救了出来。当广州起义爆发时,周文雍即指挥工人赤卫队,配合叶剑英的教导团作战。雷经天是广州起义行动委员会的委员,在观音山一线指挥战斗。广州起义失败后,他又转移到香港。

革命虽然一再遭受挫折,但年轻的雷经天在这曲折的革命道路上,经受了各种严峻的考验。这时,他从一个青年知识分子已逐步成长为忠于党的事业的坚强战士、党的事业的骨干力量。

(二)

国民党反动派实行"清党"以后,中国共产党在广西的组织遭到严重破坏,党的领导机关已不存在。为了重建广西党组织,1928年1月,雷经天受广东省委指派,潜回广西开展工作。

当时,正值广州起义过后,广西全省戒严,交通关闭。雷经天同交通员谢生桦,由海道经北海、钦州,徒步进入广西。途中因旅费用尽,只得装成乞丐,沿途乞讨。谢生桦是同正县人,他俩就先到同正,在乡村小学秘密活动,建立党团组织。不久,雷经天转回南宁,首先恢复了团的组织,随后吸收一批新党员,恢复了南宁的党组织,并派关国到柳州开展工作,雷子震到右江和余少杰接上关系。他又亲自到宾阳,在芦坪成立了党支部,同时,与留在梧州的邓拔奇接上了关系。这样,广西一些地方的党组织,很快得到了恢复。

党团组织恢复活动后,很快引起反动派的严密注意。有一次,敌人到雷经天的村子去要捉他。在这千钧一发之际,他镇定自若,巧妙地化装成农村妇女,头戴花头巾,手提菜篮,骗过敌人而溜走了。还有一次,敌人包围了他的家,雷经天便走出后门,叫家人把门关上,然后躲进屋后的莲藕塘里,全身浸入水中,仅留鼻孔露出水面呼吸,再次躲过了敌人的搜捕。[①]

重建广西党组织的工作取得成效后,雷经天即向广东省委作了汇报。于是,广东省委决定6月在贵县召开广西特委秘密扩大会议,并派恽代英出席指导。会议决定加强党组织的领导,大力开展农民运动。雷经天被选为特委常委。会后特委即派雷经天为特派员领导南宁及右江各县党的工作。

当时,南宁的团组织,被国民党的女奸细刘尊贤混入了内部。各

---

① 引自《扑不灭的火焰——1928年南宁革命斗争片断》一文。

校团组织情况由此暴露,一批团员被捕。刘尊贤还屡次要求与雷经天见面,均遭雷经天的拒绝,党的组织幸未受到破坏。但后来,雷经天从南宁到梧州向特委报告工作,找不到特委机关,直接到香港找广东省委,才获悉广西特委已被破坏了。

1929年1月,广东省委再次派雷经天回南宁,重建广西省委机关,指定工人出身的文沛为省委书记。雷经天等从香港回到南宁,即整顿南宁附近各县的党组织。后文沛回广东,即由雷经天代理省委书记。不久,他的住处为国民党十五军的侦探查悉,有天晚上国民党军队将他的住处包围,他和其他同志乘天黑突围逃出,幸未被捕。此后,国民党搜查更紧,雷经天的行动更困难了,但他从不离开省委机关,从而保存了广西党的领导机关。

俞作柏、李明瑞执政广西,思想倾向进步,欢迎我党派干部到广西工作。广西省委趁此有利时机,加紧开展群众工作,争取公开活动。8月中旬,在广西农代会上,雷经天被选为省农民协会主任。接着,9月初在雷经天家正屋西边的一间房屋里,召开了广西省党代会。中央代表邓斌(即邓小平)传达了中央指示,雷经天作广西党的工作报告。会上提出党的任务是:深入土地革命的宣传;准备武装夺取政权;加强党的组织和对工农运动的领导。会议决定改广西省委为特委,归广东省委领导,雷经天被选为广西特委书记。

为了组织百色起义,雷经天率领一批同志赴恩隆县平马镇,成立右江农协办事处,公开领导右江各县农会组织。雷经天还在平马筹组中共右江特委,派严敏去东兰与韦拔群、黄明春商量建立东兰、凤山县委,派陈洪涛建立恩隆县委,派徐达生建立奉议县委,派张震球建立思林县委,又派黄松坚和农协办事处的同志发放枪支弹药,武装从恩隆、奉议、思林、果德等地来的农军队伍。这样,就为在右江建立革命根据地,做好了重要准备。

在一片白色恐怖下,雷经天为在广西恢复和重建党组织,进行了大量的艰苦工作,发展和壮大了广西党的力量,不愧是广西党的创建人之一。

当邓斌、张云逸分别率队到达平马时,战友见面,分外激动。这时,熊镐率领的反动警备三大队,妄图对抗革命。为了消灭这支反动武装,张云逸在百仓扣押了熊镐。与此同时,雷经天按照邓小平的指示,指挥农民武装300多人,配合驻平马的第四大队一营,以早上出操为名,直向反动的三大队奔袭。因敌人毫无戒备,不到一小时就全被缴了械。为建立右江工农民主政府扫除了障碍。

1929年12月11日,在红七军建立的同时,右江地区第一届工农兵代表大会也在恩隆县平马镇隆重开幕。大会选举雷经天为右江工农民主政府主席。当天下午,还召开了有5万人参加的庆祝大会。当雷经天宣布红七军和右江工农民主政府胜利诞生时,全场欢声雷动。张云逸代表上级庄严地把右江工农民主政府的公章授给雷经天。这时,雷经天激动地说:"这个印是右江革命人民给我的,尽我能力为右江工农兵服务。"①会后,举行声势浩大的庆祝游行,直至深夜。"此时平马一市,可说是全红世界了。"②

右江工农民主政府成立后,恩隆、思林、东兰、凤山、奉议、恩阳、百色、果德、向都、镇结等县,也先后建立了工农民主政府。接着制定了区乡苏维埃条例,有些县的区、乡两级工农民主政府也相继建立。当时,东兰县就建立了区工农民主政府7个,乡工农民主政府18个。各级工农民主政府执委都由选举产生,每届任期6个月。

当红七军主力离开右江苏区向外游击时,雷经天即把右江各级工农民主政府改为战时编制,在敌占区开展游击战,与敌人的围剿进行艰苦的斗争。

思林伪县长刘权敲诈勒索,杀人放火,无恶不作,老百姓非常痛恨。雷经天即组织了200人的队伍,半夜攻进刘权的村寨,没收土豪的粮食、耕牛分给农民,周围群众无不拍手称快。

---

① 引自黄本朝在1979年12月16日的谈话记录。
② 原载《右江日报》第44期,1929年12月18日出版。

雷经天采取果断的措施，沉重地打击了反革命势力。反动分子便妄图报复，蓄意制造了"杨金妹事件"。杨金妹是雷经天的妻子，她因公执行任务由百色坐船回平马，在中途被土匪劫去作人质，向雷经天提出要钱、要枪和释放他们的人作为交换条件。雷经天得知此事后，立即向组织作了汇报，并提议以镇压罪大恶极的反革命分子来回答敌人的挑衅。不久，杨金妹被敌人杀害。① 为了工农群众的最大利益，雷经天忍痛牺牲了自己的亲人。

为了在右江地区开展土地革命，邓斌同雷经天、韦拔群首先在东兰、凤山进行试点，并开办党员训练班，为土地革命培训骨干。1930年5月，右江工农民主政府颁布了《土地法暂行条例》，对土地革命的性质、任务、路线和政策，做了明确规定，右江地区的土地革命即进入高潮。广大农民热情歌唱："跟着共产党，翻身各有份，不论老和少，人人有田种，大力去开荒，粮食吃不完。"

右江是少数民族聚居的地区，雷经天特别注意执行党的民族政策。在工农民主政府建立时，凡有瑶族的地方，就有瑶族的政府委员。右江工农民主政府委员韦玉梅，就是东兰都阳的瑶胞。政府还动员瑶胞下山来参加分汉族地主的土地，可以住在汉人的村庄上，所以瑶胞非常拥护工农民主政府。

在右江根据地的建设中，雷经天依据中共六大颁布的十大政纲，结合右江的特点，加以具体实施，实践了他的"尽我能力为右江工农兵服务"的诺言，为创建右江革命根据地，做出了重大贡献。当然，由于时间太短，还有些工作没有做好，甚至还有做错了的。

（三）

1930年6月，李立三制定了集中全国红军进攻中心城市的冒险

---

① 卢冠东：《踏着先烈的足迹前进——纪念革命烈士雷经天同志》。

计划,并派中央代表邓岗到右江,要红七军北上攻打柳州、桂林,并在广东的小北江建立根据地,阻止两广军阀北上增援,以保证全国红军夺取武汉,实现"一省或数省的首先胜利"。雷经天由于坚决抵制"左"倾路线的错误主张,坚决反对红七军离开右江北上,因此,被免去党内外一切职务。在河池召开的中共红七军第一次党代会上,中央代表邓岗、军政治部主任陈豪人和参谋长龚鹤村串通一气,混淆是非,说雷经天不同意红七军北上攻打大城市,便是反对中央指示,不愿把地方赤卫军全部集中到正规红军中,便是反对扩大红军,等等。这次会议,不许雷经天到会申辩,又进一步开除了他的党籍。这就是雷经天所受到的第一次错误处分。

红七军在河池整编出发后,便在桂、黔、湘边区艰苦转战。这一带山高岭峻,道路崎岖,加上常有敌人的围追堵截,给养非常困难。这时雷经天虽无领导职务,只随政治部行军,但他斗志昂扬,意气风发,往往在爬越高山或路途崎岖时,就见到他在路旁做宣传鼓动工作。他有时讲笑话、猜谜语,鼓舞士气,他有时帮助病号背枪、背行军背包。部队经长途行军到宿营地后,他又不顾疲劳,给大家讲革命斗争的故事。他讲的"广州起义"和在广西进行秘密革命活动的故事,战士最喜欢听。雷经天长着络腮胡子,指战员们就给他取了个亲切的外号——"马克思",说明同志们对他很爱戴。[①]

部队艰苦转战了两个多月,没有攻下一座城市,却减员1/3以上,同志们开始怀疑立三路线。邓岗和陈豪人见势不妙,便借口向中央汇报,化装成商人离开部队前往上海。陈豪人则在中途脱党,跑到香港参加第三党。而雷经天虽受"左"倾错误的打击,却以高度的信念,跟随广大指战员,"凌厉越万里",一直走到江西中央革命根据地,经受了个人的挫折和战争的严峻考验。

到江西后,红七军在永新县召开第二次党代会,会议批评了立三

---

① 卢冠东:《踏着先烈的足迹前进——纪念革命烈士雷经天同志》。

路线的错误,决定恢复雷经天的党籍。关于这段历史,1945年初,中共中央指出:"右江特委雷经天同志曾经表示要保留一部分地方武装,保卫广西苏维埃区域的意见,但这个意见不被采纳,结果红七军的前委反认为这是保守思想,不愿集中全部地方武装来扩大红七军的部队,没有执行中央的决定,给雷经天同志以打击,撤销他在右江特委书记和右江苏维埃主席的职务,甚至开除他的党籍,并强令右江苏维埃委员的大部分(仅留韦拔群、陈洪涛两同志)及各县苏维埃的主席并所有比较负责的地方干部全部拉去随军行动,致使广西的苏维埃运动完全失败。"①历史证明,雷经天的意见是正确的。他为坚持真理而斗争的精神,应受到称赞。

这时,雷经天在红七军政治部编辑油印刊物《火炉》,在该刊所出4期中,他就发表了6篇文章,分析当时革命形势,为准备参加第三次反"围剿"做思想动员。为整顿纪律,肃清流氓分子,建设一支崭新的部队,"要锻炼我们红七军成为铁的红军",而大造舆论。②

红七军到达了江西中央根据地,即投入为粉碎蒋介石发动的第三次"围剿"的战斗。接着,在江西会昌整理部队,进行肃反。当时,有些领导人认为红七军是从国民党改组派、军阀部队改编的而加以怀疑。因此,肃反一开始,即逮捕军政治部主任许进和十九师政治部主任余惠,说他俩是国民党改组派。余惠经不起严刑逼供,即诬供雷经天也是国民党改组派,雷经天因此也被捕,并被开除了党籍。这是雷经天又一次受到的错误的沉重打击。后来,国家保卫局局长邓发亲自到红七军处理这宗案件。他是雷经天的老上级,对他的历史比较清楚。因而,邓发带雷经天回国家保卫局,留在局里做审计工作,一直到中央红军开始长征为止。雷经天虽被开除党籍,但他并不气馁。他除了做好本职工作外,仍然生气勃勃,心情愉快地参加文体活动,演革命话剧,帮助同志学文化。

---

① 《关于广西苏维埃运动与红军第七军总结的意见书》。
② 《火炉》第1期,1931年7月18日出版。

中央红军长征时,雷经天被编在中央干部连当战士。途经桂北,一些同志劝他说:"你老背个大铁锅行军是吃不消的,干脆回广西吧,那里的同志是了解你的。"而他却说:"回广西,我个人身上的铁锅是放下了,但因我而受牵连的同志就会背上更重的'黑锅',问题就更复杂了。"①因此,他继续背铁锅行军,热心地给大家烧水做饭。

翻越娄山关时,雷经天因过度劳累而掉了队,和在三军团的覃士冕相遇。尽管他身心负担都很重,仍对覃士冕说:"不论遇到什么困难,我都不能离开队伍。党走到哪里,我就跟到哪里。""你放心吧,我决不埋怨党,决不灰心泄气,一定跟上队伍,完成北上抗日任务。"②

雷经天是位老党员、老干部,但因受诬陷而未恢复名誉,在长征中,他和普通战士一样,背着行李,挂着拐棍,爬雪山、过草地。长途跋涉,耗尽了他的体力。过草地时,因体力支持不住而倒下了。正好莫文骅路过他身旁,给他两块生姜,在身上擦来擦去,使他能爬起来继续迈进。

中央红军长征到达陕北后,雷经天被调到中央粮食部担任秘书科长。他就到各地征收公粮,整理仓库,组织运输,向各部门供应粮食。西安事变后,抗日民族统一战线初步形成,大批进步人士和青年学生来到延安,粮食供应紧张,组织上派他过黄河到山西去购买粮食。购粮任务紧迫,雷经天忘我工作,先后3次患了伤寒病,病倒在老乡家里,吃喝都困难,又无药医治,发高烧把耳朵都烧聋了,可是他不顾这一切,仍然完成了购粮任务。

与此同时,经中央党务委员会审查,批准雷经天重新入党,但未恢复他的党籍。直到1945年初,中共中央派彭德怀、陈毅主持召开红七军干部会,总结红七军及广西右江苏区的工作时,才对雷经天的历史,做出正确的结论。当时,根据周恩来、聂荣臻、林伯渠、陈度、叶季壮、莫文骅、邓发、陈郁、廖华等负责同志证明:雷经天同志自参加

---

① 齐继业:《雷经天经受委曲的考验》,《支部生活》1981年第8期。
② 齐继业:《雷经天经受委曲的考验》,《支部生活》1981年第8期。

革命以来,一贯都在党的领导下工作,从未离开过党的领导;经过长期考验,无论在任何艰难环境中,政治上是坚定的,"并无改组派嫌疑"。因此,"中央组织部认为过去开除其党籍是错误的,并修正1935年中央党务委员会对他重新入党的决定,恢复其1925年5月的党籍"。[①] 当彭真代表中央和他谈这个问题时,雷经天感动得热泪盈眶。

雷经天第二次蒙受的冤案,在中共中央关怀下,终于得到正确解决。雷经天虽屡受冤屈,但他始终赤胆忠心,矢志不移地跟着党走完二万五千里长征,不愧为"特殊材料做成的"! 直到1975年,莫文骅还在雷经天的爱人吴树琴面前,深有感触地说:"经天受那么多挫折,还是坚强的,真是难能可贵。"[②]

(四)

"七七"事变后,雷经天受中共中央的重托,走上重要的领导岗位——陕甘宁边区高等法院院长。他没有辜负党的重托,在任8年中,为保卫抗日民主政权和人民的利益、为边区的司法建设,做出了重大贡献。

陕甘宁边区高等法院于1937年7月9日成立,由董必武兼任院长,雷经天任法庭庭长。不久,董必武调往重庆,即由雷经天代理院长并兼法庭庭长。1939年1月,边区第一届参议会正式选举雷经天为高等法院院长。八年抗战期间,雷经天一直负责边区司法工作,不愧为我国司法战线上的老前辈。

雷经天到任不久,即受理"黄克功枪杀刘茜"这一重大案件。当时不少同志念及黄克功"资格老,功劳大",要求从轻判刑。但是,雷经天坚持有法必依的原则,给毛泽东写了信,报告案情和处理意见。中共中央和毛泽东批准了边区政府和法院的意见,同意将黄克功处

---

① 中央组织部《关于雷经天同志党籍问题的决定》。
② 吴树琴在1980年11月10日的谈话记录。

以死刑。这一正义判决，使边区军民受到深刻教育，并震动了全国。雷经天审理此案的意义，远远超出了案件本身，它为正在创建的边区民主司法，树立了榜样。

在边区高等法院工作期间，为了解决司法干部奇缺的困难，雷经天除采取以老带新，在实践中培养提高干部外，还从1937年12月起，先后举办了4期干部训练班。雷经天亲自给学员讲授政治理论课。由于他理论水平较高，对中央苏区的司法制度比较了解，善于理论联系实际，很受学员欢迎。这些学员毕业后，大都成为边区司法部门的骨干；全国解放后，不少同志成为司法战线上的领导干部。

为了在全体司法干部中树立起新的工作作风，雷经天又提出"廉洁、明辨、公平、正直、果敢、强毅、详细、谨慎"的工作准则，①要求全边区司法干部严格遵守，而且亲自做出表率。

雷经天根据党的方针政策并参照中央根据地的司法经验，建立了边区司法组织系统。在高等法院设立了刑庭、民庭、检察处等部门，在专区设立分庭，由专员兼任庭长；县设裁判员；乡设仲裁员。为了防止审判中发生偏差，还在各县组织裁判委员会，由县委书记、县长、保安科长、保安大队长、裁判员组成，集体讨论和决定各县的诉讼案件。

边区法院还建立了巡回审判制度和调解制度，确立了以"调解为主，审判为辅"的新方针。由于民间调解的广泛推行，以及司法干部深入农村，依靠群众办案，使司法工作的面貌蔚然改观。据统计，1944年全面推行调解方针后，全边区受理案件约为1 240件，比1942年的1 832件，减少了1/3。这是实行调解方针的一大成果。

陇东专员兼法院分庭庭长马锡五，在深入群众做调查时，遇到刘巧儿告状，控告其家庭包办婚姻，把她卖给地主。马锡五在查清事实真相后，坚决支持刘巧儿婚姻自主。由此，"马青天"的赞誉，在陇东

---

① 毛泽东给雷经天的信，《人民日报》1981年7月11日发表。

地区广为流传。雷经天总结马锡五的办案经验,上报边区政府,中央非常赞赏,认为这是司法工作的方向。"马锡五审判方式"从此在边区司法系统全面推广。

在抗日战争期间,在边区发生的刑事案件,最严重的是破坏边区与破坏军队的活动。因为日军、顽固派不断派遣汉奸、特务混进边区的机关、部队,到处侦探消息,窃取文件、摄影测绘、暗杀行刺、施放毒药,甚至刺探中央领导的行踪,图谋行刺。在边区还有一股地富武装的"黑军",声称既不是白军,又反对红军,所到之处,杀人越货,进行武装破坏。因此,边区司法工作的主要任务,是"保障抗战胜利,保卫民主政权,保持革命秩序,保护人民利益"。[①] 根据这项任务,边区法院严肃处理了大量的刑事案件,有效地打击了破坏边区的犯罪活动。

对待已判刑的罪犯,边区法院采取教育改造为主的方针,建立了新式的监所管理制度。如在看守所指导下,建立犯人自己的组织,以管理犯人的生活、教育和劳动,要求犯人经常开会检查自我改造情况。因此,有个别犯人妄图组织外跑,往往被犯人自行揭发而破获。法院还根据犯人不同的文化程度,分别编组学习。同时组织犯人参加工农业生产。仅在 1939 年就开荒 2 895 亩,收获粮食 54 000 斤,瓜菜 5 万斤,除被服外,粮食、蔬菜和副食品都达到自给,粮食吃不完还上交给政府。

经过教育和感化,使不少犯人得到了改造,成为新人。有的犯人后来还当了警卫队员,甚至被提拔为干部。1943 年中外记者代表团参观边区监狱时,外国记者十分赞扬边区改造犯人的成效。世界学联代表团来边区参观,也称誉边区监狱为一所学校,对边区司法工作给予很高的评价。

党和人民对雷经天为边区司法工作所做的贡献,给予很高奖励。安塞县李家沟秧歌队给法院拜年时,曾歌唱道:"法院院长雷青天,办

[①] 雷经天:《关于改造边区司法工作的意见》。

案公道众人夸。"为了表彰雷经天的贡献,边区劳模大会特授予他特等劳动模范工作者的光荣称号。当年边区法院的老干部,一致称赞雷经天为边区司法建设做出重大贡献,是各解放区中司法工作的先进榜样。

(五)

中国共产党为了夺取抗日战争的最后胜利,于 1945 年 4 月,在延安召开了七大。雷经天以西北局候补代表资格列席了大会。会议期间,中央决定抽调警备第一旅和八路军总部警卫团,合编为八路军南下第三支队,到湘粤桂边区开辟根据地。文年生为支队司令员,雷经天为政委。当时,雷经天爱人吴树琴刚生下雷炳延不久,担心他率队到敌后有危险,不便抚育小孩,劝他不要去。他对爱人说:"我的一生都是党的,党叫我到哪里就去哪里。"① 终于说服了爱人,坚决执行中央的决定。在中共七大结束后的第二天,即从延安率队出发远征,渡黄河,经太岳,越同蒲,走太行,沿途与日伪的阻击部队作战,8 月间挺进到陇海路铁门一线。

正在这时,苏联对日宣战,进军东北,日本宣布无条件投降,抗日战争胜利结束。南下三支队便集结在河南济源、孟县待命。当时中央正指示彭真率领一批干部开辟东北根据地。因此即电令南下三支队全部转去东北,并组织干部队兼程赶去沈阳。雷经天率领干部队先走,于 9 月下旬到达沈阳,向东北局报到。三支队开到锦州与冀热辽军区的部队合编,成立第三前线司令部,防守山海关至锦州一线,李运昌为司令员兼政委,雷经天为副政委。1946 年初,雷经天被调到晋察冀中央局任副秘书长,姚依林调走后,他接任秘书长。不久,雷经天旧病复发,到河北阜平县休养。1947 年 4 月间,刘少奇、朱德到

---

① 吴树琴在 1980 年 11 月 8 日的谈话记录。

阜平即找雷经天谈话，派他到山东做敌军工作，主要任务是瓦解两广的敌军部队。

中央决定于1947年8月成立中国人民解放军两广纵队，归华东野战军指挥。两广纵队以北撤的东江纵队为主组成，包括珠江纵队和韩江纵队北撤的同志，从干部到战士，绝大多数是广东和广西人。中央委派曾生为司令员，雷经天为政委和党委书记。

八年抗战期间，雷经天主要是做地方工作，缺乏军事工作的经验。但他牢记党中央的委托，坚决贯彻党的方针政策，以他丰富的工作经验和较高的理论水平，抓好部队建设。纵队成立后，就在雷经天主持下，召开党委扩大会。雷经天根据中央和华东局对两广纵队的指示，还在连以上干部会上作了"关于两广纵队建军问题的报告"，指出要从思想、军事和党的建设等方面抓好纵队建设。个别领导人受土改中"左"倾错误的影响，擅自提出在军队中划分阶级，成立"贫农小组"的错误主张，受到雷经天的批评和抵制，从而使纵队沿着正确方向前进。

为了把两广纵队建设成为一支真正为劳苦大众服务的部队，在鲁西南整训期间，雷经天主持了纵队的新式整军运动。他在纵队干部中带头检查自己的阶级成分、工作和斗志，热诚接受同志们的帮助。他把自己历史上的功过是非，毫无保留地吐露在同志们面前，展现出这位老党员的赤诚之心。

莱芜战役后，有3 000广西俘虏兵补充到纵队中来，雷经天深入连队进行政治思想工作，以两种军队对比的方法，帮助被解放战士解决为谁当兵的问题，并鼓励他们打回老家去。因大家都是广西人，谈起来很亲切。经过新式整军运动，提高了部队为全国的土改，为消灭蒋介石反动派而战的政治觉悟，整顿了组织纪律，密切了干群关系，增强了团结。

1948年秋，全国的政治和军事形势发生了有利于革命的变化。这时，华东野战军抓住战机，布置济南战役。济南是敌在山东的战略要地，有十几万兵力守备，有坚固的工事。华东野战军把主力放在南线兖州，以阻击从徐州来援的敌之主力，由粟裕指挥；北线由许世友、谭震林指挥；两广纵队配属在西线，由宋时轮指挥。当时分给两广纵队的任务，是配合兄弟部队攻打济南外围的长清县城。长清县城守敌3 000多人，只有打下长清，才能占领济南机场，切断敌人空中运输线。雷经天坚决执行任务，在战前进行深入的动员，又派参谋长姜茂生建立前线指挥所。战斗打响后，两广纵队迅速全歼了守敌，其中俘虏2 000多人。这次仗打得很好。两广纵队占领机场时，敌军留下很多军需品。雷经天对留守部队再三强调：一切缴获要归公，不准私拿一针一线。由于雷经天严格要求部队，因此，两广纵队比较守纪律，不法行为极少，胜而不骄。

济南战役胜利结束后，雷经天同曾生等到曲阜，参加华东野战军召开的高干会，研究和布置淮海战役，会上分给两广纵队的任务，是配合三纵等部在徐州西北方向牵制敌人。

淮海战役打响后，三纵、两广纵队等部即向砀山一线进军，把敌邱清泉兵团吸引到西线。中原野战军打下砀山后，即向宿县进军。杜聿明以为南下的不是主力，即调部队加强西线。我三纵和两广纵队吸引了敌3个兵团，有力地支援华东野战军主力全歼黄百韬兵团。随后，两广纵队挺进到徐州以南30里的纱帽山、白虎山、两面山一线布防，阻击敌人向南突围。当时，两广纵队只有3个团的兵力，在津浦路以西防守几十里的阵地。

黄百韬兵团被全歼后，徐州守敌惊恐。杜聿明即派孙元良兵团向南突围。敌先派一个师向三团阵地进攻。三团多为新兵，战斗力弱，在敌强攻下退回芦村寨附近，一、二团变为前线。敌向一团阵地芦村寨进攻十几次，炮弹把整个村庄都炸平了，地面被炸成一个又一个的大坑，但进攻之敌始终未得逞。敌转而进攻二团阵地称砣山，敌军在重炮掩护下，反复冲锋，我军被迫后撤。二团政委陈一鸣即向纵队打电话告急，雷经天接了电话，他在电话中果断地说：无论如何，不惜一切代价,都要把称砣山夺回来。他深深懂得,这场阻击战事关重大,若敌突围出来,既不能全歼杜聿明集团,又不能配合中原野战军全歼黄维兵团。

在反复的争夺战中,两广纵队伤亡 2 000 多人。在此危急关头,雷经天临危不惧,顽强战斗,在他和姜茂生等人的指挥下,纵队凡能打仗的警卫员、政工和后勤人员都上前线。姜茂生还亲自到二团组织兵力进行反击,终于收复了称砣山阵地。正在此时,华东野战军派九纵从 100 多里外赶来增援。两广纵队终于完成了阻击孙元良兵团的艰巨任务,对围歼杜聿明集团起到了重要作用,因而受到华东野战军多次表扬。

淮海战役胜利结束后,雷经天率两广纵队到淮阴整训,准备渡江。这时,河南空虚,国民党组织 10 万人暴动。中央电令两广纵队开赴洛阳,保卫中原局。同时决定两广纵队划归四野指挥。1949 年 7 月,雷经天率部参加解放华南大进军,经豫、鄂、赣三省,向广东东江挺进,直抵赣州。这时,叶剑英主持召开赣州高干会,研究和布置向华南进军诸问题。雷经天和曾生参加了会议。会上决定:先解放广东,然后解放广西;两广纵队中的广西籍指战员,均回广西开展工作。[①]

广州解放后,中央决定调雷经天担任广西省人民政府副主席。年底,他和张云逸主席一起到了梧州。在外转战 20 年的雷经天,终于实现了解放两广的愿望,回到了久别的故乡。这时,张云逸找他谈话说:按资历讲,你应是第一副主席;但按职务讲,陈漫远是兵团级干部,安排为第一副主席;还要照顾统战关系,安排李任仁为第二副主席;你只好当第三副主席。[②] 雷经天从大局出发,毫不计较个人名利地位,愉快地接受组织的委任。

[①] 姜茂生在 1981 年 12 月 5 日的谈话记录。
[②] 姜茂生在 1981 年 12 月 5 日的谈话记录。

（六）

1950年6月，雷经天奉命担任中华人民共和国最高法院中南分院院长。当时，中南分院仅有几位领导干部，加上20多位青年学生。大多数同志对司法工作没有经验，又无规章制度可循。在这种情况下，雷经天以全部精力筹建中南分院。他在汉口租了一间民房，把同志们安置下来，边组建，边工作。中南分院负责六省二市法院的审判工作，代表中华人民共和国最高人民法院处理案件。凡判处10年以上徒刑和死刑的案件，都要经中南分院复核，在雷经天负责的两年期间，共审理6 000多案件，还不包括各项政治运动中的案件，工作任务相当繁重。

在任务重、人手少的情况下，为了积极开展司法工作，雷经天大胆放手使用青年干部，让他们在实际斗争中增长才干。1951年召开中南区人民法院院长会议，中心内容是配合土改，镇压封建顽固势力的破坏。这次会议的全部材料、总结和给党报发表的社论，都是在雷经天指导下，由青年干部完成的。在雷经天的耐心帮助下，青年干部较快地成长。

中南分院成立后，雷经天为了充分行使法院镇压敌人、保护人民的职权，他运用在陕甘宁边区高等法院工作的经验，配合镇反、土改等中心任务，组织巡回法庭，到各地去，随时随地进行审判，加快案件的处理。当时，我国尚未建立完善的法制，为了做到依法办案，雷经天非常注意法院的基本建设，成立政策研究室，包括对旧法的研究。为了及时掌握司法工作的动态，并帮助下级法院及时解决问题，雷经天还选定武汉市人民法院为点，每月下去一次了解情况和检查工作，或者请市法院的同志来分院汇报审判工作。这种深入基层、雷厉风行的优良作风，受到法院干部的称赞。

进入大城市后，雷经天虽身任要职，但仍保持艰苦朴素的作风，一心为公，从不要求特殊照顾。

但生活的道路是崎岖曲折的。1953年进行司法改革时，有些同志抓住雷经天在审理季万离婚案及其他几个案件中的问题，上纲上线，指控雷经天"犯有隐瞒错误，抵抗批评，进行非组织活动及在工作上严重的失职等错误"，[①]决定给予雷经天留党察看两年、行政上撤销一切职务的处分。这次组织处分，不仅太重，而且是错误的。中央监委在1955年已决定按期取消雷经天同志留党察看2年处分。原中南分院的一些领导和干部，一致认为，当时因季万的案件而批判雷经天，现在看来是不对的。

雷经天虽然受到了不应有的处分，但他胸怀坦然，对党毫无怨言。他在受到处分后曾说过这样一句话："母亲对儿女的责罚不见得都是对的，但她是为了自己的儿女好，这个愿望总是一致的。"[②]由此可以窥见雷经天的高尚革命情操。

受处分后，雷经天被调到长江航运局汉口港务局当副港长。1954年武汉发生特大洪水，他在防汛办公室工作，年纪虽大，但不论白天黑夜，刮风下雨，都到沿江各处去检查堤防，发现问题及时解决。由于表现突出，受到群众的称赞。

1956年，雷经天被调到上海华东政法学院担任院长兼党委书记。他到院不久就提出："领导深入下层，首先抓教学。领导干部能担任教学的，教一门课，或参加教研组了解情况，帮助工作，或者帮助年级办公室了解情况。"[③]他又提议，党委每学期召开两次专门会议，分别检查和研究教学计划和教学总结。党委正副书记、正副院长，要选择一门课程，一面了解情况，一面学习。他还亲自参加和指导一个教研组的活动。

[①] 引自《中共中央中南局关于雷经天所犯错误的处分决定》。
[②] 彭树华（原中南分院干部，现为最高法院刑庭副庭长）在1981年1月9日所写的材料。
[③] 雷经天：《在处级干部会上的发言》。

为了密切干群关系,雷经天提出要建立"负责同志接见群众的制度"。规定每星期四下午,院领导轮流接待来访的师生。他很注意防止干部脱离群众,搞生活特殊化。他指定总务、人事部门对党员生活待遇问题做出统一规定。而他又总是处处以身作则、模范执行。华东政法学院的住房不够好,雷经天到任后,有的领导替他在市区找好房子,叫他搬家,他婉言谢绝,仍住在普通房间里。和群众一道外出开会,他总是与同志们一起坐大客车,从不独自坐小轿车。这种艰苦朴素、平易近人的作风,深得全院师生的好评。

1958年,中共上海市委为了加强对社会科学工作的领导,提高社会科学水平,成立上海社会科学院,由雷经天任院长,李培南任党委书记。雷经天带病工作,完成繁重的筹组任务。但不幸的是,正当雷经天率领上海社会科学院的同志向科学进军时,1959年肝癌恶化了。他病情很严重,有时肝痛,汗水直冒,但从不叫喊。护士沈福英对他说:"你痛就喊出来好了。"他回答说:"战争时期都不怕,这算什么",[1]表现出顽强的意志。雷经天住院时,很多同志去看望他,他为了使同志们少走路,就下楼到会客室同大家见面,并要同志们不必为他多来。在他弥留之际,还向医护人员断断续续地说:"我不行了,药品都留给其他同志用。"[2]党的优秀儿子、坚强的革命战士——年仅55岁的雷经天,怀着一颗赤诚之心,在1959年8月11日清晨与世长辞了。

雷经天的一生,是革命的一生、战斗的一生、追求和坚持真理的一生。1959年8月12日,上海市举行雷经天的公祭仪式,由市长曹荻秋主祭,市委书记石西民致悼词。悼词说:"雷经天同志是中国共产党的好党员。他从1925年参加党的时候起,就把毕生精力贡献给了中国人民的革命事业。""在长期的革命斗争中,雷经天同志对党的事业做出了许多贡献。""雷经天同志在长期的革命斗争中,在党的培

---

[1] 沈福英在1980年11月6日的谈话记录。
[2] 沈福英在1980年11月6日的谈话记录。

养教育下,锻炼出了一个共产党员应有的优秀品质。他是党和人民的忠实儿女,在他的工作中,经常想到党和人民的利益,并经常同群众保持密切的联系。""雷经天同志在日常生活中,艰苦朴素,平易近人,对群众以劳动者姿态出现,数十年如一日,保持了革命工作者的优良作风和崇高品质。"[①]这些评价,对雷经天来说,都是恰当的。

雷经天虽和我们永别了,但给我们留下了一份珍贵的精神遗产——追求真理、坚持真理、为真理而献身的美德。正因如此,受过他教诲的党内外同志,仍然在内心里默默地怀念他,让我们学习雷经天的革命美德,在社会主义精神文明的建设中,发出更大的光和热,做出更多的贡献!

(原载《广西师范大学学报》〈哲学社会科学版〉1982年第2期)

---

① 《解放日报》1959年8月13日的报道。

自　传

雷经天

　　我出身于一个从小农分化出来的小资产阶级自由职业的家庭里，家庭的生活来源主要是依靠从业所得的薪金收入维持。祖上遗有几亩田，叔伯分了，种田不足维持生活。父亲自小离家出外负贩，后做店员，收入仅足糊口，免于饥寒，幼年失学，但能刻苦自奋，业余就自己读书学字，在清朝末年，就秘密加入同盟会，进行颠覆清朝统治的活动。民国成立，因参加革命的关系，曾一个人出去做过几个月的府长，与官僚阶级有过接触。不久又闹二次革命，受党案牵涉，案发即跑到广东去，转加入中华革命党。从此到处奔走，在两广反龙济光、莫荣新、陆荣廷、陈炯明各役，都跟着党人一起参与活动，做过秘书、咨议、顾问、指挥等职务，没有一个固定的事业，也没有经常的收入，生活是比较困苦的。但他只信服孙中山，没有投靠过任何派系军阀。孙中山死后，即脱离政治关系，流寓广州，依靠哥哥当教员的收入维持生活。抗战时回广西，到龙州、百色各地避难，胜利后住在南宁家乡，以吟诗写字自娱。迨广西解放才被邀请出来参加广西省政治协商会议，并被任为南宁市人民政府委员。流浪一生，从无任何积蓄，没有增置过一田一屋的私产，只关心我们兄弟的教育，其他不多过问。1952年逝世，时已81岁。母亲是一个贫农女儿，20岁才与父亲结婚，能辛勤劳动，纺织耕种，样样都做，父亲无力照顾家庭的时候，就由她支持。1919年我们兄弟都已离开家乡，她才愿意同我一起到广州去跟父亲住在一起,1935年回南宁逝世。

我有两位哥哥,在南宁读书到中学毕业,都先后考得地方公费补助出外求学。大哥是出嗣继承伯父的,早分居,曾在北京高等师范毕业,出来当过中学校长教员,大革命时加入国民党,抗战时在国民党的广东省政府做过事,胜利后回南宁在西江学院当教授。广西解放,转到珠江航务局南宁办事处工作。土改时,因大嫂在家里耕种几亩田并租种一块菜园,自己没有参加主要劳动,叫她的一个侄儿来帮助耕作,又放高利贷,被农民斗争,判为地主阶级。大哥因此离开服务机关住在家里,自己剥制动植物标本(他过去学自然科学,懂得此项手艺)维持生活。二哥到过日本留学,回国后,也当过中学校长教员,后长期在广州中山大学当教授,加入致公党,是该党的中央委员。解放后,到北京参加全国人民政治协商会议,随广西工作团回南宁被任为南宁市副市长,1954年当选为全国人民代表大会代表,现调任广西省水利厅副厅长。

以上所述,就是我的家庭关系。

1910年正当清王朝快要崩溃的时候,我6岁就跟着哥哥们到南宁新创办的模范小学读书,一直读到1919年中学结业。

在这个时期,中国的政治环境发生急剧的变动。经过辛亥资产阶级革命推翻清朝封建统治、袁世凯称帝、张勋复辟、段祺瑞专政、吴佩孚称霸、孙中山在广东做非常大总统,南北各派系军阀混战,国内政治混乱黑暗,人民生活痛苦到了极点,加以德国军国主义挑起第一次世界大战、袁世凯与日本签订二十一条丧权辱国的条约、俄国无产阶级社会主义革命成功、中国在巴黎和会上外交失败,这些因素促成1919年中国人民群众政治性的五四运动。

我年轻,不懂得什么叫作政治,但看到我父亲的政治活动,从自己生活上的体会,对现状是不满的。1918年末,我在中学读书,留日的中国学生派代表回国,到广西以幻灯进行爱国宣传,组织学生爱国会抵制日货,我参加了1919年北京学生发动的五四运动,这一运动很快就影响全国。北京学联派代表到广西联络，在梧州召开广西全省第一次学生代表大会，我是南宁学生的代表去参加，成立省学生联合会。回南宁，我即被选为南宁学联主席，在学生运动中，受到群众政治斗争的教育。

1919年下学期，我中学结业，想出去升学，父兄都不在家，我就偕同母亲去广东同父亲住在一起。但父亲无职业，经济困难，由大哥当教授的收入帮助维持家庭生活。我因读书无钱，找职业又找不到，就此失学将近4年。1923年初，得到两个哥哥答应给我帮助，我才去上海浦东中学补习，暑期考进厦门大学，习理科。1924年，将放暑假，因学校当局辞退教授，闹成学潮，大部分学生与几个教授离开厦大，在上海建立大夏大学，下学期我就转到上海大夏大学继续读书。1925年，参加"五卅"反帝运动，在大夏大学进行反对国家主义派与国民党右派的斗争，结果学校认为是我领导的，开除我的学籍，从此我就离开学生的生活。

这几年，中国在政治上比较重大的事件是：军阀统治的腐败，帝国主义在中国的横行，人民反军阀反帝国主义运动的勃起，中国共产党的诞生，共产主义运动的发展，"二七"京汉铁路工人大罢工，香港海员工人大罢工，中国工人运动飞跃的发展，工人从经济斗争转到政治斗争，国民党的改组，实行国共合作，群众运动起来，工农群众的结合，形成中国革命的主力，推进中国革命运动，产生中国革命的新形势。

我参加过"五四"影响下的学生运动，受到新思想的启发，求知欲很强，在广东失学，极感苦闷。当时各地正在提倡去法国勤工俭学，我也想冒险到法国去，因此勉强从私人教师学过两个月的法文，但筹不到旅费，没有实现。1920年，陈炯明占据广东，聘陈独秀来广州做教育工作。新思潮的传播，在青年中间发生很大的作用。我不愿在家闲居，急迫地要找事做，但没有找到，只得经常跑到广东省立图书馆去翻阅书报，消度时间，在此多少得到一些新的知识。到1923年去厦门大学读书,在同学中才碰到一个共产党员施乃铸同志,在他处看到进步的书报,因此我与他比较接近,但当时只认为他是一个思想进步的同学就是了。1924年厦大学生闹学潮,亲眼看到资本家藉名办学的伪善面孔,露出穷凶极恶的真相,横暴地殴辱学生,以停办学校来威胁学生,想要学生成为资本家的奴才,就决定离开厦大。作为厦大离校学生团的代表去广州,帮助一部分学生交涉转学中山大学,得到广州新学生社的接待和援助(新学生社是共青团领导下的青年群众组织),与张善铭、阮啸仙等同志(都是共产党员)接触。因广州革命的空气较为浓厚,使我对革命的认识和要求更提高一步。我转去上海时,张善铭同志给我介绍到上海去与恽代英同志(共产党员)联系,即在恽代英同志的领导下,参加学生的宣传工作。1925年初,即由梅电龙、刘稻薪两同志(共青团员)介绍我加入中国共产主义青年团。当时在青岛的日本纱厂资本家殴辱工人,工人起来罢工反抗,要求改善工人待遇,上海工人同情他们给予募捐援助支持。5月间,在沪西小沙渡路内棉纱厂发生日本工头打死工人顾正红事件,全上海的工人激愤异常,酝酿大罢工示威,提出要求条件,在共产党的领导下成立行动委员会,下面分工委和学委,分头在工人学生中活动。恽代英同志通知我参加工委,同时由他和贺昌两同志介绍我转为中共正式党员。5月25日,工人学生的积极分子联合组织宣传鼓励队到各大工厂大学校去报告顾正红被打死事件,发动工人学生群众起来声援,工人学生即纷纷组织宣传队到马路上向市民宣传。当日上海大学的学生被租界巡捕房拘捕,运动更加扩大,即决定5月30日由工人学生组织一个宣传示威运动,各马路里弄交通要道都聚集广大的市民群众。租界巡捕分头大肆驱逐逮捕,群众抗拒,形势紧张,为援救被捕的工人学生,群众聚集在南京路老闸捕房前面示威,英国巡捕下令并枪射杀示威群众,死伤多人,造成"五卅"惨案,爆发轰轰烈烈的反帝国主义的"五卅"群众政治运动。

"五卅"运动开始,上海学校改组,我代表大夏大学学生会参加,随出席全国学联,又代表学联出席上海工商学联合委员会。这是在我党领导下公开的群众组织,作为上海罢工、罢课、罢市的公开指挥机关。

"五卅"运动后,学校复课,我仍回大夏大学读书。大夏大学在成立时,聘有几个国家主义派的头子曾琦、余家菊等当教授,国家主义派即以大夏大学作为反革命活动的大本营。在"五卅"运动中,国家主义派与国民党右派结合,专门破坏学生的革命行动,分裂学生的组织,进行反共宣传。当时我在大夏大学已担任中共党兼共青团的支部书记,在我党的领导下,发动进步的学生,与国家主义派和国民党右派分子进行坚决的斗争,在学校举行的"双十"纪念会上,在讲坛上公开揭露他们的反革命行动和篡夺学校、蒙骗学生的阴谋。学校借此说我侮辱师长,诋毁学校,给予记过处分,但大部分学生起来反对,向学校要求撤销处分,学校不接受,反而公布开除我的学籍,并停止期考,提前放假,请租界巡捕来学校驻守,防止学生闹学潮,我即离开大夏大学,就此投身到中国大革命的狂澜里面去。

最初党决定我在沪西区委做工人工作,办工人夜校。1926年初,广东革命形势飞快地发展,需要干部,党即调我到广东去,由军委派我到黄埔军校入伍生部政治部做秘书,登记成为国民党员,不久转调黄埔军校政治部当宣传科长。经过3月20日蒋介石制造的"中山舰事件"的阴谋,蒋介石反革命的面貌已开始显露。5月7日在广州举行国耻纪念的群众大会,孙文主义学会有意地分裂群众运动,率领黄埔军校学生到一个没有工农群众参加的会场上去。我代表政治部跟随部队行动,陈赓同志是大队长,即时通过在部队中的党团员,发动群众,自行整队离开,即转到真正的群众大会去。孙文主义学会分子无法制止,随派人混在部队里面进行挑拨,故意捣乱,与学生争吵斗殴……有两个孙文主义学会分子是蒋介石学校办公厅的秘书,被学生打伤了。因为我是政治部的代表,又参加大会主席团,蒋介石认为是我指使的,当晚下令将我撤职查办。经党的决定,我即离开黄埔军校。

党中央调我回上海，准备派我在浦东区委工作，因广东的国民政府决定出兵北伐，又立即调我去广东，派到国民革命军第六军政治部当宣传科长，进兵江西，攻占南昌、九江。1927年初，部队东下会攻南京，我在九江留守。国民政府已从广东迁移武汉，蒋介石驻南昌，与武汉对立，镇压工农运动，打击革命势力，首先在赣州屠杀工会领袖陈赞贤同志，在南昌解散工会、农协，改组国民党市党部（这些团体都是由我党同志领导主持的）。南京攻克后，蒋即率部东下，组织流氓捣毁各革命团体机关，并包围第六军政治部留守处示威。我们调集留守部队防守，才免被扰乱。沿长江的城市，蒋介石到哪里就在哪里捣乱破坏，一直走到上海与帝国主义和买办阶级勾结，公开地叛变革命。4月初，第六军的党代表兼政治部主任林伯渠同志在武汉来电，调我去南京，4月10日蒋介石则从上海来南京，即向我党进攻，到处搜捕我党地方组织的同志。4月12日，蒋介石公开宣布"清党"，开刀屠杀。在部队工作的共产党员，政治部已经暴露的均列入黑名单，形势险恶。党在上海派人到南京来联络，指示我暂留南京，并设法将第六军的部队拉回江西去。因第六军代理总指挥杨源浚与十九师师长张振武动摇犹豫，没有决心突围，结果被蒋介石李宗仁反革命部队完全包围堵截（以后全部被缴械改编），党才指示在第六军的党员在黑名单上有名字的均设法撤离南京。我同第六军政治部的同志，化装到了上海，党即调我去武汉，派到第三十六军一师政治部当主任。因汪精卫、唐生智与蒋介石勾结，武汉形势急剧变化，党军委调我回武汉，即派到叶挺同志率领的二十四师六十团当团党代表，随军去南昌，直接参加"八一"南昌起义，沿赣东南下，打到会昌，我在战斗中左腕和肺部受重伤。到汀州，二十四师扩编成第十一军，调我当二十四师党代表。因治伤随参谋团下潮汕，部队在揭阳汤坑战斗失利，我同陈赓同志等受伤人员住在医院，与参谋团失去联络，不能找到部队，只得设法搭船转去香港找组织关系。

我到香港后，党送我去澳门治伤。不久，因广州起义委员会书记周文雍同志被捕，党即决定调我去广州接替他的工作。我伤还未痊愈，即到广州组织工人赤卫队，同时进行营救周文雍同志的准备工作。经妥善布置后，即由工人赤卫队的红色恐怖队实行劫狱，从监狱医院里用武装将周文雍同志营救出来。12月11日广州起义，即由周文雍同志指挥工人赤卫队配合叶剑英同志率领的教导团，并肩作战，我在观音山战斗。建立三天的广州苏维埃政权即被白色恐怖政府镇压下去，广州起义失败后，我回到香港。

"五卅"运动后，因中国人民的觉醒，有了中国共产党的领导，中国革命运动很快地向前发展。1924年，孙中山接受中国共产党的建议，中国国民党与中国共产党结成革命联盟，建立反帝反封建的统一战线，团结各阶层的广大人民，参加反帝反封建的斗争。中国的革命力量更加壮大起来，但是反革命就更拼命挣扎。在革命的营垒里面，因为有不同的阶级在一起，同时就存在有阶级斗争，有斗争会起分化的。很明显，代表买办资产阶级的蒋介石，他的本质就是反革命的，他参加革命的目的是为着投机，为着夺取革命的领导权，盗窃革命的果实，在广大的工农群众革命力量的面前他是不能容身的，他的原形就会暴露的，最后自然就会走上反革命的道路。地主资产阶级的代表汪精卫、唐生智之流也是一样的。当时，我党在陈独秀右倾机会主义的领导之下，没有明确地认识到阶级斗争的主要意义，对于革命营垒里面的买办、地主、资产阶级分子，怕同他们进行斗争，怕失去他们的欢心，一味对他们退缩妥协，没有勇气和决心把中国革命的领导权拿到中国无产阶级的手中来，结果把蓬蓬勃勃的中国第一次大革命运动断送了。1927年我党中央的"八七"扩大会议，对陈独秀的右倾机会主义给予彻底的清算。从那时起，即由中国的无产阶级担负起领导中国革命运动的责任。因当时革命力量受到损失，革命运动受到挫折，广州起义遂成为中国第一次大革命的"退兵之一战"。

1928年1月，党派我去广西工作。

在广州起义后,广西全省戒严、交通封闭,我同一个交通员谢生桦同志,转由海道经北海、钦州,步行进入广西,因旅费用尽,只得装成乞丐,沿途乞讨。自国民党"清党"后,广西我党的组织已被破坏,只有一些脱险的党团员星散隐匿,关系都已隔绝。谢生桦同志是同正县人,就先到同正,潜在乡村小学活动,建立党团组织。后转到我自己的家乡南宁,利用社会关系更好活动,很快就把过去失了关系的党团员找到,了解情况。经过审查,很快即把党团的下层组织恢复起来,继续发展组织,近郊的农村和几个中等学校都建立有党团组织的据点,同时在一些工人群众里面(当时有不少参加广州起义的工人到南宁来做工)分头派人去宾阳、武鸣及右江各县找过去关系,进行工作,各地党、团的组织也即由省委陆续恢复建立起来。我将工作情况报告南方局,因南方局已撤销,派交通来联系,并决定6月初在贵县召开广西全省党代会(以前是广西特委,书记是朱锡昂同志)。广东省委派恽代英同志出席指导,成立广西省委,机关设在梧州,我是省委常委之一,派驻南宁,领导上述各地工作。12月,省委召开会议,因叛徒昌景林告密,省委机关被破坏,我到梧州时,省立第二中学的一个团员同志来通知,即转去香港广东省委报告。1929年初,广东省委委任文沛同志为广西省委书记,他同我一起去南宁,重新设立省委机关。不久蒋桂军阀战争爆发,文沛同志回广东省委请示工作,指定我代省委书记。当时南宁团的组织被不久前混入团的奸细(女师学生)告密破坏,团市委及在学校里的团员大部分被捕,其中有一个省立第一中学的团员潘海璠叛变自首(解放后潘自己坦白,我才知道他知道我经过的地方,告诉敌人),敌人在夜间派兵包围我因工作关系的住处,但我已先离开,幸得脱险。敌人对我搜捕很急,但我仍在南宁坚持,一直到6月,桂系李、白失败,俞作柏、李明瑞投降蒋介石,率部进入广西。因俞作柏在香港与我党广东省委有联系,即派党员同志到广西俞李的部队中进行工作。党中央派贺昌、邓斌两同志来广西指导,指示广西省委于11月初在南宁召开第二次省党代会,开展广西的工作。根据中央的指示，准备在广西创立苏维埃政权区域，组织工农红军。在当时，广西已具备有相当的条件，俞作柏、李明瑞的部队里面，有两个警备大队已为我党张云逸、俞作豫两同志所掌握。右江各县有党的组织和农民武装的基础，经过武装斗争，会后贺昌、邓斌两同志即决定派我先到右江布置工作，担任右江特委书记。我到右江不久，俞李又进行反蒋，结果失败。张云逸同志率部到右江，俞作豫同志率部到左江。10月27日，我率领右江农民武装与张云逸同志率领的部队配合，在百色到平马一带沿江城市，同时实行武装起义，解除驻在右江各县的反动武装，同时指挥各地的武装，建立各地的革命委员会。到12月11日，右江23个县的工农兵代表大会开幕，宣告成立右江苏维埃政府，同时成立中国工农红军第七军，我当选为右江苏维埃政府主席，党中央委任张云逸同志为红七军军长，邓斌同志为政治委员。

1930年初，桂系军阀黄绍竑派兵进攻右江苏区。红七军转移到贵州地区打游击，我与红七军二十一师师长韦拔群同志留在右江坚持。下半年，红七军才回师右江恢复苏区。但不久，中央派邓岗同志来右江传达"立三路线"，指示红七军猛烈地扩大部队，进攻中心城市，会师中央苏区，夺取一省或数省的首先胜利。所有右江各县的地方武装部队，全部编入红七军，成立4个纵队。各级苏维埃政府的干部大部分调入军队工作，我也随军出发，由陈洪涛同志接替我的工作，与韦拔群同志一起留守右江。1930年10月，红七军在河池誓师，即向中央苏区进军。1931年4月间，红七军半年苦战，走遍5省，经过贵州、湖南、广东才到达江西中央苏区，参加粉碎蒋介石匪帮对中央苏区进行的三次"围剿"。胜利后，在会昌开辟苏区，整理部队，进行肃反，从打AB团到打国民党改组派，因红七军十九师政治部主任余惠有国民党改组派嫌疑被捕，在刑讯下，诬供我也是国民党改组派，我也被逮捕，并被开除党籍，解送中央国家政治保卫局。经局长邓发同志亲自审查，他在广东省委时，完全知道我参加广州起义及去广西工作的情况。他的爱人陈慧清同志同我一起在南宁工作过,对我了解得更清楚,因此才获释放,留我在国家政治保卫局做审计工作。一直到1934年10月,中央红军撤离中央苏区,我也随部队参加长征。

在这时期,国民党公开反革命,白色恐怖笼罩全国。蒋介石为着铲除异己,造成不断的军阀混战的局面,反革命内部也存在有极大的矛盾,但对革命的进攻还是一致的。蒋介石指挥全国反革命的军队向各省革命根据地的苏维埃组织区域围剿,尤其是对中央苏区集中更大的反动兵力,连续地发动五次"围剿"。日本帝国主义趁蒋介石反革命的机会于1931年制造了"九一八"事变,出兵侵略我国东北,攫取华北。全国人民的抗日运动风起云涌,反对国民党的"不抵抗"政策,反对蒋介石"攘外必先安内"的反革命方针,一致要求停止内战,枪口对外,团结抗日,全国的革命形势又复高涨起来。我党经过"八七"会议,清算了陈独秀的右倾机会主义,中国共产党单独负起领导中国革命的责任。南昌、广州起义相继失败,随后产生盲动冒险主义,"立三路线"又在党中央占过领导地位,中共六大四中全会反立三路线,又形成以王明为首的"左"倾机会主义的路线,这些错误的领导致使全国各地第一次大革命后恢复起来的革命力量受到白色恐怖极大的摧毁,党的组织在各地遭受严重的破坏,党的骨干大量牺牲,各省苏区的革命根据地,绝大部分失败放弃。只有在毛主席正确领导下的中央红军连续粉碎蒋介石匪帮的四次围剿,中央苏区以江西为中心扩展到福建、湖南、湖北、广东、浙江六省地区,获得革命的伟大胜利。但六届四中全会的"左"倾机会主义领导到了中央苏区,改变毛主席正确的战略方针,拒绝毛主席正确的意见。在错误的战略指导之下,使红军在战斗中失利了,苏区缩小了。蒋介石匪帮更疯狂地进行五次围剿,最后,中央红军不得不撤离中央苏区。直到1935年初,中共中央在贵州召开"遵义会议",才全部接受毛主席正确的领导。从此,中国的革命运动走向胜利的大道。

在中央红军二万五千里的长征中,走了13个省区,为时一年。在江西出发时,我被编在中央的干部连为战士,到贵州遵义曾调回国家政治保卫局当总务科长,后又缩编到干部团高干队当班长,一样地执行部队的勤务,参加战斗,做宣传工作,打土豪,发动群众,扩大红军,生活虽备尝艰苦,但精神极感愉快。1935年11月才到达陕北苏区根据地,即成立苏维埃中央政府陕北办事处,我被调到中央粮食部担任秘书、科长职务,到各区动员生产,征收公粮,整理仓库,组织运输,供给各方面的粮食需要。同时,经中央党务委员会审查,批准重新入党。1936年末,张学良、杨虎城在西安举行"双十二"事变,拘囚蒋介石,新的抗日民族统一战线形成,大批的进步民主人士和青年学生来延安。因粮食不够供应,1937年初我被派过黄河到山西去购买粮食接济,解决陕北苏区粮食的困难。完成任务后,回延安不久,爆发"七七"抗战,陕北苏区改为陕甘宁边区。党决定调我在陕甘宁边区高等法院工作。后边区参议会开会,经党的决定,选出我为院长。1942年8月,调我去中央党校带职学习。1943年初,因整风审干,我回法院负责领导审干工作。在整风审干中,党给我的结论是:在工作上是负责的,在作风上表现急躁、不够耐心,政治上没有什么问题。1945年初,党中央为做好"七大"的准备工作,审查各地红军苏维埃斗争的历史,分别召开"山头会议"。中央派陈毅同志负责指导召集前红七军在延安的干部开会,审查过去红七军及广西右江苏区的工作,朱德同志与彭德怀同志均出席参加。会议由我主持。关于我在右江时期的工作,经过检查,大家认为没有什么原则上的错误。右江的革命根据地,是具备有条件可以巩固发展的,右江的放弃,主要是"立三路线"指示的错误,我做地方工作,我是愿意留在地方坚持的。同时关于我的历史,也经过在延安各负责同志的证明,自参加革命以来我一贯的都在党的领导下面工作,从来没有离开过党的领导关系,经过长期的考验,无论处在任何艰苦环境,政治上没有动摇过。因此过去在肃反时期因被诬为国民党改组派而被开除党籍的问题,中央组织部决定宣布取消,恢复1925年5月以来的全部党籍。4月间,中共第七次全国代表大会开幕,我作为陕甘宁边区西北局的候补代表列席会议。正在大会进行期间,中央调集一部分武装部队和干部准备派到湘粤桂边去开辟新的革命根据地,即以陕甘宁边区的警备第一旅为基础,并调八路军总部的警卫团合编为八路军南下游击第三支队,中央军委警备一旅旅长文年生同志担任支队司令员,我担任支队政治委员,由毛主席及中央各负责同志当面给以具体的指示,并亲自到誓师大会上动员。于七大结束后三天,即从延安率队出发,渡黄河,经太岳,走太行,沿途与日伪拦阻部队作战,8月间挺进到陇海路铁门一线,苏联红军进攻东北,歼灭日本的主力关东军,日本宣布无条件投降,抗日战争完全胜利。我们部队即集结在济源、孟县候命。当时,中央派彭真同志去接收东北,调集大批的部队和干部赶到东北去,同时电令我们全部转去东北,并组织干部队兼程赶去沈阳。我就率干部队先走,9月下旬到达沈阳见彭真同志,决定我们部队开到锦州与冀热辽军区的部队合编,受李运昌同志指挥,防守山海关至锦州一线,成立第三前线司令部,李运昌同志为司令员兼政委,文年生、黄永胜两同志为副司令员,我为副政委。1946年初,锦州失守,部队改编,我同李运昌同志一起去承德,为着应付军调部工作,派我到交际处工作,协助萧克、陈伯钧两同志搜集情报。不久又调我去张家口,在晋察冀中央局担任副秘书长。年底我军撤离张家口,我因病在阜平休养。1947年4月间,刘少奇同志与朱德同志到阜平,与我谈话后即派我去山东做敌军工作,主要的任务是瓦解两广的敌军部队。当时广东的我军游击部队东江纵队北上到山东,中央指示改编成立中国人民解放军两广纵队,曾生同志为司令员,我为政委,受第三野战军的直接指挥,转战于鲁、豫、苏、皖一带地区,曾参加过豫东、济南、淮海几个大的战役。1949年1月,淮海战役结束后,我因病到济南治疗。3月,中央调我同曾生同志去北京,接收在北京投降的粤军六十五师何宝松的部队,整理改编;同时决定两广纵队改归第四野战军指挥,从淮阴移驻洛阳候命。4月间,大军渡长江,我即转回部队作南下的准备。7月率部南下,经豫、鄂、赣三省,挺进广东东江,堵截从广州逃出的敌人一个师,使其全部向我军投降。10月,广州解放,调我去广州,中央决定派去广西工作,担任广西省副主席,年底与张云逸主席一起去广西。1950年6月,中南局调我来武汉,担任最高人民法院中南分院院长的职务。1952年"三反"后,1953年随着司法改革的进行,因我在工作中严重失职,违反组织纪律,6月间被撤职,住招待所至1954年4月,派到汉口港务局做副港长。

(原载上海社会科学院院史办公室编著:《重拾历史的记忆:走近雷经天》附录一,上海社会科学院出版社2014年版)

李培南(传略)

朱伟强

李培南(1905—1993),党和军队优秀的党务工作和政治工作领导干部,老一辈马克思主义理论教育家。1952年9月至1953年8月任交通大学代理校长。江苏省邳县倚宿人,出身于一个贫农家庭。8岁入私塾读书,一年后到新开办的倚宿初等小学读书。1918年就读于县城第一高等小学,1921年毕业。其间父母先后病逝。1922年到徐州省立第七师范学校(后与省立第十中学合并为徐州中学)学习,入学不久就遇到学潮,因校长开除解慕唐等进步学生,全校学生集体罢课,终于驱逐了校长。李培南从中受到很大的教育。他从喜欢新文学作品开始,发展到接触政治书籍,进而阅读了《共产党宣言》及一些有关苏联和宣传共产主义的刊物,为人民解放而奋斗的理想开始在他心中扎根。

1927年3月,李培南经解慕唐介绍加入中国共产党。1928年4月,邳县党的特别支部成立,李培南任宣传干事。1929年1月被捕,8月出狱。10月应聘到沛县县立中学教书,在教学和工作中注意启发学生的觉悟,参与组织和领导了师范班学生争取免缴学费的斗争,引起当地国民党政府的注意。同年底赴上海,在中共沪西支部从事宣传、散发传单、参加飞行集会等政治活动。

1930年4月至1934年1月,李培南从事了将近4年党的秘密交通工作。在白色恐怖下,他怀着对党的事业的无限忠诚,不顾个人安危,艰辛奔波,机智勇敢,多次出生入死,出色地完成了党交给的交通联络任务,保证了党的指示和文件的传递。

1934年1月,李培南前往苏区瑞金,担任中央党校政治教员和班主任。他边教边学,掌握了不少理论知识。1934年10月后,调到红军总政治部、五军团政治部和四方面军红军大学任宣传干事、科长和政治教员、教导员,参加了举世闻名的长征。他三过雪山草地,涉过金沙江,飞渡泸定桥,翻越六盘山,沿途开展宣传工作,鼓动战士,在反对张国焘分裂主义的斗争中,为维护党和红军的团结做了大量的教育工作,最后随中国工农红军胜利抵达陕北。

1937年,红军大学改名为抗日军事政治大学(简称抗大),李培南任政治教员、文化教员,1938年从延安调到驻洛川的第六大队任政治总教员。这年底,中央决定抗大组织两个分校到敌后去,李培南先后任一分校政治主任教员、政治部主任、政委等职,在晋东南地区坚持斗争,培养和造就了大批用马克思列宁主义思想武装的合格军政干部,为这一地区的部队发展和根据地建设做出了很大的贡献。

1942年8月,李培南离开抗大,担任山东分局党校副校长,领导组织干部学习中央有关整风工作的文件,共办了4期学习班。1945年,日本宣布无条件投降后,山东分局决定党校停办。李培南被分配到鲁中军区,任鲁中区党委第二副书记、鲁中军区第二副政委兼政治部主任,领导部队的政治工作,并负责组织民工支前,在地方进行土地改革。

1948年,鲁中、鲁南、滨海合并组成鲁中南区党委,李培南作为党委委员被调往淄博特区任特委书记兼警备司令部政委。当时解放战争还在继续之中,他积极动员群众参军,组织民夫支援前线,组织工人生产自救,发动农民进行春耕生产。

全国解放后,李培南任中共温州市委、地委书记兼军分区政委。他根据中央的指示,依靠南下干部,并在当地干部的有力配合下,领导完成了恢复生产、镇压反革命、土改和抗美援朝等项任务。1951年

7月,他调任华东局党校第二副校长,负责训练华东各省市的整党骨干,培养了一支领导整党工作的骨干队伍。

1952年1月,华东局党校停办期间,李培南被派到交通大学兼任学习委员会副主任,参加和领导交通大学教职员和学生的学习活动,并筹建中共交通大学委员会第一届代表大会,组建首届党委班子。同年2月中共交通大学委员会成立,由11名委员组成,李培南任书记。他在党委会成立大会上作重要讲话,指出党委会目前任务是要在全校开展"三反"运动,号召全校加强团结,建设好获得新生的交通大学。9月,华东军政委员会教育部发出通知,由彭康(当时任山东省人民政府文教委员会主任)任交通大学校长。此时,彭康因公出国未归。为便于院系调整工作顺利进行,暂由李培南代理校长职务。1953年1月,彭康调任交通大学党委书记,在彭康未来交通大学前由李培南代理党委书记。

李培南担任交通大学党委书记、代理校长期间,正值1952年大规模院系调整时期,中央制定了"以培养工业建设干部和师资为重点,发展专门学院和专科学校,整顿和加强综合性大学"的院系调整方针,任务艰巨,时间紧迫。李培南认真贯彻执行中央的有关方针政策,在交通大学组织落实华东地区高等学校院系调整设置方案。1952年8月,他主持召开了师生员工代表大会,广泛发动师生员工行动起来,顾全大局,积极投入院系调整工作。他还主持党委会进行专题研究,民主决策,确定专人分工负责,提出了学校院系调整工作一要与学校建设结合;二要广泛发动群众,博采众议,集中力量,有组织、有计划地实施,防止混乱和浪费;三在工作上既要分工负责,职责明确,又要紧密配合,协调一致;四是要求各院系原来的行政组织主动配合做好调整工作。为此,建立起相应的调整机构,下设福利、师资调配、职员工人调配、器材调整、图书与房屋家具调配、秘书及运输等8个小组,专门负责院系调整工作。这些机构成立后,立即开展工作,自1952年7月20日《华东地区高等学校院系调整设置方案》下达后,经过2个多月的准备与实施,师生员工的调动,器材、设备、图书、家具的调拨,一切均按计划进行,进展顺利。截至1952年10月,按方案的要求,基本完成学校的院系调整工作,确保了10月15日按新的系科设置开学上课。至此,学校由包括17个系和1个研究所的理、工、管3院建制的综合性大学调整成共设机械类、电机类、造船类3类7个系的多科性工科大学。

李培南主持交通大学工作时期,领导了学校的思想改造运动和"三反"运动,决定从反贪污、反浪费、反盗窃国家财产的斗争入手,经过组织学习,统一思想,提高政治觉悟;通过思想批判,消除各种极端个人主义及封建的、买办的反动思想影响;通过思想总结,对照自己历史和思想进行自我总结和分析批判,从而使全体教师的思想觉悟普遍提高,初步树立了为人民服务的思想,教学工作的积极性也大为提高。李培南还组织领导学习苏联,开展教学改革。50年代初期,我国学习苏联进行教学改革,在舆论导向上有时提出学习苏联应与中国实际情况相结合;有时提出必须进一步地全面学习苏联,甚至把学习苏联列为办学好坏的一条标准,从而忽视了结合我国实际。后者的影响尤为普遍。正基于这种背景,交通大学学习苏联高等教育进行全面教学改革。由于院系调整仓促而过快,学苏联盲目冒进,要求过高过急,致使教学改革中出现一些忙乱现象。对此,李培南多次强调指出,学习苏联要切合实际,教学改革步子应该稳妥。在教学安排上要继续防止教学脱节,要克服忙乱现象,要适当调整学生作息时间。他组织专门力量调查研究,采取措施,诸如召开教学讨论会,交流教学经验,改进教学方法,部分克服了教学改革中出现的忙乱现象。但苏联五年制的教学计划要在4年内完成的根本矛盾及有关困难在当时不是一个学校能够解决的。

在交通大学工作的这段岁月给了李培南美好的回忆。他在晚年所撰写的《自书生平实录》中这样写道:"在交大的二十个月回忆起来,还是很值得纪念的,至今该校在纪念校庆时总是邀请我参加。"

1953年8月,彭康到交通大学主持校务后,李培南仍回华东局党校任副校长、党委书记,并先后担任政治经济学和中共党史课程的教学工作,编写出版了《中国共产党历史讲授提纲》。1956年起当选为中共上海市委第二、三、四届委员,上海市政协第二、三届常委会委员。

1958—1966年,李培南在上海社会科学院工作期间任党委书记(1959年起兼下设的哲学研究所所长,1964年起兼院长)。根据中共中央"教育为无产阶级政治服务,教育与生产劳动相结合"的教育方针,李培南领导和组织全体学生和一部分教师、干部到工厂、农村参加生产劳动,使教师、学生和干部在学习与劳动中增进了同工农群众的感情,政治上、思想上都有显著提高。他还尝试用多种形式努力提高青年研究工作者的马克思主义理论水平和科研能力。在社会科学研究工作中,他坚决贯彻理论联系实际的原则,坚持"双百"方针,主持编写了《马克思主义哲学教科书》。

"文化大革命"中,李培南与许多干部一样遭受种种迫害,在身处逆境时,他仍以坚定的共产主义信念,对林彪、"四人帮"反革命集团的倒行逆施进行了坚决的抵制和斗争。1978年10月,他重新担任上海社会科学院党委书记。1979年,任中共上海市委纪律检查委员会筹备组副组长,同年当选为上海市第七届人民代表大会常务委员会副主任兼常委会下设的政法委员会主任,1983年任上海市八届人大常委会副主任。他衷心拥护和贯彻中共十一届三中全会的路线、方针和政策,坚持在思想领域高举马克思列宁主义、毛泽东思想的旗帜,为发展社会主义民主、健全社会主义法制,倾注了大量的心血。

1985年,李培南离休。从领导岗位上退下来后,他仍十分关注党的思想理论战线的工作和社会主义民主政治建设及法制建设。他坚决反对资产阶级自由化,坚持学习邓小平同志建设有中国特色的社会主义理论。在中共上海市第六次代表大会上,他作为特邀代表出席会议,虽年高体弱,仍十分认真地履行代表的职责。

1986年,李培南去西安参观访问,有机会到了西安交通大学并住在那里。一些老教授闻讯后专程来看他,大家畅谈叙旧,其乐融融。李培南后来也分别到这些教授家里,了解他们的生活和工作情况,鼓励他们为祖国的教育、科研事业做贡献。

　　1993年8月,李培南在上海病逝,年89岁。吴邦国等上海市领导为他送别。李培南生前著有《关于共产主义问题报告大纲》《马克思主义在中国的传播和发展》《关于马克思主义三个组成部分》《新宪法是人民的宪法》《铁流二万五千里》等论著。

　　李培南长期从事党和军队的党务工作、政治工作和马克思主义理论的研究,为党的建设和思想政治工作做了大量卓有成效的工作;他对党、对人民、对无产阶级事业坚贞不渝,赤胆忠心;他坚持党性,严守党纪,光明磊落,谦虚谨慎,廉洁奉公,始终保持艰苦朴素的优良作风,赢得了广大干部和群众的信任和尊敬。

（原载陈华新主编：《百年树人：上海交通大学历任校长传略》,上海交通大学出版社1997年版）

父亲杨永直的风云岁月

杨沪生

父亲杨永直,1937年加入中国共产党,中共中央机关报——延安《解放日报》创刊人之一。解放后曾任中共上海市委宣传部部长。他的理想信念将是我们永恒的信奉和追求。

(一) 方家五少爷　投身大时代

父亲杨永直(原名方璞德),安徽桐城人,1917年9月出生于江苏常熟。我爷爷方时襞(号孝充),于宣统二年至辛亥年间任常熟县知县,是安徽"桐城派"文学家暨清季理学家方宗诚之孙。父亲共有兄弟八人,排行第五。

我爷爷方时襞逝世后,奶奶杨琴芬携父亲兄弟二人由安庆小南门方府大院迁徙至南京,在著名的文化街——成贤街以5万大洋兴建了一所三层的西式洋楼。小楼两侧院墙处有一条小河环绕,一直延伸到南边的浮桥,与秦淮河两岸毗邻相连。奶奶杨琴芬住在二楼朝南的两间正房,一间卧室,另一间是她的佛堂。靠东北侧的两间分别是书房与客房,中间是餐厅。而一楼同样的房间却时常空关着,不久后租于方家的一房远亲、时任国民党军的一位师长,每月可收房租70元大洋。仅此一项,可供一家人一月开销有余。父亲与在家的六弟琼德(何均)住在三楼。奶奶携父亲兄弟二人来到南京后,从精神上摆脱了封建大家族的桎梏,心情愉悦得多了。她厮守着父亲与我六叔,希望度过她孤独而又安逸的后半生。

其间,"九一八"事变、"一·二八"淞沪抗战相继发生,1933年1月日寇占领热河后,继而又占领了察哈尔,进攻绥远与华北等。狂妄的日寇公然叫嚣,整个中国都将是他们的保护国。中华民族处在危险的关头。父亲当时正就读于南京中央大学实验中学高中部,蒋介石的"读书救国"论已藩篱不了父亲抗日救国的情怀。他在完成学业的同时,开始大量地接触18、19世纪的德国哲学、俄罗斯文学,特别是十月革命前后的进步书籍。米丁的《哲学大纲》、河上肇的《政治经济学》、黑格尔的《逻辑学》、费尔巴哈的《人本主义论》、倍倍尔的《妇人与社会》,还有20世纪30年代初有关中国社会性质和发展前途的各种争论。凡这些学说与论著父亲都有所涉猎,它把父亲的思想引向了新的境界。腐败的社会现实更加引发了父亲强烈的不满,尤其是蒋介石"攘外必先安内"的反共政策,更令他愤恨不已。他对中国共产党充满了期待与向往。他逐渐地从所谓"桐城派"的文豪世家与"新月派"的精英意识(其堂哥方玮德、九姑方令孺均为著名的"新月派"诗人)中解放出来,转而趋向更广阔的天地。

1935年,父亲组织了进步学生团体"读书会"。"读书会"主张积极的抗日理念,与学校当局所讲的"读书救国"相对立,最多时参加的学生达上百名。1935年,北平"一二·九"学生爱国运动爆发后,南京的学生也冲破重重险阻,走上街头示威游行,参加者亦遭到反动军警的监视与拘捕。与此同时,父亲也因组织"读书会"的同学参加游行示威活动,而受到中央大学实验中学中学部校长许恪士的警告,也受到了中央大学校长罗家伦的口头"训诫"。1936年初,父亲偕"读书会"部分成员,参加了中共外围地下组织"南京大中学校学生抗日救国联合会"。他负责"南京学联"的宣传工作。父亲从事地下革命活动很快被敌人发现。1936年1月的一个晚上,宪兵队包围了成贤街文德里14号——父亲的家暨"南京学联"的秘密联络点。父亲的同班同学、一位虔诚的天主教徒崔宗纬与班上的"数学尖子"徐祥达得此消息后,即刻告诉了父亲。父亲早宪兵队一步回到家中,以寥寥数语安慰并告别了奶奶,只身前往上海,考入复旦大学新闻系,继续从事他的革命活动。

8月初的一天,一位名叫"马义"(于光远)的北京青年来到复旦大学,他带来了父亲三哥方琦德的口信,并告知父亲,方琦德经有关途径了解到父亲的革命活动与表现,亲自介绍他加入中国抗日民族解放先锋队(即"民先"),并已得到"民先"总部的批准。"民先"是中国共产党直接领导的全国性的抗日组织,总队长是李昌。马义还向父亲交付了"民先"成立的宣言及"规章"。此时的方琦德是中共地下党清华大学支部书记。马义是受方琦德委派来找父亲完成此项工作的联系人。父亲的主要任务是长期隐蔽、积蓄力量,在有条件的情况下可以发展他人加入组织。马义走后,父亲的联系人是上海《妇女杂志》的编辑姜平。从此,父亲便投身革命工作,成为中华民族解放先锋队的一名战士,时间是1936年8月8日。

1937年"七七"事变发生后不久,中国共产党通电全国号召全民族奋起抗战。方琦德、方珂德(又名方章,时任中共地下党南京市委委员)与中共长江局有关领导同志一起来到南京。方琦德与方珂德旋即召集父亲及当时"南京学联"的主要负责人在父亲家中开会。方珂德对父亲等人说:"目前的形势十分紧迫,日本帝国主义武力侵占平津与华北,我们的口号是'巩固后方,武装保卫平津,保卫华北,不让日本帝国主义占领中国一寸土地,为保卫国土流尽最后一滴血。'""中国共产党还准备立即发布国共合作的宣言,宣布中共愿为彻底实现'三民主义'而奋斗;取消苏维埃政府,取消红军名义及番号,改编为国民革命军第十八集团军暨八路军新四军,担待抗日救亡之责。"方琦德接着对父亲说:"你可以把这些消息告诉其他的同志,你们越早知道中央的精神,就越有利于工作的展开。"父亲激动地握着他俩的手说:"我今天找到党了,原来你俩都是中共党员。我志愿并请求加入中国共产党。"方珂德笑着对父亲说道："不急,很快会解决你加入党组织的问题。你先全身心地投入工作,如今大批平津学生南下宣传抗日,你可以迅速组织原'南京学联'的骨干力量,配合所有的活动,这是对你的考验。你志愿加入党组织就必须接受考验。"同年8月,父亲在四哥方珂德的介绍下,加入了中国共产党。

（二）率领宣传团　深入大别山

"八一三"淞沪抗战爆发后,中共长江局南京市委决定将平津救亡学生中的进步骨干与"南京学联"中的进步同学合并组成"首都、平津学生救亡宣传团",开赴鄂豫皖边区,进行抗日宣传组织工作。中共地下党南京市委书记李华、委员方珂德召集父亲和董凌云（清华大学学生党员）、叶笃廉（清华大学学生党员）、胡叔度（金陵大学学生党员）、李庚（金陵大学学生党员）等,在成贤街文德里14号父亲家中的书房开会,布置了由中共地下党支部领导"宣传团"的工作。由董凌云任团长,父亲为主管宣传工作的地下党支部委员。父亲接受重任后,在不到7天的时间完成准备工作,和董凌云、胡叔度等地下党支部成员,率百余人向安徽大别山地区挺进。11月,父亲与宣传团由芜湖裕溪口过江,在长江北岸的巢县、合肥、淮南、无为等地,辗转进行抗日宣传,组织各种抗日救亡团体,发动群众和青年进行武装自卫。15日深夜,宣传团接到南京电报指示,要全团立即返回芜湖。当宣传团回到芜湖时,中共南京市委委员方珂德已在芜湖一座破旧的城隍庙前等候了。他凝重而低沉地对大家说道："1937年12月13日,我国首都南京沦陷于日寇之手。"他还揭露了日寇在南京残杀30万同胞的滔天罪行。他宣布的消息使大家十分震惊和悲愤。父亲不禁流下了痛楚的眼泪。大家纷纷表示,誓与日寇血战到底,一定要为南京死难同胞报仇。

1938年初,父亲和"首都、平津学生抗日救亡宣传团"经武汉稍事停留，立即转入长江两岸暨鄂东南，胡叔度率一队到大冶、黄冈一带，父亲和董凌云率另一队直趋黄陂、麻城、黄安一带老革命根据地。沿途，父亲听到了许许多多的血泪控诉，国民党屠杀了无数的红军战士和他们的家属，要群众接受与国民党蒋介石及其地主老财结成统一战线共同抗日，是很难的。因此，起初不少群众对宣传团异常冷淡，把宣传团的同志看成是替国民党说话的少爷、小姐，甚至要将他们赶走。可是当他们亲眼目睹宣传团的同志们自己背行李、打铺盖、睡草地，和他们一起吃糠咽菜，同枕共眠，起早贪黑地帮助百姓挑水做饭打柴，群众的态度渐渐转变了。于是，父亲和宣传团的同志们向群众讲述了当前民族危机和抗日形势，说明为什么要放弃土地革命实行减租减息，说明抗日一定要建立根据地，要用游击战积极配合八路军和新四军。鄂豫皖毕竟是革命老根据地，群众觉悟很高。在当地党组织的配合下，无数抗日救亡团体和组织纷纷建立起来了。在武汉沦陷之后，这一带成为阻止日寇前进的又一战场。日寇只能占领沿江、沿铁路线的一些大中城市，广大农村和乡镇仍然在我们手中。

一天，父亲与董凌云一道由黄安步行数十里，到达大别山脚下的一个名叫七里坪的地方。他们向驻扎在这里的著名红军将领郑位三同志汇报宣传团的工作。郑位三热情地接待了父亲与董凌云。在他的屋里生着一盆炭火，用瓦罐炖着红烧肉，煮了土豆，炒了鸡蛋和着野菜，请父亲他们饱餐一顿，这在深山里是招待"贵客"的规格了。晚饭后，郑位三与父亲和董凌云在煤油灯下促膝长谈直至天明，从黄麻地区的起义，一直谈到抗日战争以及宣传团工作的重要意义。除了几杯白开水、一盏煤油灯以外，就是满桌的土烟叶，大家用纸卷着吸，一根接着一根。除了偶尔有几位挎着驳壳枪系着红布带的红军战士进来送水外，整个大别山都已入睡。第二天黎明，郑位三偕父亲和董凌云登上山峦，透过一层轻纱般的薄雾，兴致勃勃地观看红军战士的晨练，他们个个生龙活虎、勇敢机智，而年龄不过十七八岁。看着这些战士，父亲对抗战胜利充满信心。他在心中呼喊道："中国不会亡！"

（三）"抢救"遭磨难　博古成挚友

1938年10月，宣传团奉命解散，党员和骨干分赴全国各抗日战场。父亲奉中共长江局令，调往四川重庆，重回已迁到此地的复旦大学，仍以学生的身份为掩护，任中共地下党复旦大学支部书记。同时他还担任中共北碚中心县委常委，分管青年与宣传工作，而中心县委所辖区域的青年运动的中心即在复旦大学。

父亲奉命到江津恢复建立当地的地下党组织之后，于1939年9月奉命前往延安，到中共中央"青委"工作。当时九姑方令孺正在重庆复旦大学教书，听到父亲要去延安的消息后，特来送行。她对父亲说："你到北方去，不能再用这个名字了，你有母亲、有亲属在白区，会牵连他们的。改名换姓吧，我给你取个名字，你母亲姓杨，你改姓杨，取名永直，如同青松翠柏永远挺直而立，不屈不挠。"父亲听了非常赞同。从此，父亲就用"杨永直"这个名字，直到去世。到延安后，父亲与许立群（杨耳，新中国成立后任中宣部常务副部长）、李锐（新中国成立后任水利部副部长等）、陈适吾（陈企霞之弟，新中国成立后任新华总社副社长）、童大林（经济学家，改革开放后任国家科委副主任）等共事。中央青委的宣传工作由胡乔木主持。他告诉父亲，中央青委办了一所青年干部学校，开设了一个高级学员班，想请父亲去讲授新闻学。父亲虽说在复旦大学新闻系读过近3年的书，但主要精力是在做党的地下工作。他恳切地对胡乔木说："恐怕不行，我只是略微学过一些而已。""你行，你行，不必谦辞了，你是复旦大学新闻系科班出身，这在边区还很难找。我们要培养新闻工作的人才，各个边区都需要，教他们学会写新闻、写通讯、写政论。这个任务是党组织交给你的。给你一个星期的时间准备，随后开课。"胡乔木几乎是不容讨论地向父亲下达了工作指令。过后的一天，冯文彬（时任中央青委主任）找到父亲，正式告知了中央青委的决定。他笑着对父亲说："我也会来听课。"父亲只好硬着头皮"备课待考"。数日后，父亲在中央青委主办的青年干部高级学员班上开了新闻学课。

1941年5月14日，中共中央机关报——延安《解放日报》在清凉山创刊。出席创刊会议暨第一次编辑部会议的有博古（秦邦宪）、杨松、张映吾、杨永直、曹若明、王揖、丁玲、方紫等8位同志。父亲在《解放日报》工作期间，先后担任采访部、通讯部、国际部副主任、主任。与余光生、陆定一、吴冷西、高扬文、郁文、李锐、穆青、莫艾、黄钢等同事。国际部每天深夜煤油灯灯火通明，五六个编辑挤在一个小窑洞里，由新华社收录的各国通讯社的电讯稿在每人的桌上堆积有一尺高。父亲与战友们就在这浩瀚的电讯中遴选、编撰新华社的新闻，撰述政治、经济、军事等方面的评论。他们可以在一夜之间从近10万字的各类电讯稿中，写出近万字可用的稿件。窑洞墙壁上悬挂着世界地图和中国地图，上面插着红白两种小旗和各种箭头，标示着每日敌我各方的战局变化。延安《解放日报》社暨新华社社长博古与陆定一（《解放日报》第三任总编）每日黎明到国际部咨询战局和信息。父亲与其他同志如同讲述下棋的双方态势一样，几乎毫无差池地向他们汇报。

1943年初，康生之流在延安大搞所谓的"抢救失足者运动"（又称"抢救运动"）。父亲因出身于官僚地主家庭及长期在"白区"从事党的地下工作，而被"左"倾路线的执行者"隔离审查"数月之久。其间同时受"抢救运动"牵连的还有博古。博古颇有学者风度，俄文极好，翻译过许多俄文著作。他的妻子张越霞是一位女工出身的老共产党员。博古对我父亲十分器重，他曾诙谐地对父亲说："你是'桐城派'的后代，是名门出能人啊。"他在延安《解放日报》社长任上，经常与父亲讨论历史文化与学术传承。他颇知"桐城派"与清季理学的渊源。在延安"抢救运动"期间，博古因历史上的错误又再度挨批，使他心情郁闷。父亲自从被"抢救"而又"活"过来后，就用自己的切身体验和感受与博古谈心，由此他俩相处很好。当时我二姐杨咏橘在延安出生后，因母亲李慕琳没有奶水而处于窘境，博古便将他因身体不好而被分配到的一份牛奶和少许羊奶给了我二姐喝，解了燃眉之急。后来，毛泽东与中共中央及时纠正了"抢救运动"中严重的"左"倾错误。李克农亲自向父亲做诚恳的解释，并明确地告诉父亲，组织上对他是充分信任的。

1945年8月15日，日本无条件投降。整个延安沸腾起来，延河两岸从早到晚人群穿梭，火把通明。博古、陆定一喜笑颜开，走进编辑部召开紧急会议，并宣布道："今天枪杆子暂时地歇下来，笔杆子要有更犀利的笔锋，我们将要进入和平民主的新阶段，议会、选举、合法斗争要求我们有新的学习和认识。办报是极其重要的斗争手段，你们要有新的精神准备。"当时有传闻，说博古要去上海当市长，父亲和战友们很有可能随他到上海接管几家大报社。然而，和平民主新阶段终于未能实现，国民党政府在美国的帮助下，挑起了内战。

（四）主政《大公报》 尊重王芸老

1947年3月13日，胡宗南纠集30万人马向中共中央所在地延安大举进犯，他们的先头部队离清凉山不过几十里了。父亲与《解放日报》的秘书长廖承志、副秘书长陈克寒、徐建生等向瓦窑堡撤离，边行军边办报，桌椅没了就席地而坐在膝头上撰稿。深夜，父亲与徐建生行20里山路，到一山洞里去看排字、看清样，那里有隐蔽的印刷设施。天天如此，直到3月27日《解放日报》宣布停刊，由晋冀鲁豫《人民日报》代替。报社有关同志奉命随刘少奇、朱德率领的中央工作委员会向晋察冀集中。与此同时，父亲受中央委派，参与《晋察冀日报》工作，任编辑部主任。当时的社长是邓拓，评论部主任是黎韦（新中国成立后任中共云南省委常委、昆明市委书记）、采访部主任是范瑾（新中国成立后任《北京日报》社社长，"文化大革命"前任北京市副市长）。随着解放战争接近最后胜利，晋察冀与晋冀鲁豫两大解放区合并了,《晋察冀日报》也与晋冀鲁豫《人民日报》合并,改名为《人民日报》,父亲续任编辑部主任。1948年底,父亲又奉中共中央之命,率领一支三十余人的新闻记者队伍赶赴山西太原,进驻榆次,准备随军解放太原后接管城里的所有报纸,创办我党的《山西日报》。《山西日报》的报头由毛泽东亲笔撰写。父亲被任命为《山西日报》总编辑。1949年4月23日上午,父亲接前线总指挥部通知,令其做好准备,于翌日黎明前赶至太原随部队进城。《山西日报》全体人员都兴高采烈,收拾文件、骡马,并安排家属子女打扫老百姓庭院,告诉他们太原解放在即的好消息。而就在同一天的下午,父亲又接前线总指挥部转来的北京发来的电报,中共中央宣传部命令他立即去北平报到。父亲匆匆整理好行装,随带警卫员小孟于当天夜里乘坐卡车,一路驶往北平。中宣部负责人胡乔木对父亲说道:"党的工作重心已由乡村转向城市。中央的工作极为繁忙,已无时间与你详谈。你立即南下,任务是接管上海的《申报》,创办华东局机关报《解放日报》。你办好组织手续,立刻就走。"父亲随即又日夜兼程地赶往江苏丹阳(三野司令部所在地)报到,准备随军进入上海开展工作。未曾想到,陈毅司令员告知父亲,华东局改令他前往南京就任《新华日报》总编辑。《新华日报》是我党办的著名报纸,曾在周恩来同志亲自领导下工作,蜚声全国。父亲略感意外,陈毅察觉后问他:"永直同志,你有什么意见吗?"父亲不假思索地回答:"坚决服从华东局的决定。"

1953年,父亲从南京《新华日报》总编辑、社长的任上又转到上海《解放日报》工作,准备接替前任总编辑张春桥。但席不暇暖,又于1954年初奉调北京《大公报》,任报社改组后的党组书记、副社长。

在新中国成立的最初几年,读者主要阅读《人民日报》等几份中央报刊,而解放前的上海《大公报》在此时的发行数量仅有5.3万份,广告收入也十分有限,经营出现亏损。时任大公报社社长的王芸生心急如焚,他于1952年夏给毛泽东主席写了封长信,希望主席和中央帮助解决报社的困难。不久,毛主席在北京接见了王芸生,当面向他宣布:"中共中央决定,将上海《大公报》与天津《进步日报》合并迁京,择地建新馆,报名仍叫《大公报》,作为中央直接管理的全国性报纸,分管报道国际新闻和财经政策。"1949年以前的《大公报》是一份全国性的报纸,在国内外有广泛的影响。新中国成立后,上海《大公报》归中共上海市委领导,而《大公报》天津版改名为《进步日报》,归中共天津市委领导,这样都成了地方性报纸。这次两报合并后迁京,《大公报》升格为中央一级的全国性报纸。将在京出版的《大公报》预设为负责国际和财经新闻报道的报纸,这是有其历史原因的。因为老《大公报》在世界各地派驻有记者,有国际问题报道"快捷"的美誉。原任总经理胡政之、总编辑张季鸾都是留日学生,对日本问题有较深研究;继任王芸生也是国际问题研究专家,他经历了第二次世界大战风云变幻,关注国际形势变化,经常发表较为深刻的评论。这些都是老《大公报》的传统。另一方面,鉴于当时国内大规模的经济建设刚刚开始,国家急需一份财经方面的报纸,陈云、李先念、李富春等同志也有这样的希望,因此,这一使命就落在北京出版的《大公报》的肩上了。两报合并后,父亲任新《大公报》的党组书记,王芸生仍任社长。王芸生既擅写文章,又颇善辞令,新中国成立后任全国政协委员。父亲与党外人士合作办报还是第一次,但他对王芸生非常尊重,举凡大事、重要社论等,均与他商量,往往都是在取得较一致意见后再发表行事。他们相处一年,颇为相得,从未发生过不愉快的事情。

1955年,父亲再度回到上海工作,于当年8月至1958年8月任上海《解放日报》总编辑、社长,并在1956年7月至1963年12月连续3届当选为中共上海市委委员。1956年8月,父亲主持召开了《解放日报》编委会会议,决定聘请有学识、有威望的科学、文艺工作者和有经验的实际工作者,为报社特约顾问,请他们经常撰写评论文章和副刊稿件,同时提供改进报社工作的意见,帮助并参与审阅有关稿件。各位除所写稿件发给稿费外,每月致送车马费50元。根据父亲的提议,报社正式聘请巴金、唐弢、叶以群、刘大杰、赵超构、魏金枝、孔罗荪、李俊民、张骏祥、沈柔坚、许杰等为顾问。1965年6月,父亲被中央任命为中共上海市委宣传部部长。

1966年10月22日,父亲与杨西光(时任中共上海市委候补书记)、常溪萍(时任中共上海市委委员、教育卫生工作部部长)等在全市性大会上开始遭到造反派批斗。11月25日下午,"红革会"又伙同聂元梓暨"首都大专院校红卫兵革命造反总司令部驻沪联络站",再于文化广场召开所谓的"向上海市委资反路线猛烈开火大会"。会场上挂出硕大的"炮打上海市委,火烧曹荻秋,揪出杨西光,罢免杨永直,打倒常溪萍"横幅标语。随后,上海又经历了《解放日报》事件、康平路事件及之前发生的安亭事件,直至1967年1月的造反派夺权,父亲都因主管党在上海意识形态领域工作而首当其冲,挨"批斗"的场次不下千回。之后,父亲被"集中"到市直机关"五七"干校,继续受审。父亲晚年患肺气肿并发心力衰竭,与他在"文化大革命"中所受的残酷迫害与严重摧残是密切相关的。虽病魔缠身,但他仍不忘党和人民的事业,始终关心党在宣传系统的思想理论建设,关心改革开放的新成果,关心中国特色社会主义道路的前进与发展。父亲在晚年直至逝世前夕,运笔为文,坚持写下了数十万字的回忆录,为我们留下了一份宝贵的精神财富。

(原载《新民晚报》2011年8月15、16、17日)

沈志远传略

沈骥如

（一）

我国著名的马克思主义经济学家沈志远于1902年1月6日生于浙江省萧山县。原名沈会春，曾用名沈观澜、沈任重、王剑秋。他的父亲原是读书人，但没有考取功名，于是离开老家长巷到钱清镇一家当铺学做生意，逐步当上了二掌柜，购置了3亩土地。当铺歇业后，先后与人合伙开过南货铺，合伙经营过鱼塘，办过小学。最后，还在绍兴县城消防队当过职员。

沈志远4岁时迁到钱清，上了7年私塾。于11岁时，来到杭州，寄宿在思想进步的叔叔沈肃文家上小学四年级；1916年，升入浙江省立一中读初中。在初中快要毕业的时候，爆发了五四运动，17岁的沈志远抱着纯朴的爱国热情，积极参加了学生游行。校方为破坏学生运动，将沈志远和不少积极分子"劝告退学"。沈志远只好到上海继续求学，考上了收费较低的交通大学附中。1922年毕业后，因无钱上大学，便回绍兴教初中英文。

1924年8月，沈志远到松江景贤女中教书，校长是中共早期党员侯绍裘（1927年牺牲）。不久，江浙军阀混战，学校迁往上海。经侯绍裘介绍，沈志远到上海大学附中当副主任，教务长是陈望道。沈志远此时又结交了一些共产党和共产主义青年团的朋友，深受《向导》《觉悟》《民国日报》《新青年》等革命报刊的影响。他参加了"五卅"运动，并在一家共产党办的通讯社当记者。在1925年上半年，经侯绍裘介绍，加入了中国共产党。

沈志远受上海党组织的派遣，于1926年12月16日离沪取道海参崴前往莫斯科。从1927年2月开始在中山大学学习，主要课程是政治经济学、辩证唯物主义、社会发展史、西方革命史、中国革命问题等。沈志远曾担任一些用英文讲授课程的翻译。1929年6月毕业后，又去莫斯科中国问题研究所当研究生，一直到1931年6月。4年多的刻苦学习，使他打下了坚实的马克思列宁主义理论基础，同时，除了英文以外，又稍通了俄文，并学会了能用德文阅读。从1930年8月到1931年11月，还在共产国际东方部中文书刊编译处任编译工作，编译《共产国际》杂志中文版，并参加翻译出版《列宁选集》6卷中文版的工作。

在苏联期间，他个人的生活遭遇了两次不幸事件：一次是当时"左"倾路线的一个代表人物强行拆散了他和李汉辅的婚姻；另一次是与他同时在苏联学习的妹妹沈联春因伤寒症不幸去世。1931年底，沈志远把年仅4岁的儿子寄放在莫斯科国际儿童院，取道海兰泡（布拉戈维申斯克）回国，12月16日回到了阔别5年的上海。

从1932年初到1933年6月，沈志远先后担任中共江苏省文委委员和中央文委委员，和冯雪峰、阳翰笙等共事。同时，先后担任了社会科学家联盟（社联）的委员、常委，参加编辑《研究》杂志。1933年8月在一场伤寒病之后，与党组织失去了联系。

1933年9月，沈志远到上海暨南大学任教，当时周谷城也在那里。因为言论左倾，1934年6月遭到解聘，于是只好闭门著书、译书，直到1936年7月。

从1932年到1936年7月，沈志远除了在杂志上发表大量论文以外，还有著作、译作多种。成名之作《新经济学大纲》初版于1934年5月。最重要的一部译作苏联米丁著的《辩证唯物论与历史唯物论》上册《辩证法唯物论》于1936年由商务印书馆出版。这一时期还著有《黑格尔与辩证法》《计划经济学大纲》《世界经济危机》和《现代哲学的基本问题》等著作。

1936年8月,由当时在北平大学法商学院任教的李达邀请,沈志远也来到该院任经济系主任。"七七"事变以后,转赴西北大学法商学院任教。由于他从苏联回国后一直拒绝去国民党政府登记留苏历史,因此一直没有在大学教书的合法身份,更由于他讲课的内容和政治倾向,所以在1938年底又遭解聘,同时被解聘的还有曹靖华等8位教授。此间沈志远的重要著作是《近代经济学说史》,重要译作《辩证唯物论与历史唯物论》下册《历史唯物论》。

1938年底,沈志远到重庆,在邹韬奋的生活书店任总编辑,并主编大型理论季刊《理论与现实》。此时,还编写了《研习资本论入门》,翻译了《雇佣劳动与资本》。他写的20万字的《实践唯物论讲话》,因第二次反共高潮的到来,未能出版。

作为一个马克思列宁主义学者,沈志远还积极参加了中国共产党所领导的新民主主义革命。1936年他在上海参加了救国会的成立工作,结识了沈钧儒、邹韬奋、章乃器、沙千里、李公朴等人。他还是苏联之友社的成员。"七君子"事件发生以后,沈志远在北平与李达、邢西萍、许寿裳、许德珩等109人联名致电南京国民党政府要求释放爱国七君子。汪精卫叛国以后,沈志远在重庆与沈钧儒、邹韬奋、胡愈之、史良、张仲实、王炳南等20人联名要求蒋介石严惩汉奸。此时他还担任郭沫若主持的政治部文化工作委员会委员。

皖南事变以后,周恩来组织安排了大批国统区内的文化界进步人士疏散到香港,沈志远也是其中之一。

在香港,他继续从事写作,并参与了复刊后的《大众生活》周刊的编辑工作。沈志远与韬奋、茅盾、金仲华、恽逸群、长江、于毅夫、沈兹九、韩幽桐等9人在《大众生活》新四号上发表了《我们对于国事的态度和主张》,谴责了国民党对抗日进步力量的摧残,声援正在受到国民党迫害的马寅初,提出了保证抗战胜利的9条最低限度主张。

"珍珠港事变"以后,沈志远同流亡在香港的大批进步文化人士经过广东东江游击区回到桂林。同年底又迁往重庆,继续写作,直到1944年6月。这一时期,修订出版了《近代经济学说史》,编译了《今日美国》,翻译了《古代哲学史大纲》(未出版),1944年7月到1945年11月,沈志远在成都接任《大学月刊》主编。

1944年9月,中国民主政团同盟改组为中国民主同盟(民盟),沈志远经张澜、马哲民介绍,以救国会成员的身份参加了民盟,11月,民盟四川省支部在成都成立,沈志远等当选为四川支部委员。1945年10月,在民盟第一次全国代表大会上,沈志远被选为中央委员。随后,救国会改名为中国人民救国会(简称救国会),沈钧儒、陶行知、沈志远、罗淑章、李公朴、宋云彬、史良、秦柳方、曹孟君、胡子婴、萨空了等19人当选为中央委员会执行委员,沈志远并且是14名"特种委员"之一。

1945年11月,沈志远到上海主编复刊的《理论与现实》。1945年底,民盟南方总支部在香港成立,沈志远被选为总支委员。1946年7月,沈志远抵香港,在陈其瑗任院长的达德学院任经济系主任兼教授。从1947年10月起,沈志远还与狄超白、邵荃麟、宋云彬、胡绳、张铁生等在香港持恒函授学校讲课。他还办了一个新中(国)出版社,出版国际知识丛书和华侨青年丛书"我们的祖国"。在港期间出版了《近代解证法史》《社会科学基础讲座》《新人生观讲话》等书,翻译了美国詹姆斯·艾伦的《战后世界经济与政治》一书。

1947年11月,在民盟被迫"解散"后,香港成了民盟活动的中心。沈钧儒、章伯钧、周新民等先后秘密离开上海,与原来在港的邓初民、沈志远、李伯球等汇合,积极恢复筹备召开民盟三中全会。1948年1月,民盟一届三中全会在港举行,会议严肃批判了中间路线的思想,检讨了过去工作中的错误和缺点。经过激烈的辩论,确定了联共反蒋的政治路线。据千家驹回忆,民盟《三中全会宣言》是沈志远起草的。

　　民盟的三中全会标志着民盟摒弃了所谓的"中间路线",基本上接受了中国共产党的新民主主义的革命纲领。这是以沈钧儒为代表的民盟内左派力量斗争的结果。作为沈钧儒助手之一的沈志远,在这一斗争过程中无疑是起了重要积极作用的。民盟一届三中全会后,沈志远担任了民盟的宣传委员会代理主任。

　　为了响应中国共产党关于召开新政协会议的号召,沈志远在党的安排下,化名沈庆祥,与郭沫若、宧乡等人同船前往东北解放区,于1948年10月到达东北。

　　1949年6月中旬到9月中旬,新政协的筹备工作在北平举行,沈志远以救国会代表的身份参加了由25人组成的共同纲领起草小组的工作。9月21日,第一届政协第一次全体会议在北京举行,沈志远是救国会的11人代表团的成员之一(其他人是沙千里、李章达、孙晓邨、千家驹、曹孟君、萨空了、秦柳方、闵刚侯等)。他参加了由51人组成的第一届政协共同纲领草案整理委员会的工作。

　　1949年初到1950年10月,沈志远任燕京大学教授。1949年10月,任中央人民政府文化教育委员会委员,并任中央人民政府出版总署编译局局长。新中国成立初期他还与千家驹、章乃器一起,被聘为中国人民银行顾问。1949年12月起兼任华东军政委员会委员。1952年初,他调往上海任民盟上海市主任委员,同时担任华东军政委员会委员兼参事室主任、华东文教委员会副主任、上海市政协副主席等职。1954年当选为第一届全国人民代表大会代表、上海市人民代表大会代表。1955年中国科学院成立了4个学部,沈志远当选为哲学社会科学学部委员。1956年任中国科学院上海经济研究所筹备主任。

　　1957年"反右"斗争扩大化也涉及沈志远,他于1958年初被错划为右派,下半年到上海县颛桥参加了3个月劳动,然后又到嘉定县外冈社会主义学院学习,于1959年9月30日被摘去右派帽子,在上海经济研究所任研究员。

此后,沈志远的工作和研究仍受到种种限制,但他忧国忧民,敢于向党说实话,敢于反对错误的思潮。1962年春在全国政协会议上,他与千家驹等6人联名,由千家驹起草了《对当前经济工作的几点意见》的联合发言。同年夏,在上海市政协会议上,沈志远起草了《为更好地展开社会科学研究工作而努力》的8人联合发言。他针对共产风、浮夸风、平调风以及主观唯意志论,计划写一系列论文,第一篇题为《关于按劳分配的几个问题》,发表于1962年8月30日《文汇报》,此事触怒了那个掌握着上海生杀大权的所谓"好学生",对沈志远进行了一系列批判,到1964年,批判达到了高峰,沈志远的健康状况迅速恶化,1965年1月26日,在重感冒后因心肌梗塞逝世,终年63岁。

沈志远遗留下来的两篇没有发表的文章是《论社会主义社会的相对稳定性》(约1万字)和《国家垄断资本主义的实质概说》(13万字)。

粉碎"四人帮"以后,1980年夏,中共中央专门发了文件为沈志远等知名人士的错划右派问题宣布改正,恢复政治名誉。同年8月20日,上海市为沈志远举行了追悼会。骨灰安放在上海龙华革命干部公墓。

(二)

沈志远的第一部经济学著作是1983年发表的《计划经济学大纲》,这部出版于白色恐怖年代的著作,详细地介绍了苏联十月革命后各个时期经济计划的制定及执行情况,探讨了苏联经济中的商品流通、货币与市场的作用、货币的本质、信贷与银行及社会主义积累等问题。当时,世界资本主义正面临1929年以来空前危机的打击之中,西方有些经济学家企图在不改变资本主义制度的条件下,把苏联计划化的方法,移植到资本主义社会,以挽救资本主义。国内也有人附和。沈志远针对这种改良主义的论点,明确指出:"只有在社会主义的制度下,计划化才有实现的可能",他专门用了一章来分析计划经济的实质、前提与规律性。实现计划经济的前提是:"一切生产手段……一切'经济命脉'归为社会主义国家所有","国家底权力,要转移到生产者大众底手里去","剥削人的社会阶级之消灭","立即改善劳动阶级底生活状况","指导之集中"以及"一切民族底平等"。

在论述社会主义计划经济发展的动力和矛盾时指出,由于"主观上的处置失策或指导与组织未尽完善所致","苏维埃经济中某种形式的经济困魔或紊乱是有可能的,但不是必然的"。这些观点,发表在20世纪30年代,使人耳目一新。《计划经济学大纲》的主要内容,经过少量修改,编入了《新经济学大纲》。

沈志远的成名之作是1934年5月由北平经济学社出版的《新经济学大纲》。[①] 20世纪20年代末30年代初,经济危机笼罩着整个资本主义世界,资产阶级经济学、改良主义的经济学,都在现实生活面前碰得头破血流,进步的青年,都在寻求中国的出路,迫切要求能够了解新的经济学理论,他们对马克思的学说产生了日益浓厚的兴趣;为此,沈志远决定著述《新经济学大纲》,并规定了这本书必须具备5个条件:"第一是观点要新,第二是方法要新,第三是取材要新,第四是内容要尽量地包括一切问题和尽量地现实化,第五是说明要尽量通俗化。关于观点,当然是以劳动价值论为基础的经济学为最新而最正确。关于方法,应采取所谓'动的逻辑','矛盾逻辑'底方法"。"至于内容取材方面,应该尽量把理论与现实、把理论与实践打成一片,要做到这一步,诸凡与现代世界经济生活有关系的问题,都应在讨论之列……如计划经济之原理与实施,战后资本主义总危机底各阶级和现阶段底世界经济恐慌等重要问题,都应作……有系统的

[①] 沈志远在1949年此书长春"解放版"序言中说此书初版于1934年是一个笔误。据笔者看到的此书初版、第三版的版权页以及初版自序作者签署的日期,都表明此书初版于1934年5月。

讨论"。

关于这本书的写作目的,"……作者底企图,是在给尽量广大的读者以尽量完备的、正确的、扼要的经济学知识,使一般没有受大学教育机会的广大知识饥饿群,阅读此书之后能够正确地理解现实问题——经济、社会、政治、国际等问题……这本书所给予读者的,实际上是研究现实问题的有系统的方法论的指示"。沈志远还指出,"现实世界既已分为两个不同的经济体系,政治经济学中自然就应当有资本主义经济原理和社会主义计划经济原理这两部分"(以上均见《新经济学大纲》初版自序)。

《新经济学大纲》是中国现代马克思列宁主义思想史上系统地、完整地介绍马克思列宁主义政治经济学的第一部专著。

注意马克思列宁主义政治经济学理论体系的完整性,是《新经济学大纲》的一大特色,也是沈志远在当时同类著作中的一个创造。在该书的上篇,不但包含了《资本论》的主要内容,而且包含了《帝国主义论》的主要内容。在该书的下篇,论述了当时别的政治经济学教科书很少论述的社会主义经济的内容。在1936年出版的第三版,沈志远又充实了前资本主义经济形态的论述,因此全书又像是一部以马克思列宁主义经济学眼光撰写的社会发展史。《新经济学大纲》以通俗的语言和雄辩的逻辑说明了资本主义必亡、社会主义必兴的道理。

《新经济学大纲》出版的时候,德、日、意正在迅速走上法西斯道路,沈志远坚持了列宁在《帝国主义论》一文中的观点,他指出,"由于帝国主义时代资本主义发展不平衡性底加强……藉暴力以重分世界的斗争……是不可避免的事情。帝国主义战争底必然性,就产生于此"。帝国主义战争一方面将给世界资本主义以严重的打击,另一方面,由于"第二次帝国主义分割战争"将削弱整个帝国主义体系,结果将会给"一个国家底社会变革,造成了胜利的机会"。他所阐发的列宁关于变帝国主义战争为无产阶级革命的思想,在当时的国统区是难能可贵的。

《新经济学大纲》出版后,受到了进步舆论界的好评。《读书与出版》1935年第七号指出:"在新经济学阵营里向来也流行着一个不正确的成见,就是以为经济学界只研究商品资本主义经济,不管其他。"苏联学术界直到1930年还是这样,而《新经济学大纲》不但论述了前资本主义经济,"并且后面还兼论社会主义的计划经济,这是很有利于一般的经济学的学习者的",还称赞《新经济学大纲》"叙述的层次很清楚,好像抽丝剥茧,把资本主义社会和社会主义的经济解说得很有脉络,没有紊乱的毛病","它可以说是荒野里的一株冷艳的山花"。

沈志远对《新经济学大纲》进行了多次修改,如第三版中,把他《世界经济危机》一书的主要内容充实了进去,增加了"资本主义周期律与经济危机"一章,并对"特种萧条"问题进行了专门论述,在"社会主义计划经济篇"增加了对斯达汉诺夫运动的论述。第七版根据当时最新情况,充实了帝国主义论部分,并完全改写了"社会主义计划经济篇"。第九版又进行了修改。1949年4月,又对此书做了重大的增订,修改和补充了前资本主义部分,帝国主义论和社会主义经济形态各部分,增加了新的一篇"新民主主义经济论"(第十一篇)。这样,全书就从初版时的32万字增到62万字。多次的修订补充,反映了沈志远治学态度的严谨。正是由于这种精益求精的精神,使这本书从初版到1954年20年间再版了18次。

《新经济学大纲》出版后,曾被不少进步大学教授采纳为大学教科书,抗战胜利后,这本书就被列为生活书店的"新中国大学丛书",新中国成立初期,这本书仍被列为"新中国大学丛书",继续被更多的大学采用。《新经济学大纲》在30—40年代对我国许多青年接受马克思列宁主义政治经济学,走上革命道路,起了重要的作用。关于这一点,罗竹风同志写道:"沈志远这个名字,我三十年代在北京大学读书时就知道了,那时我不过二十来岁,当时沈志远同志正在北平大学法商学院任教,他和李达等人一起……出版社会科学方面的书籍,《新经济学大纲》就是其中之一。沈志远写的这本书,是以马克思主义的观点,阐述社会主义经济学原理的,因而必然要联系到苏联的现实情况,并把它作为'蓝图'来说明问题。这在当时来说,是难能可贵的。我买过这本书,而且也认真读过,以为在经济学方面对读者的启蒙作用,相当于艾思奇在哲学方面的《大众哲学》,不过更有系统、更有深度罢了"。[①]

《新经济学大纲》在国外也有一定的影响。1952年,在中日关系还处于非常困难的时候,日本的山下龙三曾将沈志远的《新经济学大纲》解释修订版中的第十一篇译成日文,以《新民主主义经济论》为题出版了单行本,并附有江付敏生的解说,由青木书店出版,编译者认为这本书中"涉及到前人未涉及的领域。如此系统地说明新民主主义经济的著作,除许涤新的《新民主主义经济》一书以外可以说还没有。因此,这部著作是迄今中国出版的少数这类书籍中最有权威的,而且是全文翻译向日本介绍的最早著作"。江付敏生在说明中指出,自毛泽东《新民主主义论》和《论联合政府》等著作发表以后,中国进步的经济学家一直试图从理论上阐述新民主主义经济体系,参与这一工作的,有"……薛暮桥、王学文、狄超白、许涤新,及本书介绍的沈志远。……其中最早成书的,是1948年许涤新的《新民主主义经济》以及这里译出的沈志远的《新经济学大纲》中的《新民主主义经济论》一篇"。

沈志远的另一部重要的经济学著作是《近代经济学说史》,于1944年改名为《近代经济学说史纲》,到1950年为止,至少再版了7次。沈志远在修订版自序中写道,以往的经济学说史"……缺乏一种批判的精神。本书的特点……就在第一用新经济学方法论去揭发每一经济学说底历史背景,从社会经济发展底特定的历史阶段,去说明这一经济学说底根源及其发展动向;第二用历史主义的观点,去对每一学派作一适当的评价;第三则用现代最新经济科学底观点,对过去各派经济学说逐一作严正的批判性的介绍"。

[①] 罗竹风:《回忆往事,悼念沈志远同志》,《社会科学》1980年第10期。

沈志远在这本书中，以马克思主义的观点批判性地介绍了重商主义学派、重农主义学派、古典学派、庸俗经济学派、经济浪漫主义、空想社会主义和普鲁东主义。1944年修订时又增加了对马克思《资本论》的评价、马克思经济学方法论的介绍和列宁以来的社会主义经济学说，还增加了对19世纪下半叶的历史学派、奥地利学派和英美学派的批判性介绍。《近代经济学说史(纲)》是我国第一部以马克思主义为指导的比较全面的、系统的近代经济学说史，正因为如此，这本书在抗战胜利后也被列为生活书店的"新中国大学丛书"之一，新中国成立之初，这本书仍被列为"新中国大学丛书"。

1938年，郭大力、王亚南翻译的《资本论》3卷集出版，这是马克思主义在我国传播史上的一件盛事。为了帮助青年学习这一巨著，沈志远在1939年编写了《研习资本论入门》一书，后改名为《研习资本论的准备》，这本小册子曾多次再版。

《雇佣劳动与资本》是学习《资本论》的先导读物，此书于1919年、1921年有过中译本，但因译文不准，文字又嫌艰涩，后来就停止了流传。沈志远于1939年重译了此书，新的译本出版以后，新中国成立前后都曾多次印刷。沈志远在1938年翻译的拉苏莫夫斯基的《社会经济形态》、1939年翻译的列昂节夫的《资本主义》，都是流传很广的大学参考书。

沈志远还有许多经济学著作，如《经济研习提纲》《今日之美国》《政治经济学基本问题讲话》《资本主义总危机论》等。

由于沈志远在政治经济学方面的成就，英国的 Europe Publication Limited 出版公司的《世界名人录》(*The International Who's Who*)1958年版曾列有他的条目。

（三）

沈志远在马克思列宁主义哲学领域也有很深的造诣。他的第一部著作就是哲学著作,即 1932 年由上海笔耕堂书店出版的《黑格尔与辩证法》。这本书重要的内容是介绍马克思列宁主义辩证法的,序言中说:"现代哲学不是别的,恰恰就是辩证的唯物论和唯物的辩证法。这是整个马克思主义底宇宙观","马克思把唯物的辩证法应用于资本主义底研究,发现了资本主义底内在法则,……根据这些法则,资本主义是不可避免地要转变到它的相反方面,他又证明资本主义所赖以生存的直接生产者底被剥夺,必然要为剥夺者底被剥夺——即无产阶级独裁——所代替。马克思以天才的眼光,看出这样的阶级独裁,是根据唯物辩证法底思维所得出的资本主义之必然的趋势和结局。这个必然的趋势,就是资本主义之死灭及其转变为新的社会组织"。"伊利契继续马、恩二氏底唯物辩证法底精神,而更进一步地把它发挥下去,利用这个思想的武器,来分析伊氏自己所处的这个时代——帝国主义时代底实际的革命斗争问题。马克思底时代是社会主义革命底准备时代,而到了伊利契底时代,资本主义已经发展到最高的阶段,即发展到帝国主义底时代、社会主义革命底前夜和劳动进攻资本的巨大的革命战斗底时代了"。

关于为什么要掌握马克思主义哲学,沈志远写道:"自从伊利契逝世以后……人类历史上又起了不少的变化,……国际资本主义已经到了总崩溃底前夜,两个绝对相反的世界或社会经济体系底对立,已经达到了空前的尖锐化。特别是在这样一个历史底大转变关头,唯物的辩证法之活的应用——应用于实际斗争的问题上去,已成为每一个革命思想家和实践家之急不容缓的任务……。"

《黑格尔与辩证法》的第一编题为"辩证法是革命的逻辑",第二编题为"辩证法为唯物的认识论",第三编题为"辩证法为革命的方法论"。这是一本 12 万多字的著作。

1933 年,北平笔耕堂出版了沈志远编的《新哲学词典》,将近 200 页的词典,收录了不少马克思主义哲学的概念和范畴。

沈志远著的一本重要的马克思列宁主义哲学普及读物是 5 万字

的《现代哲学的基本问题》,该书作为生活书店的"青年自学丛书",于1936年出版。序言指出,"哲学在今日……已经不是少数大学教授、学术家和特殊知识分子的'专利品'了。一切靠做活吃饭的大众,也有自己的新哲学……这里所谈的哲学,正是这样的哲学,也就是所谓新唯物论底哲学",他接着写道:"作者有这本小册子的目的,就在把这种指导大众生活和社会实践的哲学理论,作一番简略而扼要的介绍",以便提供给"终日埋头苦干、时间经济两穷的朋友们"。

此书出版后,受到了艾寒松主编的《读书与生活》杂志的推荐,指出这本书"是给青年自修新哲学用的一本好书。虽然全书只有四万多字,但是它把现代哲学的骨干完全清晰地浮雕出来了,……以前介绍过来的新哲学学说……在内容上写作形式上都太高深了一点,很不容易为初学者所理解。现在这一本书完全是用通俗而又简明的形式写成的"。评论在介绍这本书的特点时指出:"第一,完全站在最新锐的观点上来介绍新的哲学知识。……这本书却是要使哲学变成为大众认识现实的火光,和变革现实的武器,它并不是在纯理论上兜圈子,而是强调着实践的目的的。""第二,对于说明工作和批判工作同时兼顾。它是以阐明哲学的基本理论为主要的任务,……这本书大体上虽是以新哲学体系的介绍做主体,但哲学的史的发展也并没有忽略。""第三,全书所提出的问题都极扼要,而且都是为一切初学者所必须了解的……这是极难得的。""第四,全书能够把理论跟大众生活和社会实践密切地联系起来,……著者指出哲学……是大众生活过程中用以指导实践的认识体系。至于全书中充分引现实的例子帮助讲解,不消说是很可以提高一般人对于哲学研究的兴趣与理悟的。"

艾思奇的《大众哲学》在哲学的通俗化方面是一个最成功的范例,但沈志远的《现代哲学的基本问题》也有自己的特点,该书从1936年到1951年陆续再版了15次之多,仍不失为我国马克思列宁主义哲学通俗化宣传的一部成功之作。

沈志远根据撰写《现代哲学的基本问题》的同样宗旨，在1936年通过李公朴的读书生活出版社出版了哲学论文集《近代哲学批判》，1946年由耕耘出版社出版了《近代辩证法史》，这两本著作都有12万字左右，《近代辩证法史》多次再版，直到1954年。

沈志远有许多哲学译作，最有影响的首推苏联米丁等人主编的《辩证唯物论与历史唯物论》。由于该书的版本较混乱，造成了一些误会，所以首先要介绍这本书的版本。《辩证唯物论与历史唯物论》是总的书名，由上册《辩证法唯物论》与下册《历史唯物论》组成，全书约72万字。1936年12月由商务印书馆出版《辩证唯物论与历史唯物论》的上册，1938年再版，1939年改由生活书店出版，不再冠以总书名而用《辩证法唯物论》为书名，并拆为上下两册出版，译者用笔名王剑秋。1948年以后，新中国书局、三联书店和生活书店分别在东北、北平、上海等地再版，译者也重新用沈志远的原名。大约从抗战胜利后，这本书就不分上下册了。《辩证法唯物论》到1950年共出了18版。

《辩证唯物论与历史唯物论》的下册《历史唯物论》于1938年7月由商务印书馆初版，1939年6月再版，1940年后改由生活书店出版，署名也改为王剑秋，有时分上下册，有时单册出版，情况大致与《辩证法唯物论》相同，到1950年为止，共出了13版。

沈志远在该书1936年版的序言中指出："这部书是1931年苏联哲学园地内实行总清除以后第一部最完备的新哲学和新社会学底教科书"，"马克思主义底三大组成部分"，在这部书中，"已经包括其二了"。他在介绍该书的特点时指出，"马克思主义底创导者则认定宇宙间一切都是变的、发展的，它本身也不是例外"，随着历史的发展，马克思主义也发展到新的阶段，即"邬梁诺夫阶段"，"这部书从头到尾充分贯彻着哲学和社会理论中的邬梁诺夫阶段"，这便是本书的重要特点之一；第二个特点，是"马克思主义底学说不是经院主义式的死板的教条，而是活的实践（社会的和政治的实践）底指针"；第三个特点,是表明"辩证法唯物论,既是与实践打成一片的理论,那么它必须是战斗的、批判的"。沈志远指出,马克思主义哲学是在同它的内部的和外部的敌人不断斗争中发展起来的。沈志远还告诉读者,该书虽然密切地联系了苏联的实践,但对中国读者更感兴趣的"殖民地、半殖民地的民族解放运动底实践,反对帝国主义和反半封建关系的民众战斗底实践,却比较上讲得很少,这是我们所当留心的一点"。

《辩证法唯物论》出版以后,《读书月报》的书评指出:米丁这本书"由于研究范围的广博、系统的严整、解释的详尽,这本书实在是一本最好的辩证唯物论教科书。"

《读书与出版》杂志也向读者推荐此书,"作为一本大学生水准的哲学教科书看,这是最适合的一本。它的优越特色,就在这本书表现为一个马列主义哲学底完整体系……"

王方名教授在他的《现有马克思主义哲学著作理论体系的根本缺陷及其克服》一文(《东岳论丛》1980年第2期)中,列举了马克思列宁主义哲学著作理论体系在中国传播的几部著作,1949年以前有4部,即西洛可夫、爱森堡等合著,李达与雷仲坚合译的《辩证法唯物论教程》(1932年9月),米定、拉里察维基等的《辩证唯物论》,由艾思奇、郑易里合译,改名为《新哲学大纲》(1936年5月),米丁著、沈志远译的《辩证法唯物论》(1936年)和《历史唯物论》(1938年),以及斯大林的《辩证唯物主义和历史唯物主义》(1938年9月)。作者认为,沈志远翻译的《辩证法唯物论》与《历史唯物论》,在马克思列宁主义哲学著作理论体系传入中国的历史中是占有重要地位的。

据千家驹回忆,新中国成立初期在一次会议上,薄一波曾对与会的同志说,沈志远翻译的《辩证法唯物论》和《历史唯物论》意义很大,我们都是受了影响的(大意)。

据沈志远的夫人崔平(崔华玉)回忆,在1950年或1951年,有一次沈志远和她出席在怀仁堂举行的晚会,毛主席曾对向他致敬和问候的沈志远说"你是人民的哲学家"。

（四）

　　由于从事宣传工作,从20世纪30—50年代,沈志远与出版工作结下了不解之缘。早在1930—1931年间,他在苏联就参加了《共产国际》杂志中文版的编译工作,1932年在上海社联时期,参加了《研究》杂志的编辑工作,在1934年前后,又任《时事类编》的特约编辑。1939年后,沈志远曾任生活书店总编辑,先后担任了《理论与现实》和《大学月刊》的主编。新中国成立后,他先后担任过《新建设》和《经济研究》的编委,一度负责过上海《展望》杂志社的工作。1956年,沈志远作为召集人,为上海《学术月刊》的创办,做了大量的工作。在担任出版总署编译局局长时,做了大量的组织工作,为当时的中外(特别是中苏)文化交流,做出了有益的贡献。

　　《理论与现实》是30年代末生活书店出版的七大杂志之一,1939年4月15日在重庆创刊。该刊的宗旨是"坚决地主张'理论现实化'和'学术中国化'"。为了达到这一创刊宗旨,沈志远约请了千家驹、艾思奇、李达、侯外庐、马哲民、曹靖华、潘梓年、钱俊瑞等担任编委,1940年5月又增加了胡绳、胡风。该刊的发行人是徐伯昕。当时《读书月报》的广告称《理论与现实》为"国内唯一的高级学术杂志",并非夸张的语言,而是实际情况。

　　《理论与现实》出版到二卷三期,由于皖南事变而停刊。抗战胜利后,于1946年5月在上海复刊,仍由沈志远主编,改为双月刊。因经费不足,于1947年8月出版了最后一期(三卷四期)后停刊,其中最后两期是在香港出版的。停刊后,到1948年秋为止,还出版了3辑不定期的《理论与现实丛刊》。

　　沈志远主编的另一个刊物是《大学月刊》,该刊于1942年创刊于成都,从1944年三卷九、十期合刊"革新特大号"开始,由沈志远接任主编。新的编委会其他成员是：邓初民、李相符、马哲民、陈中凡、陈家芷、薛愚、杨伯凯、黄宪章。沈志远担任主编一直到1945年9月（四卷第五、六期合刊）。

从30年代初到60年代初,30年中,沈志远在各种报刊上发表了大量的论文、评论及其他作品,本文附录是目前搜集到的100多篇文章,可分为4大类,第一类,论述或介绍马克思列宁主义基本原理的;第二类,论述或介绍国际经济政治问题的;第三类,论述国内经济、政治问题的;第四类,宣传马克思列宁主义世界观和党的方针政策的。

沈志远的这些文章的特点,首先在于,大多数文章紧密联系各时期中国和世界的经济、政治形势,以马克思列宁主义的立场、观点、方法来研究现实生活所提出的问题,并向广大读者做深入浅出的宣传。例如,30年代初,国统区的进步社会科学工作者与托派曾开展了一场关于中国社会性质问题的论战。

沈志远发表了《现阶段中国经济之基本性质》一文,反驳了托派分子严灵峰、任曙、刘镜园等人的谬论。

托派分子认为,"中国经济为世界经济之一环",所以中国经济是资本主义的。沈志远反驳道,"现阶段中国经济发展到何种程度,就是由现阶段中国社会内的生产关系……来决定的"。严灵峰认为,"帝国主义在中国是绝对地破坏封建制度的经济基础,要推动中国整个社会向着资本主义过程发展和扩大",沈志远指出,帝国主义"不但不深入中国内地去破坏封建关系,而且事实上各方面地在维持和巩固这些关系",沈志远的结论是,"中国的经济是帝国主义统治下的半封建经济,它带有半殖民地和半封建底两重性,不过这两重性不是各自分立而是相互联系着、统一着的"。这些观点,和当时以王学文、潘东周为代表的新思潮派对托派的批判是完全一致的,对于广大群众认清中国社会的性质、认清帝国主义及其在中国的代理人蒋介石反动派的真实面目,明确革命的对象,无疑是起了积极作用。

30年代初,蒋介石把法西斯视为至宝,陈立夫公开叫嚷:"我们需要一个和墨索里尼同样的人物来领导一切",蒋介石还极力推行

"尊孔读经"的复古教育和以"礼义廉耻"为内容的"新生活运动",妄图以此禁锢人民的革命思想。在这一背景下,沈志远发表了大量的介绍马克思列宁主义、介绍苏联、抨击法西斯主义的文章,不能不说是需要一点勇气的。

沈志远论文的第二个特点,是立场明确,旗帜鲜明。例如《二次大战之经济的透视》,用大量的材料分析了战争爆发的经济背景,并且指出:"对人类历史的前进具有最重大之意义的是,这次帝国主义世界大战底延长与扩大,结果必然是大大地削弱整个帝国主义的世界锁链,更进一步地摧毁帝国主义底世界秩序,甚至最后地结束它,而人类历史上终将出现一种崭新的世界秩序来"。

在《"五四",和人民世纪》一文中写道,"'五四'时期的爱国运动,根本缺乏领导的政治中心……今天中国人民的对日抗战和争取民主的运动,则不但有革命的政治中心做领导,而且还有数百万强大的人民武装队伍(正规军和民兵)打先锋","'五四'时期革命群众未能明确地提出建立怎样一种国家制度和政权形式的问题,今天则全国人民已一致要求建立一种新型民主主义的国家制度和民主的人民联合政府的政权形式"。

在《迎接历史的伟大变革》一文中,他激烈地抨击了国民党的内战独裁政策,以及对李公朴、闻一多等国统区爱国民主人士的血腥镇压,指出该年2月国民党政府下令渝、京、沪三地中共联络办事处人员全体撤退和封闭《新华日报》,意味着"国民党政府正式宣布内战到底,独裁到底,同时无异正式宣布要与一切民主势力为敌了……反动集团正以一个疯狂绝望的姿态,加速地向着自己掘好了的坟墓里钻。他们确实已快走到自己历史的和逻辑的终点了"。

当然,由于历史条件的局限,并非沈志远所有的文章都是完美无缺、无懈可击的,但毕竟这不是他文章的主流。

沈志远论文和文章的第三个特点,是在马克思列宁主义毛泽东思想指导下,独立研究的创造精神。

第二次世界大战结束后,沈志远怀着极大的热忱,研究了东欧人民民主国家的经济情况,他根据马克思列宁主义基本原理,特别是毛泽东的《论联合政府》《目前形势和我们的任务》等文中关于新民主主义的论述,在香港撰写了《论新民主主义经济诸问题》一文,《新经济学大纲》修订解放版的第十一篇《新民主主义经济》,就是以此文为雏型,经过修改、充实而成的。

有意思的是,沈志远在这篇文章中比较了东南欧新民主主义经济和即将实现的中国新民主主义经济的不同历史背景,指出二者有不同的特点,他认为,二者的相同之处,在于"同样是开辟了和平转变为社会主义的前途,新民主主义道路……是被压迫劳动人民走向社会主义的完全新的方式",而"它们的差异点,基本上和主要的仍在于经济(生产力)发展水平的高低上,在于资本主义发展程度的参差上"。沈志远认为新民主主义革命"从资本主义到社会主义的整个过渡时期,可能经过两个发展阶段的。一个是替社会主义的过渡准备物质前提的阶段,一个是直接过渡到社会主义去的阶段。因此,东欧和中国在建国之初的政策就会有所不同"。

沈志远文章的第四个特点是非常注意通俗性。沈志远一贯重视马克思列宁主义的普及工作,在这方面,成绩是卓著的。著名新闻学家徐铸成在《回忆沈志远》一文(香港《文汇报》1980年7月24日)中,曾这样评价沈志远的著作,"从三十年代他的译著先后在生活书店等出版,成为当时知识界特别是青年人喜爱的精神食粮。他在这方面的贡献,大概不下于艾思奇吧。……志远的译著,在一代人中,至少是起过启蒙作用的。曾有不少青年,因看了他的书而开始走上光明的道路"。

(五)

新中国成立以后,沈志远的著作有所减少,主要原因是他担任了大量的行政工作,并从事大量的社会活动,使他没有时间从事专门的研究。另一个原因,是合作化运动以后,有些党内高级领导人因为在经济政策问题方面有不同的想法而受到了批评,①作为党外人士的沈志远,当然就更需慎重了。更重要的原因,是"反右"斗争扩大化以后,沈志远的处境变得非常困难了。

从1949年到1957年"反右"斗争以前,特别是在1953年以前,沈志远通过写文章、作报告、在上海人民广播电台举办政治经济学广播讲座等多种途径,做了许多宣传马克思列宁主义、毛泽东思想以及解释党的方针政策的工作。

沈志远在主持上海民盟工作期间,在以陈毅为首的上海市委领导下,在团结、教育、改造知识分子方面,在调动知识分子参加社会主义革命和社会主义建设的积极性方面,做了许多有益的工作。

作为一个著名的马克思主义经济学家,沈志远是受到党的重视的。1956年下半年或1957年上半年,毛泽东一次在沪视察时,曾在锦江饭店召见沈志远、周谷城等三四位同志,垂询他们对国家大事的意见。

1957年"反右"斗争的扩大化,把沈志远也错划为"右派"分子。过了一年半,于1959年9月30日,中共中央就批准给他摘去了"右派"帽子,并在《人民日报》上公布。

但是,"左"倾错误仍在慢慢发展。野心家康生对沈志远落井下石,在一次报告会上说什么沈志远是从书本上讨生活的,是在革命顺利的时候摆马克思列宁主义的摊子、在革命不顺利的时候收摊子云云。这完全是污蔑!沈志远近200万字的主要著作和译作,恰恰是在第二次国共合作以前30年代革命不顺利的时候写的,相反,正是康生一伙,在革命顺利的50年代剥夺了沈志远为党工作的权利!但

---

① 例如,中共中央原计划用18年完成社会主义的三大改造(参见《毛泽东选集》第5卷,人民出版社1972年版,第183—184页),后来邓子恢根据这一精神,在50年代中期主张一些地区的合作运动可以适当放慢,被当作右倾来批评。

在当时,康生的话就是最后的判决。在一些图书馆里,沈志远的书被盖上"此书作者系摘帽右派"字样的图章,他的工作受到了种种限制,他的作品也几乎没有可能发表。

但是,在沈志远处于逆境的日子里,党内外不乏关心他、帮助他、鼓励他的同志。罗竹风和他的夫人对于沈志远及其亲属都是十分关心的。沈志远在日记中记录道,1963年1月19日一次会议午饭后,刘述周与他同坐一起,"态度非常自然地"谈起沈志远在苏联时斯大林领导的反托反布斗争情况,"完全没有一点奚落或敷衍的态度,而是作为一个熟识的同志来同我闲谈的"。吴玉章在60年代初曾给沈志远写信并索借《理论与现实》杂志。宦乡曾复信沈志远,支持他研究国家垄断资本主义问题,并称沈志远为"同志",民盟的史良、胡愈之也曾对沈志远表示鼓励。千家驹更是热心地帮他看稿子,为发表他的稿子而奔走。徐铸成在《回忆沈志远》一文中谈到有关沈钧儒的一段话,"记得一九五八年,沈衡山(钧儒)老先生来沪,约见我们二人。那时,我们已'破帽遮颜过闹市'了,老先生诚挚地对沈志远说,'我最初学马列主义,都是从你的书里学的,你是我的老师。不要灰心丧志,应该在考验中振作起来,你将来仍然是我的老师'。这些恺然的慈爱之言,我听了也潸然泪下……"正是这些同志的关怀、勉励,给沈志远带来了温暖,使他在逆境中能够看到光明,得到了继续前进的勇气和力量。

从1957年到1965年,是沈志远生命的最后7年。逆境可以限制沈志远的工作,却不能限制他对国内外大事的关心以及他对马克思列宁主义的信仰。"大跃进"运动开始之初,他也和许多淳朴的群众一样,高兴了一阵子。但不久,他就发现了许多值得深思的问题。当时康生抛出了一篇文章,以如何对待群众运动是真假马列主义的试金石为借口,压制人们对"大跃进"中出现的不正常现象的怀疑和不满。面对严峻的现实,沈志远面临着两种选择:头一种选择就是随着风向,顺着潮流,高唱赞歌,做一个风派文人;另一种选择,是实事求是地向党进言,但这可能要得罪大人物,可能要"罪上加罪"。

他又重新研究起马克思列宁主义的社会主义政治经济学来,阅读了一篇又一篇革命导师的著作,学习了一份又一份的党的决议,注视着报纸上放出的一颗又一颗"卫星",他认真地思考着。

1962年1月的广州会议上,宣布大多数知识分子已不再是资产阶级知识分子而是劳动人民的知识分子了,周恩来还号召发扬民主,鼓励知识分子畅所欲言。4月在北京的全国人代会和政协会上,周恩来指出了政府工作中有过高过急的毛病,再次号召发扬民主,陈毅也发出了同样的号召。李维汉对知识分子做了"大有进步,还有问题"的估计。在北京开会期间,周扬还亲口勉励沈志远继续写文章。在这样的背景下,沈志远下定决心,准备针对1958年以后的"大跃进"中存在的问题,写一系列的文章。

沈志远在《文汇报》上发表了《关于按劳分配的几个问题》一文,根据《哥达纲领批判》和《国家与革命》等文中论述,结合当时的中国实际,旗帜鲜明地提出了自己对这个问题的看法。他首先指出,"按劳分配是谁也无法躲避、改变或违抗的社会主义客观经济规律",它是不以人们对它的好恶而转移的,"按劳分配,也与社会主义生产方式本身一样,又具有相对的稳定性……"他表示反对那种"过分强调了按劳分配的过渡性……强调现在就该'积极培育按需分配的萌芽',而把事情说成仿佛从社会主义社会存在的第一天起就开始了按劳分配规律的作用范围逐步缩小、按需分配规律的作用范围逐步扩大的过程"的观点。他指出,按劳分配"在社会主义阶段是具有巨大优越性的唯一合理的分配制度。它是唯一合理的,就因为它体现着社会主义的客观经济规律,它符合生产关系一定要适合生产力性质的规律"。

在论述按劳分配与各尽所能、物质鼓励与政治思想教育的关系时,他指出:"当我们谈论按劳取酬的分配原则时,我们决不可忘掉各尽所能这个前提",他指出,"单靠物质鼓励是不够的……首先还必须加强政治思想教育,加强宣扬不辞艰辛,不计报酬,为社会主义、共产主义事业而勤勤恳恳、忘我劳动的共产主义精神风格的思想教育"。他同时指出,"片面地强调政治挂帅而忽视群众的物质利益,也会影响群众的积极性……更有进者,正确贯彻'按劳分配'原则、坚持社会主义的分配制度,本身就是'政治挂帅'的一个重要方面。反之,若不重视'按劳分配'原则,不重视群众的物质利益,那个'政治挂帅'就会落空"。这篇在今天读来都很亲切的好文章,是60岁的"摘帽右派"沈志远带病写成的,据他的日记记载,抱病写完此文时,体温已上升到38.3℃了。凡是了解那个年月历史背景的人,都会懂得这篇文章,绝不是一篇普通的学术文章,而是沈志远针对当时的时弊、反对当时的错误潮流、捍卫马克思列宁主义基本原理、捍卫群众利益的一个战斗行动,考虑到他当时的身份,这是需要很大的勇气的。

沈志远沉寂了4年以后再度发表文章,而且竟敢和当时占主流地位的按劳分配逐步取消论唱对台戏,这大大激怒了上海那个大权在握的所谓"好学生",他狂叫道,右派分子没有资格教训我们应该如何搞分配!一场大的灾难又将降临到沈志远头上了。

沈志远在1962年6月还写了题为《论社会主义的相对稳定性》的文章,从他后来被迫做的检查中可以知道文章的大致内容。该文认为,社会主义是一个相当长的历史阶段,是一个独立的经济形态,有自己质的规定性,因而有一套自己的经济规律,相应地,我们反映这一套经济规律的经济政策,也应该是相对稳定的。这篇论文,先寄给北京的千家驹,千家驹又推荐给聂真,并送至《光明日报》,但是该报以"这是一篇政论性较强的文章,不适合在本刊发表"为由退了稿。事后,上海《文汇报》的一位编辑表示愿意采用,但此时,上海那位大人物已经大发雷霆了,结果未被登出。沈志远反对以中国的国情特殊为理由,否认马克思列宁主义基本原理。为此,他计划写一系列的文章,向中国共产党直言他的看法。除前两篇外,他还打算写《意识与存在》《主观能动性与客观可能性》《基础与上层建筑》《生产力与生产关系》等,由于1962年底他又陆续受到批判,所以没有能够写成。

1962年7月23日,由沈志远执笔在上海市政协会的8人发言《为更好地展开社会科学研究工作而努力》中指出,"理论宣传工作上表现的某种程度的片面性……表现于以下一系列的问题,如我们往往强调了不断革命论,却忽视了发展阶段论;强调了主观能动性的作用,却忽视了客观可能性和尊重客观规律的必要性;强调了社会主义社会的过渡性,却忽略了它的相对稳定性;强调了政治思想教育,却不大重视物质利益原则;我们往往非历史主义地夸大了按劳分配原则中的资产阶级法权,却忽略了按劳分配首先,并且主要是体现无产阶级法权,是作为'按资分配'、'不劳而获'资产阶级法权的对立物而存在的道理;我们谈生产关系的改革比较多,而谈生产力的决定作用则比较少;强调上层建筑比较多,注意经济基础的决定意义则比较少;在政治经济学理论宣传上,我们政治强调得多了一些,经济谈得少了一些;解释政策相对多了一些,探讨规律相对少了一些;宣传高速度多了一些,研究按比例少了一些;强调政治任务多了一些,研究经济效果少了一些……"

由此可见,沈志远忧国忧民,经过了4年的观察和严肃的研究,来向中国共产党进言的,他是光明磊落的。正如徐铸成在回忆文章中说的,"他参加政治活动多年,但没有一点政治'活动家'的气味,始终保持书生本色,不趋时,不媚世,不见风使舵,不巧于逢迎,这也许是他致命的'弱点'罢!""但历史将证明他是一个强者……"

沈志远勤于学习、勤于写作,严格要求自己,只要一息尚存,决不推卸自己对党和人民的责任。虽然由于发表了《关于按劳分配的若干问题》以后日子又不好过了,但他在1962年底还是为自己制定了两个《本人研究工作十年规划草纲》,计划在1963—1967年进行国家垄断资本主义的研究,写4篇文章,共约60万字,在1968—1972年,打算研究马克思列宁主义政治经济学的方法论,以利于社会主义政治经济学问题的研究,计划写40万字的文章。

从 1962 年 9 月开始,沈志远开始写《国家垄断资本主义实质概说》一书,到了 1963 年,他的处境日益困难,心情十分沉重,他的日记里,有他对夫人崔平所说的一段话:"我明知我写的文章是不会再发表了,不让我写作,就像不让演员演戏一样感到难受,但我还是得写……",这一时期他往往是白天挨完批判,晚上回家写文章,或是接连几天赶写非写不可的检讨,然后再接着写文章。

《国家垄断资本主义实质概说》13 万字,内容构成:序言;第一章,国家垄断资本主义形成的条件和它的必然性;第二章,国家垄断资本主义的实质;第三章,国家垄断资本主义的两重性、矛盾性和它的历史地位。

沈志远在这部专著中提出了一些有价值的论断:"国家垄断资本主义简单地说就是资产阶级及国家和垄断组织打成一片的垄断资本主义,是垄断资本主义的一种新型式,是它本身发展中的一个更高阶段",这个阶段既不同于表现为一种独立的生产方式的历史阶段,也不是资本主义生产方式的两大发展阶段——自由竞争和垄断、工业资本和财政资本两个阶段以外的超垄断的第三阶段,而是垄断阶段、资本主义最高阶段以内的一个分阶段。但是,"作为一种新形式或一个发展阶段,国家垄断资本主义具有其不同于 20 世纪初期的一般垄断资本主义的一些新特征,这些新特征主要表现于国家全面干预经济所引起的社会经济结构,即生产关系的各个方面(各个环节)发生一些量的变化或现象上、表现形式上的变化。不论是资本家的所有制方面,资本主义社会的阶级结构、阶级关系方面,特别是资本对劳动的剥削关系方面,也不论是分配关系方面,或是在流通领域方面,都发生了显著的变化","虽然国家垄断资本主义绝对不能消除资本主义的任何一条重要经济规律,它却使它的表现形式和作用程度上发生一定的变化,由于国家对经济生活的干预,每一条经济规律都通过各种变形而发挥它的作用"。在研究国家垄断资本主义的实质的方法论问题上,沈志远表示"不能同意把全部实质简单化地归结到国家从属于垄断、国家成为垄断寡头发财致富的工具……对于作为一种经济体制的国家垄断资本主义的实质,我们必须从经济基础的变化中去进行探索。当然我们这样说,并不排斥现代资产阶级国家对于经济基础的重大作用"。

在我国经济学界,系统地论述国家垄断资本主义的专著,《国家垄断资本主义实质概说》是比较早的一本,甚至是第一本。遗憾的是,这本专著,正如沈志远自己预料到的,没有能够出版,只有少量油印本。

在那个所谓"好学生"的指使下,对沈志远的批判从1962年9月开始,断断续续,逐步升级,到1964年下半年,达到了高峰。随着批判的升级,他的健康状况也每况愈下,血压经常超过200毫米汞柱,最后,手抖动得连字也写不端正了。他大量地服用降压药,抱病参加了1964年底的全国政协会议,1965年初回到上海后,患重感冒卧床不起,1月26日,因心肌梗塞,突然逝世。

传记人物的生平事迹应该放到传记人物所处的历史时代中进行研究,而不应一味突出传记人物个人的聪明才智和"先知先觉",这恐怕是一条历史唯物主义的基本原理。根据这样的认识,沈志远的一生,应该得出一个结论:没有中国共产党,没有中国共产党领导的人民革命,就没有马克思列宁主义经济学家沈志远。

沈志远把他毕生的心血和精力,都献给了党和人民的事业。

(原载《晋阳学刊》1983年第2、3期)

杰出的马克思主义传播者

——沈志远

施恬逸

著名的马克思主义经济学家、理论家沈志远,同时也是上海社会科学院经济研究所的筹建人之一。他一生致力于马克思主义哲学和经济学的传播,在学术研究以外,积极参与社会活动,始终追求进步。

沈志远1925年加入中国共产党,后赴苏联莫斯科中山大学留学。1944年加入中国民主同盟。1949年后,历任上海市政协副主席、民盟上海市主任委员等职。在中国的社会科学传播史和中国民主同盟的历史中,都留下了值得铭记的贡献。

由于一些众所周知的原因,对沈志远的生平、思想研究仍不够充分,[①]本文拟从沈志远的两篇传略出发,结合其他资料,对其早年一些活动做一粗略考察,稍加补充,冀能抛砖引玉。

(一)早年经历

据沈骥如《卓越的马克思主义传播者——沈志远》(以下简称传

[①] 沈志远于1957年被错划为"右派"(1980年平反),1965年即不幸去世,至今未有传记或文集整理出版。其个人档案仍未开放,也给研究增添了难度。目前所见最详细的传记资料,是沈志远之子沈骥如的《沈志远传略》(《晋阳学刊》1983年第2、3期)和《卓越的马列主义者——沈志远传略》(收入《经济日报》主编:《中国当代经济学家传略》第一册,辽宁人民出版社1986年版)二文,内容大体相同,后者在生平内容方面有补充,并有对著述与思想的详细评介。本文依据的,主要是后文。

略），沈志远1902年出生于浙江萧山，原名会春。1913年11岁至杭州，入浙江第一师范附属模范小学，1916年升入省立一中初中。因参与五四运动，被学校劝退。后至交通大学附中继续求学，并结识了时就读于大学部的侯绍裘。1922年，沈志远中学毕业，无力升学，回绍兴，在其叔父沈肃文任校长的绍兴第一中学教英文。不久，因绍兴封建势力顽固，学校宣告解散。1924年8月，沈志远至侯绍裘主持的松江景贤女中教书。

沈志远的早年经历，相关材料不多，但仍有一些可补充。

沈志远进入交通大学附中后，在校内相当活跃。求学期间，他加入了"南洋学会"，[1]同时亦积极在校刊《南洋周刊》上发表文章。目前可以查到他在中学时代发表的文章3篇。1922年，他在《南洋周刊》第二卷第四号发表译文《青年与事业》，此文译自美国《成功》杂志（*The Success*）上马尔腾博士（Mr. Marden）的 *Are you Building Status of Snow?* 一文，要青少年务求安稳，应尽力发挥自己最大能力，挑战自我，选择翻译这篇文章，从一个侧面反映出青年沈志远的壮志雄心。

沈志远在故乡绍兴的短暂教书经历，《传略》所述略有问题。

其叔父沈肃文[2]所任非"绍兴第一中学"校长，他出任校长的乃是浙江省立第五中学，这是因为浙江省立第五中学后改名绍兴第一中学而致此误会。[3]

1923年，沈肃文出任浙江省立第五中学校长。同年8月8日，即

---

[1] 据《民国十年交通大学上海学校南洋学会会员录》，《南洋学报》第四卷第一号。用"沈观澜"名。

[2] 据浙江省政协文史资料委员会编：《浙江近现代人物录》（浙江人民出版社1992年版）："沈肃文（1881—1958年），绍兴人。早年就读于浙江两级师范学校。辛亥革命后，在家乡从事教育事业。后到上海，在中华职业教育社任职。1923年，任浙江省立第五中学校长。"裘德昌的《沈肃文传略》据沈肃文自传写成，亦未提及他任"绍兴第一中学"校长。

[3] 绍兴市第一中学于1897年建立，初名绍郡中西学堂，1911年改名浙江省立第五中学堂，1923年省立五师并入。1956年方改名绍兴市第一中学。详见绍兴市教育志编纂委员会编：《绍兴市教育志》（上海教育出版社1994年版）相关介绍。

起驱沈风潮。据《绍兴人民革命史》,"1923 年 8 月 8 日,从上海调来绍兴五中读书的青年团员针对该校校长擅用私人、乱撤教员、压制学生的情况,联合五中学生骨干宋德刚等人,发动全校学生联名向报界揭露该校校长劣迹……"学潮持续至 1924 年 1 月 21 日,以沈肃文辞职结束。[①] "驱沈"的原因,陈觉民在《刘大白先生之生平》中,认为是因"(沈、刘)接办五中后,整顿校务,把暮气沉沉的老教员辞退了十余人。这十几位老师都是绍兴本地人,于是托亲挽友向沈、刘说情,但大白他们认为办学一定得破除情面,一切请托都失败了。这件事不但解职的教员们心怀怨恨,连说情的士绅们、县议员们也对他们发生不满了。第二个学期,在校外人士的策动下,校内部分学生发生了'驱沈风潮'"。[②] 沈志远的去职,显然与叔父有直接关系。但沈肃文离任后,学校并未解散。

沈志远至景贤女中任教期间,《传略》称在 1924 年 8 月,而《侯绍裘烈士生平大事年表(1896—1927)》则说是 1923 年 9 月,相差有一年。[③] 这一史实,有待进一步考证。

(二) 任教上大附中

1924 年 9 月,军阀卢永祥、齐燮元开战,波及松江景贤女中,学校被迫延迟开学。年底战事又起,学校只得搬迁上海。初级中学部分

---

① 绍兴五中学潮,详见中共绍兴市委党史研究室编著:《绍兴人民革命史》,上海社会科学院出版社 1994 年版,第 113—114 页。
② 陈觉民:《刘大白先生之生平》,浙江省政协文史资料委员会编:《浙江近代学术名人》(浙江文史资料选辑第四十三辑),浙江人民出版社 1990 年版,第 52—53 页。
③ 《侯绍裘烈士生平大事年表(1896—1927)》(上海市松江县地方史志编纂委员会办公室、中共松江县委员会党史资料征集办公室编:《侯绍裘纪念集》,1987 年):"1923 年 9 月邀中共党员董亦湘、进步人士沈观澜等五人任景贤教师。"《侯绍裘文集》(中共上海市委党史研究室、中共松江县委党史研究室编,上海远东出版社 1995 年版)附《侯绍裘生平年表》称同年受聘的还有钱江春、胡山源。

学生并入上海大学附中。① 侯绍裘也于1925年2月22日,受聘任上海大学中学部主任。沈志远应该是在这一时期随侯绍裘入上大附中。

沈志远在上大附中担任职务,《传略》称为"副主任",据多位上大附中教师回忆,应是事务主任兼任英文教师。② 事务主任负责"会计、庶务、图书、购置、保管、杂务及一切事务,纯属于大学校务处",③与教务主任、训育主任共同构成学校的主要领导层。沈志远在上大任教期间,与侯绍裘、黄正厂等老师都住校内,常与学生在一起。④ 据黄旭初回忆,"五卅"运动后,"附中主任仍是侯绍裘,但此时他带了张闻天、叶天底等去苏州接办乐益女中,常在苏州,附中校务由副主任沈观澜主持"。⑤ 他可能是在这一时期升任副主任的。

上海大学原为王理堂创办的"东南高等师范专科学校"。1922年学生发起罢课风潮,驱逐王理堂,改名上海大学,聘请国民党元老于右任、邵力子任正副校长。此后众多共产党人与国民党左派来校执教,学生多富革命热情,积极参与政治,为中国共产党培养了大批干部。当时,上海大学内共产党与共青团均十分活跃,附中同样如是,老师多为共产党员,学生则多是共青团员。附中教师侯绍裘、萧楚女、钟伯庸、黄正厂、高尔柏等,均为共产党员。

在这样的环境中,年轻的沈志远"又结交了一些共产党和共产主

---

① 薛晞申、唐存标、肖斌如、姜长林:《侯绍裘传略》,上海市松江县地方史志编纂委员会办公室、中共松江县委员会党史资料征集办公室编:《侯绍裘纪念集》。
② 见高尔柏、钟伯庸回忆。王家贵、蔡锡瑶编著:《上海大学(一九二二——一九二七)》,上海社会科学院出版社1986年版,第86、104页。
③ 《上海大学一览·中学部概况》,黄美真、石源华、张云编:《上海大学史料》,复旦大学出版社1984年版,第70页。
④ 《周文在同志的回忆》,王家贵、蔡锡瑶编著:《上海大学(一九二二——一九二七)》,第99页。
⑤ 黄旭初:《我在上海大学的一段经历》,黄美真、石源华、张云编:《上海大学史料》,(未刊)第85页。

义青年团的朋友,深受《新青年》《向导》《觉悟》等革命报刊的影响",①也就不足为奇了。

(三) 加入中国共产党与中国国民党

据《传略》,沈志远是在 1925 年上半年经侯绍裘介绍入党的。根据这一时期中国共产党的会议记录,在"五卅"之前,他应已入党。1925 年 5 月 28 日,在中国共产党为游行召开的联合会上,决议指定同志"分头向各校负责人谈话"、"向学校宣传""印行传单",指定的同志是"方闻、沈观澜、徐伟、(梁栋,南方)贤江、亦湘、吴稽天、绍裘、昌时、蔡鸿干"。② "五卅"运动前上大支部党员不多,1925 年 5 月统计为 25 人,而名单中并没有沈志远的名字。③ 原因有待进一步考证。这可能是因为其组织关系并未编在上大支部,当时是有这样情况的。④

另上大附中教师黄旭初回忆,"上海大学共产党支部直属上海地委,附中党员划成一组,组长即侯绍裘。侯绍裘介绍沈观澜入党时主持过小组会外,就很少开会了"。⑤

其时,沈志远在党内还是一个新同志。"五卅"运动后,他开始在支部担任一定领导工作。

1925 年 12 月的《上海区委关于基层组织情况调查表》显示,上大

---

① 沈骥如:《卓越的马列主义者——志远传略》,《经济日报》主编:《中国当代经济学家传略》第一册,第 172 页。
② 《联合会五月二十八日星期四》,上海市档案馆编:《五卅运动》(第一辑),上海人民出版社 1991 年版,第 18 页。
③ 《上海大学党组织的建立、发展和演变》,王家贵、蔡锡瑶编著:《上海大学(一九二二—一九二七)》,第 139 页。
④ 《上海大学党组织的建立、发展和演变》,王家贵、蔡锡瑶编著:《上海大学(一九二二—一九二七)》,第 139 页。
⑤ 黄旭初:《我在上海大学的一段经历》(未刊),黄美真、石源华、张云编:《上海大学史料》,第 112 页。

支部书记为高尔柏,沈志远、韩觉民担任组织工作。① 黄旭初亦回忆,"五卅"运动后,"附中党员分为两个小组,我参加的那个小组,组长是沈观澜。……党的组织生活比以前健全些,支部会、小组会还不常开,但不像过去整月不开会。开小组会主要是阅读中央指定党员应读的书刊上的文章"。②

五四运动激发了青年知识分子的政治意识,进而投身政党,"学生每以入党为荣";而政党亦从中意识到学生是一种可以利用的重要政治资源。当时,国共两党党员主体都来自"五四"知识青年。小知识分子,因其接受过一定教育,对社会承认的期待和向上爬升的愿望非常强烈;不愿认同于普通民众和甘居社会下流,但知识、学力和能力又无法在竞争激烈的城市中谋得一个相当的职位。"他们一方面因自身前途渺茫和社会地位不稳定而产生莫大的心理失落,同时又因目睹整个国家与社会的败落和衰颓而心怀不满。这双重的失意、焦虑、无望乃至绝望,使他们很容易被某种意向高远甚至带有乌托邦色彩的社会政治理想所吸引;革命乃至反叛的意识,自然也最易在这一处于游离状态的知识青年群体中孕育而生。"③

年轻的沈志远加入中国共产党,应也不乏此种心理动机。

同样,还可注意到,在当时国共合作的背景下,沈志远不但加入了中国共产党,同时亦是国民党党员。而其加入国民党,可能还在加入中国共产党之前。这在当时是相当常见的。李一氓曾回忆说:"1925 年孙中山逝世。这使国民党的威信大为提高,一时被看成一个除共产党以外的极为庞大的左派力量。在 1924—1925 年时期,许多

---

① 《上海区委关于基层组织情况调查表》中《北部支部组织调查表》,中央档案馆、上海档案馆编:《上海革命历史文件汇集》(中共上海区委宣传部组织部等文件 1925 年 8 月—1927 年 4 月)。年代系整理档案时考证确定。

② 黄旭初:《我在上海大学的一段经历》,黄美真、石源华、张云编:《上海大学史料》(未刊),第 113 页。

③ 对于这一时期小知识分子入党的动机分析,具体可参见王奇生:《党员、党权与党争——1924—1949 年中国国民党的组织形态》,上海书店出版社 2003 年版,第 35 页。

青年学生,由于各种原因,他们先加入国民党,然后才加入共产党,这是一个合理的觉醒过程。"①

1924年5月,侯绍裘在致沈选千信中说:"杭州省党部方面,沈玄庐、我和季恂都认得。沈观澜,是我要好朋友。"②此"党部",应是指国民党党部。③

"五卅"运动后,上海大学附中迁到青云路,校内国民党支部改为一区(闸北)五十二分部。至1925年11月,已有新旧党员40多人。"十月十五日下午四时开全体党员大会,改选执行委员。当选者黄正厂(常务)、秦治安、沈观澜。候补委员钟伯庸、樊警吾。讨论本学期党务进行计划。议决组织通俗演讲部与中山主义研究会。"④

这一时期,沈志远在国共两党内均表现活跃,显示出他的日益成熟。

1926年12月16日,沈志远从上海赴莫斯科中山大学留学。这项选派工作由上海区委负责,侯绍裘直接参与。上海大学和附中不少人都被选派去了苏联,如王稼祥、秦邦宪等,沈志远的两个妹妹霭春、联春也先后赴苏留学。

---

① 李一氓:《李一氓回忆录》,人民出版社1993年版,第44页。

② 《侯绍裘致沈选千》,中共上海市委党史研究室、中共松江县委党史研究室编:《侯绍裘文集》,第250页。日期为编者推定。注释称"沈选千,一名春晖,志千,嘉兴人,时在枫泾第五高等小学任教"。沈选千1924年冬由顾作之介绍加入中国共产党。

③ 中共杭州小组1922年9月初在皮市巷3号成立。党员有于树德、金佛庄、沈干城,组长为于树德。1923年扩组为党支部。1924年2月21日,上海地方兼区执委会会议上提到,杭州共有党员7人,为:徐将坤、于树德、金佛庄、沈干城、安体诚、宣中华、戴立夫。参见中共浙江省委党史资料征集研究委员会编:《中共浙江党史大事记1919—1949》,浙江人民出版社1990年版,第17—18页;浙江省档案馆:《一九二一年至一九二七年浙江党组织发展概况》(上),《浙江档案》1984年第11期。沈定一虽为中共元老,但并不隶属中共杭州支部。以个人名义加入国民党的沈定一,于1924年3月在法院路律师公会召开国民党党员大会,成立临时支部。沈定一、宣中华、俞秀松为常务委员,沈肃文为执监委员。见江天一:《第一次国共合作时期国民党浙江省党部的活动》,浙江省政协文史资料委员会编:《浙江文史集萃》第1辑政治军事卷(上册),浙江人民出版社1996年版,第138—139页。值得注意的是,这个党部中,沈定一、沈肃文和另一位执监委员沈尔乔都与沈志远有亲属关系。显示出他对政治的兴趣可能有来自他们的影响。

④ 《校闻》,《上大附中》第5期,1925年11月10日,黄美真、石源华、张云编:《上海大学史料》,第86页。

据《传略》,1929 年,沈志远从中山大学毕业后,进入中国问题研究所当研究员,同时还在共产国际东方部中文书刊编译处从事编译工作,并参与翻译 6 卷本《列宁全集》中文版。①

在苏联的岁月,目前还未能看到更多相关史料。只能从一些资料中窥其一斑。

曾在中山大学留学的盛岳提到,有 10 多个中山大学毕业生被选到中国问题研究所来当助理人员,选拔标准是学业,更主要的还是政治角度。"因为共产国际打算训练出一批未来的中共领导人,让这些人来研究所,主要是使他们能忠于共产国际,而不是为了使他们能在学术上作出成就。"②可见,在当时,能进入中国问题研究所,是为党内所看重和重点培养的人才。

然而当时的中山大学绝非平静乐土。有反托派斗争和所谓的"江浙同乡会"事件,校内学生矛盾激烈,斗争频仍。王凡西回忆"张闻天、沈泽民、沈志远、吴黎平、竺廷璋等翻译,被攻击为江浙系(因为他们都是江浙人),却与董顾(按:董亦湘、顾谷宜)等所谓'同乡会'头子根本搞不到一起"。③ 他的回忆也许并不可靠,然而当时中山大学部分学生对拿较高薪酬的翻译的确有较大不满,沈志远可能亦曾被卷入这种情绪中。④

(四) 在社联的工作

据《传略》,1931 年 12 月 16 日,沈志远回到上海。从 1932 年初

---

① 沈骥如:《卓越的马列主义者——沈志远传略》,《经济日报》主编:《中国当代经济学家传略》第一册,第 173 页。
② [美]盛岳:《莫斯科中山大学和中国革命》,奚博铨、丁则译,东方出版社 2004 年版,第 64—65 页。
③ 王凡西:《双山回忆录》,现代史料编刊社 1980 年版,第 76 页。
④ "江浙同乡会"事件,详见杨奎松:《"江浙同乡会"事件始末》,《近代史研究》1994 年第 3 期;《"江浙同乡会"事件始末(续)》,《近代史研究》1994 年第 4 期。

至1933年6月,先后担任中共江苏省文委委员和中央文委委员。在此期间,先后担任社会科学家联盟(社联)的委员、常委,参与编辑《研究》杂志。①

这一时期,沈志远最重要的工作就是"社联"工作。1929年秋,中共六届二次全会后,成立中央文化工作委员会(文委),"指导全国高级的社会科学的团体杂志,及编辑公开发行的各种刊物书籍"。②1930年5月在上海成立中国社会科学家联盟。"社联"与"左联""剧联"等并称"八大联",由"文委"领导,行政上则属中国左翼文化总同盟(文总)。

沈志远在"社联"的活动史料,主要来自当时"社联"成员的回忆。其中最重要的是史存直和韩托夫的回忆。

史存直1931年秋至"社联"工作,曾与沈志远共事。在《"社联"活动点滴》中,他回忆到:

"(一九三一年)秋天,组织上分配我到'社联'工作。……当时,'社联'党团由书记沈志远、同我一起从日本回国的郑彰群(也叫郑长群,当时用假名张启富)以及我三人负责。大约在一九三二年的夏天,沈志远突然失踪。据说是因他的一个任团中央负责人的亲戚被捕,他怕受到牵连而躲避起来了。……这样,党团书记就由郑彰群担任。党团成员又补了一个陈同生,他当时对外用假名'小张'。不久郑彰群被捕(以后叛变),我就接替了"社联"党团书记的工作。这时,在党团配合我工作的除陈同生之外,还有曾纯均(即曾礼之、曾毅之)。从一九三二年夏到一九三三年八月十七日我被捕止,我担任了一年左右"社联"党团

---

① 沈骥如:《卓越的马列主义者——沈志远传略》,《经济日报》主编:《中国当代经济学家传略》第一册,第174页。
② 《中国共产党第六届中央执行委员会第二次全体会议文件》,《中共中央文件选集》,中共中央党校出版社1983年版,第270页。

书记。"①

在另一篇回忆文章中,他更指出这位亲戚据说是孙际明,沈志远曾远避至香港。②

史存直的回忆有几个问题:(一)他回忆 1931 年秋时,沈志远已担任"社联"党团书记,但根据《传略》,此时沈志远尚未回国;(二)他指沈志远 1932 年夏因孙际明被捕避走香港,但孙被捕是在 1933 年初。且孙际明是湖北人,与浙江人沈志远似乎不应有亲戚关系。③

韩托夫亦提及曾因沈志远避走,以为他失踪,被迫迁居一事。然而他又回忆,1932 年秋,邓初民参与暨南大学校务委员会开除几十名学生,事先事后均未向"社联"汇报,于是"由沈志远、老史(即史存直)和我同意,决定开除邓初民的盟籍"。④ 则他此时应仍在上海。因此,基本可以认为,避走之事存在,但具体原因及时间,现有几种史料出入很大,有待进一步挖掘求证。

现在较能肯定的是,1932 年"一·二八"后,沈志远接替张庆孚(琴抚)任"社联"党团书记并兼宣传部长,至少担任至 1932 年初夏。

---

① 史存直:《"社联"活动点滴》,史先民编著:《中国社会科学家联盟资料选编》,中国展望出版社 1985 年版,第 98 页。

② 史存直:《回忆三十年代的社联》,上海市哲学社会科学联合会编:《中国社会科学家联盟成立 55 周年纪念专辑》,上海社会科学院出版社 1986 年版,第 115 页。

③ 孙际明(济民)亦曾留学中山大学,是所谓"二十八个半布尔什维克"之一,后被捕叛变,并在报上发表自首宣言。1932 年秋时,孙际明仍是中国共产党青年团中央局组织部部长,后任"少共"上海中央执行局组织部部长,该机构成立于 1933 年 1 月,因此孙的被捕不会早于这一时间。陆定一回忆,约在 1933 年旧历正月十五前。参见王健英:《中国共产党组织史资料汇编——领导机构沿革和成员名录》,红旗出版社 1983 年版,第 151、223 页。《中国少年先锋队总队部——号召上海劳苦青年捉拿或打死叛徒孙际明宣言》中介绍其生平:"孙际明,湖北黄梅县人,年二十五岁,身长四尺,曾任沪西区委书记,又名'猴子'。"中央档案馆、江苏省档案馆编:《江苏革命历史文件汇集》(1927—1936,群团文件),1987 年,第 364 页。

④ 韩托夫:《关于中国社联的一些回忆》,上海市哲学社会科学联合会编:《中国社会科学家联盟成立 55 周年纪念专辑》,上海社会科学院出版社 1986 年版,第 124 页。

同时在中央文委担任职务。① 在此期间,最重要的一个工作,是主持召开了社联第二次全体盟员大会。据韩托夫回忆:

> "1932年'一·二八'上海事变之后,我住在沪西区。大约是在二三月间,在大中中学楼上教室召开了社联第二次全体盟员的大会。由沈志远主持会议,参加会议约有五十人左右,在我记忆中参加会议的有钱亦石、林伯修、周新民、邓初民、张启夫兄弟二人,柯柏年、李剑华、张志让、何思敬等等。这次会议是改组社联的会议。沈志远针对上届社联领导进行批评,认为上届社联无所作为,有右倾的倾向,脱离当时政治斗争,主要是针对张启夫和邓初民等人。"②

当时,"社联"积极创办刊物,传播社会科学。据统计,在"社联"活动的6年时间内,自己办与合办的刊物达到30多种。但因为审查严格,许多刊物发行一二期后就被迫停刊。沈志远也投身此项工作。他曾主编《新文化》月刊,但出版两期后即被查封。③ 另外,因柯柏年身体不好,他曾帮助协办过《研究》杂志,1932年出版一期后也被查封。此外,他也同许多盟员一起利用大学讲台巧妙地宣传马克思主义基本观点,韩托夫就曾看过他兼课的讲稿。

(五) 介绍马克思主义哲学与苏联建设成就

1925年"五卅"运动后,社会学书籍的出版繁荣起来,成为一种最

---

① 韩托夫回忆:"我曾一度参加江苏省文委工作。当时文委书记是华汉,成员是钱杏邨、沈志远和我,另一位成员,记不清了。"韩托夫:《关于中国社联的一些回忆》,上海市哲学社会科学联合会编:《中国社会科学家联盟成立55周年纪念专辑》,第121页。"华汉"即阳翰笙。根据资料,阳翰笙于1932年秋任"文委"书记。中央文化工作委员会是属于中央宣传部的机构,但在1933年初改由江苏省委领导。因此,韩托夫此处回忆可能不太确切,并没有江苏省文委。

② 韩托夫:《关于中国社联的一些回忆》,上海市哲学社会科学联合会编:《中国社会科学家联盟成立55周年纪念专辑》,第120页。

③ 武敏、姜萍:《中国社会科学家联盟简介》,史先民编著:《中国社会科学家联盟资料选编》,中国展望出版社1985年版,第9页。

显著的潮流。关于社会学和社会科学的课程进入大学甚至是中学的课程设置,政府机构和新型的社会学组织也开展了深入的社会调查。其中,唯物史观是这一时期中国大学社会学课程中最重要的三大潮流之一。在1928—1930年,出版的社会学著作或多或少与马克思主义和辩证唯物论有关,成为中国思想的决定性特征。①

在这样的时代和思想潮流中,甫回国的沈志远即刻投入传播马克思主义政治经济学和唯物史观的队伍,同时大量介绍西方哲学以及苏联的建设成就,出版了一系列书籍,并在杂志发表不少文章、译作。对这大量工作的梳理、阐释绝非一篇文章可完成。在此,先简单梳理沈志远从回国至抗战前出版的图书,供未来的研究者参考。②

这一时期,沈志远出版的著作,主要有以下四类:

第一类:马克思主义经济学著作

这部分著作抗战前数量不多,但分量很重。尤其是他的代表作《新经济学大纲》,10多年来多次再版,并曾被翻译成日文。

1.《新经济学大纲》,北平经济学社1934年版。此书出版后由生活书店代售。在1936年、1940年、1945年、1949年多次再版。1935年被列入生活书店"新中国大学丛书",抗战时被禁。

2.《世界经济危机》,中华书局1935年版。写成于1934年9月,是对《新经济学大纲》的补充。

第二类:哲学著作

这一时期,沈志远也撰写、合写了好几种哲学著作,介绍西方近代以来的哲学和唯物史观。有几种是他响应"哲学大众化"口号所写的通俗哲学著作。

1.《黑格尔与辩证法》,上海笔耕堂书店1932年版。

---

① 关于1925年至1930年初社会科学出版和传播的背景,可参见德里克相关论述。见[美]阿里夫·德里克著,翁贺凯译:《革命与历史:中国马克思主义历史性的起源,1919—1937》,江苏人民出版社2005年版。

② 以下所列书目及著作目录,主要来自:《传略》附《沈志远主要著作目录》;中国人民大学经济系资料室编:《中国资产阶级右派社会学者和经济学者的著作、论文索引》。

2.《新哲学辞典》,编著,北平笔耕堂1933年版。

3.《近代哲学批判》,论文集,读书生活书店1936年版。

4.《现代哲学的基本问题》,"青年自学丛书",上海生活书店1936年版。该书于1946年修订,1949年再版。

5.［苏］米丁原著《辩证唯物论与历史唯物论》(上册),商务印书馆1936年版。此书虽是译作,但在沈志远的译作中却有相当地位。因为它是毛泽东在延安时期读过并留有文字批注的7种(8本)哲学著作之一。毛泽东于1937年阅读了此书,并做了不少批注。此书内容与《实践论》和《矛盾论》有直接关系。如毛泽东从原文提取和复述了"认识物质,就是认识物质的运动形式"这句话,并写入《矛盾论》。①

6.曹达编,《通俗哲学讲话》,上海一心书店1937年版。收入平心、贻非、艾思奇等人论文。

第三类:介绍苏联及战后新兴国家建设成就,世界形势的国际政治著作

1.《苏联与资本主义各国之关系》,中华书局1934年版。是沈志远、许涤新、钱啸秋和白沙的论文合集。收入沈志远所著《英俄关系恶化的新阶段》一文。

2.《战后新兴国概况》,中华书局1935年版。介绍了第一次世界大战后芬兰、爱沙尼亚、莱特维亚(拉脱维亚)、立陶宛、捷克斯拉夫(捷克斯洛伐克)、土耳其、南斯拉夫、苏联等13个新兴国家的地理条件、简要历史、经济和政治状况。

3.《苏联的政治》,"大众文化丛书",大众文化社1936年版。

4.《二十年的苏联》,生活书店1937年版,与张仲实合著,前4章为沈志远撰写。

第四类:其他

除以上著作外,还有《妇女社会科学常识读本》,"妇女生活丛

---

① 田松年:《对几本哲学书籍的批注》,龚育之、逄先知、石仲泉:《毛泽东的读书生活》,三联书店1986年版,第73页。

书",生活书店 1936 年版。

与著作相仿,沈志远在杂志上发表的文章,也主要围绕这三个方面,尤其以介绍苏联建设成就和国际形势的文章居多。发表的刊物包括:《东方杂志》、《新中华》(中华书局出版)、《申报月刊》、《中山文化教育馆季刊》、《时事类编》(中山文化教育馆编)、《世界知识》(生活书店出版)等。限于篇幅,在此不再一一列出。特别值得注意的是,他在这一时期与生活书店有了很亲密的合作,不但出版了4种书籍,而且还是《世界知识》杂志的特约撰稿人,[①]为其撰写了《从法意矛盾说到法意携手》(1934 年第 1 卷第 3 期)、《十月革命十七年——苏联经济建设的成果与展望》(1934 年第 1 卷第 5 期)、《菲律宾问题和美英日的斗争》(1935 年第 2 卷第 5 期)、《恐慌与变乱中的希腊》(1935 年第 2 卷第 1 期)、《艾登的外交旅行和今后的欧局》(1935 年第 2 卷第 3 期)等多篇文章。生活书店的创始人之一徐伯昕就曾说过:"《文学》月刊所团结和联系的文艺作家和文艺批评家,《世界知识》半月刊所团结和联系的一批研究国际问题和社会科学的专家学者,实际上形成书店编辑工作的两大支柱。"[②]沈志远就是这样充分利用公开刊物,积极传播马克思主义。

本文仅对沈志远 1933 年前的活动及抗战以前的著述做了一个最粗略的考察,这是远远不够的。沈志远不但为马克思主义在我国的传播做出了重要贡献,其人生在 20 世纪知识分子中亦颇有代表性。无论是大革命时期加入中国共产党,还是抗战后作为民主人士为中国之前途奔走,他始终都在探索救国救民的道路。因此,这篇小

[①] 《世界知识》半月刊,1934 年 9 月 16 日于上海创刊,主要介绍国际政治经济文化,毕云程主编,实际主事者是胡愈之。1935 年张仲实曾编辑此刊。沈志远在此刊发文,很可能是因张仲实的关系。可以看到,他也曾多次为张仲实编辑的《中山文化教育馆季刊》和《时事类编》撰稿。张仲实是他在中山大学的同学,1933 年进入中山文化教育馆工作,后入生活书店,1936 年起任总编辑,主持出版了大量哲学社会科学知识读物以及马克思列宁主义经典著作。

[②] 李文:《生活书店史稿》,三联书店 2007 年版,第 85 页。

文只是一个开端,希望能逐步廓清他的人生轨迹,深入审视他的思想,还原一个中国知识分子始终与中国共产党亲密合作、不断追求进步的人生历程。

（原载中国民主同盟上海市委员会编：《民盟先贤与文化复兴：民盟上海市委文化论坛论文集》,上海社会科学院出版社2016年版）

光 辉 的 一 生

——李亚农同志传略

《史林》编辑部

在中国现代历史学家中,有些人是以历史学家终其一生的,他们从不同的角度、在不同的程度上为中国现代史学的发展做出了贡献。也有少数人,他们既参加了革命斗争,同时也是卓有建树的历史学家。我国著名历史学家、中国科学院哲学社会科学学部委员、上海社会科学院历史研究所所长李亚农,就属于后一类。他的一生,为中国人民的革命事业和文化建设事业竭尽了力量,中国现代的史册上应该有他的一页。

李亚农于1906年6月26日生于四川省江津县。江津城依山傍水,是长江边一座风景秀丽的山城。在当时的革命潮流激励下,李亚农的三哥李初梨毅然走出家门,东渡大海,到日本留学,1916年,又把年仅10岁的四弟李亚农带到日本。从此,李亚农开始了在日本从小学到大学的学习生活。

李亚农在日本,先学完小学课程,进入东京第一高等学校特设预科,后来进入京都第三高等学校学习。1927年,李亚农在三高毕业后转入京都帝国大学文学部。李亚农在日本的学习生活是相当艰苦的。由于兄弟俩投身革命活动,和四川封建家庭的关系日益恶化,家里不再给他们寄钱,李亚农有时穷得连饭都吃不上,饿得乏力,只能躺在床上。

李亚农在京都帝国大学学的是哲学,可是他对文学曾发生过浓厚的兴趣,他的美术史研究也是出于对文学艺术的热爱。此外,他对河上肇的马克思主义经济学著作也十分爱读,对日本这位马克思主义理论的宣传家和革命者十分钦佩。

当时,日本共产党已经成立,所领导的工人运动很有影响。李亚农和留日同学中的一些进步分子秘密阅读马列主义书报,收集传阅日共的传单。他们组织了一个叫"社会科学研究会"的读书会组织,团结了一批进步学生。这引起了日本警察的注意。

当时,李亚农和同学沈起予、李兰合住在帝国大学附近一个农民家里。农民住在楼上,他们3人分住在楼下,生活是相当清苦的。日本警察几乎是两三天就来一次,一来就问:"李亚农在不在家?"如果答曰不在,就要追问到哪儿去了?如果李亚农乘火车到东京去,他们马上也跟着上火车。李亚农不但是进步学生,而且在1927年就在京都帝国大学参加了中国共产党,在中共日本支部的领导下,从事党的革命活动;1929年,日本政府发动了全国性的大检举,30多位中国留学生被逮捕。帝国大学的李亚农、沈起予、史殿昭,三高的于百溪、于鸿才等人,被投入日本帝国主义的监狱。

李亚农虽未判刑,但却从临时拘留的警察署转移到京都府的正式刑务所长期监禁,从1929年到1931年前后达3年之久。在日本法西斯政府的监狱中,李亚农以他的实际行动表现了一个中国共产党员崇高的革命精神。在拘留所和监狱中,他曾多次遭受严刑拷打,如从鼻孔中灌水,坐老虎凳,面对墙壁用臀部不停地做一个"口"字型的动作,连续达一两个小时之久。灌水时他几次昏厥过去;上老虎凳痛得他大汗淋漓,几天不能直立;做"口"字型动作(这是日本军阀的创造),累得昏倒在地,大颗大颗汗珠滚滚下地,把周围地面都淋湿了。监狱是一所特别的大学,在这里,能够切身体会到什么是国家、阶级、帝国主义……

由于监狱生活的长期折磨,李亚农体质越来越差,最后终于闹病，不进饮食。在这种情况下，经过狱方的同意，由于百溪保释出狱，随传随到。李亚农在保释出来的第三天，在好友的帮助下，脱去学生制服，改穿了一套西服，打扮成普通旅客，从京都搭火车到神户，又赶乘最近一班神户至上海的邮船，启程回国，结束了他在日本16年的学习生活和参加革命的历程。

1933年，李亚农来到上海，后经人辗转介绍，通过沈尹默的关系，到北平的中法大学教哲学，大约一年时间。以后又在北平大学和北京其他学校教过一段书。后来他曾写道："余返国后执教鞭于北平各大学者约四年余，因故南下。"(《铁云藏龟零拾·序》)1937年，他又回到上海，同1930年就回国的沈起予、李兰住在一起，借了法租界福开森路(今武康路)一个菜农的一座三开间房子，李亚农和沈起予、李兰分住在楼上，留日的同学生活使彼此间十分融洽。

这时，李亚农改名为李旦丘。这个化名是以周公旦和孔丘缀合而成的。他决定把自己的时间、精力转到学术研究上来。1937年，通过沈尹默的介绍和帮助，李亚农进了孔德图书馆。孔德图书馆是法国人出资办的中法文化出版委员会下属的一个汉学研究机构，沈尹默任馆长，以后又成立孔德研究所，仍由沈尹默任所长，实际是同一个机构。李亚农进了孔德图书馆，开始了自己的学术研究工作。沈尹默希望他多看些目录版本之类的书，因为这同图书馆工作的性质是一致的，李亚农也不拒绝，但他自己的意思是想搞甲骨文、金文之类的研究。这是受郭沫若的影响。1962年，李亚农在《欣然斋史论集·总序》(即《论承前启后》一文)中曾回顾说："著者在抗战前，本来是喜欢搞一点甲骨文、金文什么的，打算在认识几个契文、金文之后，然后在这些最古老的文字中去研究一点古代社会情况。谁知道一钻进这些甲骨、鼎彝堆中，便乐而忘返，竟把古代社会的研究置诸脑后，研究起中国古代文字学本身来了。"这样，他从1937年开始，利用孔德图书馆的资料，先后写了4本古文字学著作和一些单篇论文。

第一本著作是《铁云藏龟零拾》，孔德图书馆丛书第二种，1939年

5月,由中法文化出版委员会出版。1938年夏天,李亚农从友人那里见到吴振平所藏甲骨拓墨93片,"始屏除百虑,复专心致志于古代文字之探讨"。(《铁云藏龟零拾·序》)这批甲骨原片系刘鹗旧藏,有几片已见于《铁云藏龟》,但大多数未经著录。李亚农把这93片甲骨逐一进行考释,并提出了自己的看法。

第二本著作是《殷契摭佚》,孔德图书馆丛书第三种,1941年1月出版,由来薰阁书店发行,实际上是由孔德图书馆出资,上海商务印书馆印刷的。1939年春,一个书商带了罗振玉所藏甲骨拓墨千余片来到孔德图书馆求售,沈尹默就把它买了下来,并交给李亚农研究。"入秋以后,余始选其文句之较完整者与文字之较值注意者凡一百一十八片,编为是篇。非敢自谓有以贡献于契林,不过保存古代文化之微意云尔。"(《殷契摭佚·序》)该书撰写体例全仿《铁云藏龟零拾》,拓片分为:(一)祭祀,(二)贞夕贞旬,(三)用牲,(四)田猎,(五)征伐,(六)杂卜。

第三本著作是《金文研究》,孔德研究所(此时已改为研究所)丛刊之四,1941年7月出版,来薰阁书店发行。李亚农在这部书的《跋》中写道:"从去年(按:指1939年)十月起,我开始了金文的研究。到今年七月底,大概把上海书肆中所能购买到的金文文献通通看了一遍,间或也得到一些心得。入秋以来,乘着金风送爽,灯火可亲的时候,才提起笔来写。把半年来往还于心中的一些思想写出来,于是乎成功了这薄薄的一本小册子。"李亚农在这本金文著作中,"大胆的来了一个新的企图:即追求文字的构成要素的变化,更进一步而穷其历史的发展。因为这一新企图之故,或许又有人要讥之为'奇特之士'了。墨守成规,每易获谨严之誉,欲求进步,辄难免奇特之讥。……余虽不敏,也是以追求学术的进步为己任的。对于前人的研究成果,可接受者无不乐于接受;至其错误,却决不愿盲从。在方法上,也不愿为旧法所囿。不管人家怎样说,宗旨总是如此。知我罪我,任之而已"(《跋》)。李亚农以郭沫若作为自己的楷模,开始注意马克思主义对金文研究的指导,他说:"本书所征引的学说,差不多都出自郭鼎堂先生。鼎堂是著者的同乡前辈。他的《两周金文辞大系》的规模之宏伟,在中国金文学史上,诚所谓迈古超今。一千年来,金文学家辛勤研究的成果,不消说是掇取在大系之中的,而鼎堂自身创获之丰,又有远迈前人者在。因此,我写这本小册子的时候,大概都是利用他的著作。他给了我不少的便利和暗示,这是我应向这位前辈致谢的。"(《跋》)

第四本著作是《殷契摭佚续编》,署名李亚农。该书完成于1941年,也是在孔德研究所期间的著作,"因抗日战争日趋紧张,太平洋事变继之爆发,遂无法付印,乃托友人代为保存"(《殷契摭佚续编·自序》)。1949年5月上海解放,李亚农来上海,"于友人家中寻得旧稿,经此长期战祸,居然未毁于兵燹"(《跋》)。1950年9月以中国科学院名义在上海商务印书馆印刷成书。此书的甲骨文拓片来源,一是取自画家顾青瑶收藏的1910年前后出土的甲骨而为孔德研究所在1940年所收购的,另一部分是孔德图书馆向上海古董商收购的"近年(按指1940年前后)出土之物",共收甲骨349片。内容也分为:(一)祭祀,(二)用牲,(三)食货,(四)田游,(五)征伐,(六)天象,(七)贞夕贞旬,(八)杂卜。

李亚农在上海孔德研究所的五六年间,主要的成绩是完成了以上4本古文字学著作。李亚农自己说过,他本来的目的是想以郭沫若为榜样,试图通过对古文字的研究进而探讨中国古代社会的历史规律。但后来由于抗战的环境和去苏北抗日根据地,他的这一愿望未能实现,直到新中国成立后才继续这一未竟之业。李亚农在20世纪40年代开始的古文字研究,奠定了他50年代研究中国古代史的基础。对于研究古文字学的方法,1940年4月,他在《学术》第三辑用李旦丘的署名发表了《古代文字学的方法论》一文,阐述了自己的观点:"科学的方法,是研究学问的必需的利器,同时也是批评研究成果的不可缺少的标准。没有正确的方法,则其研究的结果,不问可知。

对于研究的方法没有理解,则其批评必为漫无标准的妄论无疑。这种情形,不单是在一般的自然科学和历史科学的范围内是如此,即在中国古代文字学的领域内亦然。"在这篇文章中,他重申了自己主张的"不仅追求文字的构成要素的变化,更进一步而穷究其历史的发展"(《金文研究·跋》)的观点,大胆地提出文字学和历史学的研究必须"打倒偶像。因为偶像的存在,足以妨碍学术的进步。……对于学术者的先驱者,后来的人固然应该表示敬意,然而敬之必以其道。一味的盲从,这不单是侮辱了学术,并且使先驱者们苦心惨淡建立起来的学术的基础,也不能得其应得的发展"。因此,他认为,即使对古文字学权威罗振玉、王国维的学说,也不能视为"天经地义"。"后来的学者,倘若发现了他的错误而加以纠正,这不仅没有侮辱他,反而使其建立的基础,得以发扬光大。这才是尊之之道","千万不要忘记西哲的一句名言,即:我爱我师,但我更爱真理!"李亚农40年代的这一思想,导致他在50年代在中国古代史分期问题上大胆提出了同当时占优势地位的观点的不同见解。

李亚农除从事学术著述外,还涉足文艺园地。应老朋友、《光明》杂志主编沈起予的要求,李亚农在《光明》第一卷第二号(1936年6月25日出版)《追悼高尔基特辑》上,以李宗文的笔名发表了《高尔基的艺术与思想》这篇文学论文,评论了高尔基文学创作的艰苦历程和作品的现实主义艺术特征,论述了高尔基继承文学遗产的问题。他赞扬"苏联的大众的英雄主义,产生了积极的英雄的文学的典型。革命的社会主义的浪漫主义,在高尔基的言论里面,占着重要的位置"。

在上海期间,李亚农有着广泛的交往。他同周谷城、周予同都成了好朋友。当时李亚农在搞自己的契文、金文,周谷城正在撰写《中国通史》。每天晚上,李亚农就打电话约周谷城聊天,有时在家中,有时在外面。他们谈中国史学,谈新文学,谈诗词,谈甲骨文、金文,谈罗振玉、王国维;也谈郭沫若、鲁迅、茅盾、曹禺,谈李达、陈启修、张申府。李亚农对他们有推崇,也有分析和批评。他和周谷城对哲学都有浓厚的兴趣,两个人讨论起哲学问题来更是如大江直下,一泻千里。谈得最多的,还是马克思主义,他们都学识渊博,性格开朗,因此交往密切。周谷城回忆说:"亚农确实学问渊博,而且不褊狭。"他对民初、五四以来中国文化学术战线上涌现出来的一批代表人物,都有恰如其分的评价。他的《论承前启后》思想,早在30年代就已经在酝酿了。

李亚农同内山书店老板日本友人内山完造交往也十分密切。他一口流利的日语,对日本历史文化熟悉的程度,使内山完造十分吃惊。孔德图书馆要买日本图书,总是要李亚农出面和内山完造打交道。内山完造每次接到书单,就很快地办理,通过日本国内的书店把所购的图书邮寄来,捆扎好,交李亚农带回图书馆。

李亚农回国后虽然暂时失掉了党的组织关系,但并没有离开革命,在当时的条件下,他尽可能为革命事业做一定的工作。1934年,他在北平中法大学工作时从北方来到上海,找到当时在干革命工作的陈同生。陈同生正在过着饱一顿、饿一顿的生活,但最使他们感到困难的还是牺牲和遇难战友的孩子们。他们总不能眼看着革命的后代流浪街头,他们正在为两个十二三岁的革命后代感到无比的忧虑。一天黄昏,陈同生回到家里,房东对他说:"有客人访问您,留下名片。"名片上印的是:李旦丘　四川江津。背面写着:"来访未遇,晚间请留步。"陈同生回到房间里,还不到几分钟,有人敲门。来访者是李亚农。一见面,李亚农就问:"有两个革命同志的孩子,你们感到照顾很困难,交我负责好吗?"他看出陈同生的迟疑,又接着说:"不用客气,我总算是有职业的,虽没有什么富有的朋友,但相识中尚有几位可通缓急的人,这个担子,让我挑着,还是适当的。"这样,李亚农就将两个革命后代带往北平。还有一个例子。当时在新四军工作的沈其震(现中国农工民主党全国委员会副主席),来上海为新四军采购医药,住在李亚农处。李亚农和周谷城为他到处奔波联系,采购了大批药品、医械。后来沈其震又历尽艰辛,用船转运苏北。有一次,李亚农听说船上的药物被查获了,急忙打电话通知周谷城:"沈其震出了毛病!赶快搬家!"周谷城马上转移了住处。一小时后知道这个消息是误传,才放下心来。这两个事例说明李亚农尽管还没有党的组织关系,但他仍旧是在为革命工作,也是在为党工作。

1937年"七七"事变后,对祖国的命运、民族的前途的忧虑,使李亚农在孔德研究所的书斋生活无法安静。他曾写道:"其后抗战军兴,书斋中坐不安稳了,只好跑到新四军去跟着同志们打游击;光阴荏苒,一打就是十余年,手不握卷者也是十余年。"(《欣然斋史论集·总序》)李初梨后来也说:"他这条路走对了!"1941年冬,李亚农顶着凛冽的寒风,备着简单的行装,来到苏北抗日民主根据地,抵达苏北盐阜地区的新四军军部。新四军代军长陈毅热情接待了这位曾留学日本的同乡学者,同他作了竟夕长谈,并详细询问了他的情况和工作要求。鉴于我军在对敌作战中俘获了不少日本战俘,很需要有一个精通日语、熟悉日本国情的人去做他们的工作,陈毅军长决定任命李亚农为新四军政治部敌工部副部长,负责对日俘的工作。他责无旁贷,欣然从命,不久,李亚农重新回到了党的怀抱。1946年春,他担任了华中建设大学的校长兼党委书记。这段时间,他为抗日根据地和解放区的政治工作、高等教育事业做了许多有益的工作。

在担任新四军政治部敌工部副部长期间,李亚农对日本战俘进行了深入细致的工作。

自身的经历和民族的灾难,使他对日本军国主义极端仇恨,但对这批受到日本军国主义思想毒害的日本战俘,却以极大的耐心、感人的热诚和崇高的国际主义精神,对他们进行感化和教育。他严格执行我党我军正确的俘虏政策,获得了日本战俘的尊重。李亚农对日俘的工作,有严肃的正面教育,但更多的是利用他对日本历史、风俗人情和日本人民心理状态的了解,深入细致地做他们的工作,这使日本战俘易于接受我党我军的教育。日本友人、当时的战俘荻原定司,在新中国成立后曾多次访问中国。他见到周恩来,都要提到李亚农,深切感激中国共产党和中国人民对日本战俘的宽宏和感人的教育。

这时，华中建设大学校址设在新四军军部所在地淮阴。李亚农任校长，夏征农任副校长，孙叔平任教务长。教职人员大多是来自上海和敌后各根据地的知识分子。先后到校的有宋之的、车载、芳信（蔡芳信）、刘汝醴、黎冰鸿等20多位教授。学生有100多人（一说有300多人）。李亚农对华中建设大学有很长远的设想。他认为，学校不仅要办文、理各科，还要办工学院，以培养未来的中国经济建设的专门人才。一幅社会主义新型大学的宏伟蓝图已在他的脑海中形成。李亚农决心运用一切可能的力量办好这所大学。他把工作的重点放在团结和教育知识分子的工作上，李亚农有他自己的理由，他说："我要团结一批教授。要办好一个学校，没有一批教授不行，当时，人们找不到他，办公室同志的回答往往是："到×教授家里去找！"李亚农重视知识分子，从华中建设大学对教授们的待遇上也反映出来。有些教授受到较高的待遇，感到内心不安，找李亚农谈心，主动要求待遇同于一般干部。他说："不能这样做。对你们应该照顾。你觉悟高是好的，但你如果要求减薪，人家就显得落后了。"说得非常实事求是，令人心悦诚服。

正当学校的教育工作全面筹备之际，置国家民族的前途于不顾的国民党反动派发动了全面内战。华中建设大学不得不在保留体制、实际上完全不可能开展工作的情况下，随部队分批转移，只留下夏征农等同志在敌后打游击。华中建设大学随大部队到山东后，把为数不多的学生分配到各机关、部队，只留下以教授为主的教职员工队伍，由李亚农带队，再随部队向北转移，到烟台、威海卫一带。国民党军队从海陆两路包围了这支队伍。李亚农和华中建设大学一批教授同大队伍一起，借助于两只机帆船，突破了反动派用炮艇设置的海上封锁线，到达苏联红军早在1945年秋就占领了的大连。在大连，李亚农继续进行团结、教育、救济日俘和日侨的工作，并通过"博古堂"（为了防止文物流散，李亚农请示上级，在大连开设的文物商店），收购保存了一批文物,包括罗振玉所藏的甲骨在内。此外,还开了一个咖啡馆,作为工作和联络的据点。我们手头有一份日本人写的回忆文章的译文片断(这是李亚农保存的仅有的一份文字材料,由于残缺,已无法查出日文原件),不知作者是谁,文中写道:

"1948年1月初,石堂委员长(按:当时在大连负责日侨工作)向我联络说:'中共的建设大学校长李亚农先生目前来到大连,急于想和您会面,并要我介绍。李先生有话对你说,对于中央试验所的开始生产(按:指作者建议生产酒精和DDT以解决在大连的日本人生活困难一事)是有利的。'这一次会面,在第二次日本人回国为止的约半年期间内,对于中央试验所工作人员的生活困难的缓和上,产生了非常有利的结果。"

"李先生以精练的日本语,静静地和我谈话。他说:'为了防止中国美术品的散逸,日下在大连市内经营了一个"博古堂"古董商店。去年底曾和关谷直司博士参观过中央试验所,当时关谷博士曾谈到所内人员生活困难的情况,我正在考虑援助。关谷博士是博古堂的总顾问,请你和他商量,研究一个办法。'"

在李亚农的直接帮助和苏联方面的同意下,这批日本人终于通过每月生产2 400公升无水酒精和50公升DDT的办法,解决了生活困难,报酬由博古堂支付。"津贴的数额,不分中、日国籍,平等支给。""中国人对我们的感情和态度因此也有显著好转。"以后,在大连的日本人分批被遣送回国,有少数人被留用。"苏联方面的留用者,其薪金一如从前;而中国方面,则除本薪和以前一样以外,还发给超出本薪数倍的技术津贴。"

接着,作者又写道:

"九月初,博古堂送来李先生的信,内容是:'我已奉命离开大连,祝各位日本人健康并工作愉快。'我们所敬慕和信赖的李先生,就这样突然见不到了。李先生不仅委托博古堂解决了中央试验所工作人员的生活困难,而且对遗留下来的日本人屡次表示了他的好意。例如经营'吃茶店'和日本料理店,提供了我们休息的场所;又如将日本人每次分成几个人的小组一同晚餐,进行恳切的谈话;或者命高级科学家、技术人员提出专题报告,各赠以几万日元的酬劳;或者委托为博古堂的顾问,每月支付二三万日元的顾问费等等,真是不遑枚举。"

"我们的愿望是:假如(日本人的)科研移交给中国管理,则所长一职务必由李先生来担任。李先生的突然离开大连,给予了我们很大的打击,一时茫然不知所措。"

这篇回忆所记是李亚农转移到大连的情况,可以看出他对日本战俘工作的细致和深入,也可以看出战俘们对他的感激之情,亦即对我党的感激之情。

1948年9月,李亚农奉命离开大连,重新来到陈毅身边。他被任命为华东研究院院长,为今后接管上海的科学文化事业积极做好准备工作。这一年,李亚农刚满42岁。

1949年5月27日,上海解放,经历了解放战争洗礼的李亚农,带着一身战火的烟尘,以军管会代表的身份踏进了上海市区。李亚农的工作重点是负责接管并主持上海科学机关的工作,先后担任过中国科学院华东办事处主任、高教处副处长、文物管理委员会主任委员等职。这既是组织上交给他的任务,也包含着自己对祖国科学文化事业的热爱。他全力以赴投入了紧张的工作,为建设上海的科学文化事业做出了重大的贡献。我们特别要提到的是,当我们今天参观上海博物馆、在上海图书馆查阅图书资料时,不能不想到李亚农。这两个科学文化单位能有今天这样的规模,在国际国内有着巨大的影响,是在当时上海市长陈毅的关怀、在李亚农直接领导下组织筹建的结果,浸润着真正热爱和重视科学文化的共产党人的心血。

先说上海博物馆。

新中国成立前,上海在虹口横浜桥有一个规模不大的上海市博物馆。此外,还有属于法国人的震旦博物院和属于英国人的亚洲文会博物馆。上海一解放,陈毅就以军管会的名义,批准接管这3个博物馆的机构及其全部文物,由李亚农具体负责这项工作。为筹建上海博物馆,李亚农认为,横浜桥的馆址太小了,同新上海博物馆的规模不适应,经请示陈毅,决定另择新址。多方寻找,最后选定南京路的跑马厅大楼,作为上海博物馆和上海图书馆的馆址。关于办博物馆的原则,李亚农对负责筹建上海博物馆的杨宽说:"博物馆的人员,我不安排,由你安排,否则你无法工作,经费也由你主管,我只管原则方针,相信你会管好的,你要大胆工作。"在他的直接支持下,文管会不仅截留了大批几乎流往海外的珍贵历史文物(如包括山西浑源出土的春秋时代的珍贵铜器在内的17大箱古物),保留了一大批外国人办的汉学研究所保存的中国历史文物(如孔德研究所保存的一批甲骨和安特生收集的仰韶时期的彩陶等),还在新中国成立初期文物价格低廉的情况下,收购到大量私人收藏的传世文物,一些著名的收藏家也主动捐献收藏的大量文物,包括举世闻名的"大盂鼎"在内,所有这些,极大地丰富了上海博物馆的馆藏。文管会还团结了一批从旧中国过来的有贡献的老知识分子,担任副主任委员的徐森玉,是著名的文物专家,在国内外都有一定影响;担任委员的有沈尹默、顾颉刚、沈迈士等。李亚农是专家,是内行,他对待祖国的文物精华视同自己的生命。当时有些南下干部不了解文物的意义,说:"这些是什么东西?破铜烂铁!"认为在新中国成立初期财政困难的情况下,根本不应该花钱买这些东西,有一些干部还认为"这是搞古董"的流言,反对收购、保藏文物,使具体做这些工作的同志十分为难。李亚农坚决反对这种说法和做法,他的工作得到陈毅的大力支持。他对做具体工作的同志说:"你不要怕,陈老总是支持这项工作的。如果我们现在不搜集,散失了就太可惜了。这是祖国的文化遗产啊!"深切热爱祖国文化的陈毅,不仅在原则上坚决支持,而且在经济上给予支持。他同意李亚农的要求：文管会和文化局的经费比例为1∶2，文管会当时是上海市人民政府的直属机构，下属只有两个馆：博物馆和图书馆，却批准了100亿（合今100万）元人民币的经费。后来打报告追加，陈毅批准从"特别费"中开支。陈毅还亲自为上海博物馆和上海图书馆题写了馆名。他一听到上海博物馆入藏了珍品，就要李亚农陪他到博物馆来看，一边参观，一边兴致勃勃地问这问那，为这些文物重新回到人民手里由衷地感到高兴。收藏着大量珍品的上海博物馆的基础，就是在陈毅的亲切关怀和李亚农的直接领导下从1952年开始奠定的。

再谈上海图书馆。

上海图书馆于1952年7月正式开放。李亚农在筹建上海图书馆期间，付出了辛勤的劳动，上海解放前夕，陈毅对他说："要组织力量加强对上海的文物、图书的保护，因为上海也是书海。"上海解放，军管会接管了位于福州路（今水产公司楼上）的上海市立图书馆。但这个图书馆藏书很少，李亚农认为远不能和上海的政治经济地位相称，决定另行成立上海图书馆，使其名副其实地成为华东地区最大的图书馆。为此，文管会拨出专门经费收购、搜集图书。上海图书馆的藏书主要来自四个方面：（一）接收的敌产，（二）藏书家们捐献的藏书，（三）亚洲文会图书馆的外文藏书（此时图书馆已由中国人管理），（四）徐家汇天主堂藏书（解放后藏书楼军管，后移交给文化局，1953年再移交给上海图书馆）。此外，再加上收购的旧书，以及解放区出版的图书。李亚农经常讲："我们办的是社会主义图书馆，不是藏书楼，应当让成千上万的人来看书，让图书发挥作用，为社会主义建设服务，为科学研究服务，为群众服务。"上海图书馆在这一指导方针下，名副其实地成为一个大型图书馆，对上海和华东地区的科学文化事业的发展起到了巨大的作用。这个大型图书馆的基础是李亚农在陈毅领导下奠定的。

李亚农在上海科学文化事业方面的第三个贡献，是筹备成立上海史学会和上海历史研究所。

中国史学会上海分会(上海史学会)由郭沫若委托周谷城筹划,是上海哲学社会科学界最早成立的学术团体,成立于1952年,李亚农为会长,周谷城任副会长,史学会成立时有50多人,会员都是有一定学术成就的史学研究工作者或教学工作者,在当时的史学界仅次于北京史学会,有一定的影响。

1956年,中国科学院成立上海历史研究所筹备处,李亚农任主任,参加筹备工作的,还有罗竹风、周予同、杨宽、徐崙等。1959年,上海历史研究所筹备处划归上海社会科学院,改称上海社会科学院历史研究所,李亚农任所长。从上海历史研究所开始筹备时起,他从筹建方针到人员,都十分关心,他说:"办历史所,一定要找有真才实学的人,不能要滥竽充数的人。"在学术研究上,他主张应当按计划、有专题,踏踏实实地去搞,他认为,办个有三四十人的小所就可以了,照日本人的办法,20个人就可以办一个所,一个研究员带两三名助手,就可以有成品,故人不在多而在精。每个研究人员进来都要经过严格的选择。办好历史所的方针有两条:一是要搜集人才,二是要建设一个好的图书资料室。此外,他还提出要出研究集刊,以发表学术成果,造就科研人才。李亚农讲的这几条,说明他完全懂得办好一个科研机构的规律和特点。

李亚农对上海科学文化事业的这些贡献,是同他对科学、对知识、对知识分子的正确认识和正确执行党的方针政策分不开的,他不仅是党的高级领导干部,又是我党懂行的专家。他能够很好地把党的方针政策和本身是专家的特长有机地结合起来,从而充分发挥党和国家对科学文化事业和知识分子的领导作用,调动了知识分子的积极性,为新中国的科学文化事业做出了贡献。

李亚农首先要求知识分子努力工作,刻苦钻研,把自己全副精力投入事业中去。有一次,历史所几位中青年研究人员去看望他,他一一问了姓名、年龄。当他得知这些同志都没有超过40岁时,说:"好,你们每天夜里不过十二点不要睡觉,要发奋努力,刻苦钻研,坚持不懈。"同时,他又认为,要给知识分子以好的生活条件和工作条件,使他们能安下心来从事研究工作。李亚农时常引用列宁如下一段名言:"对于专家,我们不应当采取吹毛求疵的政策。这些专家不是剥削者的仆役,而是文化工作者,他们在资产阶级社会里为资产阶级服务,全世界的社会主义者都说过,这些人在无产阶级社会里是会为我们服务的。在这个过渡时期内,我们应当尽可能地使他们有较好的生活条件。这将是顶好的政策,这将是最经济的办法,不然的话,我们节省了几亿,却可能丧失甚至用几十亿也不能补偿的东西。"[1]他主张,科研机关不仅要配给科研人员以比较宽敞、安静的住宅,而且在科研机关内一定要大搞绿化,留有较大的空地,因为新鲜的空气对于脑力劳动太重要了。他屡次说,这不是我的意见,是列宁的主张。对科研人员他主张要排除一切干扰,让他们静心搞科研。在任上海社会科学院历史研究所所长期间,有人反映:某研究人员上班坐在写字台旁,手捧小茶壶,眼望窗外,不干事。同志们对此有些意见。有一次,所领导人向李亚农谈起这件事,李亚农反诘说:"你管他干什么?他在思考问题嘛!"李亚农对知识分子的政策今天看来是完全正确的。

新中国成立前,李亚农在上海曾写下4本学术著作,他的本意是想在古文字研究的基础上研究中国古代社会,这一愿望当时未能实现,但他雄心不泯灭。新中国成立后,他一方面根据党的方针,整顿和发展科学研究事业,一方面积极地为重新开始自己的科学研究做准备。他决心通过自己的研究,探索中国历史的发展规律和发展阶段,并根据丰富可靠的资料来具体分析中国历史发展各个历史阶段的社会状况和特点。用他自己常说的话,就是要替中国历史的发展划出一个大体的框框。为实现这个目标,李亚农在繁忙的领导工作

---

[1] 《列宁选集》第3卷,人民出版社1972年版,第786页。

和严重的病痛中,连一分钟也不放过,有时就在汽车内阅读资料。从1952年开始写《中国的奴隶制与封建制》一书,直到1962年病故,10年中写了5本系列性的约70万字的学术著作,这还不包括其他单篇论文在内,表现了一个革命战士在学术战线上奋战不懈和坚韧努力。李亚农自1949年到上海工作后不久就患了风湿性心脏病,健康状况日趋恶化,后来又患了肺癌,常常是边吐血边写作,氧气瓶和急救药不离身边。他的著作是在同疾病进行顽强斗争的过程中,以坚强的革命意志,克服重重困难写出来的。他常说:"作为一个科学工作者,必须这样做,才不算白活一世。""要改变我们科学文化上的落后状态,我们科学工作者必须加倍努力,急起直追,不可有一点松懈。"

《中国的奴隶制与封建制》,初稿写成于1952年。这部书是李亚农对中国历史进行系统研究的开端,也是他中国古代史研究的一个"绪论"。在这本书中,他初步提出了中国古代史分期的一个大纲,对各个历史阶段的社会状况描绘了一个轮廓,提出了许多重要的有待于进一步探索的关键问题。书稿写成后,先由中国科学院上海办事处铅印出来,在上海史学会和同行中进行讨论。与会者分5个组进行了热烈的讨论。李亚农诚恳地说:"这是我解放后第一本著作,肯定有许多缺点、错误,希望大家批评、指正。"与会者畅所欲言,有的指出内容上的缺点,有的指出材料上的错误,有的补充了资料。作为上海史学会会长的李亚农虚心听取意见,发扬了学术民主,鼓励了自由讨论的风气。根据这些意见,李亚农做了一次认真的修改,才正式由华东人民出版社出版。

这部书最重要的观点是作者提出了关于中国古代史分期的见解:中国封建社会开始于周宣王时代("宣王中兴")。李亚农指出:"中国的奴隶制社会,在周灭殷以后,还存续了将近三百年,周宣王以后,中国的历史翻开了新的一页,走进了典型的封建制社会。春秋战国的封建制社会,又存续了五百余年,而秦始皇统一中国,建立了专制主义的中央集权的封建制度。"(《欣然斋史论集》,第207页)《中国的奴隶制与封建制》的出版,奠定了以后4本书的基础。

《周族的氏族制与拓跋族的前封建制》,华东人民出版社1954年9月出版。距前一本书的出版只有四个月。"写这本小册子的目的有两个。一个是根据春秋、战国以及汉初的文献来尽可能明确叙述周族的氏族制到底是怎么一回事;一个是研究氏族制社会和封建制社会接触的时候会发生怎样的影响。"①他指出:"春秋战国以及汉初的文献,由于成书的时代较晚,我们的历史科学工作者就很少利用或不敢利用这些资料来研究古代人的原始生活和社会制度,其实这些文献中保存着丰富的古代生活的变形、痕迹和古代中国人的思想意识。"②"三礼——即《周礼》、《仪礼》、《礼记》等书,是研究周民族的原始生活的极其重要的文献。"③李亚农在这本著作里理论上的重大贡献,是他在新中国成立后第一个以马克思主义为指导、通过批判地研究《周礼》《仪礼》《礼记》和汉初的其他历史文献,探讨了中国古代社会的宗法制度,相当透彻地剖析了中国古代宗法制度的特征、渊源和作用。

《殷代社会生活》,上海人民出版社1955年6月出版。这部书的写作目的是"想把殷人的社会生活重建起来。"④他除了利用郭沫若、胡厚宣的著作和郭宝钧的发掘报告外,还利用已去台湾的董作宾、石璋如著作中的材料(这在50年代是不容易做到的)。这是一部在马克思主义指导下撰写的商代社会史。李亚农从殷人的社会组织着手,从殷代的社会经济基础出发,分析了殷代奴隶主国家的形成和文化、艺术、意识形态,介绍了殷代奴隶社会生活的各个方面。值得称道的是,这部商代社会史以明白晓畅、生动形象的文字,栩栩如生地再现了殷代社会历史的某些场面。李亚农的史识和史才,在这部书

---

① 李亚农:《欣然斋史论集》,上海人民出版社1962年版,第220页。
② 李亚农:《欣然斋史论集》,上海人民出版社1962年版,第214页。
③ 李亚农:《欣然斋史论集》,上海人民出版社1962年版,第217页。
④ 李亚农:《欣然斋史论集》,上海人民出版社1962年版,第399页。

中得到了表现。在该书的《跋》中,李亚农论述了他自己关于中国古代奴隶社会的观点,对古代东方奴隶制、土地国有制、井田制等学术问题,都提出了自己独特的见解。

《西周与东周》,上海人民出版社1956年11月出版。这部书是《中国的奴隶制与封建制》一书的补充,着重研究西周和东周两个历史阶段的区别和不同特点,进一步说明奴隶制转变为封建制的具体过程。李亚农为此曾广泛地搜集资料加以钻研,他具体分析了西周和几个诸侯国家(齐国、鲁国)奴隶制的特点,对周初民族的分析与黄土层、生产工具的关系,提出了自己的说明,还论述了周宣王的政治改革对周代从奴隶制转变到封建制的作用的意义,进一步剖析东周政治上的封建割据和经济上的封建领主制的特征,以及知识分子的出现、封建思想产生等问题,最后以中华民族的形成归其宗。作者在这本书的正文和《跋》中对史学界争论的许多问题(如"夏政"与"商政"、"周索"与"戎索"、"不籍千亩"和"料民太原"、中华民族的形成等问题)以及史料问题,都提出了自己的看法。

《中国的封建领主制和地主制》,上海人民出版社1961年5月出版。这本书的出版距《西周与东周》一书的出版差不多有5年时间,原因是"由于著者的健康日趋恶化,写作进度迟迟,就是这样一本薄薄的小册子,从起稿到完稿,也整整花了一年功夫;而在这一年之间,几与阎王老子见面者,不止一次,幸幸而药石有灵,一次一次地把阎王差遣来的无常赶回去了,并且撕毁了他的勾魂符,好容易留下了这条性命。此书得以付印,可谓侥幸之极"。[①] 李亚农是在经常咯血的情况下撰写这本书的。每当病情严重不得不停止工作,他就考虑如何抓紧时间完成研究计划。他常说:"和疾病做斗争,争取多活一天,就是为了多做一天工作,否则就是白活。"他终于在与疾病做斗争的艰难过程中于1961年春写完了这本书。由于体力不支,脑力不济,

---

① 李亚农:《欣然斋史论集》,上海人民出版社1962年版,第873页。

确实使这本书在结构上有语焉不详的缺点。但是，这本书创见颇多，李亚农对自己过去的看法做了重要补充。他不仅阐述了中国封建社会分为领主制和地主制两个阶段的观点，特别是集中论述了中国古代的农村公社，对中国古代史上这一重大的历史命题提出了新见解。例如，他不仅论述了氏族公社制，还研究了奴隶社会里的村社制度，探讨了户口编制基层组织的里社关系，逐一分析了农村公社中的社神、社宫、社祭、社供等涉及社会本质的问题，精辟地论证了农村公社的残骸在中国封建社会中所起的作用。虽然由于作者病重，不可能对这些问题搜集更详细的材料，做系统细致的论述，但他在新中国成立后对这些没有充分探索的问题联系中国历史实际做了较系统的研究，并提出了自己的观点，无论是在史学理论上还是在中国古代史的研究上都是重大的贡献。李亚农常说："科学研究，重在创见。"他的历史研究实践，是遵循这个原则的。

经过10年的努力，李亚农终于把自己预定的研究计划完成了，但他没有息笔，仍要回头改订自己的旧作。他说："拿研究的进程来说，现在恰好告了一个段落，是应该回头改订一下旧作的讹谬的时候了；拿著者的健康状况来说，当此驹隙留光、命如朝露之际，也应该是把旧作通盘拿出来整理一下的时候；假如在纠正旧著的乖谬之前，竟淹忽下世，则贻误后来读者的责任，是逃不了的。"①于是，他在出版社编辑和杨宽、唐长孺等友人的帮助下，对5本著作着手修订和补充。经过一年时间，终于把5本书修订补充成功，合编为《欣然斋史论集》（再版时改为《李亚农史论集》）。在严重咯血的情况下，李亚农为《欣然斋史论集》写了一篇总序：《论承前启后》。这篇具有鲜明个性的宏伟论文，首先发表在《学术月刊》1962年6月号上。在这篇不单是历史论文、又是哲学论文的文章中，李亚农着重论述了科学研究上如何承前启后的问题。他通过自己研究探索中国历史规律过程的回

---

① 李亚农：《欣然斋史论集·总序》，上海人民出版社1962年版。

顾,说明在科学研究中必须"作去粗取精,去伪存真的努力","其所以要去粗,主要地为了取精;其所以要去伪,主要地是为了存真,其所以要排除毒素,主要地是为了吸取营养"。批判的继承和新的探索,是这篇文章的主题。他通过马克思吸取黑格尔辩证法和费尔巴哈唯物论的例子,通过康德哲学的历史命运的变化,说明无论是对中国还是外国的文化遗产,都不能简单地看成是糟粕。他说:不能把康德哲学看成是"一无精华可取的糟粕",大胆提出"现在是应该谈一谈康德的伟大的时候了。去其粗而取其精,并在前人的研究基础上面来发展无产阶级的哲学和社会科学的时候应该到了"。"要创造新的,就必须继承过去一切值得继承的;因为这样做,不单是可节省许多劳力,更重要的是能够避免走错路。""要创造新的,就必须继承旧的——把过去一切值得继承的精华全部继承下来,这是任何科学,尤其是社会科学藉以发展的前提,历史科学当然也决不能例外。"李亚农认为,对中国的汉学和宋学,对王国维、古史辨派,都不能否定他们的价值,都应有他们的地位。这些论点在今天看来并非宏论,但在60年代初期却是离经叛道的"谬论"。对此,李亚农并不在乎,正如他在文中所说的:"著者在这一点上,颇有勇气;笑骂由他笑骂,文章我自写之。"但是,随着"左"的思想影响越来越厉害,在李亚农逝世后出版的《李亚农史论集》中,这篇序言被删去了。后来重印这部书,也没有补上这篇序言。希望此书再印时,序言能"完璧归书"。

李亚农的学问兴趣是多方面的,除了古文字学、中国古代史是他的专长之外,他对哲学、美学、文学都有广泛的兴趣。在他的古史研究告一段落以后,他又定出一个从事中国美术史研究的计划。在严重咯血的情况下,他写成了一篇2万字的论文,评论宋元之际的著名画家钱舜举,这就是发表在《中华文史论丛》第二辑(1962年11月出版)上的遗作《论钱舜举在中国美术史上的地位》。李亚农留下的美术史论文仅此一篇,但从这篇论文中完全可以看出他对中国美术史的高深造诣和艺术修养,李亚农本来是可能留下一部系统的中国美术史著作的,可是,他的健康状况太坏了。即如这篇论述钱舜举的文章,他本来准备"加上两节研究舜举的时代背景及其传记",但"由于笔者的健康状况,当写作此文时,是在一段文章一口血的严重情况下写成的,若要作更进一步的研究,实心有余而力不足"。[①] 这是李亚农的最后两篇文章,也是一篇未完成的著作,在他本人看来,是不满意的,曾经明确表示还要修改,可惜不久就去世了,终未能如愿。

李亚农在学术上有自己的独立见解,在其他许多问题上也有自己的看法,从不人云亦云,随声附和,表现了一个共产党员的高尚品质。当他因健康等原因不再担任中国科学院上海办事处主任的职务后,由于历史的原因,中国科学院上海分院的领导同志和科学家还常常去看望他,向他反映情况,提出建议,李亚农时时把科学家们的意见记在心上。1961年夏,李亚农到北京休养,住在西山亚洲学生疗养院。当陈毅去看望他时,李亚农直率地反映了上海科学家们的意见。陈毅非常重视。不久,他就向当时上海市委主要负责人转达了李亚农的意见。不料,这个负责人不仅听不进去,反而大发雷霆,说"李亚农造谣"。李亚农对当时在中央担任重要领导工作的陈伯达、康生非常讨厌,他常对家属说:"他们实际没有什么学问,却装得懂得很多。"对他们表示了极大的蔑视。由于这个原因,李亚农逝世后,家属曾向李初梨提出,治丧委员会名单中不要列陈伯达、康生的名字。李初梨很为难,说名单只能由组织上决定,家属不宜表示异议,这才保留了陈、康两人的名字。

不间断的写作与研究,加剧损坏了李亚农本来就多病的身体。1959年以来,他的心脏病日趋严重。1962年2月,曾反复咯血约一个月。4月、5月两次进行胸片检查,发现左肺有一圆形阴影,经专家会诊,一致认为是肺癌。但因李亚农心力严重衰竭,肺功能差,不能作支气管镜检查和肺癌切除手术,只能采取保守疗法。8月中旬以

[①] 中华书局上海编辑所:《中华文史论丛·作者声明》第二辑,中华书局1962年版,第30页。

后，由于心肺功能严重衰竭导致大脑缺氧因而精神失常。9月1日夜起，气急加重，坐立不安，痛苦万分，于 1962 年 9 月 2 日下午 1 时 15 分病逝。终年 57 岁。死后尸体解剖，已发现肺癌广泛转移于脑部、肺门、纵隔膜、胃小弯、右锁骨、左心室、左肾上腺等处，脑球已成渣状。李亚农生前就是在这种严重疾病状况下从事令人惊讶的科学研究的，他最后一篇文章的写成距去世仅 5 个月。他在疾病的折磨和死亡的威胁中，之所以在科学研究上取得了比一般健康人更多的成果，在于他有着顽强的革命意志，有着坚持不懈的严肃认真的治学精神。他为历史科学工作者做出了榜样。李亚农用自己不长然而却是光辉的一生，在中国革命史和史学史上留下了一份值得后人纪念的业绩。在庆祝上海社会科学院历史研究建所 30 周年之际，我们谨以此简略的传记表示对李亚农的怀念。

（本文写作之前，我们希望能做到尽可能真实，曾做过一些调查访问，名单如下〔按姓氏笔画排列〕：于百溪、史存直、刘汝醴、沈以行、沈迈士、李兰、李小龙、李芳馥、陈修良、吴绳海、周谷城、洪廷彦、张玫、杨宽、蒋德乾、黎冰鸿。这里谨致衷心的谢意。）

（原载《史林》1986 年第 3 期）

第二编　雪泥鸿爪

革命年代：允文允武赤子心[*]

民众应如何保卫大上海

黄逸峰

闸北江湾我军因大场之失，而有计划地后撤了，一部分民众不明真相，仅因目击闸北我军之退出，竟以为我军放弃上海了，其实日军费两个半月之代价，伤亡十数万之兵将，耗损无量数之弹药和枪械，所获得者仅上海沿江不满二十平方公里之一隅，我军现在仍保有沪东北、沪西、沪南、浦东及租界各部，而全上海之三百多万民众，仍为我黄帝子孙，而八十八师之谢团官佐士兵三百余人正在孤军扼险与敌死战，上海何尝失去？上海不但没有失去，因为防线之移动，对于我军作战更为有利，上海且获得了进一步的保障。只要我们三百多万民众有坚强保卫上海的决心，我们相信，大上海将永远在我们手中，闸北江湾以至敌人所获得的一隅仍能由我们收回。可是民众应如何保卫大上海呢？

在防线移动以后，上海民众救亡的干部有一部分人发生三种不同的倾向，都是不利于保卫大上海的。

第一，逃避的失败主义者

这一派人是代表一些"抗敌本无决心""救亡原属投降"的分子，他们感到闸北江湾我军的退出即认为上海军事的整个失败，他们憧

---

[*] 第二编为传主原文，除对错讹字词有改动外，其他一般不做修改。

憬到，上海即刻要成为敌人的区域，关心着自己的安全，自以为曾经参加过救亡运动将成为敌人和汉奸搜捡的目标，情绪上表现着极端的颓废和懊恼，他们认为救亡工作毫无办法，唯一的出路就是逃向后方走上安全地带，这种人如果不因曾经做过救亡运动，简直有做汉奸的可能。

第二，畏怯的取消主义者

这一派人在主观上对于救亡工作有相当的认识，而且对于救亡工作也具有相当的热心，不过因为自己缺乏决心，顾虑到前途工作的艰苦，因此对于今后的救亡工作，主张逐步撤退，尽量地采取和平、秘密、软性的方式以求避免种种的压迫与摩擦，主张把我们的工作从光大公开的群众中、从马路上退却到里弄中房屋里。由极端对于环境的畏怯进而为取消主义者，这派人在干部中占有重要的地位，对于救亡影响很大。我们必须以群众的力量对他们加以督促。

第三，愤怒的蛮干主义者

这一派是最热情的青年，他们愤然于闸北江湾我军之退出，民众救国工作受种种抑制，汉奸亲日分子妥协派之横行，他们感到救国工作难以开展，忧心于大上海无以保持，因而主张尽所有力量，作孤注一掷。这一派因为主观认识较差，遂由热情刺激而形成蛮干主义，此辈必须加强救亡的认识，使他们的热诚能适当的贡献，以期有利于救亡工作之推进与开展。

上面三种态度，虽然他们在认识的程度上有简单的差别，但其不利于救亡工作。我们民众要保卫大上海，必须除去这三种态度，不逃避，不畏怯，不蛮干，我们要实行：

一、以集体行动重新提高大众的情绪

大众的救亡情形有些低落了，救亡工作有停止和没落的可能，负责领导群众工作的，应当首先自己铁定，号召我们可以号召的群众，来一个公开的和平的集体行动，以提高大众的情绪，拿紧张的事实，告诉群众，以时下的救亡工作，不但不因闸北江湾我军撤退而停顿，反因此而更加积极与加强起来。

二、广大的开展群众的组织

无疑的,上海是三百多万民众的上海,如果能将三百多万人组织起来,使他们发生很大的力量来保卫上海,上海是不会沦陷于敌人之手的,可惜到现在,群众的组织还是难以开展,大家老是希望等候上面下一个命令,后者用各种平凡落后的方式来把群众组织起来,这事实上已告诉我们是不可能,我们一方面必须扩大政治宣传,一方面要以政治的力量改良人民生活,给予人民自由,使人民自觉地组织起来,组织能发动伟大的力量来保卫自己的上海,上海是可以保卫的。

三、争取救亡工作的公开

救亡工作是神圣的,我们要保卫我们的祖国,我们不畏惧任何压迫,当然我们能避免一切的摩擦,而不妨碍救亡工作的话,我们是可以尽量避免的,然而我们绝不能因怕压迫怕艰苦而停止救亡工作,或者把一切工作秘密起来以至于取消工作。为了保卫大上海,我们再不应使人力物力和财力有所浪费或埋藏,如果能使上海的最高军事长官成立战地动员委员会,实行全上海的总动员,把人民武装起来,那么,上海永远是在我们手中的。

总之,上海是在敌人的威胁中的,我们的民众应认清上海是三百多万民众的上海,这保卫大上海的责任,便在每一个人民的身上,我们应力求避免那些逃避、畏怯、蛮干的态度,要积极地组织起来切切实实地干。

(原载《救亡周刊》1937年第4期)

到沦陷区去工作

黄逸峰

我们抗战到了十八个月，我不否认，为了战略与战术的关系，我们丢失了幅员相当广大的土地，可是我们的抗战并未失败，而且正向着最后胜利的前途展开。因为我们只失去了土地与主权，并没有失去人民，只失掉了城市与交通线，并没有失去乡村与山野；因为我们失去的只是形式，不是实质，失去的只是局部，不是全部。正因如此，我们对于那些失去的土地，仍保持着支配的权能，使之产生伟大的力；以摇撼敌人的政权，瓦解敌人的武装，以期进一步与我们的军队配合，作收回失地的准备。可是，怎样来发展我们原有的权能呢？这便是沦陷区的工作问题。

过去，很多青年，都有一种共同的倾向，这种倾向，正是青年热诚与爱国心的最高的表现，就是"到前线去"。是的，在后方太安闲，太不紧张，良心上受责备，精神上苦闷。所以上前线是每个青年最适当献身于国家民族的机会，可是我们除了到前线去，就没有其他献身国家民族的机会吗？不，我觉得到沦陷区去比在前方的工作更重要些！因为沦陷区是前线的前线，是敌人的后方，一个弱的庞大国家、劣势的武装，和一个强的国家、优势的武器交战，历史告诉我们，取得胜利的战略是持久战，而构成持久战胜利的主要因素，便是要在敌人的后方培养我们的力量，瓦解敌人的武装。持久战是我们时间上的胜利，敌人后方的工作，是我们空间上的胜利。我们不能否认，过去，除了少数人曾经注意到这种工作而且获得良好的成绩外（如晋察冀边区等），大家都把这件工作忽略了。就是注意到的，在主观上都犯了一种共同的错误，就是大家心理上总认为到沦陷区的工作就是当游击队去，而且认为沦陷区的工作就只是打游击，好似除了打游击，沦陷区就无工作可言，一般对于游击知识毫无门径，缺乏军事经验的人们，就难怪他们不到沦陷区工作，甚至连到沦陷区的动机都不会发生，这真是一种误解。最近政府为了指导沦陷区的工作还成立了一个战地党政委员会，而以蒋委员长任该委员会的委员长，中央对沦陷区工作的重视，于此可见一斑。我想，现在正需要大批青年到沦陷区工作，而且必须鼓励大批青年到沦陷区工作，所以我来谈谈沦陷区的工作问题。

首先我们就要明白沦陷区的环境，和敌人的策略，以及我们的工作中心。第一，敌人虽已侵占了我们的土地，并不能收服我们的人民，因为这样，敌人便不得不暂时抛弃对我国人民残暴的行为，而采取优容与欺骗的政策，建立伪政权，维持地方秩序，恢复常态以及收服人心。第二，敌人占领我们的土地愈大，所需要卫戍与防守的兵力愈厚，可是敌人的军队数量是很有限的，他便不得不设法动员我们的人民来编制伪军，以资镇压。第三，敌人劳师远犯，不能于万里外运输给养，不得不求之于本地，因此就不得不希望恢复经济繁荣，一方面补充其战争之损失，一方面以供给其军需，原有工厂商店与农田，都在有条件下恢复起来。第四，敌人为了希图长期久占并稳固其政权起见，当然对于本地教育要采取急进的愚民与麻醉政策，以调练与造就顺民和奴隶的干部。根据最近情形以观，敌人在沦陷区已经分别实际情形先后的实行了。正因如此，我们对于沦陷区的工作就有进一步加强的必要了。尤其是在第二期抗战中，敌人迫切地要巩固已占领的土地，并消化已占领的土地上之人力物力，以准备最后消灭我的歼灭战，所以我们在沦陷区的中心工作应是：

(1) 政治斗争——夺取人民,粉碎敌人的伪政权。

(2) 军事斗争——夺取士兵,瓦解伪军的组织,煽动日军的叛变。

(3) 经济斗争——破坏敌人已恢复的生产机构,断绝敌人的军需的供给,妨碍敌人对资源的开发。

(4) 文化斗争——揭破敌人的麻醉与恶毒,激起人民的爱国心,并以实际行动教育人民。

因为敌人要建立伪政权,建立伪军,实行经济榨取,实行文化麻醉,他就不得不欢迎人民回乡,相当地恢复常态秩序,这正给我们以工作的可能性,而且这种工作的可能性,是具有充分优良条件,可以上述斗争以达到最后胜利目的的。

其次,我们就要讨论到实际工作内容问题:我们已经确定了我们的工作中心,是政治、军事、经济与文化的斗争,那么实际工作内容,自应是依据上述四种斗争而布置的:

第一,关于政治斗争方面,主要的是向敌人夺取人民的工作。敌人以语言、种族、战争的仇恨等等关系,自然在主观上没有我们便利,可是敌人因握有武力及伪政权仍占有若干便利,因此我们在这一方面,就应当从宣传与组织人民的工作做起,我们知道,目前沦陷区的人民大概怀有两种心理:第一种是迫切地希望中国军队打胜仗收复失土,这是一种进步的分子;第二种是感到中国暂时没有办法,只要日本人不残暴,暂时做顺民,这是一种无知的失败主义者。我们对于前者须要鼓励他们的自信心,把他们积极的组织起来武装起来,要他们自己进行斗争,减少他们依赖中国军队的心理;对于后者的工作,是比较困难,因为他们根本不了解抗战的前途,我们要把抗战的前途告诉他们,战争的消息传给他们,使他们知道中国并未失败,增加并鼓励他们的勇气。同时这两种人都有一种的要求,就是需要安定秩序与解决民生。因此我们就要使伪政权的秩序不能安定,宣布伪政权的贪污卑鄙与无耻,反抗伪政权的一切命令,拒绝缴纳一切捐与税，指示他们在日本人统治下的悲惨与痛苦，预示他们打胜了日本人将是一个生活优裕自由平等的民主国家。这都是政治斗争中的主要任务，如果看可能的话，我们不妨以民众的力量枪杀伪政权的首领，或者混入伪政权中掀起政权上的叛变，但均以民族利益及民众力量为最高原则。

第二，关于军事斗争方面，我们可以积极的与消极的两方面，这要视我们的主观与客观环境而定。积极的是：（1）组织游击队。（2）武装民族。（3）建立游击队根据地。（4）找敌人打。消极的是：（1）伪军工作，我们要有计划的混入伪军，在伪军中发挥组织与核心的作用，伺机暴动与反正。这须与游击队配合起来。（2）训练精通日语的人，设法与日军接近或通过伪军关系有计划地煽动并组织日兵逃亡或叛变。（3）破坏敌人的军事机关与交通设备。（4）侦查敌人的军事行动。

第三，关于经济斗争方面，我们可以分为几方面：（1）乡村方面，我们要组织人民不纳税，不运粮食进城，不买敌货，不用敌币。（2）城市方面，我们要组织人民不和敌人买卖，拒绝使用敌币。（3）工厂方面，我们要组织工人怠工罢工，进一步与游击队配合实现暴动，拆卸机器，重找安全区开工。

第四，关于文化斗争方面，我们要组织妇女与儿童，反抗读日文，唱救亡歌，拥护国旗，我们应经常运输中国书报在敌区流通，并可秘密发行沦陷区书报、图书。

最后，我们就要讲到工作方式问题，本来这是不能预为确定的，因为这是要视当时环境而转移的，不过我们可以讲一讲一般的原则：

第一，武装的配合。如果我们在附近有游击队根据地，我们的一切，应当和游击队的工作配合起来。

第二，行政的配合，如果那个地方还有中国自己部分的政权，那么，一切斗争的组织与发动，也应当与地方政权配合起来。

第三，利用封建关系。我们为了工作便利，不妨利用封建关系，如关帝会、帮口、兄弟会等封建组织把人民组织起来。

第四，利用原有组织。利用各地原有商会或其他同行同业之组织，进行新的任务。

第五，秘密工作。如客观情形很恶劣，则一切工作，不得不采取秘密方式。

第六，公开领导小的斗争；如反对日兵殴打，反对对日兵行礼，反对强迫买卖等。

此外，我们如果决心去沦陷区工作，至少应有下列的准备：

第一，学习并熟练该地方言。

第二，学习秘密工作之技术与经验。

第三，具有高度警觉性。

第四，熟悉该地情形——过去或现在。

第五，找到该地可以落脚居住或掩蔽自己之朋友家。

第六，与该地或该地附近的军政机构接洽并预定交通方法。

第七，学习简单之武器使用法。

同时，我们知道，沦陷区的工作是最艰苦的，是最需要忍耐的，当然每个青年都了解，不过有一点请大家注意的是：到沦陷区工作，不是做官，没有权力，没有命令，必须具有充分的民主精神，否则一切工作是无法进行的。好！大家到沦陷区去！沦陷区的工作是瓦解敌人的基本战略！

一九三九，一二八，广西大学

（原载《国民公论》1939 年第 7 期）

东北铁纵黄逸峰同志报告

黄逸峰

东北铁路纵队成立的历史很短,最近中央下令,华东、华北、中原各地铁路修复工作停止,由东北纵队担任全部修路工作。接受命令后,我们感到非常恐惶而且惭愧,铁路纵队能力薄弱,技术水准也低,希望与同志们讨论交换意见,并获得各方面的帮助与指导,使今后工作能更顺利,同时对铁纵也不要抱太大的希望。

以下简单的报告东北铁路纵队的情形五点:(一)铁道纵队成立的经过,(二)铁道纵队组织的概况,(三)铁道纵队修路的一般情况,(四)主要的缺点,(五)几点经验。

(一) 铁道纵队成立经过

过去东北修路很多,没有计划,主要由各管理局工务处负责,但这样修路和养路之间就发生矛盾。因修路任务比较紧迫,故养路就变成次要,修路所用的材料、人员常常妨碍了养路,养路经费常被占用,养路预算因为修路关系也变少了,养路的材料和人员也常被修路所占用。因此东北铁路总局决定在去年五六月间开始分工,管理局管养路,总局管修路,大规模的修线路和桥梁,修路预算独立的向政府领取,管理局养路预算属于经常费。

自从全国胜利开展,大军南下,北满到南满补给线很长,总局力量觉得不够,特别是在进攻长春前抢修工作,证实了军事上的需要及时间的仓促,因此要求独立的单位担任军事抢修任务。我们接受了苏联同志的建议,组织铁道纵队,成立一个军事抢修的部队,配合着野战军在撤退时破坏路线,掩护员工,保护器材,前进时抢修线路和桥梁,同时在修路时护路、防空、警卫以及军运。苏联成立铁道兵团有三十年的经验,在第二次世界大战时有很好的成绩,因此经东北局决定成立铁道纵队。

铁道纵队的成立是以护路军八千人为基础,同时由地方调来三个地方兵团和一个独立营有八千余人,他们都是从来没修过路的,又由总局配合了一部分技术干部。同时由于群众经过两三年来斗争,政治觉悟提高,由路局动员技术员工一千人参军,培养下层骨干,去年七月五日下命令,七月底改编完,一面在编制,一面就开始修路工作。初起对这么多不懂技术的士兵能修路很有怀疑,但苏联同志认为并无妨碍,可以在修路中逐渐提高质量。新成立时,各方条件较差,东北局和铁路党部,吸收中学生成立了铁路工程学校。

(二) 组 织 概 况

初成立时毫无经验,纵队里包括军人、技术人员、士兵、干部及工人,对于如何领导,如何组成合理的编制和科学机构,自己毫无经验,主要是接受苏联的经验。

共编为四个支队,相当于部队里的旅,每支队照编七千五百人,当时只有三四千人,每一支队分三个大队,相当于部队里的团,但人数少,只有一千五百人左右。大队有线路大队和桥梁大队,线路大队以修线路为主,但是也有少数的桥梁中队,桥梁大队专修桥梁,有石工中队、木工中队、铁工中队和技术中队,技术中队掌握高级的技术工作。

中队以下为分队,再下是排和班,编制方面以后曾略有改变。

支队以下，除去线路大队和桥梁大队外，还有给水中队、通信中队、运输中队，包括司机、司炉、站务员等，此外有步兵中队和防空分队、运输中队。

领导机构方面，纵队下面有司令部、政治部、供给部、卫生部、材料部、工程部，主要工作在工程部，其他各部都围绕着工程部工作。此外为了自己制造零件工具及修理桥梁工具，掌握了三个工厂，为了管理工厂，设有厂务部，这组织等于一般普通部队的组织加上了工程方面的组织，所以比较庞大而且复杂。这里财政和人事是独立的，待遇除供给制外，还有薪给制，因为除士兵以外，还有技术人员。他们大部是雇佣的，所以保持薪给制，由人事科负责管薪给制人员的任用和工资。同时为了鼓励技术人员加入部队，提高了他们的待遇，比路局高出一倍，因为纵队的工作较苦而且技术人员不愿参加部队工作，不过同时为了照顾路局人员，当时没有完全加到一倍，只加了百分之三十或百分之五十。直到出发以后，除了本人实行供给薪外，同时发一份家庭的薪，使人员安心工作。

去年十二月，沈阳解放后组织扩大了一点，每一支队加了一个大队，现在全部人员两万六千六百二十八人，里面薪给制的两千零四十二人，都是技术人员和技术工人。原来计划应该有三万人，因刚开始建立和改编减员关系，所以远没足数。新编的四个大队，大部都还没开始工作，因为他们大部分是老百姓参军而来，没有技术能力，也没有军事知识，所以需要经过一个时期的整训，现在一小部已开始工作，大部分还没有。

关于组织方面中间曾经略有改变，主要是为了技术人员和部队的结合问题。参谋处队列科和人事科，供给部财务科和独立财务科都有矛盾，于是把人事科并入参谋处，财务科并入供给部。此外原来计划一大队有五个中队，一个中队有三百多人，在苏联是一个伙食单位，但中国和苏联不同，苏联吃面包罐头，而中国要有米、柴、大锅等。东西、伙夫要很多，而且有实际困难，常有吃不饱或饭不热的现象。

另外东北村庄小,三百多人住也有问题,干部又少,所以改为一大队三中队,每中队三个连,以连为伙食单位,每连有一政治指导员,以加强政治工作。

现在主要负责人:铁道纵队就是工程局,我任局长,李寿轩任第一副局长兼参谋长,何伟任第二副局长兼政治部主任,武可久任第三副局长兼总工程师,下设各部长。

(三)修路一般情况

铁道纵队在成立没编完时就开始修路。一支队修彰阜线,一支队是彰武工程处改编的,当时因敌人占领彰武一次,工作停顿一时而且失去联络。后来便修通阜新义县锦州山海关一直修到昌黎,配合军事沿北宁路入关。二支队修吉长线,接着修吉林的松花江大桥,以后补修彰武义县线路,下沈阳时会同四支队修新立屯到高台山线,打通由西线到沈阳的交通。三支队修中长路,修陶赖昭的松花江大桥,是东北修桥的典型,这桥由苏联工程师帮助修的,技术水准较高。有一列工程列车内有打桥机、打风机、空气压缩机等等机器。当时我们还没有工程列车,苏联送来后,一面修,一面教我们,最后将工程列车也送给我们,他们用自己薪水,吃自己伙食,纯粹的帮助我们。因此三支队的技术水准比较高,设备也最强,现在修长春到四本线,预定二月初可以到四本,中长就可全通。四支队成立比较晚,打下沈阳前才开始工作,当时南北满交通中长路一时不易修复,所以四支队就修清原抚顺一线,通过拉滨和梅吉线。哈尔滨和沈阳间通了车,这工程预计二十五日完成,结果十五天完成。以后,修沈阳、高台山和新立屯一带,会合二支队,完成后入关,修昌黎一带线路和滦河桥,现在已经开到津浦路陈宫屯附近,准备修津浦路。

因为材料运输不及,常有使工程延缓下来的情形。同时军运和材料运输常有矛盾,军运一来,材料运输就成问题,军运过去,就又运材料修路,所以形成一阶段军运,一阶段修路的断续情形,时常工作有停顿。总计修路五百七十八公里,其中大约有一百二十余公里是补修桥梁。修复通讯方面,中长路是八对线,最少的路上有四对线,给水设备正式修复的有四处,补修的很多。

(四) 缺点——现在举出几点重要的缺点

(1) 计划性不强

一般正常的修路计划应该是勘察、设计、施工、竣工、总结、补修一步步地来,但现在因任务常变更,计划也常变更,尤其是材料准备的计划比较差,因为技术和经验不足,常常准备的材料用不上而需要的材料又没有,材料准备组织的重要与工程效率有很大的关系;其次运输材料计划也差,有时材料运出后不知道哪里去了,或者看材料不能及时运到而使工作停顿。此外装卸情形不好,常有压车的情形,部队收编的人对车辆不重视,同时爱护劳动力,想省却装卸的功夫而把车压下了当仓库,这方面最近有了进步,但思想上都是未完全解决,总之在工程计划、材料准备和运输组织计划上都做得很差,当然任务常变也是一个原因。

(2) 修路质量不高

这一点特别需要告知华北、华中、华东的同志们,部队原是不懂工程的,普通工人要变为技术工人也需要相当的时间,打道钉、整理道床架桥等等质上面一般的较差,工程需要精工细琢,这一点我们没做到。一般的路最初行车速度限制为二十公里,一星期后,增进到三十公里,如果好的可以到四十公里,但是如果注重质量,还可以更提高。因为东北物质条件比较好,一般人认为好和快是有矛盾的,快就不能好,这是错误的观点,在抢修中,原则是快中求好,正常修路原则是好中求快,我们的计划进度也就是依照这个原则。如果以尽快通车为原则,那么是要快中好,如果没有时间限制,那么就是好中快。

要在一定的线路桥梁规定标准下求快,这原则决定后,这方面有了改变和进步。

(3) 供给思想太重,不注意成本核算

因为是部队关系,打仗的时候是不计成本的,这样爱护器材和工具的观念就很差,尤其是开始成立的时候,常常坏机器和丢工具。以后讨论提出爱惜器材和工具,要和爱惜武器一样的看重,这种口号提出后,工具保管由每个人自己负责,机器要□交代,这样情形好的多,浪费是有的,但是经教育后可以克服。

(4) 开始的时候劳动力少

开始的时候,一个大队一千五百人中只有一千人甚至于五百人工作,有一大部分人还未脱离将来还要打仗的思想,每天上操上课,以至于劳动力没有高度地发挥出来。

缺点很多,重在克服,但是没有完全克服,这里只提出最重要的几点。

(五) 经　　验

(1) 军队技术化的过程

在修路过程中有相当的浪费,军队对工程一点不懂。起初时他们不喜欢技术和劳动,对作工有意见,宁愿打仗而不愿意作工,同时对技术人员看不起,因认为技术人员资格浅,所以在生活上有时照顾不够,当然技术人员本身也有缺点,如抱自由主义、生活散漫、不严肃,有时候自高自大,和旁人格格不入,但是主要应由部队负责。开始时曾经过一段斗争的过程,思想上进行教育,同时实地工作使个人知道工作的重要,对工作渐有兴趣,领导上思想也搞通,团营领导都亲自干,于是对劳动观念大为改变,下层的情绪也提高很多,因为任务紧,部队人员不知如何下手,自己提出需要技术人员帮助,这样他们也开始尊重和照顾到技术人员。同时自己发动了学习技术,由不重视技术而到需要技术,更进而依靠技术,现在更进而要求学习技术。原来想仍然要去打仗,现在都已经对工作有了兴趣开始学习,讨论并总结经验。这过程是相当艰苦,思想和组织的问题都要解决,使得大家注重劳动和技术。高级人员还要学习技术和劳动组织。

(2) 工人与士兵不同

有些人以为士兵竟然不懂技术且有浪费,那么何必用他们修路,只用工人修不好吗?研究经验结果为:第一,工人的长处是技术熟练和习惯铁路规章制度,但缺点也有,工人政治觉悟不高的,家庭观念很强,不愿离家太远,士兵就比较好些,工人开工时常告假回家。第二,工人顽强性差,例如清抚线施工任务很紧,假期二十五日有六十公里线路和十二座大桥,当时和吉林管理局工人合修,结果部队里有接连三十三小时不下班工作,而只吃一顿饭的。而管理局的工人就做不到,我亲自去检查了一次,部队还兴高采烈的竞赛,而工人们都躺着休息。第三,是工人生活散漫。第四是在空袭频传时候,尤其有死伤时,工人跑散了,不易集合,士兵纪律化很容易。结果,所以在抢修时还是士兵比工人强,当然,如果将工人组织起来,经过教育,加强军事管理,那效率比现在还要高些!

(3) 与管理局的关系

铁路维修队与管理局的矛盾,有过痛苦的经验,管理局管路,工程局修路,但是有时候管理局也喜欢修路,这动机是好的,两方面有了共同的要求,可是材料只有一份,工具也有困难,因此就有了矛盾,同时工程人员有时候也犯本位主义,也会发生争执。其次是运输上的矛盾。材料运输是由管理局掌握,但在正进行修复的一段路上,运材料是由工程局掌握,没有统一的领导,在车辆的调度支配方面就有了矛盾。两方面向铁路部的报告也都有不尽实在之处,因此关系不好,妨碍工作。当然有合作很好的例子,例如吉林管理局和四支队就有统一的领导,由我自己和管理局局长、处长一同开会商量好,所以合作得很好。第三点,是接收上有矛盾,接收总有些好处,可接收一部人员、器材，增加些工具。接收后总由管理局来管理，工程局得不着便利，看着管理局接收增加了便利条件，自己情绪就不太好，希望共同接收。同时工程局在最前线，总是先接收，然后交给管理局。总而言之，修路养路必须有明确分工，同时工作时必须有统一的领导。

（4）材料运输

经过六个月的经验，我们感到材料准备是工程进行快慢，起决定作用的因素。施工时的组织运输也是材料准备好以后，工程快慢的决定因素。如果材料准备得很妥善，那是件最大的成就，军运要如何的和材料运输不发生矛盾。军运里面包括人员、武器、粮食、辎重，那么工程材料运输的位置，该放在什么地方呢？我们以为第一是运武装人员，第二是武器弹药，第三是工程材料，第四粮食辎重。因为工程材料运到以后，可以延长铁路九十公里，以后运输也就可尽量用火车，节省了人力和汽车汽油，所以请军运。第一是较抽象的一句话，工程材料运输应该放在第三步。

此外还有一点补充，就是关于装备情形，每一支队有一列工程列车，十二个车皮，有各种的工具，可以在一铁路上独立的工作和修桥等等，纵队里另有较大的工程列车专供大规模修建之用。

陕甘宁边区的司法制度
（边区通讯）

雷经天

边区高等法院，去年七月间才设立。它是按照国民政府司法制度，执行司法工作的任务；同时，它也是承受过去苏维埃政权时代司法制度的革命传统。因为边区的法律，是建筑在人民的基础上的；保障人民的利益，巩固抗日的人民政权，这是边区法律的最高原则。在目前抗战的时期，"抗战高于一切，一切服从抗战"，因此，边区的司法工作都是遵照这个原则，以求抗战得到最后的胜利。

现在边区法院，取三级三审制。县政府的承审员（因各种关系尚未设地方法院）是第一级的初审，边区高等法院是第二级的复审，中央最高法院是第三级的终审。在目前，边区法院是受边区政府主席团的指示和领导。

法院的组织分为法庭、检查处、书记室及看守所四个部分，而法更有民事、刑事和军事的区别。军事法庭附设于八路军后方政治部，但仍隶属于法院。检查处的工作现在还不能够完全独立行使职权。看守所和监狱分开，未判决或已判决的人犯均由看守所负责分别管押。

边区施行的法律，以适应于边区的环境及抗战的需要为标准，采用中央所颁布各种法律为原则，并参照地方的实际情形。因此，在边区处理任何的案件，一方面根据法律的条文，同时却特别根据事实，说明理由,而斟酌法律上所规定的刑罚加以判决。还有些特殊的过去革命历史传统,如土地、婚姻等问题的解决,则以革命的传统及边区政府所颁布的一切文告为依归。

为着便利于人民的诉讼,在边区诉讼的手续非常简单。诉讼当事人不加以任何的限制,诉讼词状不规定任何的格式,只要诉讼的原因说得清楚、看得明白就够了。假如诉讼当事人自己不会写诉状,又找不到别人代写时,也可以不用诉状,直接到法院口头申诉,由法院书记员记录下来,法院同样的受理。故一般的穷苦人民受到无辜的压迫欺凌时,都有机会向法院请求解决。

法院受理一切案件,绝对不向当事人征收任何的诉费,无论呈递状词、出差检验,处理财产,同样的不加诉讼当事人以经济上的负担。因为在边区内大家都认为政府完全是替人民服务的,政府机关所需用的一切经费,既经由人民供给,当不应借故额外征收。

法院没有故意摆设庄严的法堂,使犯人发生恐惧。在边区,司法机关审问一切案件,完全采取说服解释的谈话方式,主要的是将案件审问清楚,寻求解决的途径,而不实行威吓。特别是对于民事案件的处理,首先是进行调解,没有任何的强逼。我们以为唯有这样才能使双方心悦诚服。假如有一方不愿接受调解,法庭即依据法律裁判,法庭可以根据判决强制执行。至于说,对于刑事被告的审问,在边区完全取消肉刑,反对苦打成招;因为从施行所得到的供词,有时不是实质的,甚至有时是相反的。假如经过说服解释而被告始终顽强不肯承认犯罪的行为时,法庭只要获得确切的证据,同样可以判决。这样的判决是不会错误的。

边区的审制还有一种特殊的形式,就是举行人民的公审。凡公审的案件,必须与群众有着密切的关系,对群众有教育的意义。在公审前,由法院指定主审,他对于审判的进行负完全的责任。此外再通知与此案有关的机关、部队或群众团体推出代表参加陪审,人数并依情形而定。为使陪审及群众对于案情得到充分了解起见,主审、陪审及检查员先召集一次预备会，必要时各机关部队及群众团体的代表也可以参加。主审将案情详为报告，但不提出判决的意见。这样，陪审有充分准备进行审判的机会，各代表更可先给群众传达，以便发言。公审的场所，不在法院的法庭举行，而是在能够容纳广大群众参加的地方，准许群众自由参加。在审问的过程中，群众经过报名后得自由说话，但判决不由群众表决，必要经过主审和陪审听取群众发表的意见共同讨论，而主审和陪审有同等的权力，根据法律及实际情形，对于判决作最后的决定。因为陪审是群众的代表，这样的判决仍然是代表人民的意见的。就此也可以看出在边区的法律是属于人民的，故人民有权力执行自己的法律；更有充分表现出边区司法制度中也发扬了民主的精神。

边区内尚无律师，如诉讼当事人不能表达自己的意见时，法院允许本人所参加的群众团体派代理人出庭代为陈述，但本人必要亲自在场承认代理人所陈述的意见不违反本人之意见。如诉讼当事人没有参加群众团体，则直系的亲属亦可做诉讼代理人。

边区法院认为犯罪者确实故意违犯国家的法律，给全体人民、民族、国家受到损害，认为这种人生存在社会上对于社会再没有丝毫利益，则只有判处死刑。这种犯人，如像为首的汉奸、敌探、土匪等等。倘若犯罪者的能力，还多少可以贡献于社会，社会对于他还抱有一点希望，法院则尽一切的力量挽救他，帮助他改正错误，给他指出一条自新的光明道路，以便他将来仍有为社会努力的机会，在这样的情形下，则不仅不判死刑，而且亦不判无期徒刑及长期的徒刑。在边区，最高的徒刑期限为五年，刑期中，犯罪者不是困坐监狱，而是加紧的学习，使能深刻的认识自己过去犯罪的错误，自觉地加以彻底的改正，期满出狱要锻炼成为一个真正良好的公民。至于犯罪较轻的，仅处以半年以下的苦役。凡是汉奸或是危害人民政权，恃势压迫剥削群众，侵犯人民利益的坏分子，则褫夺其公权。

边区对于犯人完全采取教育感化的方法，争取犯人回转到我们的方面来，消灭犯人与法律的对抗。因此，我们坚决的禁止对犯人打骂虐待的行为，反对对犯人惩罚报复的手段。凡已经判决的犯人，即不再加以任何的刑具镣铐，在生活上完全同法院工作人员一样的待遇，没有丝毫差异。经过看守所的允许、检查，可以接近亲朋及对外通信。由此可见，在边区的罪犯除了个人的自由受到相当的限制外，没有什么与常人不同的地方。

犯人日常的生活是有组织的劳动与学习。每月有一定的计划，每周有一定的时间分配，按着计划和时间去做。参加劳动的以五人为一组，十人为一班，三班为一队，由看守所指定组长、班长、队长负责管理。识字小组，以一个窑洞的住室为单位，指定文化程度较高的为组长，负责教育、上课；开会由队长召集。至于有些能够自己看书，对于政治、军事理论和实际有兴趣的，可以合并起来组织政治、军事研究组，自己选出组长，报告看守所登记，以备考查。每天规定上午八时以前早操、运动、唱歌及识字。上午八时至下午四时为劳动的时间，做掘窑、修路、背柴、挑水、辟地、或建筑等工作。下午四时以后，上政治、军事课，或报告时事；暇时可以随便下棋、谈笑。晚间，开生活检讨会，考察各个犯人在这一天中劳动和学习的成绩及一切思想行动的表现。每周法院的工作人员对犯人讲话三次，有些课程也由工作人员担任。犯人每周举行一次娱乐晚会，每月出两次墙报，一切墙报的写作、装饰都由犯人自己做。有时法院召集群众晚会，随时均可向法院提出意见，法院当在有可能的范围内给以满意的答复。

法院很注意到犯人的卫生和健康，每周由边区医院派医生到看守所来诊病两次，有病的犯人隔离居住。每天早上犯人必须洗脸、漱口，并将室内打扫收拾清洁整齐。每周洗澡一次，每月理发一次。此外，各组更举行拍蝇、灭虫比赛。犯人的住室在白天是完全打开的，使空气流通，并可随意出住室外晒太阳，尽可能的减少犯人的疾病，所以"病死狱中"的事，在边区法院还没有过。

犯人在刑期中，如果在劳动和学习方面都有成绩，对自己的罪过确实有了切实的了解,并且确实改正过了,经过相当的时间,法院认为不满刑即可减刑释放。至于特赦,必须经过边区政府主席团的决定,法院无此权力。

释放的犯人,愿意做工作的,法院则安排分配以适当的工作,倘不愿意做工作的,则遣送回家。但有一些犯人经释放遣送回家后,因生活不能解决,转来法院,要求分配工作,法院也替他们设法解决之。

友区政府机关或友军的人员在边区内犯法,同样受边区法院的制裁,但为着巩固统一战线的关系,可以通知友区政府机关或友军派员到边区来会审,经判决后,再交到原属机关或部队去执行之。

最后,说到边区的司法干部。边区因地区偏僻,文化落后,故司法干部是比较缺乏的。现有司法干部多未进过专门学校,主要的是依靠他对于人民、民族、国家的忠诚,获得人民的信任,由边区的人民选举出来的,再根据他的能力分配以适当的工作。故各县的承审员,即由各县人民选出县政府的委员中一人充当之,并由边区高等法院加以委任,还调来边区法院学习一个时期,然后派回各县担任工作。边区法院的院长同样是由边区的人民代表大会选出边区政府委员会中一人充当之,并由边区政府主席团加以委任。但原有法律学识的人员也可以在边区充当法官,边区政府正欢迎这样的人才来参加工作。

总之,在边区的司法制度有许多地方是新创造的,在我们看来是合理的。这样的司法制度与工作方法,在全中国范围内,只有边区敢于这样实验。当然还不免有许多的缺点,我们诚意的欢迎国内各界人士们,特别是法律学者,给我们以严格的指正和批评。

(原载《解放》1938年第50期)

广西的苏维埃运动[①]

雷经天

一、右江和左江的情况

右江在郁江上游，东向顺流到南宁。右江地区原为广西的田南道属，以百色为中心，包括田阳（那坡、奉议）、田东（恩隆、思林）、东兰、凤山等十余县。西北接邻贵州、云南两省，南与左江各县相连，靠近法属安南，地多石山，边界地人烟稀少，瑶汉杂居，过去为土匪烟帮出没之处，政府统治的力量比较薄弱。因为人民的生活痛苦，性情彪悍，敢于斗争，极易接受革命的宣传。在大革命时代，韦拔群在东、凤一带，余少杰在沿河各县，均曾领导过农民运动，组织农会，建立农军，反抗豪绅地主，进行武装斗争。在国民党叛变革命以后，广西各地的农民运动相继失败，在右江虽亦受到严重的镇压，但农民的革命斗争，还能继续保持，农民组织的基础，仍然保存下来。因此，右江成为1929年广西苏维埃运动的根据地。

左江是郁江的支流，到南宁与右江汇合。左江地区的中心是龙州，属镇南道，有崇善、养利、靖西、龙茗等十多县。西南即为法属安南，有铁道达谅山，乃国防要地，多数地方为土匪盘踞，以冯飞龙在养利、韩飞虎在崇善最著名。

[①] 此文是1945年雷经天根据延安红七军干部座谈会上的发言整理写成的，收录时作了删节。

二、"十二八"右江起义

当俞、李在南宁宣布反蒋,继续进行军阀战争以后,我党即派雷经天到右江,预先布置建立苏维埃政权的根据地。并组织工农红军。雷以广西省农协特派员的名义在平马设立办事处公开活动,先到思林与黄永达、阮殿煊、黄金镜等商量,再到恩隆、林蓬与滕德甫、滕国栋等讨论;后到奉议仑坪与黄治峰等接洽,并分配严敏去东兰、凤山与韦拔群、黄明春等联络;派陈洪涛去向都与农春荣等联络,要求各地立即恢复农会的组织,集中农民的武装,同时派陈洪涛在恩隆,徐迅生在奉议,张展球在思林,严敏在东兰、凤山帮助各地工作,成立党的县委。从此右江的农民运动,更加活跃起来。

在俞、李的军队里面,警备第四大队为张云逸领导,并兼教导队的副队长。警备第五大队为俞作珍领导,这两个部队都没有到前线去参加反蒋战争,留驻南宁。党决定,倘俞、李失败,这两个部队即到右江与农军结合,实行六大的决议。在右江成立苏维埃政权,割据右江。10月初,俞、李的部队在桂平、贵县前线已经崩溃,南宁形势混乱。教导队长许某某原是黄绍城的部下,企图乘机带队投蒋,但在教导队中我党有李朴、袁任远、冯达飞等分任队长或政治指导员,即欲将许逮捕,但被他发觉,于夜半发生事变,李朴开枪打许不着,在混乱中给他逃跑,部队四散。后张云逸率领警备第四大队进城,教导队的士兵集合回来400多人。10月13日,俞作柏、李明瑞率领俞作珍的警备第五大队上龙州,护送俞作柏经安南逃往香港。张云逸派雷祝平、李干辉率领第三营到右江平马,并将南宁所有的金库、枪械库、武器弹药全部向右江搬运。再后,张云逸率领警备第四大队和教导队,分水陆两路向右江并进。邓斌(即邓小平)、陈豪人、龚鹤村、叶季壮、许进、罗少彦、李谦、沈静斋、何子仍、冯达飞、许卓、袁任远、李朴等均同来右江,于10月20日到达平马。

警备第三大队,原是广西、云南边界的土匪,为俞作柏所改编,调驻南宁。当警备第四大队进驻右江时,熊镐亦率警备第三大队来右江分驻各地。但该部匪性未改,到处欺压群众,而熊镐则企图与警备第四大队争占右江的地盘,心怀叵测。当时右江各县旧的政权依然存在,对老百姓作威作福,而警备第三大队又与县政府的警备队互相勾结。我们即决定解除警备第三大队的武装,推翻旧县政府的政权。10月28日,我们调集恩隆、奉议、思林的农军300余人、群众千余到平马领取警备第四大队所发给的武器,连同该队驻平马的第三营,由雷经天负责指挥。在当天下午3时将警备第三大队及县政府包围袭击,收缴所有武器,解散其部队,并将恩隆县长及警备队长逮捕。同时,张云逸在百色将熊镐(警备第三大队队长)扣留。田州方面的行动较为迟缓,致警备第三大队驻田州的一部分武装乘夜逃跑。不久,即将熊镐及恩隆县警备队长枪毙。恩隆县长黄子衡是东兰人,愿意参加革命,经韦拔群担保释放。从此,右江各县完全为警备第四大队及农军所统治。百色的政权由警备第四大队政治部暂时代管。此后,奉议、恩阳、恩隆、思林、果德、向都、镇结、东兰、凤山几县的农会,相继改为各县的革命委员会,成为临时的政权机关。但各县地主的民团武装依然存在,集中到寨子里面据守,保留着白色的据点。当时即派军队和农军分别进行肃清工作,并准备召开右江各县工农兵苏维埃代表大会。

三、右江和左江的革命政权

1929年12月11日,正值广州起义两周年纪念,在平马召开了右江第一次工农兵苏维埃大会。到会的有百色、那坡、田州、平马、果化5处工会的工人代表和百色、恩阳、恩隆、奉议、思林、果德、隆安、向都、镇结、东兰、凤山11个县农会的农民代表,以及红军第七军士兵委员会的士兵代表共80余人。大会讨论了建立苏维埃各级政府,扩大红军第七军,组织地方的工农赤卫军,实行没收、分配土地,肃清反革命分子等问题,并通过一个政治纲领。大会选出雷经天为右江苏维埃主席,韦拔群(农民领袖)、陈洪涛(师范学生,党务工作者)、李南山(平马工人代表)、罗某某(百色工人代表)、韦玉梅(东兰瑶民代表)、刘住谋(恩隆农民代表)、蒋某某(红军第七军士兵代表)等为委员。右江苏维埃政府即设在平马。

这一天,原警备第四大队、教导队及右江农军正式举起红旗,改为中国红军第七军,军长张云逸,政治委员邓斌,政治部主任陈豪人,参谋长龚鹤村,辖三个纵队,第一纵队政治部主任沈静斋;第二纵队长胡斌,纵队政治部主任袁任远;第三纵队长韦拔群,纵队政治部主任李朴。全军共2 800人,在平马进行了检阅。恩隆、平马的工农群众到平马来参加庆祝右江苏维埃政府及中国红军第七军成立大会的有20 000余人。各县均同样召开群众的庆祝大会,一致愿为苏维埃政权奋斗到底。

随后,各县也召开工农兵苏维埃大会成立县苏维埃政府。各县苏维埃政府主席是:百色县苏维埃主席关仲和;恩阳县苏维埃主席农夫;奉议县苏维埃主席潘宪甫;恩隆县苏维埃主席滕德甫;思林县苏维埃主席阮殿颇;果德县苏维埃主席黄书祥;隆安县苏维埃主席李干;向都县苏维埃主席农春荣;镇结县苏维埃主席某某某;东兰县苏维埃主席韦命周;凤山县苏维埃主席黄明春。

红七军成立后,党组织前敌委员会,以中央代表邓斌为书记,张云逸、陈豪人、雷经天、李谦、何世昌(教导队学生)、某某(士兵)为委员,领导军队及地方的工作。地方党组织右江特委,以雷经天为书记,陈洪涛、陈浩仁、滕国栋、黄治峰、黄永达、严敏等为委员。

当右江建立苏维埃政权的时候,前委即派何世昌、严敏到左江龙州去帮助警备第五大队改编为中国红军第八军。但龙州已为反军占领,俞作豫同志率队退至驮芦圩。李明瑞重新将部队整理,并收编土匪冯飞龙、韩非虎两部,反攻龙州,将叛军驱逐。一直至1930年2月

1日,警备第五大队才正式举起红旗,改为中国红军第八军,俞作豫任军长,何世昌任军政治部主任,严敏任地方党委书记。全军编为三个纵队,第一、第二两个纵队原是警备第五大队的旧部,第三纵队是由土匪冯飞龙部改编成的,共2000余人。旋即成立左江革命委员会,为各级政权的最高领导机关,而龙州、宁明、明江、崇善、左县、雷平、养利等县,均相继成立革命委员会。

当红八军成立未久,左江的政权还没有巩固的时候,桂系军队即于2月5日进攻龙州。因冯飞龙的叛变,红八军不能在龙州立足,军长俞作豫即率主力部队千余人退出龙州,进驻宁明转入广东钦州。在途中又有一营长叛变,部队星散,俞只身赴港,在广九路被叛徒诱捕牺牲。何世昌转回隆安,亦被捕杀。严敏未退出龙州,后遭杀害,还有教导队长甘湛泽、崇善县革委会主席陈镇,均在龙州遇难。左江的革命政权仅昙花一现,即告失败。

四、右江苏维埃各种政策的实施

右江苏维埃政府的组织是由代表大会选出的以雷经天为主席,其他为政府委员组成的政府委员会。苏维埃政府中,李南山为劳动委员,陈洪涛为肃反委员,刘伟谋为土地委员,蒋某某为财政委员,韦玉梅为军事委员,韦拔群、罗某某为政府委员。但不负政府的工作责任,另委李铁南为政府的秘书长,分工负责,进行工作。

右江起义前,各地已开始有工人运动。起义后,百色的工人运动由红七军政治部负责领导,组织有店员、民船、鞋业、烟叶、药材、码头、泥水、木匠等8个职业工会,合组一个百色总工会,关某某为主任,关后来当选为百色苏维埃政府主席。各工会组织中,店员工人最多,码头工人次之,女工不少。在平马设有农协办事处,派滕德甫专做工人工作,也组织有店员、民船、烟叶、码头等4个工会,选李南山为平马工会主任。李后来当选为右江苏维埃政府委员。此外,那坡、田州、果化，在苏维埃政府成立以后才成立工会。右江工人的生活很苦，一般工作最少 12 小时，工资很低。苏维埃的劳动政策主要是把工人组织起来，使之参加政权，提出工作 8 小时，增加工资的口号。一般的工人工资是提高 10%到 30%，但工作时间没有减少，尤其是民船和码头工人常常因起落货做到半夜还没有休息。也曾有军队侵犯过工人利益的事件，如那坡黄恒栈被军队没收，打烂了几十架缝衣机器，连工厂里面工人的东西也拿光了。军队要工人帮助修理打破了的机器，工人死也不愿意。但是百色的工人，成立了一个工人营，参加红七军，编入第二纵队。

关于土地问题，苏维埃政府是根据六大的十大政纲提出"没收地主阶级的土地分给贫苦农民"的主张，但土地革命在各地的执行，有各种不同的形式，1929 年 3 月间，韦拔群在东兰、凤山就动手分反动派的土地，反动派被杀了，财产没收了，土地是分给愿意耕种的农民，但仍要给农会缴纳一定数额的谷子作为农军的给养，好像是耕公田一样，这样分配没有解决农民土地的需要，在后又将土地重新平均分配，以乡为单位，由政府按土地与人口为比例，每块土地经签定后，即确定土地的所有权。在韦拔群自己的乡里，原实行社会主义性质的共耕制度组织共耕社，但因劳动负担与生活需要的不平衡，有些农民不愿意参加，结果是失败了。在思林县，阮殿煊将自己所有的土地交给农民，提倡共耕共食，有些农民赞成共耕共食，有些农民赞成共耕分食。争论没有解决，阮殿煊的母亲出来骂了一顿。在恩阳县，农夫提出"实行共产主义"的口号，但不知道怎样实行的办法。有些是铲田塍，消灭土地的分界。有些是集中牲畜劳力，各行其是，但都行不通。在百色、恩隆，分配土地是实行抽多补少，抽肥补瘦。开始时没有很好的组织动员，富农、中农不了解而发生动摇，后来富农把坏地抽出，雇农、贫农分补所得的是坏地，因此雇农、贫农不满，有些抽出中农的土地，中农也不愿意。最后按每乡的人口、土地平均分配。各乡所分土地数目不同，农民常到区、县政府来讨论而不能解决。一般的说,右江苏区的土地,除少数地区发生偏差外,普遍的是分配过了。进行的办法是将地主豪绅反动派的土地全部没收;富农按土地的肥瘦抽出一部分;中农财产根据他所有土地的情形决定,或者完全不动,或者抽出肥的补瘦的,或者抽出瘦的补肥的;贫农补给土地,雇农分给土地。反动的地主多数杀了,不反动的地主给一些坏地。农民的成分由乡政府审查决定,没收分配土地也完全由乡政府负责,县、区政府派人帮助,差不多一切权力属于乡苏维埃政府。

在右江起义的时候,警备第四大队第二营驻在田州,原奉命解决第三大队驻田州的武装部队,但营长黄建华没有坚决地执行命令,致警备第三大队的反动武装得以逃脱。当时为着巩固部队,执行纪律,即认为黄建华是国民党改组派分子,执行枪决。在亭泗战斗失败后,三营副营长陈怪石开小差逃跑被捕,也认为陈怪石是改组派即予处死。这就是红七军的肃反工作,其实只是整顿军纪。还有一些改组派嫌疑分子(主要是俞作柏的亲信),如副官处的刘健、李治,参谋处的陈可福、陈可禄、梁某某等十余人仍留在部队工作。红七军决定离开右江时才遣送离队,而陈可福(即陈叔度)、梁某某等,一直随军到达广东连县,部队缩编并准许自由离队时始行卸职,从来没有大批的滥捕滥杀现象,因此,争取了一部分旧军官及绝大部分的老兵。这个肃反政策的执行是正确的。在地方上的肃反,恩隆于起义时枪毙了一个县政府的警备队长,逮捕过一个60多岁的穷县知事。决定罚款1 000元,款没有缴,人也不杀,在后来还是释放了。但区、乡政府捉到反动的豪绅、地主均直接枪决。还有在边界捕捉到侦探嫌疑分子,即行处死,绝少放松的。对于边区外的群众,一律视为反动派,互相仇杀,造成赤白对立的严重现象。这是在起义初期,各地农民的幼稚行为,但过后即逐渐的纠正。只准杀反动的豪绅地主、民团队长、敌人侦探,如捉到其他工农群众及民团壮丁,即行释放,随后滥杀的错误才被纠正过来。

右江苏维埃政权建立以后,即将各地的农军改编为农民赤卫军,有工会的城市,就成立工人赤卫军。最初是每县集中完全没有武装的一个连,编成为县苏维埃政府的警卫连,由各县苏维埃政府管辖,没有统一指挥。红七军成立,原警备第四大队及教导队改编为第一纵队;抽调各县苏维埃政府的警卫连到百色集中,编成第二纵队;将韦拔群在东兰、凤山的农军编为第三纵队。1930年三四月间,红七军在隆安亭泗战斗失败以后,敌人已侵占右江苏区沿河各县。盘阳会议决定,第一、第二纵队离开右江苏区向外游击,留第三纵队在东兰、凤山,保卫苏维埃政权的根据地。当时右江苏维埃政府再令各县武装的赤卫军集中编成4个警卫营,直接由右江苏维埃政府指挥,组织右江赤卫军总指挥部。各级政府也改为战时的编制,指挥游击队,在敌人占据的地方,进行游击战争。果化、思林、恩隆、奉议各县政府均设在强固的游击根据地区,随时可以出扰敌人,并消灭反动地主豪绅的寨子。当红军尚未回师右江之前,即由赤卫军配合第三纵队夺回恩隆、奉议、思林各县城。红七军的主力回师攻克百色,适邓斌从上海中央回到右江,即决定红七军全部离开苏区,汇合朱毛红军,并强令右江苏维埃政府指挥下的赤卫军全部集中,改编为红七军第四纵队,以黄治峰为纵队长。右江的赤卫军原是志愿兵制,但各县有的是用征兵制的方式,如恩隆、思林的赤卫军是各家派出的,平时不脱离生产,需要集中时,才由各乡村自行派出一定名额,3个月就换班一次。故右江的农民,差不多都当过赤卫军,军队和农民是结合一致,血肉相连的。凡集中的赤卫军,生活由各级政府从打反动的豪绅地主的粮食拨给,无薪饷。给养不足时,赤卫军还从家里带粮食出来,武器装备也多是自己的(警备第四大队上右江时发一部分),以土枪为多,也有部分拿梭标的,所有快枪,大部分集中到红军中去,留在赤卫军的仅有少数。红军每次作战,地方的赤卫军即配合行动,如在隆安的战斗,沿河各县的赤卫军都参加了。战时,赤卫军的组织有向导队、侦探队、运输、担架队等,地方政府亦发动妇女组织慰劳队、洗衣队,凡能够帮助军队的工作,赤卫军都愿意去做,红七军与赤卫军的关系是密切的。

对于土匪，或剿或抚，视各种不同情况决定。凡是豪绅地主率领的土匪，如万岗的邓恩高，朔乙的黄海潮，大所的某某某，原来都是当过团总老爷的，也就是当地的土匪头子，老百姓非常痛恨，右江起义后，红军与赤卫军分头进剿，黄海潮被打死了；邓恩高逃出了苏区；大所的某某某也被杀了。这几处土匪窝，攻破以后，完全烧毁了。百色的罗明山，东兰的黄冕昌，原来也是土匪，①但在右江农民运动的时候，罗明山很接近奉议的黄治峰，对做农运工作的人员经过他的地方都给以招待，没有任何的妨碍。后来我们派人去他的部队工作，改编成赤卫军的一个营，罗明山当营长，当初很能服从指挥领导，也曾参加过亭泗的战斗，后又编到红七军第四纵队，红七军离开右江时，他亦率队随到河池。又改编归二十师管辖，在河池出发第三天，他即率全营逃跑回右江继续当土匪。黄冕昌很早就与韦拔群有来往，后改编为第三纵队的一个连，归韦拔群指挥，随后红七军离开右江，在广西界首战斗牺牲了。黄冕昌自改编为红军后，进步很快，成为一个共产党员；原来是土匪的部队，完全改造争取过来了。还有一些土匪的工作做得不太好，编出来的不给以信任，以致不满逃跑。也有不愿改编出来的，不过在苏维埃政权的时期。苏区的土匪，大部分是肃清了，或者是争取过来了，只有少数零星小股跑到边界去活动。

在东兰、凤山一带，靠近红水河沿岸，杂居有少数民族的瑶民。韦拔群在东兰、凤山工作，与瑶民的关系很好，过去当地的汉人叫瑶人为"瑶子"，但韦拔群称瑶人为"瑶友"，瑶人非常的高兴，对韦拔群的信仰极高。在韦拔群的部队里，有许多是瑶人，因瑶人的性情彪悍，善于爬山，故在山地作战是最强的。瑶人所住的地方，多是石山，土地很少，除在石山上种一些苞谷、番茄及杂粮外，再没有什么东西，

---

① 据我们调查，黄冕昌不是土匪出身。

生活非常困苦。过去汉人的政府是不准瑶人下山占有或购买土地的，对瑶人的徭役特别繁重。在苏维埃政府建立以后，瑶人立即得到解放。东兰、凤山的县、区、乡政府，凡有瑶人的地方，即有瑶人的政府委员。右江苏维埃政府的委员韦玉梅，也是东兰都阳①的瑶人。苏维埃政府派瑶人下山来分汉人的土地。可以住在汉人的乡村，免除徭役，故瑶人完全拥护苏维埃的政权，说苏维埃政府是瑶人出头的地方。

在右江党政领导机关的干部，除雷经天是南宁人外，其他就是右江各县的地方干部。县级的党政机关，也有外来的干部参加工作，如徐逖生是广东海丰人，张震球是广西北流人，欧定贵（恩隆县委代理过县苏维埃主席）是广西贵县人。② 干部的政治水平虽不甚高，但一般阶级认识是很明确的。这些干部在革命斗争过程中只有牺牲，没有叛变。如韦拔群（右江苏维埃委员、红七军二十一师师长）、陈洪诏（代理右江特委书记及苏维埃主席）、陈浩仁（右江特委组织部长）、刘伟谋（右江苏维埃委员会土地部长）、滕德甫（恩隆县苏维埃主席）都在保卫苏维埃政权的斗争中，流尽了最后一滴血。关于干部的培养和训练，除红军训练军事干部外，右江特委在某地和平马，也开办过两期党员训练班。但地方干部的工作能力还是比较差的。红七军直接帮助建立右江苏维埃政权，但没有用更大的力量来加强广西苏维埃运动，不但没有调派更有力的干部参加地方党政的工作，相反的在红七军要离开右江时，将右江党政的负责干部如雷经天、黄治峰、黄永达（均是右江特委委员）、阮殿炫、黄金镜、李干（均是苏维埃主席）、徐逖生、张震球（均是县委委员）等均调到军队中随军行动，完全放弃了地方党政工作，致使后来右江的苏维埃运动完全失败。还有右江的地方干部在红七军中没有得到应有的信任和重用，虽然韦拔群当红七军的第三纵队长，后改编为二十一师师长，黄治峰当红七军的第

---

① 应为都安都阳。
② 欧定贵即欧贵祥，广西苍梧人。

四纵队长,后改编为二十师副师长,但他们率领的部队编到红七军以后,仅给韦拔群一个特务连,而黄治峰调任军部副官长,实际上并没有给他们以指挥部队的权责。此外右江的地方干部再没有团级以上的干部,但是他们并没有因此不满,他们只知道为革命奋斗到底,绝不计较职位的高低,事实证明,在党的教育培养之下,广西右江的干部,始终为党工作,今天比较负责的干部,如莫文骅(留守兵团政治部主任)、李天佑(师长)、韦国清(副师长兼旅长)、黄新有(旅长)、韦杰(旅长)、谢扶民(旅政治部主任)、冼恒汉(旅政治部主任)、张震球(旅长)、卢绍武(旅参谋长)、黄一平(旅参谋长)、阮平(军分区司令)、吴西(军分区政治部主任)等都是广西或右江的地方干部,过去在红七军的时候,不过是一个连排长或士兵,他们确实是从实际的斗争中锻炼出来,成为党的好干部。

凡出来参加红军或地方赤卫军(脱离生产的)的家属如家庭困难,生活不能支持的,首先由本乡的群众"周济",不足时,由原乡、区政府拨给公粮,这就是优红的办法。但红属除孤寡无劳动力者外,向政府要求"周济"是不多的,因为广西右江的妇女都是大足,从来是劳动的,她们自己的生活并不难解决,婚姻制度是自由的,但红属离婚的事件很少,一方面因丈夫参加红军离开家庭的时间还不长,另一方面主要的还是没有生活的顾虑。

右江妇女的解放,在苏维埃提出的政纲是"妇女在政治上、经济上、文化上及社会上的地位与男子一律平等"。故在苏维埃政权机关及红军部队中,有少数的妇女参加工作,并有几个妇女(如张旭)随军到了中央苏区,家庭的经济权力虽然还操在男人的手上,但右江的妇女能劳动,生活可以不依靠男子。在旧社会里,有些堕落(抽鸦片烟、赌博)的男子,反依赖妇女的劳动养活。至于文化,一般的都没有普及,因为在苏维埃运动时期对整个文化工作注意得不够,当然对妇女的文化也没有注意,妇女在社会上的地位,因积习未改,也还没有怎样的提高,但在少数地区(盘阳、赐福),对妇女解放的认识有错误,以为过去是男权统治,现在革命应该是女权统治,曾提出"以女治男"、"以女娶男"极端相反的口号,这也可以看到在妇女解放运动初期狂热幼稚的表现。

总之,在右江苏维埃运动的过程中,政策的实施是依据六大颁布的十大政纲所产生的右江苏维埃的政纲。但时间太短,前后不过一年,当然有许多工作没有做好,甚至于也有不少是做错了的。

五、广西苏维埃运动的失败

广西的苏维埃运动,虽只有一年的时间,但在右江建立了 11 个县的苏维埃政权,在左江建立了 8 个县的革命委员会。我党直接领导下苏维埃运动的区域,几占广西全省面积的 1/4。但左江的革命委员会刚建立起来,因桂系军阀的进攻与红八军内部的不巩固,旋踵即告失败。右江苏维埃,则有一年的历史,虽在隆安、亭泗两次与桂系军阀作战失败,但红七军的部队比较坚强,并不因此溃散,同时右江各县农民,过去曾经过长期的斗争,群众运动也比较普遍和深入,苏维埃政权建立以后,又经过土地革命,政权的基础也比较巩固,故在失败后,于 1930 年 6 月间又能恢复。但因红军于 10 月间离开右江,且将右江地方武装的赤卫军集中带走,虽留有韦拔群、陈洪涛在右江支持残局,但已经没有力量来保卫右江苏维埃的政权。结果于 1932 年,桂系军阀和张发奎都极残酷地进攻右江苏区,韦拔群、陈洪涛牺牲,用了不知多少同志的鲜血创造起来的右江苏维埃政权,也就这样的倒下去了。

六、失败的原因何在?

当右江苏维埃和红七军成立未久,政权和部队的基础都未巩固,于 1929 年 12 月间,粤桂战争继起,粤桂两军混战于桂平、贵县之间,南宁空虚,我们拟趁此时机,夺取南宁,故很早就提出"打到南宁去"的口号。但红七军又迟迟未行,等待红八军的成立,以便会师进攻,至1930年1月,红七军的部队,始向右江下游果德、隆安一带移动,但3个纵队的兵力并不集结,而左江的红八军还未发动,桂系军阀已经知道,就从贵县前线抽调4个团上来先打左江的红八军,占领龙州,红八军溃散。2月初,敌人转打右江,在隆安与红七军接触,红七军的前头部队仅有一个营,寡不敌众。后来全军赶到,据守隆安,在城外展开激战,经5昼夜,因伤亡过重,即败退,右江沿河各县即告失守。部队撤退到亭泗,又打了一仗,才退到东、凤山地。① 这次失败在军事上是因行动迟疑,没有决断,以致兵力分散,第七、第八两军均为敌人各个击破;在政治上是向大城市发展的方针(右江苏维埃也准备搬到南宁去),敌我力量的对比的估计错误,而且离开了有群众斗争基础的地区作战,这都是对我们不利的。

　　隆安、亭泗两次战斗失败后,红军即在东、凤整编,召开盘阳会议决定今后的行动。当时认为右江的形势,要转为游击战争,这意见是一致的。但对于红七军的游击行动,发生了争论:一种是从红七军要补充资财弹药,以便长期作战的观点出发,主张红七军离开右江苏区,到白区去找机会打几个胜仗,发一点"洋财"来补充自己;一种是从保卫右江苏区的思想出发,主张红军不要离开右江苏区,可在苏区的周围打游击,一方面建立苏维埃政权,扩大苏区,一方面可以没收反动派财产来解决红七军的给养,且提出应该向西北贵州、云南边界发展。结果是依照第一种的主张决定行动。军部率领第一、第二纵队向东北河池、思恩进攻。第三纵队在东兰留守,占领怀远时筹到一批款项,但到思恩却被桂军截击,将两个纵队打散,到贵州荔坡始再汇合。当时的弹药更加缺乏,失败情绪在部队发生影响。4月30日走到贵州的榕江(古州)边境即决定攻取榕江,经很大的伤亡(200多

---

① 应是敌人先打隆安,后攻龙州,作者回忆的时间次序有误。

人)竟攻陷县城,缴获了大批的弹药,一门山炮,一座电台,部队得以补充,解决了主要的困难,但一路行军作战,没有发动群众建立政权,因此无法在榕江停留。当时湘、黔军阀混战,欲转入湘南,又不能通过,才决定回师右江。这一行动,只能达到补充弹药的目的,但人员受到了损伤,得不偿失。当时右江苏维埃政府则集中各县的赤卫军,编成4个警卫营,在敌人占领的地区,进行游击战争,坚持保卫右江苏区,且在6月间配合红七军第三纵队,恢复右江沿河各县的政权,因为力量薄弱,未能将右江的苏维埃的政权,更向外扩展。倘使红七军不远离右江苏区转向贵州、云南边境游击,而是发动群众建立政权,一定可以开辟桂黔滇边的苏维埃政权的根据地。这个地区是处在"三不管"的山地,国民党反动派的统治力量非常薄弱,人民生活极为艰苦,原为土匪盘踞的地方,而且当时在全国是军阀混战的局面,粤桂、滇桂及黔滇战争相继而起,对革命势力的发展是不能够阻止的。这样的政治环境,完全有利于革命。我们并不了解这种形势,不会利用这种形势,没有抓住这个最好的时机、最好的地理条件和最好的群众基础,扩大苏维埃政权的地区,增加红军力量。领导上或过左的迷惑于夺取大城市(打南宁)来扩大政权影响;或过右的对于保卫和巩固右江苏维埃的政权完全没有信心(认为右江苏区东有红水河,南面有郁江,受到地理的限制,地方贫苦没有发展的前途),急于要离开右江苏区。甚至无政治目的和原则的盲目行动(到贵州去打榕江,回思林打滇军),损失自己的力量,这都是极大的错误。

(原载中共广西区委党史资料征委会《左右江革命根据地》编辑组:《左右江革命根据地》下册,中共党史资料出版社1989年版)

抗大旗帜飘扬在山东[①]

李培南

我曾长期在抗大及所属第一分校担任教学工作和领导工作,对抗大的政治生活、教学生活以及抗大的同事、同学们,都怀有深厚的感情。半个世纪过去了,当年的情景,常常在脑海中浮现,并深感在有生之年有责任把它记录下来,供编写党史军史者参考与研究。现根据个人的记忆所及,参考一些同志的回忆材料,把有关抗大一分校的主要活动,做个概要的叙述。

中国人民抗日军政大学(简称抗大)及其所属12个分校,都是中国共产党领导的军队干部学校。据李志民《革命熔炉》一书评价,抗大一分校是所有分校中历史最长、规模最大、参加战斗和流动最频繁、培训干部也最多的一所分校。

创办抗大一分校的历史意义

抗大一分校创建于抗战转入相持阶段的1938年12月。它的诞生是党的六届六中全会的一个重要战略措施。六中全会重申全党的奋斗目标就是"必须战胜日本帝国主义,必须建设新中国";指出全党从事组织人民武装斗争的极端重要性和相持阶段的新任务,"在于克

[①] 入选本书时做了适当删减。

服困难，增加力量，停止敌之进攻，准备我之反攻"；实现新阶段、新情况、新任务的一个极其重要的迫切的战斗任务，就是"广大培养人才"，"有计划地培养大批的新干部"；认为"政治路线确定之后，干部就是决定的因素"；同时指出"党的主要工作方面是战区和敌后"。

中央、中央军委根据上述精神，决定成立两个抗大分校开赴华北敌后抗日民主根据地，就地培训我军军事、政治干部。在征得前线朱德总司令、彭德怀副总司令同意后，决定第一分校到晋东南，直接由八路军总部领导和指挥，第二分校到晋察冀边区。两个分校深入敌后进行国防教育，培训敌后坚持抗战的我军骨干，培训忠诚为人民服务的战士，这是历史的创举，是把抗大的旗帜插遍全国的先锋。

抗大总校罗瑞卿副校长欢送两个分校开赴敌后时曾说，到敌后办抗大分校，是毛主席、党中央的英明远见，意义深远。第一，是给日本帝国主义企图迅速灭亡中国的战略进攻的一个有力的回击，证明中华民族的优秀子孙不消灭日寇誓不罢休。第二，是给全国的学校作个模范，证明中国共产党领导的抗大是最革命、最进步、最能为民族解放和社会解放而斗争的学校。它不仅能在和平环境的延安办，而且可以到硝烟弥漫的敌人后方和敌人心脏地区去办，这对增强全国人民抗战必胜的信心，很有意义。第三，是坚决执行党的政治任务，为广泛发动群众，扩大地方武装力量，巩固和扩大华北、华中抗日民主根据地，为大量训练新干部创造有利条件。第四，是使学校的教育更加密切联系实际，在战争中学习战争，在群众运动中学习群众，意义十分重大。

这里，我还回忆起朱德总司令两次有关建军与建校的谈话。第一次是 1939 年 3 月，朱老总就任第二战区副司令长官时，他曾对第一分校前往祝贺的代表小组说，要讲名气，抗大是名扬天下啰！连世界学联的主席柯乐满等都要求做抗大的名誉学员。抗大的校歌称你们是集合在黄河之滨的一群中华民族的优秀子孙。抗大是建军的一个重要组成部分，抗大培训出一个好干部、好指挥员来，就可以发动成百成千的群众来参军,有了兵和指挥员,就能开辟出一块一块的抗日根据地,建立民主政权,就能坚持全面抗战,这就是建校与建军的关系啊!你们抗大的担子不轻,也是你们校歌的歌词"人类解放,救国的责任,全靠我们自己来担承"。总司令的这个谈话,很发人深思,我们的党、我们老一辈无产阶级革命家是非常重视教育,重视抗大,重视学校建设的。

总司令的第二次谈话是1939年底,我们第二次东迁赴山东时。总司令在武乡王家峪接见周纯全、韦国清和我时,他再次指出抗大一分校东迁山东肩负的担子不轻,要大量培训新干部,加强山东地方武装部队的建设。

总司令详细分析了当时抗战形势中出现的"东方慕尼黑危机",强调必须坚决贯彻执行党中央"坚持抗战,反对投降;坚持团结,反对分裂;坚持进步,反对倒退"的三大方针。他指出了加强和发展山东抗日武装力量和进步势力的重要性、迫切性,一方面是山东地大物博,人多枪多,自古有齐鲁多英雄豪杰的佳话,历来是兵家必争的古战场,也是我党我军坚持抗战必争的一个重要战略基地,因为它地理位置十分险要,南可攻京(宁)沪,北可逼平(北京)津。另一方面是山东党的基础好。抗战爆发后,在党的领导下,地方武装力量发展很快,而最大的困难就是缺乏干部,缺乏子弹。广大的新干部也迫切需要进行训练和提高。抗大一分校东迁山东的意义和目的在此。

总司令对我们这次迁往山东的教职员干部和学员有3 000人(内有三四百人系中央、总部分配给新四军的干部),十分高兴,十分重视,认为这是一支很了不起的干部队伍,是我军的精华。谆嘱我们小心谨慎,务必把这支队伍安全带到山东和华中,并嘱托我们除病弱女同志外,每人要带100发好子弹给山东部队作见面礼,另外还要带50本《联共(布)党史简明教程》精装本给领导干部作为思想武器。

总司令最后又谆谆教导我们要戒骄戒躁,尊重山东党的领导,搞好军政、军民、军队与军队之间的团结,同心协力,把抗大越办越大、越办越好,在山东扎好根。总司令形象地把山东比作一棵根深叶茂的大树,风趣地说,如天下大雨(指国民党、蒋介石搞投降分裂倒退),大家都可以在大树下躲躲雨。

我之所以这样详细地回忆总司令的两次谈话内容,是因为这些谈话对我们正确认识建校与建军的关系、认识当时国际国内的形势与任务、认识抗大一分校东迁山东的意义等等问题,从理论到实际都受到一次深刻的教育,特别是对我们到山东后,在山东党的领导下,坚持办校6年,在极端困难的"黎明前的黑暗"中看到光明前途,并且有信心,起了无声号令的威力。

学校组成部分和组织人事的发展变化

1938年冬抗大一分校成立时,其组成部分包括:(1)抗大总校驻甘肃省庆阳的第五大队全部、驻陕西省洛川的第六大队全部和驻延安的第三、第四大队各一部;(2)陕北公学驻栒邑县看花宫分校的大部;(3)西北抗日青训班驻陕西省三原县安吴堡的6个队(约600人)。以上共有教职学员近4 000人,学员主要是全国各地慕名前来延安学习的知识青年。

上述各组成部分,于1938年12月中旬到达延长一带集中,由抗大总校罗瑞卿副校长进行动员,宣布抗大一分校正式成立,并任命原抗大五大队大队长何长工为校长,原陕公分校政治部主任周纯全为副校长,原抗大六大队长韦国清为训练部长,原六大队政治委员黄欧东为政治部主任兼党务委员会书记。此外,还配备了大队、营、连军政干部、军事政治总教、主任教员、教员等。担任大队和营职的多数是红军干部,他们政治坚定,有丰富的革命斗争经验和优良作风,是我校重要的骨干。

抗大一分校组成后,于12月20日从延水东渡黄河,开始第一次从延安到晋东南的东迁,于1939年2月初抵达晋东南的古县、岗上一带，行程约 2 000 里。这里离八路军总部 10 余里。其组成机构，是按照抗大总校的组织制度编队，在校首长领导下，设校部、政治部、训练部 3 个领导工作机构。以后虽然有多次变化，但 3 个机构的建制和职能基本保留，只是人员减少，组织合并，职称改小。这是学校性质、任务和战争环境决定的。

学校的教学组织以连（队）为单位，视战争环境和学员的情况，有时在校领导下设大队、支队（团）营的组织，有时只设营不设大队，有时则由校领导机关直接领导若干队。在晋东南的第一期，学员人数为 3 237 名，开始编为 7 个营、4 个训练班、1 个女生队，1939 年夏又改编为 3 个支队、9 个营。连队百人左右，配专职队长，指导员，支部书记，军事、政治教员等。

学校虽是抗大总校的一个分校，但因其在敌后独立活动，因此在组织建制上又属当地最高指挥机关和军政首长领导和指挥。如在晋东南时，直属八路军总部领导和指挥，对外称"第十八集团军八路军随营学校"。1940 年 1 月迁到山东后，开始由中共中央山东分局、八路军第一纵队、山东纵队领导和指挥，后又改为一一五师、山东军区领导和指挥。学校名称，在一一五师、山东军区领导时，曾改为教导团，但习惯和传统上，仍保持抗大一分校的称谓。

在晋东南时，校的领导干部除黄欧东于 1939 年 8 月调任一二九师宣传部长，其职由李培南接替外均无变动。1939 年 11 月，中央军委、八路军总部决定抗大一分校东迁山东时，学校组织和人事有较大的变动。由何长工校长率领部分干部和学员千余人组成留守大队，赖光勋任大队长，铁坚任政治处主任，留原地并入总校，其余人员约 3 000 人，混编为 4 个大队，直辖若干连队，由新任校长周纯全、政治委员兼政治部主任李培南、副校长兼训练部长韦国清率领，于 1939 年 11 月 25 日离开晋东南太行山区平顺县的神郊，开始第二次东迁，至 1940 年 1 月初到达山东沂蒙山区沂南县张庄、东西高庄、金厂一带。这次东迁行程约 3 000 里。

抗大一分校到山东后,组织人事较大的变化有3次。

第一次是1940年2月至1941年底的大发展时期。在此期间,山东分局、山东军政委员会报北方局、八路军总部批准:(1)调抗大一分校副校长兼训练部长韦国清任山东纵队陇海南进支队政治委员,调原第一纵队随营学校副校长袁也烈任抗大一分校训练部长。(2)撤销原山东军政干校(八路军第一纵队随营学校),并入抗大一分校,编为抗大一分校第五大队(干部、学员500多人),陈华堂任大队长,李振邦任政委。(3)撤销原胶东军政干校并入抗大一分校,成立抗大一分校胶东支校,以一分校一大队为基础,配备一套200多干部的支校组织,由大队长贾若瑜、政委廖海光率领赴胶东,4月初到达胶东掖县桑园后,成立抗大一分校胶东支校,校长开始由原干校校长刘汉担任,贾若瑜任副校长,不久刘汉调离,贾若瑜改任校长,廖海光任政委兼政治处主任。(4)抗大一分校训练部、政治部各增设一副职,任命原训练部军教科长阎捷三为训练部副部长,仍兼军教科长;原政治部组织科长刘浩天为政治部副主任,仍兼组织科长。与此同时,我校调出数百干部支援山东纵队和地方。(5)1940年6月,原一一五师鲁南教导大队和冀鲁豫教导大队划归抗大一分校兼管。改称抗大一分校一、二校(支校),不久冀鲁豫地区划归一二九师领导,第二支校就不再由分校兼管了。(6)1940年底,省战工会决定撤销山东省建国学校,其培训县、区、乡三级政权干部的任务全部交我校二大队担任,并改称建国大队,王泮清、严似海先后任大队长,刘惠东任政委兼政治处主任,三大队为特科队,大队长黎有章(后为叶荫庭),政委郭卓辛。

1941年初,抗大总校还派遣一个45名干部组成的山东大队来支援和充实分校,由聂凤智、张英勃带队,聂、张先担任直属机关政治处正副主任,后调胶东支校任校长、政治处主任。

至此,抗大一分校的组织和规模获得了很大发展,校部直属3个教学大队,每期可训练2 000多人。从1940年春开始到1941年冬沂蒙反"扫荡",校部举办的第二、第三期学员总数即达5 000多人,计第二期2 670人,第三期2 524人,这在敌后是一个很大的规模。

分校到山东后组织和人事第二次较大的变化,是1942年秋到1945年春精兵简政时期。在两年多时间里,山东领导机关根据中央精兵简政的指示,先后进行了3次精兵简政,抗大一分校也经历了3次组织机构和人事的变化。

一是1942年春第四期开学时的整编,鲁南支校改为分校一大队,原五大队改为二大队,停办建国大队和女生队。校级领导干部,袁也烈调清河军区任参谋长,原鲁南支校政委张雄改任分校政治部主任,原一一五师参谋处五科科长袁仲贤调任分校副校长,阎捷三任训练部长。8月,李培南政委调山东分局党校任副校长,张雄继任政委兼政治部主任。同时,校部和训练部合并,阎捷三任教育长,直辖军事教育、政治教育、供卫、总务4个科。政治部撤销民运科、保卫科,只设组织科、宣传科和特派员。民运工作团和文艺工作团划归山东分局另行安排。

二是1943年7月第五期开学时,分校改称山东军区教导一团,胶东支校改为教导二团,原校长周纯全、教育长阎捷三、政治部副主任刘浩天、政教科长郑文卿、宣传科长安征夫及一大批团连干部相继调离分校另行分配工作或到分局党校学习。教导一团团长(校长)由袁仲贤担任,政委兼政治处主任由梁必业担任,教育长由李梓斌担任。教导二团团长(胶东支校校长)由蔡正国担任,政委由刘浩天担任。教导一团下辖3个教学营、11个连队、1个上干队(我军和友军营团级干部学员队),这一期学员约1 000人,主要进行整风学习,于1944年3月结业。

三是1944年6月第六期开学时,学校继续缩编为5个队(两个军事队、一个上干队、一个文化队、一个政治队),学员700人,团长由曾国华担任,教育长由关靖寰担任,政委仍为梁必业。

分校到山东后组织和人事第三次较大变化是1945年的扩编时

期。1945年8月第七期开学时又扩大为3个大队、11个连队,学员增为1000多人。开学后日本投降,学校奉命立即东渡渤海到东北,这批学员于1945年底到达通化市,归总校建制。

抗大一分校7年来共培训干部约1.5万人至2万人(含各支校),这些干部连同分校本身的干部,70%分配给军队,30%分配给地方。

在流动、战斗中进行教学和政治工作

抗大及所属各分校的教学方针就是毛泽东同志制定的"坚定正确的政治方向,艰苦朴素的工作作风,灵活机动的战略战术"。在教学指导上,贯彻"少而精"、理论与实际并重、理论联系实际的原则。

我们在制定教学计划、内容、教学课程安排上,除严格遵循上述方针原则外,还从实际出发,考虑敌后游击战争的特点和环境,如地区分割、流动性大、战斗频繁、生活艰苦等。有些课程和内容是非常需要的,但客观环境不允许安排,就不能不割爱。抗大一分校的课目不多,但都是革命的、进步的、急需的。特别注意和加强阶级教育、党的基本理论教育,加强政治思想工作,目的在于把学校的学员培养成为有无产阶级觉悟的八路军干部。学生在校时间不长,短的几个月,长的不过一年,这在当时也是很不容易的。通过在校学习,使他们在政治思想水平、军事知识和文化知识上能大大提高一步。

下面分别记述在晋东南和山东时期我们的军事政治教育和政治工作的活动情况。

(一)军事教育方面

在晋东南第一期,因学员绝大多数是全国大中城镇来的知识青年,八路军的干部不多,因此,除特科专业队、上干队外,一般的学员队,主要是学习排、连的基本军事知识和操典,讲解步兵战术、游击战术以及兵器、射击、爆破……此外也讲一些战略方面的大道理。

这里要特别强调提出一点，我们在晋东南的军事教育是在朱德总司令亲自指导下进行的。总司令每周亲自来校给连以上军政干部、教员上一次大课，讲《苏联步兵操典条令》，也讲其他政治、军事战略问题。然后，再通过听大课的干部、教员给学员上小课。总司令讲课密切联系我党我军的历史实际，联系敌后游击战争的现时实际，联系干部、战士、学员的思想、政治、文化水平情况，由浅入深，朴素、通俗，为我们的教学树立了榜样。

总司令当时发表的许多军事论述，也是我们军事教育的好教材，特别是总司令在《八路军抗日战争二周年》一文中，把抗日根据地军民机动灵活的战略战术原则，概括为"小股进退，分支袭扰，集中主力，乘弱伏尾，昼伏夜动，声东击西，有意暴露，及时隐蔽，利害变化，毫不犹豫，拿定火色，转入外线"48个字12句话，学员记得牢，对以后的实践具有很大的指导意义。

到山东后，我们共办了6期，军事教育的内容变化不大，不过更加强调实战教育、典型战例教育、小部队分散战斗的教育。这是由于山东部队的需要，也是学校本身的需要，"在战斗中学习，在学习中战斗"不是挂在口头上的口号，而是实实在在的生活实际。沂蒙山区的斗争形势尖锐复杂，分校经常由鲁中区跳到滨海区，又由滨海区跳到鲁中区，战斗频繁。在山东期间，我们参加的大小战斗在百次以上，以1941年至1942年日军两次大举"扫荡"沂蒙山区为最。我们对这些实战都进行认真的总结，做到打一仗长一智，加深对课堂和书本上军事理论、战略战术知识的理解。

（二）政治教育和政治工作方面

我们围绕教学方针和中央军委关于"学习一切工作都是为了转变学生的思想。政治教育是中心的一环。课目不宜过多，阶级教育、党的教育与工作必须大大加强"的指示，从马克思主义的理论教育、思想政治工作和日常生活的养成入手，进行以下教育和工作。

1. 马列主义基本知识的教育。这是带有普及性的启蒙教育。

我们主要通过《社会发展史》《什么是列宁主义》两本书，系统而重点地讲解劳动创造世界和各社会制度相互更迭的必然性，使学生了解社会主义必然代替资本主义，社会主义、共产主义社会是人类最理想的社会。为建立共产主义世界观和革命人生观打下思想基础。

在讲解什么是列宁主义问题时，除一般地讲列宁的党的学说和无产阶级专政、农民问题、民族问题的理论外，我们着重讲帝国主义是社会主义革命的前夜，使学员进一步激发抗日的革命热情，增加抗日战争必胜的信心。另外，要打倒帝国主义进行社会革命，就必须建立一个列宁主义式的共产党。使学员增强党的观念，不少学员学习这一课后，积极要求参加共产党。

2. 基本国情的教育。也就是毛泽东思想的教育，当时叫作《中国革命的基本问题》《抗战理论》《抗日民族统一战线》等。其实，内容都是根据毛主席的《论持久战》《论新阶段》《中国革命和中国共产党》等著作编写的。进入山东后，由于毛主席《新民主主义论》《中国革命和中国共产党》发表，《联共（布）党史简明教程》译本发行，我们在中国革命的性质、特点、革命对象、革命动力、领导权、革命前途等问题的讲授上，更加自觉、明确、系统化了。记得当时讲授"中国向何处去""中国革命是世界革命的一部分""驳资产阶级专政""驳'左倾'空谈主义""驳顽固派"等问题时，学生澄清了不少模糊思想，思想豁然开朗，认为不解决为什么革命、革谁的命、如何革命、如何争取革命胜利这些基本问题，就不配称为共产党领导的革命军人，也不配做一个有"坚定正确的政治方向"的抗大学生。

3. 党的建设和政治形势任务的教育。在党的建设方面，1942年以前以毛主席的《"共产党人"发刊词》和陈云同志的《论怎样做一个共产党员》为基本教材，讲解统一战线、武装斗争、党的建设是党在中国革命中战胜敌人的三个法宝，大家都必须学会掌握这三个法宝。另外是讲解入党条件、党员的成分、入党手续和共产党员的标准，强调党员必须终身为共产主义事业奋斗，自觉遵守纪律。这些教育不只靠课堂讲课,大量的是靠党的支部工作和各级政工人员,做深入细致的思想政治工作,并及时地发展有觉悟的、合格的积极分子入党。由于党的支部建在连上,所以每期非党学员通过学习后,都积极要求参加党,特别是一二期学员,因大多数是来自城镇的知识青年,所以毕业时三分之一以上都成为共产党员。1942年以后,我们在这方面的教育就转为以整风学习为主,学习党中央规定的22个文件。

在政治形势和任务的教育方面,我们一直围绕党中央发布的"坚持抗战,反对投降;坚持团结,反对分裂;坚持进步,反对倒退"的方针,结合国内外发生的重大事件、重要节日活动,进行爱国主义、国际主义、革命英雄主义、集体主义的教育。如在晋东南时期,我们大张旗鼓地声讨汪精卫公开投降当汉奸的卖国行为;声讨制造"平江惨案"的反共阴谋。另外是通过"红五月"的纪念日,开展各种学先烈、学先进、创模范的竞赛活动,特别是针对学员的特点,强调我国青年运动的方向就是"走历史必由之路""走共产主义道路""走与工农结合的道路"。在山东,我们面对复杂尖锐的三角斗争形势,更加注意对广大干部和学员进行形势政策教育。如1941年"皖南事变"发生后,我们曾广泛发动校内外的群众,召开军民联合大会,发通电,提抗议,进行声势浩大的声讨,使干部、学员、群众受到一次深刻的阶级斗争教育。

这里应当说明,我们在形势教育方面,除学校的主要领导干部亲自动手抓,亲自作报告、动员外,更重要的是得到了上级首长们的重视。在晋东南时,朱总司令,彭副总司令,左权参谋长,陆定一、傅钟政治部主任等,都亲自来校作报告和动员。在山东时,朱瑞、罗荣桓、黎玉、萧华等首长,也是每发生重大国际国内事件,就尽快来校传达、报告,因此收效很大。

4. 党的优良传统和作风的教育。当时我们很重视这方面的教育和工作。记得我们到山东后的第一次党代会议就决定把发扬党的优良传统和作风问题,作为党的中心工作,作为提高教学质量的准则。1942年以后，全校教职学员逐步转为以整风学习为中心，对照检查主观主义、宗派主义、党八股等不正之风，收效甚大。

我们对优良传统、优良作风的教育有两个特点：一是寓教育于日常生活与文娱中。我们从每期新学员入校，就严肃认真地讲解抗大的教学方针和"团结、紧张、严肃、活泼"的校风，教唱国际歌、军歌、校歌、八路军进行曲、三大纪律八项注意及我们一分校文工团创作的"永远跟着共产党走"等歌曲，使学员在歌声中接受党的优良传统和作风的教育，养成遵守纪律、勤劳勇敢、拥政爱民、艰苦奋斗的好作风、好习惯。二是干部以身作则，身先士卒。这在某种意义上说是更重要的一方面。从校首长到连排干部和党员，都重视言传身教、身教重于言教。日常生活与学员同住、同吃、同学习、同做群众工作、同在小组会或大会作批评与自我批评。在行军转移时，领导干部的马匹、干粮、水瓶，总是优先照顾病弱者，干部替学员背背包、扛枪支的事简直是家常便饭。在作战时，从校长、政治委员到各级队长、政工人员都亲临前沿阵地指挥作战。所有这些日常的、平凡的行为，都在学员中起到潜移默化的作用。另外，健全的生活检讨会、组织生活会，运用批评与自我批评的武器，及时纠正缺点，发扬正气，克服不良风气，也是进行优良传统和作风教育的一个好形式。

所以，有的学员回忆说，在抗大一分校学习，时时事事处处都使人感到思想政治工作的威力，使人永远不能忘怀。当然，这不是说，我们各方面的工作都做得十全十美、毫无缺点了，而且我们也不认为"教育万能"，许多干部的成才，担负重任，主要的还是在实际斗争中刻苦学习和锻炼的结果，学校教育只不过为他们的继续学习和锻炼开个头，打下一个良好的基础。朱总司令为抗大一分校毕业学员的题词就是"从工作中继续学习锻炼自己"。

（原载中共山东省委党史研究室：《山东抗战口述史》，山东人民出版社2015年版）

四年交通工作纪实

李培南

从1930年4月到1934年1月,我做了将近4年的党的秘密交通工作,现将当时工作的情况记述如下:

(一) 在江苏省委担任交通工作

1930年3月间,我从上海回到徐州,在铜山县委临时担任油印和分送宣传品的工作。3月底4月初,江苏省委要求调一人担任省委从上海到徐州一线的秘密交通,县委遂决定我担任这项工作。我于4月初到上海,有一位同志和我接上了头,并安排了我的住处。可惜他的姓名我已忘记,只听说他随后调任南京市委书记,不久就被捕牺牲了。

当时我跑的交通路线是:从上海出发,先到南京将省委文件交给南京市委。在南京和我接头的同志是许寒莺。他当时是国民党铁道部的一位职员,住在铁道部附近,我到南京后就到他家里找他。以后听说,这位同志也被捕牺牲了。从南京再乘车到徐州,将省委文件交给徐海蚌特委。在徐州都是在事先约定的旅馆里接头。回来时,先到宿县,将特委的文件交宿县县委。在宿县接头的地点是东门里路南一家白铁铺,接头的同志是一个中年人,身材较高大。然后我再到蚌埠,将特委文件交给蚌埠市委。在蚌埠接头的地方是该市西南角一座小山附近的一所小学,接头的同志是该校的一位教师。最后我带着上述各地党组织报送省委的文件,从蚌埠上车直回上海。沿途共经 5 个城市,五上五下,要经过 10 次检查。我所带的文件比较多,有密写,但更多的是明写,必须要千方百计应付敌人,避免暴露。

1930 年 4 月 12 日,我第一次从上海出发送文件。这一天,正是蒋介石发动反革命政变三周年,敌人在南京路戒备森严,在北京路和沿江码头调查也特别严。尽管如此,我还是按时到北站购票上车。由于所带是密写的文件,未被发现,顺利地完成了送出文件的任务。回来时虽带明写的文件,但车站检查比较松,我把它夹在棉被里,平安地回到了上海。

有一次,组织上做了一个木板箱,外面加了粗蓝布套,把不少油印文件装在箱盖的夹板里要我送出。我原以为这是比较保险的,但当进入车站时,这个木箱却引起了两个宪警的特别注意。他们一个仔细检查,另一个站在一旁观察我的动静。箱子里的东西被反复翻弄过,没有发现什么,那个宪警就用手比试着箱底的深浅,怀疑箱子里可能有一个夹层,藏着什么。站着的那个宪警看到我没有表现出任何异样,大概也觉得调查的时间太久了,就放我进站。回来时,我决定不再使用这个夹盖箱了。在宿县接头的那家白铁铺里,我请他们把文件焊在一个白铁壶底的夹层里,上面装上小磨香油,安全地把文件带回了上海。

再有一次,我刚回上海不久,马上要我送出《红旗》和其他一些油印文件。油印的文件纸很薄,字很小。我到五洲大药房买了一大盒仁丹,内装 50 小包,我把小包里的仁丹和说明书拿出来,把文件折叠好放进去。这样"换包"大约换了 2/5,即使抽查也不一定能查出。另外,我买了一份《申报》,把《红旗》夹在里面,拿在手上。为了转移敌人的视线,我又买了四听冠生园的糖果,放在藤篮里那盒仁丹的上面。由于那时我们搞"反军阀混战运动周",因此敌人也检查特别严。进站时首先叫我举起手来,从上到下搜查全身,但没有注意检查一下我手里的报纸。接着打开了我的藤篮,四听糖果马上就引起了注意,他们打开了一听,翻弄里面的糖果,没发现什么,而那盒仁丹他们却没注意检查。就这样,敌人一无所获,我却安然地进站了。

还有一次我从徐州回上海,徐海蚌特委要我把一个青年同志带回上海。我们到达上海已很晚了,只好先在北站附近一家旅馆里住下。当时,我大意地把带来的明写文件放在枕头下面的席子底下。因为当时在旅馆里文件确实无处可以隐藏,同时也觉得只住半宿,不致有什么意外。可是,约在早上3时左右,茶房进来告诉我,旅馆被围了,正在进行搜查,请不要害怕。茶房走后,我赶快把文件从枕下取出,把它放在马桶下面,万一查出,也可以推说不是我的。敌人到我们房间里后,首先把枕头下的席子一掀,没有发现什么,又查问了我们的来历,就出去了。第二天听说,北站附近发生了一起重大抢劫案。

总的说来,进站时检查比较严,出站时比较松;逢"四一二""五一""五卅"等日子检查比较严,平日比较松;社会上如出了什么大案子,检查也比较严,平常就松一些。但不管情况如何,搞秘密交通丝毫不能放松警惕。

(二)在长江局管理交通工作

1930年党的六届三中全会之后,中央决定建立各地区的中央局作为其代表机关。9月,我转入长江局,在长江局机关与王家祥一起管理长江局的交通工作。我分管沪宁线各地的交通工作,工作时间只有短短的两个月。有一位去常州的交通给我的印象很深刻,他是一个失业工人,个子不大,可惜姓名已经记不清楚了。我经常到他家里去联系工作。他的妻子也是一位失了业的女工。他们有一个小女孩,当时年龄才12岁,却在一个纱厂当童工,他们靠小女孩的工钱和当时党组织给交通的生活补贴维持着一家三口的艰苦生活。这位交通每次带送文件并不伪装，就随便放在衣服的口袋里。我很担心，当他出发去车站时，好几次尾随着他。原来他对车站很熟悉，不经过站口就混到车站里边去了，避开宪警的检查，因而来回都没有发生过意外。这件事说明，我们做党的秘密工作十分需要熟悉当时当地的具体情况。这样，就给交通工作带来很多便利。

（三）在中央担任交通工作

1930年11月，我从长江局调出，担任中央去北方局的秘密交通工作。当时北方局在天津，从上海到天津往返都是搭乘海轮。

那时，我一个人住在上海新闸路上一家前楼里，谎称是跑单帮做生意的。送一趟文件，来回总要十天半月，这期间不在家，不致引起房东怀疑。到天津后，我住在事先约定好的旅馆里，按照约定的姓名和暗语与来人接头。有时我需要再等两三天将北方局的文件带回上海交中央。在上海和我联系的是中央交通局负责人吴德峰。

当时搭海轮上下码头，检查比较松，我把文件缝在被套里或者放在枕头里就能应付过去。我上船后，总是同水手联系，花几块钱买一个水手自己的铺位住下，那里是检查不到的，即使碰到检查时，水手也能帮你应付。水手这样招揽客人可以说是公开的秘密，不会受到责怪。

我当时的打扮，完全像北方商人，身穿大棉袍，头戴瓜皮帽，棉裤腿用当时流行的腿带扎着，脚上穿着布底棉鞋。这种打扮在北方城市里是比较普遍的，不会引起特别的注意。记得有一次，我一个人在接头的旅馆里，北方局和我接头的同志不在。这时，北方局的领导人贺昌来了，他一进门，又马上退出去了。因为他不认识我，这种打扮不能不使他警惕，后来才明白这是场虚惊。

（四）管理长江线交通工作

1931年1月起，我负责中央交通局下面管理长江线的交通工作。长江线的交通工作包括以下几条交通线：

1. 从上海乘浙赣线火车在衢县和上饶之间的常山、玉山一带进入赣东北苏区。

2. 从上海经合肥、六安到鄂豫皖苏区。

3. 从上海乘轮船到黄石一带去湘鄂赣苏区，但此线一直未打通。

4. 从上海到武汉转乘粤汉路车到株洲一带进入湘赣苏区再转中央苏区。

5. 从上海到沙市、宜昌一带转入湘鄂西苏区。

6. 西去的交通，经重庆到成都将文件交给四川省委。

上述长江线各条线路都有专门的交通同志，可惜他们的名字我都记不起来了。记得有一个姓商的同志，当时称呼他"小商"，安徽无为人，矮矮的个子，黝黑的面孔，是去鄂豫皖的交通。另一个是去赣东北苏区的交通，个子不很高，方圆的面孔，两只大眼睛，为人颇机警，他能把被查禁的无线电器材从上海带到浙赣线上的玉山、常山一带，交给我们在那里的秘密交通站再转到赣东北苏区领导机关，并把苏区送交中央的金条带回上海。再一个是去四川省委的交通，个子也不很高，胖胖的圆面孔，外表看起来也很忠厚。其他的交通同志我都回忆不起来了。

各个交通往返的时间都不固定，比如当时去成都很不容易，来回一次要两个月的时间。这样，我同他们事先约定，他们回沪后在某条马路某处用粉笔画上一个暗号。我则经常留心这些地方，发现暗号后，就到他们的住地，取回他们带回的文件，结算他们出发后的开支，报销路费，付给生活用费，和他们谈谈离沪后的情况，以及处理他们下一次出发前的具体问题。

这里还要说明,我们派向各苏区去的交通,并不进入苏区中心。在苏区边境,即在赤白交界的靠国民党统治区一边,设有我们的秘密交通站。中央交通送去和带回的文件、物资、金条及进出的干部人员都在交通站交接。各根据地都设有交通机关领导这一工作,因此来往的交通必须是相互熟悉的人,以避免可能发生错误或者暴露。

当时除长江线外,还有南方线:经汕头、潮州、大埔,通过赤白交界地区进入瑞金中央苏区;由上海直去广州,与广东省委联系。北方线:经郑州、驻马店转入鄂豫皖苏区;由上海与河南、陕西省委联系;另由上海直去北平与河北省委联系;河北省委与河南、山西和察哈尔省委又有一定的交通联系;从上海到满洲一线,与满洲省委联系。各条线都有专门的同志负责管理。我负责管理的只是长江线,其他各线的具体情况,我就不清楚了。

除管理长江线外,我还在市内接待从外地包括从莫斯科来沪的同志。两年多接待来往的同志很多,一种是从外地来上海联系工作或开会的;另一种系调中央分配工作或经中央派往外地或国外(苏联)的,再就是从莫斯科回国来沪的同志。从外地来沪的同志,一般都是由交通带来,住在旅馆里,然后将旅馆名称、房号、使用姓名和约定接头的暗语交给我,我便到旅馆和来人接上头。我向茶房说明是我的亲戚或者朋友,请他们照顾。如果不宜在原旅馆住下,就要另调一旅馆住,并交给他们必要的生活费用。

有一次,一个同志住在南京路和福州路之间的浙江路上一个小旅馆里,把我送给他看的文件粗心大意地放在被子里,被收拾房间的茶房发现了。可是这位茶房没有声张,而是在我去旅馆时告诉了我,并说茶房中也有国民党员,如果被他们发现,就危险了。这也可以看出,即使在困难的情况下,一些基本群众仍是同情中国共产党的。

当时,从莫斯科回来的同志的联系办法,是同在康脑脱路(今康定路)上的一个摆出租小人书书摊的姓朱的同志联系。莫斯科回来的同志到这个书摊看小人书,就把所住旅馆、所用姓名、接头暗号等写在纸上,随手夹在小人书里,看书摊的朱同志就把它收起来。我每天晚上去他的住处一次,将来人的地址取回,次日即去旅馆接头,解决他们的生活和旅馆费用的问题。随后再将地址和接头办法转交给中央组织部。1931年到1932年期间,有不少同志从苏联回来,印象较深的是张闻天。

大概是1931年初,当时天气还很冷,我到旅馆和张闻天接上了头。接头后,他将真实的姓名告诉了我(当时住旅馆只能用假名,但接头之后,每个同志都必须将真实姓名告知,以便转告中央)。我一听"张闻天"这三个字,觉得很熟悉,因为我还在师范读书时就读过他的小说《旅途》。当时,张闻天把羽纱长衫套在长袍外面,脚穿胶鞋,在那样的冷天里,很不合时令,容易引起特务注意。我和他接上头后,就给他钱买衣服鞋袜,并把关系转给中央。

那时,我还要管上海市内的交通联系,经常乘电车。中央补贴市内交通费用每月大洋12元,买票差不多要用光。买季票便宜些,3个月才12元,但英法租界季票不能通用。我买了一张季票,使用的假名字是成都《工商日报》驻沪记者"李敏祺",记者证书是党组织从该报社弄来的。

在市内来往联系,经常携带党的明写文件,而租界的巡捕、包打听又经常在马路上堵住行人抄靶子(搜身)。我很注意这些情况。当看到在马路上搜查时,就及时转入附近的弄堂,或者转进商店看看,买点小东西如火柴、五香瓜子之类。有一次遇到中途停车检查,我的手里正拿着用报纸包起来的一包文件,当检查的巡捕走到我面前时,我沉着地毫不迟疑地把文件包交给他,大概他觉得这只是一个轻轻的纸包,没有打开,马上又交还给我。所以,不管到哪里去,精神上都要很注意、很警惕。

我在省委和中央担任交通时,是一个人租房住的,扮作一个生意人是容易应付房东的。现住在上海不外跑,单身住就不好应付了,容易出问题,我就搬到另一个机关里与别的同志同住。这是一座楼房,在白克路(今凤阳路)上,楼上楼下都是我们的同志,没有别的房客。中央的一些同志有时就在这里开会。我在那座房子里遇到过周恩来。我当时住在亭子间里,一次我把一份文件放在桌子上,没收拾起来,被周恩来看见了。他批评和教育我应该注意保密,不能把文件乱放。后来,组织上决定赵仲敏和我扮作假夫妻,另外找了房子。赵仲敏原名赵莲花,河南罗山人,曾在郑州医学院读过书。当时她才19岁,不仅作为"家属"住机关,还负责几个单位之间的秘密交通联系工作。我们相互配合得很好,也建立了感情,结了婚。我们先住在戈登路康脑脱路(今江宁路康定路)口,在那里住了11个月。以后又住过哈同路(今铜仁路)慈厚里和其他地方,前后近两年时间。

在负责管理长江线交通期间,中央交通局和我联系的,先有方英,他以后调鄂豫皖苏区工作,据说在肃"改组派"时被杀害了。之后是刘卓夫,1937年在延安我又和他见了面。

(五) 在北平中央代表处管理交通工作

1933年2月,我和赵仲敏调北平工作。北平租房比较困难,特别是单人租房,更难租到。我们先住在户部街燕京公寓(这种公寓系旅馆性质,房价较一般旅馆稍低,可住较长时间)。后来我们在东四本司胡同找到了房子,房东是北平一家英文报纸的排字工人。我以学者的身份从事研究活动作为掩护,还请房东向他所在的报馆代订一份英文报纸,报纸价减半,这样我既读了报纸又可作掩护,一举两得。

六届四中全会之后,中央向各地派出了自己的代表。北平是中央北方代表所在地,代表是孔原,当时称"田夫"(大概是这两个字)。我在那里负责管理上同中央,下同北方各省(山东、河南、山西、河北、察哈尔)的交通联系。在我们到达北平以前,以上各省都同河北省委有交通联系,河北省委当时也在北平,因此,河北省委原来掌管同各省交通联系的李同志作为我的助手,逐步把同各省的联系转到北方代表处管理。在半年之内我们只同河南、山东的交通联系上了。这些交通同志住在各省省委所在地,因而交通联系不很经常。当时同中央的联系则比较经常,从未间断过。1933年8月间,河北省委受到大破坏时,直接影响到北方代表处。在代表处做秘书工作的洪灵菲被捕了,我的助手那位李同志也被捕了。洪灵菲曾和我联系过,知道我的住处,于是我不得不马上搬家。这时,我对上对下都失去了联系。

当时林仲丹的爱人徐克俊(1968年被迫害致死)带着一个叫"华华"的小女孩,住在东城。因为东北军从关外退到关内,东城区也住满了军队,一个女同志带着一个小孩单住,又是一个机关,很不安全。而我们有三间屋,所以就叫她住到我那里去。她知道田夫的住处。洪灵菲被捕后,我们先搬到旅馆,再叫她去告诉田夫,但老田也已经搬家了。由于河北省委遭受大破坏,北平市内的国民党宪警检查极严。我一个人带着两个女同志住在旅馆里,极难应付敌人的检查。所以,我把她们先送到天津,在旅馆里住下,我一个人返回北平。以后,我又叫她们先回上海,我再返回北平,看能否和老田联系上,但最后还是没有联系上。我只得经天津回上海,到事先约定的旅馆找赵仲敏她们。这时,她们已经与组织接上了头,准备当天下午搬离这个旅馆。

午后,我和赵仲敏搬到了另一个旅馆,接着很快又租到一个房子搬了进去,等待中央同北平联系上,然后再回北平工作。我们等了一个多月,毫无音信。我在上海工作很长时间,有一些叛徒认识我,不宜留在上海工作。适中央苏区要派人去江西,所以组织上决定我去中央苏区负责管理和上海的交通。赵仲敏因怀孕不能和我同行,暂留上海,待生育后明年再去。9月下旬我们分别,想不到这次竟成了永诀!

(六)在中央苏区管理交通工作

我这次去中央苏区,在交通同志的带领下,首先从上海乘轮船到汕头，再乘火车到潮州，然后搭乘汽船沿韩江上行去大埔。我当时是以去梅县教书为掩护的，约在黄昏时到达大埔。下了汽船后，就换乘我们秘密交通站等在那里的小船，离开大埔向上游而去，第二天黄昏登岸。岸边有几间房屋，这是我们设立的到中央苏区去的第一个秘密交通站。我和交通站的同志了解了那里的秘密交通工作情况，因为从上海出发时，组织上要我把沿途的交通工作检查一下。晚饭后，我们同去江西的4个同志和一位挑行李的同志在8位武装同志的掩护下，向北前进。沿途经过赤白交界地区，只能在夜间行进，白天就在山顶上隐蔽休息。有时靠近敌人警戒的地方很近，不仅可以看到灯光，甚至也可以听到敌人的说话声。沿途有我们的秘密联络点，陪我们的交通同志都是熟知的，可以弄到饭吃。

我们连续走了三个夜晚。一天拂晓，到达闽西根据地的边沿地区。这时可以白天前进，不必夜行了。我们首先到了新泉。那里都是山区，白天走路，晚上就在山间的农家借宿。最后，我们经过汀州、古城，于1933年10月10日到达瑞金。

到瑞金以后，我被分配到交通局，负责人是陈彭年。他是我的同乡。我在交通局工作了两个月，但实际上未做什么事情，一方面因为我到后就病了；另一方面当时和上海的交通联系已中断。1934年1月，我被调往中央党校工作。我一直不知道赵仲敏的情况。直到1937年在延安碰到刘卓夫时，才知道我离开上海不久，她就被捕了。她的情况一直不明，显然她牺牲了。

上海历史研究所供稿

（原载中共上海市委党史研究室编《上海党史资料汇编》第2编《土地革命战争时期》（上），上海书店出版社2018年版）

中共浙南地委四届十一次扩大会议上的讲话(1949年6月)

李培南

首先我这次到这里来,主要的是在此做一部分工作。

省委对此地区整个工作情形不很了解,但是我应该向大家说起,省委对浙南工作一般情况、浙南长期的坚持敌后的艰苦斗争有了基础是知道的,不仅省委,华东局对浙南的斗争成绩也常常提到。省委还刚刚成立,工作还很乱,要抽其他人来了解情况并慰问是没有人来,所以省委派我来此了解情况并致慰问。正由于省委对此地工作不了解,我本人更不了解,因为对这里工作怎样做,还没有指示,要我和龙跃同志多多商讨,向省委提出。因此希望在这个会议上能商讨出一个意见,向省委请示。因为对这里具体情况不了解,我在这方面是没有什么可以说的,主要的是我们相互商讨以后向省委报告,一定会有指示下来,而且电台连〔联〕络也很方便。

这几天据我个人所了解,这个地区在长期斗争中成绩是很大的,部队有好几千人,在国民党统治中心长期坚持而壮大自己,这说明了过去艰苦斗争以至牺牲没有白白过去。我相信省委和华东局一定对这里的工作很满意的。

其次,这次温州解放,全浙南解放是在主力军到达以前,而且由于努力工作,保持地方的完整,这说明了虽说我们同志与上级长期地失掉连〔联〕系,但能够解放城市且保持城市的完整,便利于今后的建设，这是很大的成就。过去日本投降后，城市很多受到破坏，我们还不懂得如何建设城市，这次浙南二十天来的城市工作，符合党的政策，保护城市的完整，这样，我想省委和华东局对地委领导下的城市工作也会满意。

此外，这里发动了慰劳，东西很多，除了吃的东西以外，还有鞋子等东西。鞋子做得很讲究，是手工做的，这使我们的部队懂得，在敌人的后方，在党的领导下面，还有这样的老百姓，这教育是很现实的。这几天来简单的了解中，可以说明浙南同志长期的斗争是有结果的，当然我们的工作还是有缺点的，这是不可免的，除非不工作才永远不会有错误，就是有上级直接领导的，也常常发生错误，何况是同上级长久失掉联系的，这并不怎么了不起，问题是在了解错误而如何加以改正，在于如何继续发扬我们的工作精神、创造精神，将缺点克服，工作一定会大踏步的前进。当然今后的工作由于形势的变动，发生了变化，形势很明显的要接近全面胜利了，使〔像〕淮海战役那么大的战役是不会有的了，因此今后我们要努力从事生产事业。党的二中全会、华东局对城市工作都有决议，我已经请示省委，许可我们翻印，可以发到县里，部队也需要。江北的部队对这个决议也没有好好研究，今后还要大家共同来研究。

到这里以后，有许多实际困难问题，如金融问题，干部不来，人民币不来，解放后经济问题拖延今天。我们必须按照中央政策，研究以后请示，如军管会，按中央规定对外是实行军事管制的最高机关，对内是最高委员会。因为省委对这里的措施不知道，所以当时决定成立军管会，现在当然不要移交了，军管会还是照常工作，不过在组织上人员上充实一下，调整一下，目的是加强领导，加强工作。以后我们还要努力工作，特别要多了解情况，多研究请示进行工作。毛主席、华东局特别要我们注意调查研究工作，今天中央对城市工作已有很多经验，对城市工作指示都很周密，有许多工作中的缺点是因为没有看到指示的关系。原来省委决定浙南在最后解放，先解放宁波，所以我原来要到宁波去的,所以这里是否成立市委、市政府,或由地委、专署来兼,现在都未确定,要先与地委共同商讨,以后我们的工作同志还要照旧工作,不要误会为移交。

这里是会师了,调来的部队和干部与当地的部队和干部全面会师了,当然非常兴奋。这里同志们对野战军想象很高,但事实上并不是样样都好,而且这也是不可能的。当然基本上说,这是毛主席、朱总司令直接指挥下的部队,经过无数次的战斗而建立起来,但是在作战中,成分改变很大,如一个连队本来在120人,作战伤亡后还有130人,战斗结束后反而有150人,这是什么缘故呢?就是我们把国民党军俘虏过来,在火线上就补充进去,经过极短时期教育立刻作战,在战场上当然很勇敢,但在有些地方就会出毛病。再如地方工作干部,他们长期在解放区工作,是有其长处,但对当地情况不了解,掌握政策不容易,也会有缺点。再如干部个人修养,某些干部党的观念和组织观念很好,生活上朴实艰苦。某些在农村中还好些,到城市里就受不了引诱。水平也是不一致的,只要我们相互了解,就更需要团结一致。对一般同志解释也是要紧的,不然也会因小误会而不够团结。华东局指出,我们要从军事上会师,做到思想上、政治上的会师,大家为完成党的任务而奋斗。目前部队中应该讨论华东局指示,进行教育。部队很多,思想也不一致,如同某科长昨天在军管会态度很不好,今后我们应当遵照华东局的指示,外来的与本地的大家团结一致,共同努力。

最后我要向大家说清楚,我们以后见面时间很多,在一起工作研究、讨论问题的时间也很多,随时可以商量,不要隔阂,大家经常交换意见,不仅生活上可以融洽起来,而且对问题的处理更好些。本来,外来与原有的也是分不开的。工作经验虽然有些,但绝不能把经验当作法宝而机械运用,还要照顾到当地具体情况。当地同志对许多指示没有看到,但对当地情况是很了解的。但我相信只要相互帮助,这里的工作就会好起来的。这里的工作是有基础的,以后只要我们加以努力,一定会好起来的。

  我要向大家介绍,我城市工作只搞了一段短时期,各方面工作经验都不够,我在党内长期工作,很单纯,一个时期做秘密工作,十多年都做文化教育工作,以前也做过地方工作,农村、城市都做过,比大家多不了什么,至多是多看一些东西,多看一些文件,城市工作多做几天,敌后工作、基地建设我还不如大家,所以希望以后经常交换意见,以至相互争论,争论没有结果,可以向省委、中央提出解决,这样使大家一起进步起来。

  (原载中共温州市委党史研究室编《二十一军在温州》,中共党史出版社2010年版)

我在延安《解放日报》的日子

杨永直

塞外的春、夏、秋、冬都是美丽的。我最喜欢陕北的夜和那金色的黎明,无论是夏天还是冬天,那蓝色夜空点缀着无数的星星,天显得特别的高,空气比滤过的还要新鲜。黑夜里看那群山起伏,如同在深蓝的天幕上勾画出淡淡的影子,像是一幅幅名家的泼墨大写意画,神秘而具魅力。夜是静极了,只有延河的流水在低吟。你侧耳细听,从那浅灰色的远山上,传来一阵阵悠扬的驼铃声,一队骆驼的影子缓缓地出现在山冈上,又消逝在那遥远的山谷里。突然传来一阵阵狼嗥,那凄厉的吼声,激起群山的回响,就像是敌军飞机,发出的鬼嚎。但令人振奋的是,在山谷两旁的高冈上,到处闪耀着红色灯光,如同天上的繁星悬挂在山腰上,又像是万支火把,将天地照亮。这就是延安窑洞,千千万万孔窑洞,从那里发出了光彩和火热的抗日火花!我在延安生活了七个年头,那里的一草一木,一山一水都深深地融化在我的生命中。

1940年我在延安中央青委工作,这是青年干部学习的好地方。这一年我读了大量的中外名著,十七、十八世纪的中外古典小说;十月革命前后的俄罗斯文学,我读了许多马克思、恩格斯的著作,也读过《资本论》,我还重新阅读了中外历史和许多人物传记。

沿山腰用土坯盖了一排平房,我和童大林同志,同住一室,隔壁是许立群、李锐等同志。

一天,胡乔木同志来找我,他说中央青委办了一个青年干部学校，开设了一个高级班，想请我去讲"新闻学"。他操着一口江北口音，平顶头，瘦弱，和善，他是清华大学的学生。我们党内有"二乔"一说，南乔，是乔冠华；北乔，是胡乔木，都是著名的才子学者。胡乔木这时是中央青委的宣传部长，是我的上级。

让我去讲课，我觉得惶恐。我虽然在复旦大学读过两年"新闻系"，但我主要的精力是从事党的地下工作，没有多少时间专门学习新闻课程。胡乔木同志鼓励我，他说我毕竟是科班出身，这在边区还很难找。我们党要培养新闻工作人才，就要学会写新闻、写通讯、写政论、办报纸、办通讯社，这都很重要。他把任务交给了我，让我一星期后去上课。

我只得硬着头皮备课，七天之后我居然讲起新闻学了，学生大概三十余人，似乎还听得津津有味，我不知道他们日后是不是成为新闻记者了。

延安中共中央机关报——《解放日报》创刊时，我参加了创刊工作，成为《解放日报》第一批新闻战士。《解放日报》于1941年5月14日创刊。出席第一次编辑部会议的有博古、杨松、曹若茗、丁玲、张映吾、我、王揖以及方紫等同志。杨松在会上报告了办报计划并进行了讨论，与会者就创刊中的具体问题交换了意见。博古同志围绕《解放日报》的性质和任务、党报工作者的工作态度、编辑业务和报社制度等作了长篇发言。5月15日，毛泽东同志为中共中央书记处起草了创办《解放日报》的通知。通知明确规定了《解放日报》是中共中央的机关报，确立了该报在宣传工作中的重要地位。《解放日报》担负着统一解放区军民的思想、指导工作、进行革命教育的重任。毛泽东同志挥毫题写了报名，亲手为创刊号撰写了《发刊词》。经过一天试报，5月16日，四开中张两版的《解放日报》正式诞生。

从此，我们活跃在延河两岸，边区各县。我常常翻山越岭，背着一条行军毯，一个挎包，一只水壶，不知走过多少深山、河谷、险路、长沟。我学会了在不认识的山坳，没有人迹的黄土高原上寻找驴粪、野兽的脚印来辨认道路。我学会了寻找地形来掩蔽自己，躲避塞外的大风沙,我也学会了按照天上的北斗星在夜晚分辨南北方向。我也习惯了在老百姓家里睡滚烫的热炕,学会了用树枝削成的筷子吃荞麦面,我与老乡一起聊天,很有兴趣地吸着他们的旱烟袋。我放下了大学生的架子,不嫌脏、不怕苦,我开始陕北化了。我们与边区的农民打成一片。贫困的陕甘宁边区,贫困的农民,只有共产党才能够与他们同甘共苦。我在党报的工作中,磨炼成长起来。

当年报社的社长是博古(秦邦宪)同志,他曾是中共中央政治局委员,在苏维埃运动时期他是中共的主要负责人,曾犯过"左"倾路线的错误,但对自己的错误有深刻认识和觉悟。他的检讨和修正错误的决心与行动,中央都是满意的。博古身材修长,戴深度近视眼镜,有学者风度,俄文很好,翻译了不少俄文著作和文章。他的妻子张越霞是女工出身,个子矮小,但很清秀,每周回来与博古共居两间石窑洞,她待人亲切,虽然文化不高,但也是老革命了。我们对她都很尊重。

第一任总编辑是杨松,他在报社工作不过一年,得肺病逝世,他临终前拉着我的手道:"永直同志,以后你和大伙要好好干。"他的诚恳感动了我,我流下了热泪。

杨松死后不久,我和慕琳的头胎女儿刚刚满月,便因炭火中毒死去。我和好朋友陈绪宗等报社的同志将她埋在清凉山上一棵松树的旁边,也就是杨松的墓侧,清凉山上的青松至今还在,我们女儿的美丽可爱的形象也就与之长伴了!

继任的总编辑是余光生同志,是留学美国的,为人活泼,身上颇有点"稚气",全国解放后曾任铁道部副部长,原来他是在美国学过这一行的。我担任通讯科科长、采访科科长,与郁文、黄钢等人都是同事。不久我又代理采访部部长。不少我党的优秀新闻工作者如穆青、缪海棱、莫艾、林间、曾艾狄,当年都在采访部工作。

丁玲是当时《解放日报》文艺部的主编,中等身材,略矮,身躯微胖,年纪卅岁左右,大大的眼睛,圆圆的脸,为人随和,我曾在1935年南京"娃娃桥"我姑母方令孺家见过她。

1942年，第二次世界大战期间，我调到国际部任副部长，吴冷西是部长，他是广东人，曾在延安马列学院学习过，为人精明强干，中等身材，戴近视眼镜，对国际问题颇有独到见解，文章也写得很出色，颇受博古重视，全国解放后，吴冷西曾任中共中央委员，人民日报社社长、总编辑，新华社社长。我在国际部期间与王揖（曾任人民日报副总编辑）同事。

　　国际部每天深夜灯火（煤油灯）通明。我们五六个人编辑国际版，由新华社收来的电讯稿每人桌上堆积有一尺高，我们就在这浩瀚的电讯中，编写新华社的新闻，撰写政治与军事的评论。我们对第二次世界大战的各个战场，特别是苏军、盟军和日军、德军的军事活动，战场的布局，双方师以上部队的前进和后退都要了解。窑洞壁上，悬挂着大幅中国地图与世界地图，还有军事地图。上边插着红、白两种小旗和画着各种箭头，显示每天敌我双方的战局变化。博古同志、陆定一同志（第三任总编辑）每日黎明到国际部来询问战局和消息，我们如同讲述下棋的双方态势一样，几乎毫无差错地向他们汇报。那时工作效率之高，后来是不多见的。

　　国民党二十万大军紧紧包围着陕甘宁边区，企图使延安变成孤城。延安是穷山沟，困难自然是异常的，我们到延安都是吃小米、地瓜，一个月能吃到一次肉，每次三两片，就算是"打牙祭"了。

　　1941年底，日本偷袭珍珠港，同美国之间剑拔弩张，美国太平洋舰队几乎全军覆没。又过了几年，美军原子弹在广岛、长崎爆炸了，全城一片火海，原子弹的威力被渲染得神奇之至，《解放日报》登了通栏大标题《日军在原子弹的神威的威胁下招架不住了》。原子弹杀伤力量的详细描绘，每天有几万字的报道。我们的思想上产生了原子弹决定一切的观念，受到毛泽东同志的批评。抗战胜利后，毛泽东同志在《抗日战争胜利后的时局和我们的方针》一文中写道："原子弹能不能解决战争？不能。原子弹不能使日本投降。只有原子弹而没有人民的斗争，原子弹是空的。假如原子弹能够解决战争，为什么还要请苏联出兵？为什么投了两颗原子弹日本还不投降，而苏联一出兵日本就投降了呢？我们有些同志也相信原子弹了不起，这是很错误的。这些同志看问题，还不如一个英国贵族。英国有个勋爵，叫蒙巴顿。他说，认为原子弹能解决战争是最大的错误。我们这些同志比蒙巴顿还落后。这些同志把原子弹看得神乎其神，是受了什么影响呢？是资产阶级的影响。这种影响是从哪里来的呢？是从资产阶级的学校教育中来的，是从资产阶级的报纸、通讯社来的。有两种世界观、方法论：无产阶级的世界观、方法论和资产阶级的世界观、方法论。这些同志把资产阶级的世界观、方法论，经常拿在手里；无产阶级的世界观、方法论，却经常丢在脑后。"我们逐渐清醒起来。事实证明了毛主席的话，日本鬼子于1945年8月宣布无条件投降了，这是中国人民抗日战争和世界人民反法西斯战争的伟大胜利！

延安沸腾起来了，清凉山上、山下人头攒动，万民狂欢，我的妻子不见了，她身系彩带去飞机场扭秧歌去了，我抱着我亲爱的女儿桔子，和报社同志一起站在清凉山之巅高呼："中国胜利了！""祖国万岁！""中国共产党万岁！"延河两岸，从早到晚红旗飞舞，灯笼火把将夜晚照耀得如同白昼。

博古、陆定一同志喜笑颜开，走进编辑部召开紧急会议布置工作，并宣布道："我们坚持八年抗战，我们胜利了，今后枪杆子要闲下来，笔杆子要磨得更尖利了，我国将进入和平民主的新阶段，议会、选举、合法斗争我们要学会，办报是极重要的斗争手段，你们都要有精神准备……"

我们沉浸在兴奋的梦幻之中，但和平民主新阶段终于没能实现。在重庆国共两党还在进行和平谈判，美国政府冒充好人进行调停，实际上帮助蒋介石运军火、军队，抢占地盘，一场更激烈的国内战争不可避免地爆发了。

1947年3月13日，胡宗南的军队向延安发动了攻势，他们的先头部队离清凉山不过十几里了，我们连夜焚毁文件，埋藏书籍、粮食，坚壁清野,第二天黎明我们随着廖承志同志向瓦窑堡撤退,边行军边编报,桌椅没有了,新华社与我们合在一起办公了,他们翻译电码,我们就席地而坐,在膝头上编报。深夜,我和徐健生(《解放日报》秘书长)每人携带一根铁棍,夜行廿里山路到一山洞里去看排字、看清样。那里有我们隐蔽的印刷厂,天天如此,直到3月27日《解放日报》宣布停刊,后由晋冀鲁豫《人民日报》代替。

清凉山上的老弱妇孺日夜兼程向北疏散,我和妻子告别了。慕琳带着两岁的女儿桔子随着撤退的队伍出发了。桔子和王揖的孩子每人装进一只木板箱,左边一只右边一只,放在骡背上驮着。延安各个机关都编成了大队,顶着呼啸的寒风,踏着碎冰向西北方向撤离。只听见人喊马嘶,一阵阵迷眼的黄土飞扬。我们并不觉得难过,我们知道,从延安撤退是战略上的转移,是准备打大歼灭战。我们不久还要回来的。我对妻子说,许多同志都坚持在这里,中央的报纸不能停,我们到时候会追上大部队,到黄河边上我们再相见。

我看着队伍行动了,就像一支铁流一样,坚定而缓慢地向前移动。几天后,我们奉命追赶从延安撤退的队伍,跟随刘少奇、朱德率领的中央工作组向晋察冀集中。我们赶了三天,有时骑马、有时乘卡车、有时徒步在薄冰上行进。在云中山脚下,我们看见了妇女队伍,这是一支世上罕见的红色娘子军。我看见了妻子,她脸色显得红润有精神,我急忙掀开小木板箱内的被子,只见我的小女儿,她小手里捏着一小块饼干,啃得十分香甜呢!她看见我笑了,笑得那么甜、那么美,叫了一声"爸爸",我几天的疲劳让她一声银铃般的呼喊驱散得无影无踪了。我把她轻轻抱起,奔跑到山坡上振臂高呼"我们一定要回延安的!可爱的延安,我们一定要回来!胡宗南,你等着吧!"

同志们和战士们一起振臂,高呼:"毛主席万岁!""中国共产党万岁!"雷鸣般的声音响彻了云中山。

(原载《解放日报》2004年4月27日)

西北工业剪影

杨永直

  这篇描述工业情形的通讯,写得很通顺、平淡,叙述很明朗,这些都是看来不难而其实不易做到的。一般像写这类枯燥题材的文章,通常多是不能做到生动、活泼。这就是说,作者没有吸取许多活生生的事实,放进他的通讯里。这篇通讯虽不能十分完全的做到这点,但大致上说起来,里面有许多新鲜事实,是能够帮助我们对西北工业发展的了解,而且引起我们的阅读兴趣的。

  "你是贫弱的又同样是富足,你是孱弱的又同样是强壮!"
——苏联 涅克拉索夫

  四年以前陕北是落后中国的最最落后、最偏僻的地方,不仅谈不上工业,就连手摇的纺织机在这儿也是很少见的,现在这里的情况起了大的变化了,千余年来,从未改变人与人的关系,现在改变了,生产力的发展向前跨了一大步,工业便开始突破一切困难和阻碍向前进展,因此陕北工业的发展形成了一种特别的情形,一开始就是半手工业和半机器工业的结合,在工业发展的程序上,它向前跳跃了一步。

  延安附近有纺织厂、制革厂、造纸厂、化学肥皂厂、农具工厂,和一些煤矿钻井,纺织厂用的还是木机,每部机器每天可以织布一匹,每两天每人可以织羊毛毯一条。厂里的工人大半都是外来的难民,最近他们正在进行大规模的纺毛,和赶制万条军毯运动,据说收集的羊毛已在一百万斤以上。为着配合这一运动,农具工厂就进行大量的弹花机的制造。各工厂的工作热情是极其高涨的。

延安可以买到皮"甲克",光泽虽不如香港上海的货色美观,但品质也并不坏,非常便宜,三十元左右就可购买一件,冬天的羊毛大衣,在这里也只卖到三十四五元一件。现在每月可生产羊皮三十件,最近准备用铁锅浸润皮革,那么以前需要六七天功夫制造的皮革,以后只要一两天的功夫就行了。墨水的制造最近试验成功了。肥皂是在大量的生产着,延安的肥皂厂每天可出肥皂两千块。

陕北没有电汽车业,就用水甚至用骡马作为电力的发动机,化铁用的大风箱有时就用四只骡子转动,车轴上的皮带有时就用人的手摇机转动,虽然慢点,效果小点,但总克服了许多困难。他们常用汽车头燃烧木炭来代替发动机,用蓖麻子油代替汽油,效力都是很好的。

延安的纸厂每天可出纸三万张,一部简单的压纸机担负这个生产的重任。以前造纸的原料用麻,从去年起已改用马兰草做造纸原料,这是边区工业上一个新的发现。马兰草开蓝花,叶子扁而长,是一种繁殖力极强的野草,它蔓延丛生于陕北的山沟峡谷里,无论天干水淹、牛马践踏,都不能妨碍它的生长,它所含的纤维质非常丰富而且坚韧,现在已被发现为是造纸的原料。这一发现大大地提高了边区造纸业的发展,经实验的结果,在今年半年内用了十万斤的马兰草造出二十万张纸,这是一个用之不尽、取之不竭的富源,据说这个发现是去年边区开垦荒地时一位造纸工厂的技师的成绩,当他垦荒时觉得马兰草比任何草都难挖,甚至荆棘都没有它那般坚韧,于是他就开始注意它了;用化学方法加以处理,用烧碱溶液蒸煮,经过政府积极的鼓励和帮助,居然试验成功了,当时许多工人都抱着怀疑不信的态度,有意无意地反对这次科学的试验,但制造出来的结果比旁的纸更要好些,它不易拉破,不易起毛。写墨水字不浸,油墨印上不上透,是一种顶顶适于印刷的纸张。

边区工业虽然不是大机器工业的生产，但工人与工厂的关系已经不是厂主与被雇佣的劳力出卖者的关系了，工厂大都是国营的事业。工人和工业紧紧地结合着，他们已经认为厂是工人自己的，是整个民族的财产了。因此他们认为产量的增加是工人利益和国家利益的增加，生产工具的进步，科学化的要求，提高生产力……都是工人自己日夜所关心的事情。因此工人工作的积极性是天天在提高着。许多物质条件的困难就这样被克服了。

今年五月一日到八日延安各工厂举行了工作竞赛，最近边区全体工人为着增加抗战力量克服物质困难自动要求增加义务工作时间一小时（平均是八小时工作制），这里工人没有偷懒、逃工、不爱护机器的情形，他们一年中有三星期的休息，如愿在假期中做工，工资加倍发给。有病，医药疗养费全由公家负担，工资照发。请病假在两月以内发工资三分之二，三个月发工资二分之一，三个月以上还发给以伙食费和津贴。

他们在工会的组织里受着政治与文化的教育。工人家庭有困难，工厂帮忙解决，工会有一定的教育费用（工作人员、厂长、技师都参加工会的），在会员的会费里抽百分之三的款子作为经常的教育费，工人可以参加生产计划的讨论，因此在边区做工是一件光荣的事情。

技术人员如工程师、科学家在这里更受着特别的尊敬与爱护。在待遇上尽量地提高，现在从外边来的技术人才的津贴，是照他在外面所能得到的薪金一样计算的。这里有完全相信技术人才的好处。成功固然鼓励，失败也是鼓励。譬如边区水利工程试验几次的失败，炼油开矿的没有成功，政府仍是积极支持鼓励，往往在失败的试验中技术水准却提高了，因此，在极端困难的条件下，他们能想出些克服困难的办法，如一般铁矿石外面要涂石墨，这儿没有石墨就用焦炭来代替。这就是一个例子。

这儿大家没有失业的威胁,没有相互歧视,所以能安心工作,例如在一家农具制造厂里,有三个同济大学和一个武汉大学机械系的毕业生,他们不但相处得极好,没有校派的成见,而且能真心的相互学习各人的所长。

陕北现在已经有着许多科学家、工程师在这儿工作了。譬如像屈伯夫先生是在德国研究化学的,陈康伯先生是在德国研究维他命制造的,赵飞先生是在英国研究工程建筑的,他们都曾在国内各大学进修过,另外如像各大学里的电机工程、水利等系毕业或是肄业的学生,都在这儿积极地工作着。

政府如果鼓励一些金融家、工业家投资开发西北的富源,这对于坚持长期抗战是有着极重大的意义的。

(原载《采访与写作》1941年第24—25期)

新人生观讲话

沈志远

一、开 场 白

人生观不但跟我们的实际生活有密切的关系,而且严格地说起来,凡是活着的人,除完全不懂事的儿童和神经失了常的疯子外,都自觉地或不自觉地有着各自的人生观。

就拿码头上的苦力来谈吧,他整天在码头上替老板装货和卸货。从早到晚,结果还得不到一个温饱,更休想养活一家子了。他就可能这样想:"唉,整天的做牛做马,还吃不饱穿不暖。生活程度又不断高涨起来,这一辈子也过不到好日子了。这怪谁呢?都是自己的命运注定的呀。"这便是一种人生观。

同样,一位认银钱缝里翻筋寸的市侩,也是有特殊的人生观的。他认为人生在世,无非为了享乐;不但为自己享乐,而且也要为子孙享乐。而金钱就是一切快乐的源泉。所以人生之道,首在挣钱,什么国家、民族、名誉、廉耻,管他妈的屁!这是市侩对于人生的看法。

由此推而至士农工商各色人等,也都莫不有各人自己的人生观。由此可知,所谓人生观,就是对于人的生活的一种看法。而同时又是根据这种看法所得出来的一些做人的道理、做人的方法。

人生观这件"东西",像世界上一切东西一样,也是时时刻刻在变动的。时代不断地更新,人生观也由旧的不断转变为新的,所以我们给它起个名字叫"新人生观"。

二、为什么要研究人生观？研究些什么？

甲、为什么研究

既然大家都有各自的人生观，那么为什么我们还要把人生观当作学问来研究呢？这道理很简单。

吃饭、着衣、睡觉、坐、立、行走……这些总是人人都会的吧。可是尽管人人都会，而学校里还要教生理卫生学。可见不是人人都会、人人都有的事情就不必加以研究的。相反，正因为人人都会或都有，它跟每个人的生活关系太密切，所以更要多多的加以研究。

原来人类的见解往往有自觉的和不自觉的、科学的和习惯的两种。但要做一个现代的青年，就不能把生活糊糊涂涂的泥过去，而应该遵照一个自觉前进的适合时代趋势的人生观积极地去创造生活。我们不能随随便便的吃饭、着衣……而要遵照生理卫生学的原则，来合理地吃饭、着衣……同样的，我们也不能随随便便懵懵懂懂地做人，而研究如何做人，研究做人和目的的学问，便是论人生观的哲学。

乙、研究些什么

在"人生"的范围内，问题是很多的。求学、职业、社交、恋爱、婚姻、育儿、道德、经济、政治、思想、信仰问题……而人生观所要研究的，却并非这些琐碎的局部问题。哲学的人生观（亦即人生哲学）是从有关人生的各个具体问题的研究中归纳起来的基本看法。凡是对于做人的意义（或价值）、做人的态度、人生的目的，以及做人与各个具体人生问题的关系，都应归入人生观哲学的研究范围内去。

三、人生观的两大特性

甲、时代性

在我十岁读私塾时，我的年老的塾师，常常拿"万般皆下品，惟有读书高""半部论语治天下""吃得苦中苦,方为人上人",以至"书中自有黄金屋,书中自有颜如玉"等等的道理教训我。现在想想,这显然是反映着一个封建专制时代。其特点是封建大地主阶级和专制皇帝的统治,国家之内的一切,都是为着这一统治的利益而设施,皇帝就是这一统治的中心。

及至霹雳一声,武昌起义,数千年的皇帝宝座和它的整个专制机构,都一齐"革"掉了。当然现在的国民,只要他是信奉新时代的民主主义的,绝不会再有"万般皆下品,惟有读书高"的思想。这种新型的民主主义的人生观,其特点是:(一)它是战斗的,必须坚决反对各式各样的专制和独裁、侵略和压迫。(二)它是科学的,要坚决反对生活中的迷信、武断、盲从、教条主义,要尊重理义,拥护真理,把握科学方法和工具,这样才好斗争。(三)它是大众的,恶势力是残害大众,是靠了牺牲大众的幸福过日子的,新时代的中国人应以大众的幸福为自己的幸福,所以应当去同各种恶势力斗争。

乙、社会阶级性

新型的民主主义的人生观也不是悬在天空的超然的。它也一样的有着一个结结实实的社会基础。这个社会基础就是:除了极少数专依剥削别人为生的大地主大资产者,和极少数贪污卑劣及穷凶极恶的法西斯顽固分子专制主义者以外的全体人民大众。

同时一种人生观,意思还不仅限于它代表一个社会集团的意识,是进行社会斗争或民族解放斗争所不可少的武器。

四、评"唯生"的人生观和复古的人生观

甲、唯生的人生观

又可称之为"生物的人生观",其出发点是把人类和一般的生物——猪狗鸡鸭,乃至蒲公英海棠花等等——看成完全一样的东西。

他们说"人生之意义有二：一曰生之维持，二曰生之延续；这是人生的意义，同时也是人生的目的……个体的生命有限，种族的生命无穷；……所以维持种族的绵延，其意义尤为重要"。

怎样来实现这两个人生的意义和目的呢？他们又说："吸取营养，满足食欲，是维持个体的生命办法；男女交媾，满足性欲，是继续种族生命的手段。"一个人只要讨了老婆（或嫁了男人）生了儿女，就是人生最高意义了。

而他们的错误也正在于，把这两种生的表现（生的维持和继续）当作生的意义和生的目的看。只是"生"不是空空洞洞的一个抽象概念，它是要在具体的行为上表现出来的。如果就说"人生之意义在于生之维持和生之延续"，实际上等于说"人生之意义在于人生"，这是何等滑稽。

这种人生观实在是替反动的封建思想、法西斯思想服务，甚至"打先锋"；由于特别强调了血统种族的可贵，和保存血统种族的斗争的重要，于是为血统种族而进行侵略战争也是天经地义了。

乙、复古的人生观

目前国内有效提倡这种人生观的，还不是遗老和冬烘们，却是那些穿西装，住洋房，坐汽车，身居高位，组织严密，技术高超的大人先生们，他们教导青年说：应当如何"立功，立德，立言"，应当知道礼义廉耻和实行忠孝节义，以及应当如何正心修身等等，一切遵照所谓民族固有做去，埋头服务（他们把复古的人生观叫做服务的人生观），不管"闲事"，才可算是"革命的"人生！

其实拆穿了西洋镜，他们自己就不是真心敬美古人和愿意遵行古道。他们口头上是仁义道德，行为上却是男盗女娼。他们提倡复古人生观（所谓服务人生观），唯一的目的，就是企图从思想上把纯洁青年大众葬送到古人坟墓里去，要使青年完全变成与现实隔绝的，毫无思想而只知"服务"。这样，他们就可以任意驾驭现实，巩固自己的宝座了。

五、评宿命论和英雄主义

甲、宿命论

旧式的宿命论它是以"神"的迷信为根据的,一切都听天由命,一切都由"命运"或"天意"去掩饰。

然而现在思想界所流行的,还不是这,那是流行的新式宿命论。其中最有力的一派叫做历史的宿命论,他们说历史决定一切,人们只有听命于历史,又说人类历史的发展必然从黑暗到光明的,我们不必着急,光明的社会是终究要到来的。这和旧式宿命论是一样的叫人不必奋斗。

它的错误,就是他们把人完全看成站在历史外面的东西了。因为人在历史的必然性过程中有决定的作用,如果抽出人和人的活动,历史便变成了一个空洞概念,变成了一种捉摸不住的抽象幻觉。因此真正的科学历史观,虽然承认历史的必然性,但同时承认大多数的人群活动和奋斗,是历史必然性的决定力。

新式宿命论中还有所谓经济的宿命论、武器的宿命论等等,以为经济或武器可以决定一切,其错误和历史的宿命论是一样的。

乙、英雄主义

这和宿命论正相反,他叫人们做历史的主宰者,人可以随心所欲地创造历史,历史是人的意志的产物。这样历史上,一方是寥寥可数的几个"英雄",另一方就是极大多数挨皮鞭的奴隶。

我们不但不反对,而且还鼓励青年从伟人英雄的生活史实中去学习生活。不过英雄和英雄主义是两回事,历史上真正的伟大英雄,决不抱英雄主义的人生观的,他们所主张实行的,常常是大众主义的人生观,而与英雄主义相对抗。

英雄的伟大,正在于他能认识客观的历史法则,紧紧地把握这种法则,预见历史发展的远景,然后顺应着这法则,去领导大众走向幸福光明之境,绝不存创造历史的妄想。而要紧的他又是产生于群众,依凭于群众,跟群众在一起,并为群众的利益而奋斗的,自己则从不以英雄自居。

六、评奴才主义与个人主义

甲、奴才主义和奴隶虽都无独立的人格,但两者截然不同

奴隶是一种暴力或强权所逼迫或征服而失去独立人格的人,奴隶一旦觉悟,团结起来跟统治者斗争,可能摆脱自己身上的枷锁,重新恢复人的地位;奴才则甘愿丢掉人格,出卖人格。而毫无廉耻的做主子的走狗,甚至以出卖人格充当走狗为光荣,他们一辈子也不会觉悟,不想反抗,永远以做主子的走狗为"职业"。奴才主义和英雄主义表面上看似相反。实际是相成的,狼狈为奸的。奴才总把他们的主子、"领袖"捧得天一般的高,而抱英雄主义的"领袖"也一定要豢养一大批奴才,甚而至于唯奴才是用,以便利自己的作威作福。

乙、个人主义

奴才主义者往往同时是"个人利禄至上"主义者,而以个人利禄为最高目的的人生观,只要个人有财可发,他总去干,不管是否帮凶作恶,或出卖国家民族。这是今日商品社会普遍流行的一种个人主义的人生观。

以上所说,是个人主义极丑恶的一种,也有比较"漂亮"的。漂亮得相当"迷人",这就是以"洁身自好"的人生态度相标榜,而营的"孤立主义"的生活。可是"个人自扫门前雪,莫管他人瓦上霜"的时代已过去,我们营集体的生活,就要做集体的奋斗。

何况个人主义的人生观,发展起来就会变成野心家的个人主义人生观的,这一点尤值警惕。

七、认识的意义和价值

甲、征服自然、改进自然、走向自由

人是什么？解答这个问题，必须把"人"和"生"连结起来讲，那么人是怎样生活的呢？是靠食衣住行等生活资料，而这些生活资料是怎样获得的呢？是靠生产，可是又怎样生产的呢？这就触到问题的核心上，答案是靠了人制造的工具。

重述一遍是：人无必需的物质资料，就不能生活；没有生产，物质资料就无从获得。没有一定的生产工具，生产就无从进行，因此，人就是靠自己所制造的工具，生产自己所需要的一切物质资料，以维持其生活的一种动物。简单地说，人是制造和使用工具的动物。这是人的最主要的有决定性的特质。至于人的"理智""灵性""思考"和"政治性"等等，都是在这一特质上表现出来的。

其他动物，固然同样也会生产，但那完全靠他天生的器官和本能去进行，譬如燕子筑巢、蜘蛛结网、蜜蜂酿蜜、蚯蚓掘洞等。而人的生产，却能靠他制造的工具。

人生的意义和价值还不止如此，远古时人类是只能居住在靠近河海并且温暖的地方，以后逐渐繁殖，竟也可向空气较稀、气候较寒的地带移居。人类由渔猎逐渐进步为畜牧、农业、工业。这说明人类发明（和改进）了生产工具以来，是一步步地战胜自然、征服自然、改造自然；同时他也一步步地从自然的奴隶地位解放出来，而渐变为自然的主宰，不断地走向自由。

乙、社会的人和历史的人

人不仅跟自然发生关系，他们自己相互之间也要发生关系，因为人同时又是社会中的一分子，直接或间接地对整个社会生产做着或多或少的贡献。这不管你愿不愿意，也不论你自觉不自觉，你不能不投入这种人与人的相互关系中去。而且，人与人的相互关系（譬如造房子,就必须要木匠、石匠、水泥匠、铜铁匠、油漆匠、机械师、工程师……部门生产者的合作)也是进行社会生产的必要前提。讲到"社会的人",我们就连带想到:原来在远古时代,人类本是平等亲爱的,但自社会的财富被一部分人占为私有以来,整个的人类社会就分裂为几个阶级了,有地主,有农民,有富农,有贫农、雇农;有资本家,有产业工人;有小手工业者,小商人,有大企业家;此外还有大金融资本家、买办资本家乃至官僚资本家等等。所以社会的一分子或社会的人,不只是指各行各业的从业者,而且还指各个不同阶级的人。既有阶级的存在,就不免有阶级利害的冲突,经济上的支配阶级为保护自己的利益就组织起国家机构来,造成自己在政治上的统治地位,来迫使被剥削阶级就范。从奴隶时代经过封建时代,直到近代资本主义时代,都是阶级对立的社会,相互竞争相互残杀的结果,社会得以进步。

整个人类的进步和幸福,绝不是决定于人口中的极少数,而是决定于人口的极大多数的。所以,做"社会一分子"的我们,要为人类谋最大的幸福和自由,首先就得站在大多数的立场,为大多数生存要求,跟社会中少数妖魔阶级吸血阶级作斗争,只有在这种坚毅不屈的革命斗争中,人生的崇高意义和价值才能表现出来,发扬出来。

八、人生的态度

所谓人生的态度,就是做人的方法,做人的道理。提到道理,很易使人想到"礼义廉耻"和"非礼勿听""目不斜视"等等旧道德,但这都是些封建个人主义的道德,我们所谈的不是这些,虽不能是不道德的,但可能是不属于道德范围的,因为根据科学态度、科学方法去研究问题,显然与道德不道德无甚关系。

人生的态度或做人的方法,是为着实现人生的意义和价值必须遵循的途径,他必须具备下述五个重要原则。

甲、是时代的、前进的

做一个新时代的人,必须站在时代的前列,而不应该被时代拖着走,更不应来着不肯走,甚至逆着时代"向后走"。开倒车的复古主义人生观,只是把青年们葬送到古人的坟墓中去。我们不但须站在时代前列,并须是最前列,因为我们不能做不费力气,白坐车子的自私主义者,我们要时代进步,必须各献全力,站在列车的前头,大家合力把它拉向前进。

乙、是实践的,非空谈的;实践的,非胡行的

中国人是喜欢空谈的。正确的人生态度应当注重实践。离开了实践,哪怕是最漂亮的革命理论(连新人生观理论在内),也是空的。在原始时代,人类并无任何理论,亦无任何科学知识,但征服自然利用自然的实践,却早已在进行着了。可见实践是跟着人类产生而开始的。因此,实践是基础的,是根源的。

实践与空谈极端相反:空谈是随心所欲,不顾实际情形的乱说,实践却是从客观现实出发,根据客观现实的形式、条件和要求而作出适当的活动,顺应客观现实发展的法则去改变时代,推进时代。当然对于指导我们实践的理论和知识,尤应重视。

我们的实践是和某些人提倡的"行"根本不同的。他们曲解了国父的"知难行易"说,把革命的学说变把戏的变成了"只行不知"盲从胡行的论调了。一味以为我的意志,就是你们"行动"的唯一指针,这样的"力行哲学"是充满了独裁者的气味的。

丙、是战斗的

在这样一个大时代里,战斗是必要的,不过战斗精神并非讲究打架,推崇尚武的精神。它应包含"奋斗"和"斗争"两种成分。对于某种危险,我们要用海鸥般的勇气去应对,对于某种艰难,我们要用骆驼般的毅力去忍耐和克服。不畏难,不退却,不畏艰险,不怕折磨;所谓富贵不能淫,贫贱不能移,威武不能屈,这便是奋斗精神。对于某种逆流,尤其对于某种黑暗势力,我们要不惜任何精神把它逐退,把

它消灭,不达目的,绝不中止。这便是战斗精神。

我们锻炼志气,壮健心身,经营事业,研究学问,没有一件不需要战斗的。

不过仅有战斗精神,还嫌不够。战斗的人生必须跟正确的革命的人生意义密切联系起来,才有价值。就是说,只有为人类自由幸福,为大多数人的解放利益而战斗的人生,才是我们所要努力学习,努力实行的人生。

丁、是大众主义集团主义

历史是大众造的,大众是历史法则的决定因素,因为大众集体利益的要求,是和历史发展的客观趋势相符合的。所以大众是历史的主人,历史的发展,必然是向着大众化的路前进的。

大众立场的人生观,同时又必然是集团主义的人生观。这已不是"洁身自好""独善其身"的时代,科学发达的现在,凡事非经集思广益不可。

戊、是科学的

要坚决反对生活中的迷信、武断盲从、教条主义,要尊重理性,拥护真理,把握科学方法和工具。

我们要用科学思想的方法,根据正确的社会科学基本原理,去认识客观世界(自然与社会)的规律,然后根据这种认识去从事各种活动,改变世界,同时又改变自身,为自身的命运而奋斗。

此外又是坚决反对愚民政策的,所以科学的人生观和民主主义的精神是绝对不能分割的。

九、方 向 和 目 的

怎样做人,怎样立志,这是个人的自由,任何旁人也无权干涉的。因此,确立方向,认定目的,也该听凭个人自由。不过这种自由究竟是有限制的,即我们只可以选择走得通的路来走,只能为有意义的目的而奋斗。所谓有意义的活路,就是顺应客观历史法则的向前进的路,而不是违背历史法则的往后退的路。

正确的人生方向,应该是大众所追求的方面,是历史的方向。因此做一个进步的人,必须勇敢坚决地站在历史时代的前列,推动历史的车轮加速向前奔。必须站在大多数人的一边,为大多数人的生存要求,而跟社会中少数害群之马的败类集团进行坚决的战斗,借此以达到实现人类最大自由与幸福的正确人生目的。

说得更具体一点,我们要为消灭世界上一切榨取制、压迫制、奴隶制、侵略制而奋斗,向一切主持或生于这种制度的吸血者群和寄生者群,作不妥协的斗争;我们要为改变一切不平等不合理的"秩序"而斗争。我们最终的目的是要建立一个人与人间、民族与民族间、人种与人种间的彻底平等、自由、互爱的大同世界的秩序。

我们要实现这个最高目标,必先担当起现阶段的历史任务来,这就是要消灭一切烦人的法西斯专制主义,在和平、民主、团结的基础上,建设独立、自由、统一、富强的新国家。历史现阶段的这一战斗任务,却是至高无上的。而且这一战斗任务的完成,必然是促进历史发展到更高阶段,而使我们更接近我们理想中的最高目标,惟其如此,所以每一个有志青年,都应该立志献身于这伟大的人民事业,这也是我们当前必经的途径。

十、如何处理人生的各种具体问题

以前所讲各章,都是关于人生观的一般原则问题,是基本性的问题。本章所要讨论的,则是关于人生观中所必然要碰到而不易予以解决的各种生活上的具体问题。

甲、学问问题

先需明白两义:(一)学习并不一定限于书本,人生范围的事,可说没有一样不要学习。(二)学习并无止境,所谓"做到老,学到老"。

至于怎样学习呢？则：

子：学习必须和实践打成一片，只说不做是无济于事的。

丑：学习应从客观的真实情况出发，我们所研究的事物或现象，作系统性周密的客观考察。

寅：学习不可自满自大，不可存有"自以为是""好为人师""目空一切""老子天下第一"的态度。

乙、事业和职业问题

子：我们所从事的职业，常不是我们的事业，当见成千上万的青年，干着不愿干的事。这该怎么办呢？须知现在中国的社会是非常不合理的，一个人想称心如意的做事生活，几乎是不可能的。因此，当我们非去就业不可时，首先当然尽可能要去找符合自己志趣的职业，如一时没有机会，又非谋生不可，那么只要不是根本违背自己的做人立场，只要不和自己的志愿太相反，实在什么工作都可做得。何况艰苦是最好的锻炼，顺利的境遇，倒是人生最可怕的陷阱。

丑：事情不论大小，只要是不懂和不会的，而对于一件有意义事情的完成，是绝对必需的，我们就该去学习，努力把它做好。你现在的工作固然是比较简单琐碎，但不经过这种工作过程，整个巨大的复杂工程，就无从完成。

丙、男女关系和家庭问题

子：在当前中国社会经济落后和政治黑暗不民主，大多数女性仍被关在家里，她们没有独立的生活，没有在社会上占有适当的地位，因此男女亦不可得有社交的自由。在男女隔膜的情形下，我们进行恋爱，不应存有过分高的理想。

丑：自己的理想，应降低到仅包括三个条件：（一）做人的基本方针必须大体相同，亦即生活目的，想为大家服务的志向，非大体一致不可。（二）彼此身体必须健康。（三）这才谈得到思想和个性的统一，不过非必要，因为有了前两个条件，只要双方感情好，一定会被思想进步的一方所同化，个性有差异些，反可相互调和，互得益处。

至于学问能力、职业、地位等等,在私产社会内,因都是不平等的经济力量所形成,都不能作为恋爱的条件。

寅:维持两性恋爱的方法:(一)要相互尊重相互体贴。(二)是共同投入改造社会的事业中去,做一对专业中的同志,从事业中去充实和发展夫妻关系,把感情扩大范围到事业中去。如此,才不会发生生活疲乏化的倾向。

丁、政治态度问题

子:我们不问政治,政治却要找到你头上来,但这不是说每一人非去从事政治活动,把政治活动作为自己的事业不可,只是说不可不过问政治。过问政治,具有三点意思:(一)必须每天阅报和必要的进步刊物,俾对国内外局势的动向有正确认识。(二)应坚持一贯的正确的政治主张,有机会并向别人解释讨论。(三)参加必要的政治活动。

丑:应纠正两种不正确的倾向:(一)只顾自己本位而不过问外事的"独善其身"的倾向。(二)政治高于一切,蓬头垢面终日开会的倾向。

寅:政治态度之三原则:(一)认清现代的政治,是科学的,不是情感的,是现实的,不是单凭感情冲动的,政治的一切都建立在制度上,所以我们要有一定的政治原则,根据一定的政治立场,绝对不宜牵涉感情的成分在内。(二)我们对于政治的立场,应该是为大家的立场,一切均须以人民大众的利益为依归。(三)应坚持一条正确路线,机会主义、尾巴主义、盲动主义和性急病,都是要不得的。

(原载《邮汇生活》1947年第4期)

人民群众底历史决定作用

沈志远

"当我们说到历史人物们的'冲动'——自觉或不自觉的原因时，因而也就是说到历史事件的真正原因时，不仅要注意个别分子的冲动，哪怕他们是最出色的，而更重要的是要注意到广大人民群众——整个民族或某民族的整个阶级——积极从事运动的那一些'冲动'。同时，这里不应重视短时间的爆发和很快就过去的骚动，而应注意造成伟大历史变革的持久的运动。"

引　言

最近几个月来，由于全世界反法西斯战争胜利的接近，促使东亚的法西斯对我国作困兽般的拼死进攻，而我国由于军事上的节节失利和政治上的未能向民主大道上实行大刀阔斧的变革，因而造成了前所未有的民族危难。在这一危难面前，一部分人是惊惶失措；另一部分人则因忧罹而悲观失望。其实解救危难的出路是有的，而且是并不费力的，可惜那两种人或是害怕得不敢走或是不懂得走。那就是人民群众的出路，大众民主（即真实彻底的民主）的出路。

前一种人所以害怕走人民群众的道路，因为他们深恐走了这条道路，人民的势焰炽烈起来，会烧毁他们的特权宝座。后一种人则忧愤于国事之日非，觉得自己周围这一小群人都是手无寸铁，无能为力。谈到内政改革和争取外援,则又觉缓不济急,于是就陷于悲观失望或徘徊等待。这种悲观等待的态度,显然是由于不认识人民群众的历史决定力量之故。前一种人虽似知道民众力量之可畏,但实际上并不真正认识人民群众对历史发展的决定作用,因为假如他们真正认识这种作用的话,斗争就不会对人民为"达成伟大的历史变革"的那种伟大"冲动"取敌视的态度而妄图加以抑制。假如他们真正认识人民创造历史的力量是不可抗拒的,他们也不会妄图阻挠历史的巨潮而大开其倒车了。

因此,今天我们把人民群众的历史决定作用这一社会学上的重要问题加以理论的立场,恐怕不无若干现实意义的。

一、人民群众的历史创造性

向来支配阶层的旧历史学或旧社会学,往往把历史上一两个特殊时期的"杰出人物"——"超人"、"英雄"、"圣贤"、"豪杰"——的天才或意志,当作创作历史的原动力。这类旧历史学家常常向人说教道:从整部人类历史中剔去了拿破仑、大彼得、华盛顿、克伦威尔、俾斯麦、刘邦、成吉思汗等等百十来个伟人,根本就无历史可言了!他们认为历史只是这少数特殊"杰出人物"个人的事业,而大多数人民不过是"芸芸众生",是可以任意雕塑的泥土;他们的存在与否,是跟历史演变没有关系的!还有一些旧史学家(或社会学家)则认为支配社会决定历史的东西是理性法则(如康德),或是绝对观念(如黑格尔),或如中国一般历史八股家所说的"治久必乱,乱久必治"的历史法则。不过今日历史学家中比较占支配势力的,还是前一种英雄的历史创造观。纳粹帮的历史观(及其国家观和社会观),便是这种英雄历史观的极致,他是以人类自由和平之思想死敌尼采的超人哲学做理论根据的。

一切支配阶层的旧史学家的理论,不论他们的思想体系属于哪一支派,都有一个共同的主要缺点,就在于他们没有把人民群众的行动包括到历史过程中去,而且根本忽略了人民群众之历史的创造作用。这也就是他们的历史社会理论不能成为真正科学理论的根本原因。

反之,新的科学历史观——科学的社会理论观伟大功绩之一,首先恰正在于它发现了人民群众的力量,它在勤劳人民大众身上发现了旧的腐朽社会的掘墓者,新的合理社会创造者。劳苦的人民群众,才是历史发展的真正动力,是历史的真正创造人。所以"历史科学,如果想成为真正的科学,就不能把社会发展史归结为帝王和将相的行动,归结为国家开创者和征服者的行动而应首先研究……劳动群众的历史,各国人民的历史"。

自然,新的科学历史观,同时也并不否认个人在历史中的作用,更不否认所谓英雄、领袖、杰出人物的伟大创造力,然而新史学家的承认英雄领袖个人的历史作用,不像支配阶层的旧史学家那样把英雄、领袖看成脱离人群、高居于人群之上、且与人群无关的"超人"或"神人",而只是把他们当作产生于人民、依靠着人民,成为人民群众意志之执行者和人民群众行动之领导者来看待的。

所以新的唯物观社会学"和一切其他的社会学理论不同的地方,在于它能把对于事物客观情况和社会演进客观过程的分析中的完全科学的冷静态度,来与坚决承认和各个人集团组织与政党……的革命创造性和革命倡导力连结起来"(伊利契)。

同时,新史学家认为历史是有严格的客观规律的,历史的发展是受着客观的必然性之支配的。旧史学家则不然,他们认为人类社会和自然界的根本区别点,就在只有后者受着客观法则之支配,前者的演变却被人的自由意志所决定。这是他们的个人主义和唯心主义的历史观之必然的逻辑结论。而这也正是新旧历史观、新旧社会学理论的重要分水岭之一。固然支配阶层的旧史学者却也有承认历史法则的,但是他们所承认的又只是如"理性法则"之类的玄想法则而绝非客观的科学历史法则。科学的唯物观历史理论的创建人,曾称人类社会发展史为"自然的历史过程"。这里"自然"二字显然并非指自然界,而正是意味着不受主观意识或"理性"之支配而独立存在的客观必然性。然而新史学家之肯承认历史发展的客观规律性,最重要的一个特点是他们并不因而把"人"——尤其人民群众这一决定因素排除在这种规律性之外。站在人的地位,人群固然是推动历史的主观因素,可是以整个历史过程来看,人群却是构成这个过程的客观历史因素了。这正是主客统一的辩证的历史观。更有进者,人群不只是客观历史法则中的一个因素,而且还是它的决定因素。因为从历史过程中抽去了人群,历史法则就成了无所依据和毫无内容的空洞概念。

讲到客观的历史必然性,也只有靠人民群众的实践——征服自然改变世界的生产实践和改造生活方式的政治实践——才能使它有可能变成现实。当人类靠这种集体的实践,达到了征服自然、改变世界和改造现实的目的时,人类同时也就从所谓的"必然的王国"走进了自由的乐园。

一种进步的科学的理论,其任务不只在于说明世界,而重要的却在于改变世界。这是近代的革命始祖老早教示我们了的不朽格言。同时他又教示我们,这样的理论(理想、主义亦然),只有当他被人民群众把握时,他才成为一种物质的力量。丢开了人民群众,任何革命的理论或主义,都必然变成一种空的说教或者甚至于变成一种骗人的把戏,因而也就变成不革命的东西,甚至变成反革命的幌子了。今天民主主义这种理论思想体系之所以成为所向无敌不可抗拒的力量,正因为他已被全中国乃至全世界人民群众所把握,他不折不扣地反映了广大人民群众的内心意志和迫切要求。一种主义或思想体系,只有当他紧紧掌握住了人民群众的心,而人民群众甘愿用他们的血肉和头颅来为他的目标实现而奋斗时,他才成为一种不可抗拒的"物质的力量"。

惟其如此,所以一个真正的革命家,真正忠诚于民族国家和人类幸福的政治实践家,必定是自始至终坚定不移地重视人民信赖人民,和人民站在一起,以人民的意志为意志,并为这种意志而奋斗。

惟其如此，所以一个把自己的权位看得高于一切的假革命家，拿"民族"、"国家"做幌子而妄图实行独裁、家天下的政治野心家，必定是至死不悟的仇视人民、害怕人民、和人民站在敌对位及违反人民的意志而一意孤行。

二、人民的历史创造作用之过去与今后

由上所述，可以明白，人类的历史是由人民大众（尤其是生产的勤劳大众）所创造的；历史的演变，决定于人民大众的力量，而绝非少数所谓特殊人物的个人意志所能随便左右的。

话虽如此，事实上今天以前人类历史的每一个时代却确确实实都被一两个或至多百十来个"特殊人物"操纵着命运（纵然并非长期的、永久的），而且在每一个时代的某一个阶段上，他们可以不顾人民群众的利害死活，从事屠杀人民的勾当（战争），为的是替自己争夺天下；站在另一个阶段上，他们又可以不顾人民群众的意志和要求，尽量榨取老百姓的汗血脂膏，而自己稳坐泰山，为所欲为。因而过去的历史，严格地说来，似乎又是这少数"特殊人物"——帝王、将相、贵族、奴隶主、大地主金融巨头等人物操纵一切左右全局的历史。那么何以我们说：历史是人民群众所创造的，历史演变是大众力量所决定的呢？何以我们说"不能把社会发展史归结为帝王和将相的行动，归结为国家开创者和征服者的行动，而应看作物质财富生产者的历史，劳动群众的历史，各个人民的历史"呢？这两种事实是否可能并存而不相互冲突呢？

我们的回答是：二者都是事实，而且确是并存而不冲突的。

这里的问题当归结到人民群众在过去和今后的历史创造作用的区别上去。

到今天为止，人类历史，假如把共劳共享的原始时代除外，那么它已经度过了三个主要的时代，那就是奴隶主时代，封建贵族时代和

资本寡头时代。在过去这三个时代中,我们肯定历史是人民群众创造的,因为奴隶大众是奴隶主社会的唯一生产者,他们替这种社会创造物质基础,替全社会生产生活资料,尤其是替奴隶主创造了权利和威福。离开了奴隶大众,奴隶主社会(和国家)就不能存在。农奴大众是封建社会的主要生产者,他们替封建社会创造物质基础,替全社会生产生活资料,尤其是替帝王贵族创造了权利和威福。离开了农奴(及其他无权的生产人民)大众,封建社会(和国家)也就不能存在。资本寡头时代的近代社会亦如此,离开了广大的勤劳人民大众,豪华灿烂的资本主义黄金社会,也同样的没有存在的可能。这样,历史是人民群众所创造的事实,难道还不够明白吗?

然而,民众创造历史的事实,还不止表现在这一方面。前面所说的只是关于人民大众在生产社会物质财富方面的创造作用,现在要补充的是在国家社会的大动乱时代,特别在历史的巨变关头,在社会机构由一形态过渡到另一形态的突发时间,人民群众所担负的历史创造作用。历史的事实告诫我们,奴隶主或封建主的天下,是牺牲了千百万个奴隶或奴隶大众的生命才打下来的。十七到十九世纪反对封建专制的资产阶级革命,也显然是依靠广大的农民和手工业群众为其基本动力而取得胜利的。当前全世界范围内的反法西斯的民主革命战争,更是依靠着全世界无数亿万人民大众来进行的。小而言之,即如改朝换代的帝王争夺江山战,没有广大人民用他们的血肉头颅去拼,新旧朝代的更替,也就不能成为事实。所谓一将功成万骨枯,便是人民群众替少数统治者打天下的露骨说明。

这样,历史的演变为人民大众的力量所决定,人民对于历史的创造作用,就更是万分显明的了。

不过这里有一点重要的事实必须特别加以注意的,就是过去(指上述三个历史时代)人民大众用自己的汗和血创造了历史——在和平时生产财富,在忧乱时出力出命打天下或从事革命斗争;而其结果是替少数特权者创造威福,替少数支配者打出了黄金宝座,而自己换得的却是一副枷锁。在奴隶制时代、封建时代,奴隶贱民们的汗血固然是白流,打来打去不过是较强的奴隶主或较大的封建主打出了暴君帝国或"大×天下"(大唐、大明之类),而自己则依旧做着奴隶顺民。到十七八世纪时代,资产阶级的革命的旗帜上明明白白写的是"自由""平等"这类字眼——这些以前从来未曾听见过的字眼——大家总以为这一次总该是人民大众吐气扬眉的机会了,哪里知道千百万被压迫大众所挣得的革命果实,最后仍被少数大资本家吞食了去,而自己所得到的却是一副涂饰着"自由""平等"之彩色的新枷锁——贫困、失业的枷锁。这一切替别人创造威福,替自己制造假的"历史创造作用",便造成了少数支配阶层"特殊人物"操纵一切、左右全局的历史局面。而造成这种局面的直接原因(根本原因则在生产关系),却在那些时代的人民群众尚处于孱弱、涣散、无组织、无阶级自觉性的蒙昧状态中之故。

今天的情形就大不相同了。今天全世界大多数人民的争取民主,参加反法西斯斗争,是完全自觉的、有组织的革命性行动。他们不愿再为人做嫁衣,不愿再被少数争霸权、争威福的野心君子所利用,也不容许再被任何贪婪败类所出卖。今天的人民群众,是以自己命运的掌握者的姿态,以自觉的革命战斗集体的姿态,出现在历史舞台上了。今天不再是少数特权者的时代,今天是人民的时代了。

在这个反法西斯的民主大时代中唯有人民大众是最可靠的,当在这次大战初期,当法西斯的侵略狂焰袭来时,好些国家的"上流人士"——支配者群,动摇的动摇,投降的投降了,可是这些国家的人民却始终屹立不动,当法西斯匪寇对占领区施行骇人听闻的恐怖统治时,一部分流亡政府的"大亨"却已完全忘记了解放祖国的事业,整体卑鄙无耻的在那计划如何勾结外国反动集团,甚至勾结敌人来对付国内的民主势力,以图保住自己的统治地位,而处在法西斯残暴统治下的国内人民大众,却在地下进行他们不屈不挠的反抗斗争。法国、南斯拉夫、波兰等国的情形,便是最显著的例子。不管大亨们如何为了爱惜自己的黄金宝库而不惜破坏抗战，断送了自由独立的法兰西，也不管贝当、来法尔们如何丧尽廉耻，认贼作父，替纳粹匪寇来对本国人民实行血的统治，国内的人民大众却在革命的解放委员会领导之下，在全国各城市各乡村中展开了极广泛的反抗纳粹、光复国土的革命民主斗争。时机一成熟，这解放委员会所领导的法国内地军和戴高乐所领导的军事力量联合起来，在英美盟军协助之下，便成为不可抗击的人民战斗力。以这种战斗力为支柱，法国人民大众在新的基础上（而不是旧型民主的复活）恢复并发扬了光荣的法兰西民主传统，建立了自己的政权机构——临时政府。

南斯拉夫的情形亦复如是。当弥海洛维奇之类的流亡分子不但自己不知道如何领导人民去反抗敌人，而且还不愿别人来领导人民作抗敌复国的斗争；他们不但不重视铁托元帅所统帅的人民解放军及其所领导的解放委员会，并且还与德寇同谋，来敌视这一伟大的人民力量。然而南国的解放军在短短的两年半之间，已由几万人发展到了三十万人；自苏联红军深入南国解放波尔格拉德以来，目前这支军队极有可能发展到七八十万人。南国的解放业已完全实现。南国的人民群众创造着自己崭新独立民主自由的新南国。

说到波兰，这几年来所表现的事实是一方面以米萝拉兹克为首的流亡政府，老是坚持对内背离人民，对外敌视抗德最力之苏联的政治路线，而对于如何解救人民，领导人民驱逐敌寇的问题，则毫无办法；另一方面是在纳粹铁蹄下度着水深火热之苦难的波兰人民，经过了长期的地下艰苦斗争，前仆后继地牺牲了无数人的生命，到今年七月，在有利形势之下，也成立了民族解放委员会，宣布了新的民主政纲，保障人民一切自由权利，严惩一切法西斯罪犯，实行土地改革，彻底改善人民生活，并且确定跟苏联捷克结成坚固同盟，跟英美法等盟国保持亲密合作的外交政策，这样的政府是充满着以人民群众为主体的新型民主内容的，靠着千万波兰人民的奋斗，独立民主自由的新波兰已经出现；广大的波兰民众已经用自己全部力量在支持着这个人民自己的民主政府了。

人民力量的伟大,在意大利也有着显赫惊人的表现。法西斯黑衫党的残酷统治延长到二十年之久的意大利,一旦墨索里尼一倒,人民的民主势力就如火如荼地昂扬起来。这种势力的高扬,甚至于到了这样的地步:当盟国大军深入意境,民主怒潮遍及全意之时,连巴多格里奥内阁都因他实行民主不够彻底而被那种人民的怒潮所冲倒,新生的民主意大利的光明前途,已被这国的人民大众所决定了。

他如捷克、希腊等国,亦同样的表现着人民民主力量的决定作用,是在加速发展;他也是和反法西斯战争胜利密切交织在一起的。

至于美、英、中、苏等同盟国家人民民主势力之决定作用,更是无待争论而自明的。苏联从参加反纳粹战争的第一天起,就用民主的方式动员了全民,从事保卫祖国的反法西斯圣战。结果是在整整三年的抗德战争中,解除了世界战局的危机,把敌人远远地驱回到他的老巢,美国参战之后,由于他能用民主方式充分动员全民的力量,不到一年功夫,在太平洋上就从防御过渡到节节胜利的反攻。而且在人民群众的盛大势焰压迫之下,使得代表反动金融寡头的孤立派不敢抬起头来。英国人民踢开了危害国家命运的顽固派代表张伯伦,推出了坚决反对法西斯的丘吉尔,从此他的反攻力量日趋强大,军事形势日渐好转,而国内那些反动的绥靖分子就不得不销声匿迹。至于我们中国,虽然因为至今尚未实现全民的民主动员,以致造成了当前的这种严重的困难,但是为争取民主团结,争取全民抗战的奋斗,而且取得了光荣的胜利(俄国的十月革命实际上是最广泛地人民革命)。接着中国也取得了第一次范围最广大、规模最雄伟的民族自觉运动——反帝反封建的五四运动。这是中国的民族民主革命第一次真正成为人民群众的自觉运动的伟大尝试。大战后欧洲也接连地发生人民的革命:德国革命、匈牙利革命、芬兰革命等等。在战后的所谓资本主义相对稳定时期内(一九二三——一九二九),殖民地半殖民地人民大众的民族解放运动,曾达到了空前高涨和空前普遍的地步:

有土耳其的国民革命,有中国一九二五——一九二七年的大革命,有延绵不绝、再接再厉的印度民族独立运动,还有叙利亚、摩洛哥等地的反帝革命运动。

所有这些革命史实,再明显也没有的证明:全世界被压迫人民大众从第一次世界大战的惨痛经历中,已充分地认识人民大众所要的和平与自由,是要人民大众自己起来争取的。对于资本主义各国的人民,只有消灭大资本寡头的专政,建立彻底民主的人民政权,才能获得和平、自由与幸福。对于殖民地半殖民地的人民,只有对外取消帝国主义的支配,对内肃清半封建关系,建立革命的三民主义政权,才能获得独立、自由和幸福。而二者都要靠人民自己的力量起来争取,上述的革命史实,又证明全世界人民确实从那世界大战以来,已经完全觉醒了。

但是有人或者要问:既然如此,那为什么上次大战以来的二十年间全世界人民除苏联外都依然呻吟在少数独占家、特权分子、帝国主义者的压榨之下,而自己仍属于无权无自由的悲惨境地中呢?为什么甚至于还弄出了法西斯主义这种旷古未有的野蛮统治,以至燃起了这次规模更大更残酷的世界战争呢?这样的提出问题是很合理的。不过问题是在:人民固然是觉醒了,人民的时代固然已经开始了,可是人民的最后胜利,却尚有待于争取;这个时代的完成,尚有待于人民自己的奋斗。这里的关键就在人民与反人民的力量对比上。

从上次大战到这次大战的二十年间,世界上大部分国家的人民所以未能解脱自己身上的枷锁,新的民主势力所以未能取得胜利,唯一的原因就在人民的力量和反人民的力量的对比上,前者尚未占到压倒的优势。当人民的力量发展到了足以威胁反人民的统治时,后者就很快地用全力来残酷地把它镇压下去。这在希特勒攫取政权时的德国是如此,在勃鲁姆人民阵线政权失败后的法国亦如此,在弗朗哥独裁政权时的西班牙亦复如此,但是这些暂时的挫败并不能证明人民的无能扭转历史、创造历史,相反的,恰正足以证明人民群众在创造自己历史的进程中应有的遭遇；残暴无比的法西斯统治的抬头，正足以证明人民大众的革命民主势力的强大。正因为革命的民主势力太强大了，那些"梯森""克虏伯"之类的独占资本寡头们才捧出希特勒、戈林、希姆莱……这一群盗匪流氓来执行他们的意志，对人民大众实行无法无天的血的统治，以图苟延残喘。在其他国家，凡是统治集团把持了政权，运用了全国军政党的锁压力量而尚嫌不够，还要在自己所定的法律以外，用绑架暗害、秘密拷打等毒辣手段作为补充，才能勉强支持其统治的，人民的革命力量（公开的和蕴藏的）一定很强大，而这种统治也必然要和纳粹制度同其命运的。

五年来全世界反法西斯大战的发展过程，完全证实了上面的论断。希特勒动员了整个欧洲（除欧俄外）的军力、人力、物力、和财力，准备七年之久，目空一切的发动了"征服世界"的战争。这样的力量不可谓不大了，这样的准备不可谓不充分了，然而纳粹主义终于在民主主义面前碰破了脑袋，断送着狗命。这是民主主义力量伟大的铁证，也就是全世界人民力量伟大的铁证。世界反法西斯大战发展到今天，已经谁也看得清，人民的民主力量已经在全世界范围内绝对的压倒了反人民反民主的势力。在个别的国家内，有的虽未占绝对压倒性优势，然而他不断加速的增长，势必在不远的将来冲倒那尚在作最后挣扎的反人民反民主的倒退势力。

这就是今后决定全世界和每一个国家的前途的关键所在。金融寡头制没落的前途将决定于此，帝国主义死亡的前途将决定于此，战后世界长期和平的前途也同样地将决定于此。

一切反人民的倒退势力必将死亡！

一切人民的前进民主势力必将永存！

一九四四，十一，二
成都

（原载《大学月刊》1944年第3卷第11、12期）

解放初期：齐心建设新中国

联运业务与城乡物资交流

黄逸峰

　　一九五零年四月，华东第一届交通会议上作出了关于发展华东水陆联运事业的决定。五月间，在交通部的领导下，成立了国营华东联运公司。截至目前，华东运输机构的建设，已经普及到华东各个比较重要的城市与港口。在华东各省、区成立了七个分公司、十一个支公司、三十一个办事处、四十九个联运站。在联运路线的开辟上，掌握了从点到面、从一线到多线稳步发展的步骤，主要建设了十八条联运线。对于各大行政区的运输公司与掌握物资的委托运输部门之间，则采用了签订合同的办法，取得了密切联系。从五月中旬到去年年底，总、分公司一共运送了物资一八五五八二二（1 855 822）吨。在营业上，伴随着业务的开展，四次减低服务费率，减轻了货主负担，比一般转运业所受费用低了三成到七成，正确地贯彻了低利多运的方针。对于城乡物资交流及稳定市场方面，已初步发挥了一定作用。如皖北运茶，由大别山区按村收茶做起，通过肩挑、排筏、手车等工具集中到公路沿线，用汽车运到铁路车站、轮船码头再向外运，真正做到了联运。山东三五〇〇〇（35 000）吨的粮食，从六十多个县的无数村镇中集中分运到江南各地，彻底完成了任务。

　　经验证明：组织联运业务，对于城乡物资交流，稳定市场，改善农民生活起了极大的作用。今年全国大部分地区土地改革完成,农业生产力将大为提高。为了消纳农民的大量产品与满足农民增加购买力所引起的工业生产品的需要,城乡物资交流的工作将更加重要。因而组织与发展联运业务,将成为配合贸易、合作部门完成城乡物资交流任务的主要办法之一。

一、什么是联运业务?

联运业务是一种综合性的运输业务。简单地来说,就是包运,或者叫做转运,也就是负责运输。由于中国是一个大国,小生产者零零星星,集中货品便是一个艰巨的工作,再加上地理条件水陆交通交错,工具多种多样,一次运输需要通过几种工具,几番装卸转驳,以及跟着而来的很繁复的运输手续,运价计算的困难,部分客商的文化水准较低等等,联运业务便应运而生。综合起来,联运业务将包括下列各项:

(一)联运业务要结合各种不同运输工具,并适当地加以调配。因为中国地大物博,加上交通工具的落后,城乡物资要能达到畅流,适应供应需要,把分散的物资集中,再运到销货市场,必须运用各种不同的运输工具。为了使公营专业公司与客商避免中途周转装卸转驳的麻烦,联运业务经营者便把这些麻烦事务包下来,使客商乐于担任城乡物资交流的任务,而且有利可图。如果联运业务经营者组织了充分的货源,又掌握了工具,还可以进一步地根据路线距离长短,运输便利条件,运价高低,运输力的比较,有计划地选择工具。例如在水陆运输都可以通达的地区,联运可以考虑货物的负担能力与时间的要求,来选择运输路线与最适宜的工具。如由上海运输货物到福建,如果海上安全率提高,则直接海运至福州,不必再由铁路、公路以至水路转辗运输,以减省好多次的装卸搬运的手续,而在运量方面亦可以扩大得多。一吨货物海运运费比起铁路公路水运的几番转运,要节省好多倍。

（二）联运是各种不同运输业务的联系与综合。货物从产地到市场,所经历的运输过程是很繁复的,从托运、接运、转驳、装卸、押运、保管到提货,有着一系列的非常紧凑繁复的运转工作,通常运输机构往往不能很好地逐一完成这些工作,也不能很好地结合起来,因而使货物受到不必要的损失。例如由于装卸的迟缓,许多铁路车皮与驳船被占为临时堆栈,影响到工具周转率的降低。其他如防雨设备的缺乏,装箱技术的不良,都容易造成货物运输事故。又如去年浦口轮渡站桥一度损坏,火车不能原车过江,当时华东联运公司便担任了组织船只的工作,驳运了万余吨物资,长江南北货运才免于停滞,便利了货主,也便利了铁路,更有利于市场。另一方面,跟着物资交流而来的,还有各种押汇、保险、报关、打包、代购代销、旅行社等业务,既为货主所需要,又以其性质复杂,常常成为货主不胜负担的重荷,但联运业务便能以经过专业训练的人员,收极少的手续费用,来满足货主要求,并为货主服务。

（三）联运业务要将各种分散货源组织与集中。由于我们的生产品是分散的,企业是个别经营的,特别是农村的副业生产,要运到市场,表现在货源的托运上是零杂分散的,必须经过各种不同工具的转驳载运与集中的过程,然后才能以比较经济的运价,使用较近代的工具运到市场。如铁路的整车货运比零担货运,在手续与费用上,要减省很多,但整车托运至少要十五吨,货主常因一次托运的货物数量不多(特别是土产),不能不以零担托运,对于铁路车辆的使用与货主的运费负担来说,两者都有不利。联运业务解除了这个困难,它可以集合各个货主的货物来拼整车,车皮使用率提高,又可减少客运列车附挂零担车。华东联运公司陆运部门的集零拼整的工作,为铁路局上北货站减少了许多麻烦。船运的情况同样也是如此。对于不定期的货轮,个别货主常因托运货物不多,必须在码头或货栈等候很久才能起运,联运业务可以集合许多零星货源,接洽专轮承运,大大地节省了时间。

（四）联运业务可以根据货主们的经常托运辑录汇订运输计划，向运输机构提出托运。为了更有效地支配工具，提高运转效率，各大运输机构都要求货主能事先提出托运计划，但对于较为零星的货运就有困难。联运业务可以通过与货主间的经常联系，掌握货源的动向，考虑各种工具的实际运输能力加以调节配合，制订运输计划，为运输机构解除了这一困难。因此，联运业务的普遍扩展，可以逐步地为计划运输的实现铺平道路。

（五）联运业务可以经办各专业公司的物资调拨储运业务。如公营盐、煤、粮食、土产、百货等公司都要各自专设大规模的储运机构于各城镇，自办运输，自行管理运输工具，事实上难以完善与熟练。联运公司可以集中经营成为各专业公司的储运部门，达到运输专业化的目的，也可以减少它们的开支和麻烦。

总之，联运业务，对于运输工具来说，它是近代与落后工具的结合者；对于运输业务来说，它是各种主要与附属业务的综合者；对于货源来说，又是货源从分散到集中的组织者；对于运力与运量的配合来说，又是使工具与货源的结合达到最经济最合理的计划者；对于各专业公司来说，又可以成为它们物资储运业务的集中经营者。只有这样繁复而又细致的运输业务，才能符合目前客观上对运输的要求，才能担负起发展城乡物资交流的重大任务。

二、谁来办理联运？

既然明确了联运业务在物资交流中的重要性，那么谁来办理联运业务呢？解放以来，铁路局、轮船公司与汽车运输公司都在办理联运，而且有了一定的成绩。但由于我国运输情况的基本落后与不平衡，一切运输工具与设备，尤其是近代化的交通工具，对于日益庞大的货源来说，显然是供不应求的，只有大力组织各种群众性的落后工具，从乡村到城市，山区到平原，内河到大江，并加以适当地配合与运用，才能满足这一要求。以现有的近代化的运输机构来担负这一任务，必然是一个很重的负担。同时以运输机构兼办联运，不但受着它本身运输条件的限制（自己只掌握一种），即如各种组织货源物资接运转装的手续，必然会妨碍它专心于本身业务，而使重点转移，并且还要造成内部不必要的竞争，抵消了力量。例如皖南运输公司与浙江交通公司，都在屯溪成立货运营业所，招揽茶运，引起了竞争。又如上海区铁路局除与浙江交通公司举办了沪甬线旅客联运等外，在它本身运输力量没有余裕以前，不再多与其他运输机构签订联运合约，以便专心发展铁道事业。再如山东联运业务发展的初期，主要是依靠汽车运输公司的，但跟着联运机构的普遍建设，业务的深入农村，已经不再是一个单独的汽车运输公司所能担负，已开始感到须有一个专业分工的联运机构来办理联运。所以大规模联运业务的开展，就不成熟的经验来说，必须有一个专业化办理联运的机构。

过去运输业中，私营的转运公司与过塘行、商栈、旅行社等类，占据了一个不小的比重，在沟通城乡关系便利产销的意义上讲，是有着一定的作用的。然而单纯的营利观点与小规模的分散经营，妨碍了它们的进步性。不单是高额利润，收取运输手续费平均在百分之二十以上，增加运输成本，妨碍运销，甚而有不肖分子，如黄牛运输行利用货主对运输的无知进行敲诈舞弊，以图获得非法暴利。同时由于私营转运业本身不能掌握工具，对于货物的委托承运缺乏保证。为了减低运输成本，提高运输效能，保证货物运输的稳妥与迅速，都不能单纯依靠这些私营转运业，而必须有计划有步骤地建设一个国营的联运机构来发展联运，同时只有这样，才能领导、团结与改造这些私营转运业。

目前人民政府交通部的主要业务是公路与航务，无论从工具的数量与通达范围来讲，二者都是从点到面，联系城乡促进物资交流的有效力量。对于联运业务来说，依靠了公路、航务组织好的工具再进一步地组织与开辟货源，发展的远景是无限广大的。因此，由各区省交通部门设立一个专办联运的机构，在结合工具组织货源上是较为适宜的。第一，由于交通部门掌握了较多种的运输工具，如大小轮船、木帆船、汽车、马车等，以华东来说，有着193 538吨的内河机动船，1 106 600吨的内河木帆船，10 541辆的汽车，约10 000辆的人、兽力车辆（指行驶公路的），可以用作发展联运的有力保证。第二，由于交通部机构深入到各级地方政权，可以充分依靠地方政权，迅速扩大联运网的建设，人力物力上有很大的节省，对于业务扩展有极大的便利。

综上所述，联运业务的办理方针应该是"工具分别组织，业务集中经营"。这样，才能符合于运输专业化的原则。用联运来减省运输机构的手续，合理地使用运输力量，把联运公司作为所有运输机构的营业部，以达成不以营利为目的，而以为货主及承运机构服务、为城乡物资交流服务为目的。在各地区联运网普遍建立以后，就有可能只要一个电话，一个通知，即将无数种类无数起讫地点的货物迅速地有计划地分运出去，而安全地到达收货人手里。

三、怎样办理联运？

华东联运公司成立以后，曾组织了物资的联运工作，取得了一定的成绩，但在具体工作中间，也存在着不少缺点。主要是货源组织工作局限于几个大城市，对于深入农村、照顾全面则是不够的；运用工具，也主要是依靠火车、汽车与轮船，而没有进一步展开对落后工具的结合工作。同时，由于业务不熟练，发生了各种大小事故。因此，今后办理联运必须注意下列各点。

（一）重视近代工具与落后工具的结合。目前情况是年景丰收，与国家对物资的大量收购运销调节，城乡物资交流的任务日益繁重。运输方面的情况是，一方面铁路、轮运货物拥挤，一方面是分散在农村的物资不能及时运出。这说明了大力组织落后工具是当前的急务。例如华东木帆船的运量就超过全区铁路与长江沿海运量的总和，联运工作者必须对这些广大落后工具加以重视，充分利用，为沟通城乡的重要武器。

（二）货源组织必须从城市深入农村。货源主要在农村，工业原料、农产品与工业成品的交流是振兴全国经济的中心环节。联运工作应该一方面密切依靠地方政权，结合地方组织来发展联运网；一方面与国营贸易机构的收购站以及合作社等业务密切配合，深入农村来组织与开辟货源。

（三）普遍推广合同运输，巩固与扩大货源。正由于合同运输既能符合货主的具体要求，又能适应运输机构的承运能力，因此对于正在成长壮大过程中的联运业务来说，成为巩固并稳步扩展货源的有效方式。山东联运业务的迅速发展，也由于推行合同运输所获得的结果。联运公司一方面可以运用联运合同来联系贸易、合作等物资机构，一方面可以通过运输合同来组织各种工具，与火车、汽车、轮船、木船建立关系，掌握并调配各运输机构实际的运输力量，编配运输路线与运输计划，进一步为计划运输创造条件。

（四）善于联系群众，组织货源。组织货源不单要深入农村，并且要善于联系群众，要充分了解各自土产与特产的运销路线、数量与价格等情形，要把运输与推销结合起来，在生产机构是"以销定产"，而在联运机构则为"以销定运"，这样才能更好地为群众服务。同时，在组织货源的工作中，宣传工作也是重要的，要利用各种宣传方式告诉群众各地区土产、特产的产销情形与运输方法，要采用各种方法来减轻货物的运销成本，扩大货物的销路，以求进一步地开辟货源。

（五）精通业务技术，搞好联运工作。运输业务所要长期努力的目标是运得多，运得好，运得快。为了提高运输效率，减低运输成本，必须精通业务技术，熟悉各种工具的性能与作用，不单要学会怎样调查与组织货物，团结货主，还要熟悉运转工作中的一切制度与方法。

要学会利用各种新式的机械设备,如吊车绞盘等,使得联运业务不仅是一种繁重的组织工作,而且是一种非常专门的技术工作。

因此,联运公司是一个经营综合性运输业务的机构。它没有很多工具,但可以运用一切工具,各种货源都可以通过它来组织与分配,分别由各个运输机构来承运,圆满地完成任务。它是运输的最好的组织者。只有联运业务的普遍发展,才能使生产者努力于生产。只有各种运输机构专心于本身业务,才能使城乡物资交流的任务顺利完成。

(原载《人民日报》1951年3月7日)

工厂和它的特点

——工厂是一个合唱队

黄逸峰

工厂是进行集体生产活动的地方,在那里,一群有组织的工人,在管理人员和技术人员的组织和指导下,运用机器进行着把原材料制成产品的劳动。它是工人、管理人员和技术人员的合唱队。

工业生产与个体农业生产和手工业生产不同,它具有以下几个特点:

第一,由于工人们集体地使用着共同的机器,联合劳动,制成的产品,我们分不出它是属于哪一个工人的劳动果实;因此生产是具有社会性的。

第二,由于工人集体地使用着共同的机器,在劳动过程中,工人们必须协同动作,大家要以一致的步调、同一的速度进行谐和的劳动,才能制造出优良的产品。这和一个大的乐队一样,要是有一个人该唱低音时唱出高音,应该唱得快的时候唱慢了,那么,整个乐队的演奏,便会混乱;这样的演奏,当然是不受人欢迎的。

第三,机器是近代科学的产物,不同的机器具有不同的性能,工人们根据生产过程的需要,使用不同性能的机器进行劳动,才能把原材料制成为产品。例如在机械工厂里,制造一个零件或一部车床,往往要经过无数的工序才能制成,一般要经过翻砂、铸铁、锻冶、车、铣、钻、镗、磨、装配等工序,像这样一连串的复杂的生产过程,就不可能由一个工人全部包下来。一个木匠造一张桌子,他可以一人包下全部的生产过程,从划线、锯、刨、凿、雕直到装配成桌子;但工厂里的工人,却不可能这样做。因为工业生产是大规模的生产,它的生产过程是流水作业的过程,如果全部生产过程中的生产工作由一个工人完成,这样的生产方式,无论在时间上及制造成本上,都是不合算的。其次,每个工人也不可能熟练整个生产过程中每种工序的操作技术。所以近代机器生产,必然要有细密的分工,随着科学技术的发展,机器制造的日益精密,工人们的分工,将趋于更加细密。

第四,由于近代工业分工的细密,每道工序之间,必须有紧密的联系,每道工序的操作,必须一道接着一道连续不断地进行,生产才不会间断。整个工厂就好似一部大机器,它的转动是有节奏的,有规律的,一环套着一环的;如果在转动中间,不管任何一个环节,哪怕是一个最小的螺丝钉出了岔子,整个机器的转动,便要受到阻碍。所以,一个工厂的各部门、各工序,都是有机的联系着的,各职能科室之间、职能科室与车间之间、各车间之间、车间与工段之间、各工段之间、工段与各机床之间、各机床之间,以及每一工序之间的联系,都必须紧密,这才能使生产不会脱节。像现在有些工厂中,闲置工时很多,机器白天睡觉,产生停工待图、停工待料、停工待半制品、停工待工具、停工待检修、停工待动力(电)以及停工待任务等现象,这就是由于各部门各工序之间失去了正常的联系的缘故,这种现象就会妨碍生产。

第五,工厂是在室内进行生产的,它不像农业生产那样受季节和气候的影响;它能够不分昼夜、不分冬夏地进行生产,因此,它的生产活动是连续不断的、紧张的。时间在工厂内就是金钱,也就是成本。

第六,工业生产是使用近代机器的生产,因此工人的劳动,不是简单的体力劳动,工人必须获得科学的理论知识与技术的指导,劳动必须与技术结合起来,劳动的成果才会是美满的,不但数量多,而且质量好。所以近代的工业生产,如果单凭提高劳动强度,那只会摧毁工人的体质,削弱工人的劳动力,对于生产本身,是没有什么好处的。

(原载黄逸峰〈笔名黄澄静〉:《工厂管理基础知识》第一章第一节,上海人民出版社1954年版)

"片面"不能无忧

杨永直

　　文木同志发表了一篇文章,叫做《片面无忧论》。其主要论点有二:一曰片面看问题是不可避免的,二曰若干片面积累起来,就成了一个全面。所以文木同志的结论是:对片面之见不应排斥,而应加以欢迎。我认为对片面之见,排斥固然不必,而欢迎也并不恰当;正确之道,就在于我们观察事物和处理问题的时候,如何通过正确的方法,避免片面、力求全面。

　　片面看问题是不是不可避免的呢?回答应该是这样:又是又不是。所以说是,是因为人们看问题,由于受种种客观条件的限制,往往容易从片面现象出发,抓住一点,夸大为全面。所以说不是,是说这种情况不是绝对的,是可以改变的。许多事物,如果我们能够认真进行调查研究,占有丰富的材料,不羼杂任何错觉,然后下一番研究分析的工夫,我们就完全有可能得到全面的正确的认识。而这种态度一般说正是我们观察问题、认识事物的唯一正确的方法。那种认为看问题不可能全面,从而主张不害怕片面,强调片面无忧的说法,实际上是抛开这种认识事物的正确途径,而沾沾自喜于一得之功、一孔之见,这是十分有害的。

　　至于几个片面积累起来,是否就构成一个全面呢?我认为也不能。就以瞎子摸象为例吧,摸着象腿的人说象像一根柱子,摸着象肚子的人说象像一堵墙壁;而摸着象鼻子的人,却说象像一根水管子。

如果大家坚持自己片面的观点,无论如何也不能了解象的全貌,所以片面加片面,并不能等于全面,要全面了解象,还必须从象头摸到象尾,并且把这些感觉联系起来,思索一番,才能真正知道象到底是个什么样子。

所谓片面,只是事物的外部现象,还不是全部的现象,几个片面加起来也不过是事物外部几种现象的拼凑而已,并不等于事物的本质。事物的各个片面只能表现事物的外部联系。如果人们的认识只停留在一种现象或几种现象上,而不透过现象去了解事物的本质,即事物的内部联系,就不能全面地正确地认识事物,就会把现象当做是事物的全部,那我们的认识就一定不能反映事物的真面目。何况有许多现象还是假象,它掩盖着本质的真象,不加分析,人们就会走入迷途。

片面之见,就是只看现象不看本质的主观之见,欢迎片面之见,岂不就是欢迎主观主义?文木同志认为片面可以无忧,作为读者,我却不能不替作者的观点担忧。

(原载《解放日报》1956年12月20日,署名方晨)

"礼"的革命

杨永直

规章制度者，"礼"也。朋友见面要握手为"礼"，认识的人在路旁相遇要点头为"礼"。清朝以前的时代，小民见着青天大老爷要叩头为"礼"。国民党统治时代，老百姓打官司要送钱为"礼"。……大批的"礼"，都是上层建筑。各式各样的"礼"都是为当时的统治者服务的，都是为当时的经济基础服务的。

孔子教人"非礼勿视，非礼勿听，非礼勿言"。在孔子看来，什么叫"礼"？他的"礼"就是君君，臣臣，父父，子子，做臣子的不能反对做皇帝的，做儿子的不能反对做父亲的，这是天纲人伦，谁违背这一条就是"非礼"。

刘邦称帝以后，看见群臣饮酒争功，喝醉了，就狂喊狂叫，刘邦认为在他面前如此放肆无礼，实在君不像君，臣不像臣，朝廷"秩序"无法维持，十分忧虑。于是出来一个善于讨好的高级知识分子，名叫叔孙通的，为皇帝制造了大批的"礼"，有了这批"礼"，果然奇妙，群臣朝贺刘邦，按照一定的秩序进退，按照一定的门路出入，依照礼法，群臣不敢平起平坐，按照尊卑次序给刘邦磕头请安。偌大一个朝廷，那么多的一群奴隶，济济一堂，没有一个敢乱喊乱叫的。刘邦看到"礼"的作用如此之大，大为高兴，说道："我今天才知道做皇帝的快乐。"

宋代的高级知识分子、历史学家司马光，对为剥削阶级服务的

"礼"也大称赞,他说:"……礼用之于国,则君臣有序而政治成焉;用之于天下,则诸侯顺服而纪纲正焉……"

剥削时代的读书人往往提倡以"礼"治天下,他们的用意无非是要制造大批规章制度,大批繁文缛节,用来管老百姓,用来巩固剥削者的统治地位而已。他们的"礼"到头来无不成为生产力发展的束缚。

他们用"礼",用规章制度来调节他们的社会生活,来调节他们人与人之间的关系,来调节剥削者的上层建筑与他们的经济基础之间的关系。

到了二十世纪五十年代的今天,在我们国家里发生了社会主义的革命,一切旧时代的规章制度也在革命之列,把它们革掉了。一切旧时代认为的"礼",我们认为非礼了。

那么是不是我们就任何"礼"也不需要了呢?我们见着同志要握手,见着朋友要点头,见着群众要亲亲热热的打招呼,这些"礼"仍然是需要的。在学校里上课要尊敬老师,在工厂里生产要遵守劳动纪律,上公共汽车,人多了要排队,按次序,坐电车遇见老弱妇女要让位,在马路上不能随便吐痰,必要的生产报表要制订,必要的操作规程要遵守,必要的工艺规程要施行,诸如此类的规章制度,诸如此类的"礼"要不要呢?不要不行,不要就要变成无政府、无组织、无纪律的社会了。

这类"礼",这类规章制度是合理的,合理的就非要不可,所谓合理,就是它能调节人们之间的关系达到平等友爱的境地,达到发扬集体主义精神的目的。所谓合理,就是能有利于促进生产力的发展,譬如劳动纪律是遵守它有利于生产呢?还是不遵守它有利于生产?问题自然是容易回答的。

在我国人民取得革命胜利之后,我们的上层建筑和经济基础之间,基本是相适应的,我们的规章制度基本上是在新的生产关系下面,保护和发展生产力的。可是在我们工厂、学校、机关里也有一些不合理的规章制度。因为不合理，这类规章制度变成了生产力发展的障碍，变成群众的积极性、创造性发扬的绳索：工厂里搞技术革新，往往要经过十道审核的手续。试问，一条革新的建议，要过十关，一千条革新建议岂不要过一万大关。三国时代有个关云长，他也只有过"五关"的本领。一个革新技术的建议为什么要过这么多道关口呢？关卡林立，层层磨折的结果，不说技术"革新"要变成"革旧"，甚至革得无影无踪。试问，这类规章是有利于生产力的发展还是不利？一个中型以上工厂的报表往往在千种以上，为报表专职脱产服务的人员往往多达四五十名，繁杂的报表有几个人看呢？我问过一位厂长，她说只看五六种。公司里，局里是不是看呢？那只有天晓得了。千种报表是制出来不给人看的，试问这类规章是有利于生产呢还是不利？一个工厂如此，全国成千上万的工厂，有多少无人看的报表？恐怕这是天文学上的数字吧！

　　不合理的事情为什么今天还会发生呢？究其原因，一是在建国之初拟定的一些规章，经过八九年的时间，情况变化了，旧的没有及时修改，因而过了时，不适用于新的情况。二是没有经验。没有经验，当然要学人家，搬人家的规章作为自己的规章，搬来搬去，不作思考，不作分析，只顾用力的搬呀，结果，变成了教条害人。三是不相信群众。大概孔子、刘邦之类，在人们身上还留有影响，把干部和群众的关系，看成老爷和小民的关系，因此搞出一套不合理的规章制度，不合理的"礼"，这类"礼"不是为人民服务的，不是为基础服务的，是要人民群众或基础去为"礼"服务的。是用来管人的。是非颠倒，本末倒置，自然，它就不起促进派的作用，而起消极的，甚至是促退派的作用了。

　　整风就是要革上层建筑中那一小部分与基础不相适应的命，把上层建筑中不合理的一部分的命革掉，使它合理起来。

　　整风就是要调整生产关系中另一部分关系相互之间的关系，要把相互关系中的某些不平等、不适应的关系，革得平等适应起来。规章制度是上层建筑,同时它又是领导与群众之间关系的一种表现。要整好风,就不能不对某些不合理的规章制度、不合理的"礼"进行一次群众性的大革命!

(原载《解放日报》1958年5月3日)

学习政治经济学与联系中国实际

沈志远

现在全国都在学习政治经济学,这是空前的好现象。学习政治经济学,正如同学习一切理论,是需要联系实际的。联系什么样的实际呢？自然首先要联系中国经济的实际。

今天大家都在读《列昂节夫》这本书。但是读这本书时,我们一分钟也不要忘记：它里面讲的主要是资本主义的经济,而且是以苏维埃人民为其读者对象,举的全是些外国的例子。假如我们以为这书里所说明的种种经济规律,可以原封不动地应用于中国经济,又假如我们以这书里联系实际的一些例子为满足,那么我们的学习效果是一定不会好的,甚至还可能会有害的。

拿劳动价值律来说吧。商品是按照劳动量所决定的价值来进行交换的；价值成为价格升降的调节物,同时也就成为整个商品生产的调节物。因此商品的价格不可能长期保持在价值水平以下或以上的。这种规律对于中国经济的实际,基本上是有效的。但同时却也有其特殊的表现。例如旧中国封建剥削下的农民,由于生活和债务的压迫,往往在秋收后新谷上市、谷价最低的时候,被迫粜出粮食。这就是说,大多数农民通常是按照低于劳动价值的市场趸卖价格出卖粮食的。收买他们粮食的,就是那些与土地所有权及高利贷有"血统"关系的中间商人。反过来,这类中间商人又拿布、盐、糖、肥皂、火柴、煤油及其他各种日用工业品和生产工具去供给农民,那往往是按照较高的价格卖给他们的。这样就形成了农民的农产品和城市工业品之间的不等价交换，即不按照等量价值的交换。农民的劳动生产物经常地按照价值以下的价格出售。农民因而除封建性的地租剥削外，又多了一重中间商人的剥削。这种情形在半殖民地半封建的旧中国，是普遍地经常地存在着的。因此，劳动价值律在这里就表现得不正常（歪曲）了。产生这种情况的根本原因，是封建性剥削的土地所有制。

再举一例。在国民党反动统治时代，官僚买办资产阶级通过中间商人，从中国老百姓手上大量收购茶、丝、桐油、钨砂、猪鬃等出口物资，把它们转卖给帝国主义者，其所出代价也往往是低到不足以维持生产者的生活，有时甚至连成本都保不住的。在多数的场合，反动政府收买这些物资是依据卖国条约拿去抵偿帝国主义（首先是美帝）的军火债务的。因此，这些出口物资的作价，必须迁就帝国主义者的意志来决定，其低廉的程度自属不堪想象。即拿平时的情况来说，帝国主义各国的工业品和中国农产品原料之间的不等价交换，也是"向来如此"的"当然"现象，要不然就没法解释近百年中国人民越来越穷的事实了。在这种场合，正常的劳动价值律又变得不正常了。这种情况的根本原因，是帝国主义的侵略和控制。

自然，今天的情形根本不同了：现在是新民主主义的中国了。无疑的，在新中国的经济生活中，劳动价值律是依然充分发挥作用的。但这里也有所不同了。依照劳动价值律，规模小、资力弱、生产技术落后的产业，一定会被规模大、资力雄厚、生产技术进步的产业所排挤所淘汰，因此，拥有二百余万纱锭的国营棉纺公司要和只有一二万，甚至几千纱锭的小纺织厂实行"公私兼顾"、共同发展，似乎是不可能的。是的，这在商品资本主义社会确是不可能的，但在新民主主义的中国却不但可能而且成为真的事实。我们的国营经济，对于有利于国计民生的私营企业，不但不依照"大吃小"、"强凌弱"的资本主义市场法则去排挤它们，而且正在用种种方法——如委托加工、收购成品、大量定货、规定合理价格、给予资金通融等办法,去支持它们,鼓舞它们的发展。这里又证明劳动价值律的作用在表现上变了样。

但是尽管有上述种种情形的存在,我们却不能据此得出结论说,劳动价值律(或以劳动价值律为基础的供求法则)在中国——不论是新中国或旧中国——已停止其作用了。我们决不能这样说。事实告诉我们:不论过去或现在,它在中国经济中一直是以很大的力量活动着的。

价值律(包括以它为基础的供求法则的作用)作为商品经济的调节物的自发作用,在半殖民地半封建的旧中国是充分发生效力的;在新民主主义的新中国,依然是一个顽强的力量,随时随地对抗着新民主主义国家自觉的计划性调节的领导力量。这具体地就表现于全国各大都市解放初期接连发生的尖锐的物价斗争。这个斗争虽以人民的胜利而告一段落(自一九五零年四、五月全国物价达到基本稳定以来),但是盲目价值律的自发作用,却并不就此停止,它是随时随地都在伺机而动的。我们的经济机关和经济工作者的重大任务之一,是要提高警惕,学会善于控制和运用价值律——市场法则,以利于发展生产、繁荣经济的目的。

价值律作为商品生产的运动规律,在新民主主义社会中也依然发生作用的。列宁的名言说:"从小生产中每分钟每小时都在产生资本主义……",这句话就是商品生产运动规律的具体说明。经过土地改革之后的新中国农村,仍旧可能产生新的富农和新的贫农;这样的社会阶级分化,就是由于商品生产运动规律的结果。不过通过农民经济的合作化,通过国家政策的积极影响,以及凭借国营经济的坚强领导,这种分化(即所谓社会两极化的发展)是要受到极大的限制的。由个体经济走向集体经济,是农民小生产者彻底消灭贫困、走向富裕幸福的唯一道路。这跟完全受商品生产规律支配的旧中国农村或资本主义各国农村社会的发展道路是根本不同的。可是在距离农村经济集体化尚甚远的今天的中国,商品生产的运动规律依然有其相当大的作用,纵然它已受着国家机体(政权机关、国营工业、贸易、银行等经济机关及其他)的有计划性、有目的性的自觉力量的控制。

再以关于货币职能的原理来说,把它应用于新中国的货币上来时,亦可发现类似的情形。货币原理告诉我们,作为流通工具使用时,真实货币(金、银)可被本身无价值的纸币所代替。作为这种代替品的纸币,它代表着一定的物质价值(例如,顶若干公分金子,或若干斤小米)。当它在流通界里的实在数量能够与商品流通(以及各种服务)所必需的货币数量相适合时,它是能够像真实货币一样地行使"职权"的,就是说它所代表的价值(可简称币值)是稳定的。反之,当流通界中的实在货币量大大超过了市场所必需的货币数量时,再加以同时货币流通速度增加了,那么币值就要下落,它将表现在物价的高涨上;反之,币值就上涨,它将表现于物价的下落。这种规律基本上也适用于我们目前的人民币。一九五零年三月初起,全国物价一直普遍趋跌;四月二十五日与二月底相比较,全国物价平均下落了百分之二五点四。这是由于执行了二月全国财政会议关于统一全国财政收支、整顿税收、节省开支、统一全国仓库和现金管理等决议案,实现了近一万万分的公债,造成了大批人民币的回笼,以及贸易公司抛售了大量物资等等措施的结果。国家财政收支接近平衡,纸币的发行基本上无须再增加了,已发出的人民币大量地退出流通界来了,同时货币流通的速度也比膨胀时期大为降低了,随之,市面上银根转紧了,大家在纷纷抛售物资了,囤积居奇的投机分子销声匿迹了——所有这一切情况的总结果,是物价战线上人民大胜利的出现。

然而最重要的一点是这种胜利结果的造成,主要的和决定的原因乃在新民主主义国家政权及其所掌握的全部国营经济的力量。上述物价的普遍下跌,再由下跌而进入稳定的局面,发生在战争尚未结束,全国经济创伤尚未补治的条件之下,这是任何资本主义国家所做不到的。但是我们竟做到了,这完全由于新民主主义国家的力量控制住了自发的经济法则的缘故。

总之一句话,政治经济学里所讲的商品资本主义的任何法则(规律),在中国经济中大都是在被计划性、目的性的国家自觉力量所控制的情况下发挥它们的作用的。除价值与货币的法则外,其他如工资、剩余价值、利润、积累、地租、生产和资本的集中等等的法则,一遇到中国经济的实际,都会以变相的姿态发生作用。在国家财经机关和国营经济领导下,它们发生着有利于新民主主义经济建设的作用。我们学习政治经济学,必须学会如何去联系中国经济的实际,换句话说,必须学会把政治经济学里所讲的商品资本主义经济的一般法则跟中国经济的具体实际相结合,同时也必须懂得一般(普遍真理)与特殊(中国的具体实际)的统一。

(原载沈志远:《政治经济学基本问题讲话》之二《学习政治经济学与联系中国实际》,展望周刊社1951年版)

《周族的氏族制度与拓跋族的前封建制》绪论

李亚农

周族的宗法制度像一线红丝似的贯串着三千年来的中国历史，使中国的历史，尤其是古代史变成一个扑朔迷离，难于猜破的谜。因此，彻底研究灭殷时期，或稍前于灭殷时期的周族的宗法社会，是解开中国历史之谜的一把钥匙。

关于灭殷以前的周族的社会制度，我们从《诗经》、《尚书》、《史记》中可以获得一些史料。假如我们仅仅根据这些资料来研究当时周族的社会生活，那就大大地不够。通过这些文献，我们虽然可以窥见周族社会生活的一斑，但是关于当时的社会制度，还是很难作出人皆信服的无可辩驳的结论。为了解决问题，在客观条件所容许的范围内我们必须搜集更丰富的史料。那么，这些史料从何而来？

考古学者向我们提议，要我们积极地去从事于田野发掘的工作，尽量地去发现埋藏在地下的资料。这是一个很好的提议。如果我们能够从地下发掘出大批文王、武王时代或者文、武以前的周族的古物，毫无问题，对于我们的研究有很大的帮助。但这里有两个问题：第一，直到今天为止，我们发现了许许多多殷代的古物，可是谁也没有发现过文、武以前的周族的物质的史料。我们要到什么时候才能发现我们所需要的东西呢？恐怕谁也不能保证。尽管我们相信我们的考古学是有无限光明的前途的，我们还是不能够期待在三五年之内或者五年十年之内就一定能够得到我们所迫切需要的资料。在这种情况之下,我们是不是应该等一下呢？等到从地下发掘出东西来的时候,再来进行研究呢？不应该。在今天的中国,每年都有成千成万的青年在大学、中学里学习我们伟大的祖国的历史,我们应该根据我们今天所可能占有的一切史料来进行研究,尽可能客观地,尽可能周密地,尽可能运用马克思列宁主义的方法,作出科学的正确的结论来供给他们学习。我们不能长期地等待古物的出土,我们不能让青年们长期地去学习那教师学生双方都怀疑的历史课本。一定要等待丰富的古物出土之后才去写历史,这是幻想。万一在解决问题上所需要的古物老是不出土,怎么办？广泛地占有现存的一切资料,哪怕这些资料不够多,根据这些资料去写尽可能正确的历史,这才是现实的态度。第二,就假定有新出土的东西,这些东西虽然能够在某些方面补充一些我们所缺乏的史料,帮助我们了解一些古代人民的生活情况,但这些东西是哑的,因此也就不能充分显露古代社会的生产关系和各方面的生活。我们过去在殷墟的发掘中,从来没有发现过铁制的生产工具,现在假定我们很幸运地在殷墟中发现了铁制生产工具的话,是不是因此就可以得出这样的结论,说殷代不是奴隶制社会而是封建制社会呢？不能。现在又假定我们在殷墟中永久不能发掘出铁制的生产工具而只能发掘出青铜器的话,是不是因此就可以得出这样的结论,说殷代不是奴隶制社会而是氏族制社会呢？也不能。单纯地想依靠古代遗留的古物来判断古代的社会制度是没有根据的,不可靠的。我们必须承认考古学在研究古代史上有很大的作用和帮助,但它不能解决一切。我们必须认识考古学的局限性。

其次,是用民族学来作比较研究的方法,即研究现存落后社会的生活与文化来类推古代的社会机构、家庭形式、精神文化等等,这是非常重要的方法。例如摩尔根研究北美印第安易洛魁人的生活,就是一个辉煌的范例。在我国的东北和西南地区都有不少的少数民族,至今还停留在奴隶制阶段,甚至于还有停留在氏族制阶段的。这些少数民族在中国共产党和人民政府的帮助之下,虽然很快就会从他们的原始生活跳过几个社会制度,而跟着汉民族一同走进社会主义制社会,但在他们自身的原始生活的痕迹还没有完全湮灭的现在,赶快去研究他们的生活情形,毫无问题,是有重大的意义的。他们生存的地区,比希腊人、罗马人、易洛魁人更接近于汉民族的生存地区;他们有些还多少受了一点汉民族的生活方式的影响。研究这些少数民族的生活,对于中国古代史的研究就可以提供不少新的宝贵的资料。现在已有一部分历史科学工作者注意到这一问题,这是很好的现象。我们希望对于少数民族生活的研究能够开展起来,但我们对这一研究仍须给以适当的评价。由于外在的影响,少数民族自身的生活已经发生变化,因此,是不足以直接地、完全地证明我们祖先的古代生活的。我们也必须认识到这种比较研究的局限性。

　　第三,我们可以从古代生活的变形和传说之保留于去古未远的春秋战国以及汉初的文献中取得我们所需要的材料。春秋战国以及汉初的文献,由于成书的时代较晚,我们的历史科学工作者就很少利用或不敢利用这些资料来研究古代人的原始生活和社会制度,其实这些文献中保存着丰富的古代生活的变形、痕迹和古代中国人的思想意识。在拥有丰富的文献这一点上,我们比研究希腊、罗马古代社会的欧美的历史科学工作者要幸运得多。这是由于周民族在灭殷之后,很快就继承了殷人的文化,学会了殷人的文字,有可能来把他们记忆中的古代传说和当时周民族的社会制度固定在文字上流传下来的缘故。说周公"制礼作乐",不一定可靠;但是周初的人们把他们远古祖先的传说和当时社会生活情况用文字记录下来了,这确是事实。春秋、战国、汉初的作者便根据这些传说和记录,编纂了许多伪托古人的书籍。说《周礼》是周公的著作,那是胡说;如说《周礼》虽是东周齐鲁之人所作,但其中却保留了不少周族原始生活的情况,那就完全符合于客观的史实了。例如《周礼·夏官·大司马》说:

　　　　"乃以九畿之籍,施邦国之政职。方千里曰国畿,其外方五百里曰侯畿,又其外方五百里曰甸畿,又其外方五百里曰男畿,又其外方五百里曰采畿,又其外方五百里曰卫畿,又其外方五百里曰蛮畿,又其外方五百里曰夷畿,又其外方五百里曰镇畿,又其外方五百里曰蕃畿。"

如果我们根据《周礼》这一段文字,就轻信古代的邦国确有如此整齐划一的九畿或五服制度,那是荒唐。明显地这是东周齐鲁作者的伪造,是他们的托古改制,但是这种伪造并不完全出于捕风捉影,而是有相当的根据的。《尚书·康诰》说:

"周公初基,作新大邑于东国洛,四方民大和会,侯、甸、男、邦、采、卫,百工播民和,见士于周。"

《康王之诰》说:

"王若曰:'庶邦、侯、甸、男、卫,惟予一人钊报诰。'"

《召诰》也说:

"越七日甲子,周公乃朝用书,命庶殷侯、甸、男、邦伯;厥既命殷庶,庶殷丕作。"

青铜器《矢令彝》:"隹十月月吉癸未,明公朝至于成周,出令舍三事令:眔卿事寮,眔者(诸)尹、眔里君、眔百工;眔者(诸)侯,侯甸男,舍四方令。"根据这些周初的文献,尤其是根据确凿可靠的《矢令彝》,我们可以断定周初有侯、甸、男一类的封爵,这些受封者的领地,就叫作邦、采或卫。① 东周《周礼》的作者就是根据这些周初的简单的零乱的史实,加以复杂化、系统化的。所以,我们完全相信《周礼》是错误

---

① 《荀子·正论》说:"封内甸服,封外侯服,侯卫宾服,蛮夷要服,戎狄荒服。"《国语·周语》也说:"邦内甸服,邦外侯服,侯卫宾服,蛮夷要服,戎狄荒服。"把这两条和《周礼·夏官·大司马》的文字联系起来看,我们就可以看出相互间的出入是多么大。我们固然没有理由来说,《周礼》的说法是对的,而《荀子·国语》的说法是错的;也没有理由来断定《荀子·国语》的说法是对的,而《周礼》的说法是错的。但是双方的说法对于古代的情况都有加工改制之处,则可以断言。

的；反过来，我们完全否定《周礼》也是错误的。《周礼》中虽有不少添枝添叶、加油加酱的地方，但其中仍包含着可考的历史事实。

又如《礼记》一书，是包括了先秦和汉初的文字在内的选集。《礼记·王制》说："王者之制禄爵，公、侯、伯、子、男，凡五等。诸侯之上大夫卿、下大夫、上士、中士、下士，凡五等。天子之田方千里，公、侯田方百里，伯七十里，子、男五十里。不能五十里者，不合于天子，附于诸侯，曰附庸。"这一段文字，显然地是从《孟子·万章篇》抄来的，而且抄的并不十分忠实，文字上已经多少有点出入。假如我们完全相信汉人伪作的《王制》，而认为这就是周初所颁布的爵禄制度，那我们就上了当。相反地，假如我们认为这完全是出于孟子的捏造，那我们就抹杀了其中所包含的宝贵的历史材料。根据上面引用的《尚书》和金文，我们知道周初虽然没有这样整齐的公、侯、伯、子、男的五等爵，但确有侯、甸（即田字，亦是爵位的名称）、男一类的封爵；而且在春秋战国之际，确实存在过五等爵的制度。

《礼记·明堂位》又说："大庙，天子明堂。库门，天子皋门。雉门，天子应门。"库门、皋门、雉门、应门，再加上路寝外边的路门，这就是《礼记》中所说的天子的五门。在周初是否确有这五门，不可得而知，但根据《诗经·绵》的记载："迺立皋门，皋门有伉。迺立应门，应门将将。"我们可以断定：当古公亶父在岐山之下建筑城郭的时候，确实是有皋门、应门的。因此，我们可以作出这样的结论：《礼记·明堂位》中的文字，可能有根据后代的制度来描绘古代生活的嫌疑，但我们必须承认《明堂位》中的材料，有一部分确是史实，《明堂位》中所叙述的体制确是古代生活的变形或痕迹。

对于春秋、战国以及汉初的文献，都应该作如是观。尤其是三礼——即《周礼》、《仪礼》、《礼记》等书，是研究周民族的原始生活的极其重要的文献。《周礼》在书名上冠以"周"字，显然是编者想借此表明书中所讲的生活、习惯、风俗、制度是属于周族的，而不是属于殷族的。《周礼》是周族的"礼"，而不是殷族的"礼"。孔子虽然说："殷因于夏礼,所损益可知也。周因于殷礼,所损益可知也。"(《论语·为政》)但我们在这些文献中所看到的,主要是氏族制社会的生活和文化,而不是奴隶制社会的生活和文化。这就证明了三礼确是灭殷以前的周族的氏族制社会的遗物,而不是殷族的奴隶制社会的东西。因此,三礼在研究中国古代氏族制社会的时候,是有头等重要意义的书籍。我们从中可以得到关于中国氏族制社会的丰富的资料和明确的概念。

周族氏族制社会的种种制度和文化是集中地保留在《周礼》、《仪礼》、《礼记》等三部文献中,这种说法并不排除我们在研究中国的氏族制社会的时候,必须参考春秋、战国以及汉初的其他文献。在嬴秦前后的著作中,凡是说到氏族生活的部分,大都是根据周族的传说、记载和生活来写的,而不是根据殷族所遗留下来的史料来写的。因此,三礼以外的其他的文献依然是我们研究氏族制社会的重要资料。

在周族氏族制社会末期产生出来的宗法制度,其中最重要的一条,就是确定君统与宗统的继统法。在宗法制度早已消灭了的殷代的奴隶制社会中,天子以及贵族的地位,不一定由儿子来继承,更不一定由嫡长子来继承,往往是由兄弟来继承的。但在周族氏族制社会末期,也即家长奴役制时期,个人私有财产刚刚出现的时候,必然地要发生这样的问题,就是这个财产的所有者一旦死去,谁来继承这份遗产?为了防止遗产为外人巧取豪夺,保证遗产能够传之无可置疑的子孙,周人就感觉到有制订继承遗产法的需要,规定由死者最可靠的骨血——嫡长子来继承。王国维在《殷周制度论》中说:

> "舍弟传子之法,实自周始。当武王之崩,天下未定,国赖长君。周公既相武王,克殷胜纣,勋劳最高。以德以长,以历代之制,则继武王而自立,固其所矣。而周公乃立成王,而己摄之,后又反政焉。摄政者所以济变也,立成王者所以居正也。自是以后,子继之法,遂为百王不易之制矣。"

宗法制度本来是氏族制社会末期的上层建筑，是以家长奴役制的经济为其基础的。周族的社会在灭殷之后，已经由氏族制走上奴隶制的阶段，家长奴役制已经变成历史上的陈迹，由于下层建筑的变化，宗法制度也就应该随之消灭。可是周族的宗法制度并没有随之消灭，反而变成了百王不易之制，这是为什么？这是因为宗法制度对于后代的帝王和统治阶层来说，都起了防止内讧，巩固统治的作用。后来的帝王都在宗法制度中发现了维护自己的利益的手段，所以中国的宗法制度一直被保留到近代。王国维在《殷周制度论》中又说："由传子之制而嫡庶之制生焉。[①] 夫舍弟而传子者所以息争也。兄弟之亲本不如父子，而兄之尊又不如父，故兄弟间常不免有争位之事，特如传弟既尽之后，则嗣立者当为兄之子欤？弟之子欤？以理论言之，自当立兄之子。以事实言之，则所立者往往为弟之子。此商人所以有中丁以后九世之乱，而周人传子之制正为救此弊而设也。"王氏认为宗法制度的起源是为了防止争立、内乱，这是错误的。他不了解社会经济对于各种文化制度的影响，他不了解上层建筑和下层建筑的关系。但是，假如他说，宗法制度出现之后，对于周初的奴隶制社会以及后代的封建制社会的统治阶层都起了防止内讧，加强统治者阶层内部团结，巩固统治权力的作用；后来，才更进一步有意识地创造了一系列的办法来加强氏族的团结，那就对了。

由于宗法制度对于后代的统治阶层起了有利的作用，历代的统治者都作了很大的努力去保存它，这就是宗法制度在中国社会中得以残存达两三千年之久的缘故。而在春秋时代，这一制度虽已开始摇动，但和后世比较起来，还是保存了比较完整的形态。在《左传》中就有关于当时的宗法制度的丰富的资料。这就是为什么要说三礼以外的其他文献，同样地值得我们重视。当然，我们对于这些史料必须

[①] 传子之制，是宗法制度的一个原则。这既然是一般的原则，当然就有特殊现象存在的可能。因而在宗法制社会中，仍旧可能有不传子而传弟的现象。例如鲁国就是一个突出的例子。

审慎地加以批判和解释。所谓批判,就是"去伪存真"的工作,所谓解释,就是"由表及里"的工作。换一句话,就是要运用马克思列宁主义的历史观点和方法来研究古代文献上的表面的文字,由此进而阐明古代社会的本质。

写这本小册子的目的有两个。一个是根据春秋、战国以及汉初的文献来尽可能明确地叙述周族的氏族制到底是怎么一回事;一个是研究氏族制社会和封建制社会接触的时候会发生怎样的影响。著者曾经在《中国的奴隶制与封建制》一书中研究过氏族制的周族征服了奴隶制的殷族之后所发生的情况,现在是打算在这一本小册子里来研究氏族制社会在征服了封建制社会之后所发生的情形。直截了当地说,著者是准备在这一本小册子里来研究拓跋族侵入了中国北部,成立了北魏之后,在中国北部所发生的社会制度的变化。当时中国的北部,在晋朝统治之下,本来是封建制社会,后来由于落后民族的侵入,中国的社会被拖着向后转了,生产力顿形衰落。虽然没有倒退到奴隶制的阶段,但已不能称为封建制,而形成了氏族制与封建制的一种混合物。氏族制的拓跋魏没有经过正常的奴隶制阶段就走进了封建制的大门。对于这种既非奴隶制度亦非封建制度的,包含着氏族制社会的土地制度和封建制社会的剥削方式的社会制度,我们名之曰"前封建制社会"。① 这个命名是否妥当,尚望读者指教。

本书承顾颉刚先生费心校阅,纠正违误之处不少。又在搜集后编的资料时,得到叶笑雪先生的帮助颇多。我应向两位先生致谢。

一九五四年春　著者于上海

(原载李亚农:《周族的氏族制度与拓跋族的前封建制》绪论,华东人民出版社 1954 年版)

---

① 本来,封建制以前的社会制度,如氏族制、奴隶制,都可以叫做"前封建制"。我们对于拓跋魏的只有封建的剥削,而没有封建的土地所有制,并同时大量保留着封建制以前的经济成分以及社会因素的社会,也只得姑且笼统地名之曰"前封建制"。

上社肇造：筚路蓝缕社科人

科学研究的必由之路

——资料工作漫谈之一

黄逸峰

社会科学研究是以探索人类社会发展规律为目的的工作。由于社会是发展的，社会现象是复杂多变的，我们对于社会形态和社会现象的观察和分析，"既不能用显微镜，也不能用化学反应剂"，必须从客观存在着的实际事物出发，经过周密调查，详细地占有资料，用马克思列宁主义一般原理为指导，将资料加以科学分析、概括，从中引出正确的结论，这是我们从事社会科学研究唯一踏实的道路。通过调查所获得的资料，无论是文字、数字、图片或访问谈话的记录，都是社会形态和社会现象的具体反映。如果说，社会科学研究工作是一种精神劳动的话，那么，这些反映社会客观实际的资料，就是我们从事社会科学研究的劳动对象；没有它，就无法研究，这正如没有铁砂和其他原材料就无从炼钢一样。资料对于社会科学研究的重要性是可想而知的。在今天，社会科学研究的某些成果，为什么使人们觉得有些空洞贫乏、有些"华而不实""脆而不坚"呢？主要是由于我们只凭主观，凭热情，凭死书本，而没有凭大量的客观存在的事实，没有详细地占有资料。怎么能设想，没有充分的好铁砂和好原材料，能够炼出大量的好钢呢？

资料对于社会科学研究,既然如此重要,但它的重要性是否已经为所有从事社会科学研究的人们深刻认识了呢？在此地,我想提一提一九五七年上海经济研究所初创时期的情况,当时我们多数人对于社会科学研究都是道地的门外汉,都没有经验,不知道从何下手。为了提高认识,曾经组织了一次学习,主要学习了毛主席的《改造我们的学习》、《实践论》、《矛盾论》及《〈农村调查〉的序言和跋》等著作,学习以后,获益很大,特别是不少人初步认识到理论和实际的关系,认识到从事科学研究,必须要从调查、搞资料入手。领导上也指示我们要从做调查、搞资料入手,由此,我们就初步决定了工作方向和方法。

但是在开始行动时,就曾遇到不少思想障碍。有的人认为搞资料不是科学研究,资料书没有理论；有的人认为做调查、搞资料是"实际脱离理论"；有的人干脆提出来"科学研究就是读书与著作"。这是一场有关社会科学研究根本方法的斗争。经过辩论,特别是经过实践,一九五八年秋季出版了几本通过调查编写出来的资料书以后,才算是在一部分人中得到了暂时解决。以后又经过了响应党的号召,深入农村工厂,大兴调查研究之风,大家都提高了认识,对于做调查、搞资料的重要性有了进一步的体会。有的人甚至走向另一个极端去了,把做调查、搞资料与读书对立起来,强调一切都要通过调查,过分强调直接资料的重要,不承认间接资料的价值,而且在科学研究工作中比较更多地要利用间接资料,因而不重视前人与外人的调查研究成果,不肯下苦功读书。当然存在这种狭隘看法的人终究是极少数,随着实践证明也很快得到了澄清。但是重视调查、重视资料工作的思想,仍然是不容易被一部分同志完全接受的,特别是在领导上强调读书和"打基础"的时候,不少人对于读书比较对于做调查、搞资料更感兴趣。当然,从事社会科学研究,必须要有马克思列宁主义的理论基础,必须批判吸收前人和外人的研究成果,必须博览群书,这都是应该提倡的,而且必须在这方面投入一定的时间和精力。但这与做调查、搞资料的工作,并不是对立的,而且搞资料与读书,两者是不可偏废的。

现在有些人把做调查、搞资料当作苦差事,希望"人家做调查、搞资料让自己来做研究",这种想法固然不对,也不现实。由于在我们这个国家,旧中国的历代统治者没有给我们准备好一套经过整理的现成的系统资料,这对于我们做科学研究工作特别是研究历史的,是一种困难,现实逼着我们边搞资料、边做研究,这是无可奈何的事。如果大家都不肯搞资料,都要吃现成饭,等人家搞好资料,再做研究,那么谁来搞资料呢?势必在若干年内大家都无法很好地进行研究工作。还有人认为自己的理论水平高,做资料工作有"大材小用"之感;其实,经验证明,做调查、搞资料工作本身,对我们从事独立研究、提高科学研究水平和丰富理论知识等方面都是极其重要的。不仅因为大量资料是我们探求真理的源泉,而且在搜集整理资料的过程中,使我们增进感性知识,使我们锻炼和考验自己的马克思列宁主义的立场,证实马克思列宁主义的理论;特别是对于培养青年研究人员,把做调查、搞资料作为从事科学研究开始的第一步是比较切实的方法。这和京剧演员练基本功一样,任何一个有成就的演员,不经过基本功的锻炼是不行的,做调查、搞资料,应该说是社会科学研究的基本功。如果我们要从"科班"出身,就必须从做调查、搞资料做起。至于有些人把搞资料工作看成是"低人一等"的想法也是不对的,做好资料工作是直接为社会科学研究服务,同时也是使自己从做调查、搞资料,走上独立进行研究的必由之路。有一位同志说:"在我们目前情况下,多搞一些有价值的资料书,比出一些空洞理论的书更为有益"。我觉得这些话的意义是深长的,因为通过编写资料书,不但锻炼和提高了自己,也有益于他人。总之攀登科学高峰,是没有便捷道路的,谁要是少走了一步,必然要在他的实际研究工作过程中,以更高的代价重走这应该走而没有走过的一步。

(原载《文汇报》1962年4月22日)

重视工作的方式方法

——资料工作漫谈之二

黄逸峰

有些人认为,资料工作就是搜集访问,剪剪贴贴,抄抄写写,其实这一工作并不太简单,有些问题还很值得我们研究。

首先,是资料来源以及如何取得资料的问题。资料范围很广,举凡文书档案、公私函件、报表账册及报纸杂志等,这些我们把它叫做死资料;参观调查访问和座谈的记录,我们把它叫做活资料。可以说,资料到处可寻,俯拾即是,问题是在于自己如何去调查寻访,找目录索引,请教老师。全国各地各部门都积有大量文书档案,而且都有自己特点,我们可以按自己的需要和各地所藏资料的特点去搜集。譬如说,上海在研究近代经济史所需资料方面,就有极其优越的条件,在这里,各部门、各企业,都存有大量有关民族资本主义的发生发展、帝国主义对华经济侵略和工人阶级斗争等方面的资料;而且私人方面也存有大量信件笔记;还有各种经济组织保存的文字纪录和会计师律师事务所的整套案卷;还有过去长期与帝国主义洋行和中外企业打交道的有关人物,也可以为我们提供亲身经历的一切等等,这都是极其宝贵的第一手资料。当然,这些资料不会有人送上门来,需要我们自己去探寻,通过一定的手续,取得阅读和了解的权利。在这里,不但要跑路,要联系人,要翻箱倒箧,要抄写摘录,还要遇到很多意想不到的困难,特别是访问,要知道这是求教于人,困难是难免的,一定要虚心并有耐心,要向对方说明目的和意义,使对方乐意把所藏资料和所见所闻贡献出来,有时还要准备遭受白眼和享受闭门羹。其实,这也算不了什么,比今之常书鸿同志赴敦煌探宝和古之唐玄奘西方取经,其难易奚止天壤。所以说,资料到处有,只要有心人。

其次,资料既然到处有,又是那么多,我们将从何下手呢?确实,曾有人被大量资料吓退了的。现在全国资料工作,存在着几种情况:(1)旧时代所存的文书档案报表账册有很大一部分还装在箱子里,放在仓库或地下室里,一般都没有经过整理,目录索引都没有做,使从事研究工作的人无从下手;(2)负责保管这些资料的单位,只有极少的人从事整理,进度很慢,远不能满足科学研究工作者的需要;有些单位只有少数人在保管;(3)科学研究工作者,不少人在搞资料,但由于缺乏统一规划与分工协作,各搞一套,而人力又有限,结果有的项目大家在搞,有的项目没有人搞,因而大家都搞得不多,残缺不全,而且因重复工作,浪费了劳动力,甚至还有因原始资料只有一份而产生了争先恐后的现象。为了多快好省把资料初步整理起来,搞出一份目录或索引,把肯定无用的部分加以剔除,以利于科学研究起见,除了保管资料的单位能够积极搞好这部分工作而外,需要有一个"统筹规划分工负责"的办法,就是由各个有关的研究部门配合保管单位按照统一规划分担整理的责任。还可以利用社会力量和寒、暑假大学生勤工俭学进行突击整理。这是对资料的一般整理,这样做了,使研究工作者能够按图索骥,以免他们大海捞针或者望而却步。

第三,搞资料的目的性要明确,要按着研究项目的要求搞资料。事实上在制订研究项目时,必须充分考虑到资料问题:需要哪些资料?怎样取得这些资料等等。这和企业确定产品品种计划时,必须连带提出原材料计划一样,否则就不能投入生产。当我们在开始研究工作时,也会由于对资料不摸底和如何搞资料等问题不够明确,结果,有些资料搞来了没有用处,浪费了劳动力。还有的项目,由于事前没有考虑好资料问题,结果,找不到这方面的资料或资料很少,影响到研究成果的质量,或者不能说明问题,成为废品。

第四,搞资料的点面结合问题。目前搞资料有三种做法,我们以研究中国近代经济史为例:一种是根据研究工作的要求,全面系统地按部门、按时间、按问题去搞资料,像近代工业史资料、近代农业史资料、近代手工业史资料之类。它的好处是资料比较全面、系统化,应有尽有;它的缺点是资料选取要求全面系统,不可能突出、深透,而且分量比较大,一时不易完成。另一种是根据研究工作的要求,选择有代表性的典型行业、典型企业或典型事件,搜集资料,把它作为麻雀来解剖。如我们把中国近代经济分为三种类型:(1)民族资本;(2)官僚资本;(3)帝国主义资本等,再于每一种典型中选出若干代表性的企业或企业集团,等等。这样做的好处是比较重点突出,搞得深透,能从中看出本质问题。它的缺点是缺乏整个历史时期的全面资料,耗费的时间也比较多。第三种就是在典型调查的基础上,充实全面的资料,使点与面、特殊与一般很好地结合起来,这就是从点到面、点面结合的做法,这样做,可以取得前两种的好处,避免前两种的缺点,也可以减少若干重复劳动,因为在搞典型资料的过程中也能接触到有关全面的资料。但这样做,由于做得细,总的是要花费更多劳动的。

第五,如何选择资料。打开了资料宝库,宛如汪洋大海一样,究竟哪些是需要的,哪些是不需要的,这就需要做一番选择功夫。所以,在研究工作的步骤上,我们必须按照研究工作的要求,拟定一个搜集资料的提纲,根据提纲去进行。而所搜集的资料,又不全是我们需要的,有时我们所需要的只是其中几行,因此我们要做摘录卡片,把经过阅读思考以后认为必要的摘录下来,而所摘录的也不是全部需要的,还要经过一番核实、甄别和精选的工作,最后才是我们所需要的资料。选料工作关系到成果的质量和它的使用价值,必须有较严格的标准,不要使好的资料"抱恨终身",也不要使坏的资料"滥竽充数",必须严格按照马克思列宁主义的原则,以历史唯物论的科学

态度和实事求是的作风对待资料,一般地要掌握下列几个原则:

(1)要去粗取精。按照研究工作的要求,选出能够反映事物本质的资料,舍弃不能说明问题的资料。

(2)要去伪存真。要把资料加以核实,不要被鱼目混珠。如果有两种矛盾资料,一时不能辨别真伪时,可以把两种资料并列加以说明,切忌用个人的主观臆断加以肯定。

(3)厚今薄古。这是搞史料的一般原则,因为古的资料不及今的资料能更多说明问题,古的资料一般也是少一些,因此在分量的比重上今的应大于古的。但也要根据研究的要求,不可机械运用,更不应"厚今不古"。

(4)背景材料是陪衬,不是主体。分量不宜过多。在本身资料不够说明情况时,把与本身事件直接有关的资料,选择一些作为补充是必要的。

(5)反对主观主义。不要在搞资料以前,先有一个框框。根据自己的主观,先假定了某一事件某一人物的性质和结论,再根据自己假定的结论去选择资料,合者多取,不合者不取或少取,只要正面资料,不要反面资料,这就是资料工作中的主观主义,这是违反科学态度的。

(6)反对客观主义。要用正确的立场鉴别资料,不能无条件地"照本宣科"或"照单全收",不加区别。在历史资料中,往往有这样的情况,就是资料本身是真的,但不反映真实情况,而且有些是歪曲真理的,我们必须加以批注。因为反动人物或者反动的历史家,为了美化反动统治阶级和人物,反对人民,常常把坏事说成是好事,或者为了一时的特殊目的发表一些漂亮话,用花言巧语来迷惑人;还有的有意识地宣传反动的言论等等,如果我们对这些资料的选用,不加以鉴别和批注,就可能为反动统治阶级作义务宣传,或者为它们准备了翻案的资料。选择资料要客观,但必须反对客观主义。

第六,整编与体裁。资料在经过选择以后,把选用的部分系统地整编起来。既然要有系统,就需要有一个比较合理的体系结构。但这是一堆从各方面选取来的资料,尽管经过整理,因受到客观条件的限制,残缺零碎在所难免,因而它的完整性就较差,它就不能像对一本专著那样要求有严整的逻辑和结构。现在编近代经济史的典型资料,一般采取以时间为经、问题为纬的办法,分章、节、目编辑,也有的按问题、按重大事件或按人物来分章、节、目编辑。如果时间允许,在每一章、节、目,为了使眉目清醒,条理分明,加以适当的标题,也是必要的;但这些标题只应反映资料所提供的客观事实,不应加入个人臆断。资料整编,现在一般有下列几种形式:(1)素材。就是把原始资料根据需要加以取舍后,按问题、按事件或按人物加以编辑,在卷首加一个编者序言或说明,如中国史学会主编的中国近代史资料丛刊:《辛亥革命》《洋务运动》等。(2)半成品。就是把已经整理的资料,按照比较完整的体系结构加以编辑,在每一章、节、目都加了概括的标题,如中国科学院经济研究所主编的《近代工农业史料》等;还有的不仅有概括性的标题,而这些标题一定程度地反映了编者的立场和观点,还加了文字说明,如上海经济研究所主编的《南洋兄弟烟草公司史料汇编》。(3)成品。就是根据原始资料用编者自己的语言把它系统地写出来,对资料进行一定的分析、概括,接近于一本史书。如上海经济研究所主编的《大隆机器厂的发生发展和改造》。

第七,个人与集体问题。搞科学研究,可以集体搞,也可以个人搞,但搞资料则以集体为佳,因为资料工作是大量的,而且是繁琐的,要搞一本系统的资料书,调查、访问、阅读、摘录、选稿、编辑等等的工作量是极大的,个人搞,固然时间拖得很长,也得不到集思广益的好处。不过集体不宜过大,要看具体的项目大小而定,二三人可以,五六人或更多的人也可以。一个集体,需要有一个主编,有组织有指导的进行。对于资料的取舍,可以民主讨论,但不应采取少数服从多数的办法,应当是"能者为师",由主编定稿。

第八,为了多快好省地搞好资料工作,需要分工协作,在一定范围内，对于同一学科，可以有一个大体统一的规划，提出统一的规格，大家分工搞。譬如，把中国近代经济史分成若干时期或若干专题，由各单位根据本身的条件分工去搞资料，搞成了相互交换，摘录卡片也可相互借用，这样就能缩短时间，又可以避免重复劳动，而且在原始资料的使用上可以避免争先恐后。这是协作的一个方面。在科学研究机关同业务部门之间，也可以协作。业务部门有充分的原始资料，也有整理资料，总结经验从而改进业务的要求；而科学研究机关是把搞资料作为它的专业，两者结合协作，是比较合乎理想的。我们过去在搞近代经济史典型资料方面，曾组织过多次协作，效果很好，不但资料丰富，时间也缩短，现在仍然努力组织这一方面的协作。组织这方面的协作，主要的经验，就是要坚持互助互利的原则，不要只图自己搞资料的便利，不顾对方的要求和困难。为了搞好协作关系，在担任协作的具体人选方面，也要有适当的安排。

(原载《文汇报》1962 年 6 月 10 日)

坚决贯彻党的教育方针

(1958年10月17日在南通大队
师生干部会议上讲话摘要)

雷经天

我们来南通只有几天,还不能全面的和深入的了解情况,但有一点是可以肯定的,就是大家已经认识到党的教育方针的正确。过去在教育工作方面有很大的进步,但有些问题多少还受到旧的资产阶级教育的影响,主要的表现是对生产劳动重视得不够。现在我们为着贯彻执行党的教育方针,直接参加生产劳动,从中碰到的许多新鲜的问题,应该好好的研究和考虑,来更进一步地提高我们的认识。

最近中共上海市委召开一次万人大会,传达了党的教育方针,提出四个问题:(1)教育为无产阶级政治服务;(2)教育与生产劳动相结合;(3)教育的群众路线;(4)教育工作必须由党来领导。我们认为教育是改造旧社会、建设新社会强有力的工具,因而教育就必须为生产服务,为政治服务。我们要培养有社会主义觉悟的有文化的劳动者,消灭脑力劳动与体力劳动的差别,使每个人都能够在建设社会主义和共产主义的事业中参加劳动。实践是知识的来源,知识不应为少数人所占有,教育也不是少数专家所能包办的,我们要人人有知识,人人都要受教育。我国准备在十年到十五年时间内使人人都能够受到高等教育,在上海可能把时间更缩短到十年左右。这样教育就必须走群众路线,因此提倡工厂、公社、里弄、机关都办学校,使教育完全普及到每一个角落。教育同其他的事业一样,一定要政治挂帅,过去的事实证明,唯有在党的绝对领导之下,教育才能够办好,这是经过整风运动和反右斗争已经肯定了的。很明显我们要反对资产阶级的为教育而教育,把劳心与劳力分离开来,教育走专家路线,由专家领导等的错误路线。我们要同资产阶级的思想做斗争,这是两条道路的斗争。

我们教育的目的是培养建设社会主义和共产主义的劳动者,要每一个人在思想上明确的树立起五大观点:无产阶级的阶级观点、群众观点、集体观点、劳动观点、辩证唯物主义观点。在政法教育方面从阶级观点中更强调地提出一个专政观点。由此来确立我们共产主义的人生观。这些观点的确立,必须通过生产劳动。劳动可以创造一切,劳动也可以改造一切。因此,社会主义的教育,把劳动作为正式的课程,从劳动中培养学生的全面发展,考察学生的政治觉悟,考验学生的阶级立场,了解学生的道德品质。可以说在社会主义社会和共产主义社会中,劳动是衡量每一个人的思想的标尺之一。

有人说:学校实行半工半读制,大学生参加劳动是浪费,是"四不像"。我们认为提这样意见的人,对劳动的认识还不清楚。最近中央规定所有的国家干部每年必须参加劳动一个月,中共上海市委规定干部参加劳动的时间每年是一个月到三个月。可知不独学生要受劳动教育,当干部也要劳动锻炼。在旧的封建社会或资产阶级社会里,对劳动是轻视的;但在社会主义、共产主义社会里,劳动是最光荣的,劳动是神圣的。人人参加生产劳动,才能够建设社会主义、共产主义。劳动是最好的学习,经过劳动,得到最丰富的知识,个人的思想更健康,认识更提高,打掉了"三风五气",锻炼成为一个真正的劳动者,同群众的关系更加密切。在生产劳动中有许多实际问题,终生也学不完。当然在生产劳动中也要进行教育,教育与生产劳动两者是不能偏废的。

学校一定要受党的绝对领导,实行党委领导下的校务委员会负责制。我们这个大队既要受院党委的领导,也受地方党委的领导。院党委的指示和决定,要通过地方党委经过研究,根据情况作具体安排后再贯彻下去。凡是大队部向院党委的请示和报告,也必须送地方党委一份,地方党委交给大队的任务,应坚决的贯彻执行。我们全体人员,无论分配在哪个社或哪个生产队参加生产劳动,都要服从和尊重那个社、队党的领导。

在全国工农业大跃进的形势下,技术革命和文化革命蓬勃进行。在这一天等于二十年的时代中,我们的思想认识跟不上形势的跃进。过去所学的课程,有许多已经不适合当前发展的情况;同时农村的居住环境比较分散,也不同于学校的情况。因此在课程内容上和教学方法上,都要彻底的改革,才能够与当前的情况和环境相适应。这不是在过去教学的旧框框里所能够解决的,为着要更好地解决这个问题,采取在党委领导下,党委、教师、学生三结合的办法,搜集新的资料,编写新的教材,制定新的教学方法。我们要向群众学习,也要向业务部门的干部学习,因为许多新的知识和经验是从群众和干部中来的。我们可以更进一步扩展成为五结合。科学研究工作,最主要的是社会实践,一切要从实际问题出发,那就是要密切的联系实际,研究实际,解决实际,指导实际,把研究的心得写出来。这完全是可以做得到的。现在我们师生在短短的时间内写了不少的论文和文艺作品,取得相当的成绩,就是最好的证明。

还有几个问题提出来同大家研究解决:

第一,是思想问题。现在我们正在积极努力地来建设社会主义,同时已开始作过渡到共产主义的准备。为此我们必须要具有社会主义和共产主义的思想。但我们的脑子里,受资产阶级法权思想的影响很深,个人享乐、等级观念、轻视劳动、争名夺利、强迫命令等等,在意识形态上,道德观念上,生活习惯上都有资产阶级法权思想的表现。这是我们走向社会主义和共产主义道路上的最大障碍。在整风运动中,搞臭过资产阶级的个人主义,这只是打击了资产阶级法权思想的一部分,我们必须根本肃清资产阶级法权思想,才能够树立起社会主义和共产主义的思想。在社会主义和共产主义的社会里,是要消灭阶级,消灭压迫剥削制度,使人人劳动,人人平等,集体生活,各尽所能,各取所需的。这与资产阶级的法权思想完全不相同。

第二,是劳动问题。有人说我们到这里参加生产劳动,既不能学习,又没有报酬,吃亏了。关于学习上面已经说过了。我们应该明确认识,我们的劳动是"我为人人,人人为我";是为了建设社会主义和共产主义,是锻炼和考验自己,是彻底的改造和提高自己,有什么吃亏呢?事实证明,我们只经过很短时间的劳动在思想认识上已经有了很大的收获,这种收获就是给我们最大的报酬。

第三,是群众问题。有人说这里的群众落后,工作不好做,这样看待群众是不对的。我们要以自己的实际行动来影响群众,同群众打成一片,处处要对群众关心,帮助解决群众的困难;同时也要虚心地向群众学习,群众就会相信我们。我们能够同群众在一起,工作就好做了。

第四,关于人民公社和其他问题。在生产大跃进的形势下,各地都成立人民公社,人民公社好,已经是大家共同的认识和要求。这里各乡也都成立人民公社,努力参加和搞好公社的一切工作,如种试验田,主要是总结各种农作物增产的经验,摸出增产的规律来,进行大面积的增产。同时也要很好的改良农具,一定要做到减少人力,又能够深耕快耕。办公共食堂要群众自愿参加,主要是能够把食堂办好为群众所满意。其他的福利事业也是一样。办红专学校着重进行社会主义和共产主义的思想教育,同时进行工农业生产技术的教育。通过民兵的组织,实行"三化"来组织和领导群众积极参加生产劳动。其他的问题,只要我们看到想到的,应该向社的领导提出合理化的建议,我们要把自己看得同社员一样,要特别注意,人民公社的一切工作,我们不能包办,一定要由地方干部负责,协助地方干部,时时刻刻都要同群众在一起。

因此，对我们自己应有严格的要求，我们在这里参加生产劳动，贯彻实行教育与生产劳动相结合的党的教育方针，一定要锻炼我们每一个人真正成为有社会主义觉悟的有文化的劳动者；完成教学和科学研究的任务。人在这里就要把这里的工作做好，只准做好不准做坏，坚决贯彻党的教育工作方针。

在学校中开展科学研究和学术讨论

李培南

在学校中开展科学研究和学术讨论，事实已经证明是必要的，也是可能的。

其所以必要，是因为通过这种活动，可以比较有效地提高学校领导干部和教师的政治理论和学术思想水平，可以比较有效地改进他们的工作方法和教学方法，使办好教育和提高教学质量的要求建立在比较可靠的基础上。

其所以必要，还因为通过这种活动，可以更好地促进学术的发展和繁荣，这是加速我国伟大的社会主义建设所要求的，也是我们为国家培养建设人才所要求的。特别是高等院校应该成为培养建设人才和科学研究的基础。

凡从事教育工作的人都容易懂得：要办好一所学校，带有关键性的问题是这所学校能够有比较坚强的领导干部和水平比较高的教师。这样的干部和教师，一方面决定于他们未担任教育工作之前的培养，但更重要的还决定于他们在担任教育工作之后的不断提高。提高他们的马列主义思想和学术水平的办法有两条：一种是把学校的领导干部和教师送到一定的学校里去进修，进一步培养，这当然是一个好办法，但不可能使每一个教育工作者都有这样的机会，即使都能有这样的机会，也不能适应社会主义建设飞速前进的需要。另一种办法，就是使他们在工作实践、教学实践、一定的生产劳动实践和马列主义学习中受到教育。在学校中开展科学研究和学术讨论,则是解决这一问题的比较经常和更为有效的中心环节,因为这种办法差不多可以把上述几个方面的要求适当地结合起来。

从事教育工作的人容易懂得:开展科学研究和学术讨论以促进我国科学的蓬勃发展,并不单纯是科学研究机关的事。学校,特别是高等院校,是专家、学者、文化教育工作者荟集的地方,搞科学研究应该是责无旁贷的,这关系到学校特别是高等院校的水平和我国科学事业的发展问题。同时,在学校中从事科学研究的条件,一般说也是比较好的。

也许有人会说:在学校中从事科学研究,开展学术讨论,确实有必要,但是有矛盾,有困难,因而可能性很小,甚至是不可能的。

有的认为学校中的工作很多,教学任务也比较繁重,无法进行科学研究和学术讨论。这确是一个矛盾,也需加以解决。但问题主要是学校领导干部和教师人数太少呢?还是领导干部和教师的水平不能适应教学上的需要?一般说,原因恐怕还是后者。因此,解决问题的办法,最重要的还是根据实际情况加强科学研究,展开学术讨论,借以提高领导干部和教师的水平,才能更好地克服这种矛盾,办好教育和提高教学质量。

有的认为科学研究和学术讨论在高等学校中是可以进行的,但在中学特别是在小学是谈不上进行这种活动的,因为从事这种活动的条件很不够。总的说,情况也确是如此;但不能说在一定情况下,对一定的问题进行必要的研究和讨论是不可能的。事实上,我们中小学教育中还有不少问题需要加以科学的研究和讨论,并力求能作理论上的解决和说明。同时,这样做也有利于提高干部和教师的水平。一个人可以一生从事小学教育或中学教育,但他的水平却不应老是在原有的基础上踏步不前。

有人认为搞搞科学研究还可以,开展学术讨论有困难,大家有顾虑,争鸣不起来。顾虑什么呢?一方面怕犯错误,怕受批评;另一方面怕伤面子,怕得罪人。一句话,就是在学术讨论中还缺乏坚持真理、修正错误,缺乏批评和自我批评的精神。

上述这种看法不仅把科学研究和学术讨论分割开来,不了解没有认真的自由讨论、自由争辩,学术就不能发展,而且对学术性质的问题一定要贯彻百家争鸣的政策,缺乏正确的理解。不难了解:一个人不要说在学术问题上,就是在工作问题上也不能担保不犯一点错误,问题在于能够以正确的态度来对待它。学术问题上的不同意见,谁是谁非,可能一时得不出一致的结论,那可以继续进行研究和讨论,最后总可以取得比较正确的一致的看法。这样,不仅学术上有了进步,而且每个人也将因此而有所提高。顾虑是不必要的,这些顾虑也将在学术讨论的实践过程中逐步被克服。

根据社会科学院对某些学术问题的研究和讨论的情况看来,首先,研究和讨论的问题,应以教学工作实践中所提出的问题为好。这也是教学工作实践所要求的。比如社会科学院曾经研究和讨论过"关于社会主义制度下的商品生产和价值规律问题"、"计件工资问题"、"统计评比实践与理论"以及其他编写讲义、提纲和教学中所提出的问题。这都是大家所关心的、迫切需要深加研究和讨论的问题。因为这些问题的进一步解决有助于工作和教学质量的提高,所以大家都愿参加研究和讨论。当然,研究和讨论的问题,不应只限于这一些,其他大家有兴趣的学术问题,也可以组织研究和讨论,但把研究和讨论的问题与教学实践中所提出的问题适当结合起来,确是很必要的。

其次,学术讨论会的形式以灵活多样为好,可以三五人、十数人,或数十人在一起进行讨论,甚至可以大会小会参差进行,但总以能达到真正展开自由的深入的讨论和争辩为准。此外还可根据问题内容吸收一部分学生参加,或请校外有关的业务机关中的同志参加。这虽然是讨论会的形式和参加人数的多少问题,但它与讨论得是否活泼有生气,是否在讨论中能展开不同意见的争辩,是否能使讨论的问题逐步深入等等,却大有关系。

第三,除上述确定选题和适当组织讨论外,必须注意在研究和讨论的过程中组织有关理论著作的学习,进行调查研究,参加一定的实践活动,把研究讨论的结果写成文章。只要把上述这些活动适当地结合起来,可以肯定,这样做的效果一定会更好一些。

社会科学院经过若干问题的研究和若干次讨论,已经开始看到了好处。首先,对于已经初步研究和讨论的问题在认识上有了提高,在提高教学质量上发挥了一定的作用。就是把某些还有不同看法的问题向学生谈清楚,也能促使学生进行独立的思考,这也是学生所要求的。其次,在个人学习研究的基础上进行争辩讨论,可以促使大家进一步钻研马列主义经典著作,找参考资料,进行调查研究,使问题的研究和讨论进一步加深。再次,这样做对于贯彻百家争鸣、理论联系实际的方针起了促进作用,平常不愿面对面争论问题的,现在开始能够进行争论了,对马列主义理论学习和对实际问题的调查研究也有了更大的兴趣。

在学校中进行科学研究和学术讨论,目前只能说才开始做,自然会有不少困难和问题需要解决,特别是有不少人对科学研究和学术讨论的重要性还认识不足,有些人对百家争鸣、自由辩论还有一定的顾虑,从已有的研究成果和讨论情况看,质量还不高,有待于今后进一步努力。

但是我们深信,只要继续努力,认真地、有计划地在学校中开展科学研究和学术讨论的活动,那么,就一定可以达到提高学校领导干部和师资的水平,从而提高教学质量,促进科学事业的发展。

(原载《解放日报》1959 年 7 月 10 日)

关于按劳分配的几个问题

沈志远

一、按劳分配是社会主义的经济规律

按劳分配原则,是社会主义政治经济学的一个基本理论问题。它的正确解决,对于顺利地进行社会主义建设,具有重大的实践意义。它包括并牵涉到许多复杂的问题,在一篇短文章里不可能全部都谈到。这里,我只想就几个带有关键性的原则问题,谈谈自己一些不成熟的看法。错误之处,还请读者同志们指正。

首先一个问题:究竟什么是按劳分配?有的说按劳分配是政策,有的说它是分配方法,也有的说它是社会主义社会个人消费品分配的原则和制度。我们认为这些说法都对,但重要的事情是,必须肯定按劳分配首先是社会主义的经济规律。它之所以是工人阶级政党和社会主义国家关于个人消费品分配的政策、方法、原则和制度,就因为它是社会主义社会的经济规律。

它是经济规律,因为它的出现于历史舞台,是客观上具备了一定物质条件的结果,而不是以人民对它的喜欢与否、认为它够理想与否为转移的。它是一种客观必然性。按劳分配的关系根本上是由社会主义生产方式所决定的,它是社会主义生产关系的一个组成部分。有什么样的生产方式,就会有什么样的分配方式。这是马克思主义的一条基本原理。马克思在《哥达纲领批判》里说过:"消费品的任何一种分配,始终只不过是生产条件本身分配的后果。而生产条件的分配,则表现生产方式本身的性质。"①表现社会主义生产方式的性质的所谓生产条件的分配,实质上就是生产资料的公共所有制,生产资料为摆脱了剥削和奴役的劳动人民所公有;从而,劳动力这个生产条件就不再成为买卖对象的商品。生产条件的这种分配方式,是推翻了资产阶级和地主阶级的统治并对他们实行了革命的剥夺的必然结果;而劳动人民按照自己向社会所提供的劳动的数量和质量来从社会领取一份应得的报酬的这种消费品分配方式,即生产资料的社会主义公有制的必然结果。随着资本主义生产资料私有制的消灭,资产越多、收入越大的那种"按劳分配"制度已被根本摧毁,不可能再生。但社会产品虽与物质的生产条件同时属于劳动者全体所有,这时却还不可能实行各取所需的分配制度,即按需分配制度。因为社会主义"不是已经在自身基础上发展了的共产主义社会,而是刚刚从资本主义社会中产生出来,因此在各方面,即在经济、道德和智慧方面都还保留其所由脱胎出来的那个旧社会痕迹的共产主义社会。所以,每一个别的生产者,在作了各项扣除之后,从社会中正好领回他所给与社会的一切"。"他以一种姿态给与社会的劳动量,又以另一种形态全部取回来"。② 具体地说,社会主义社会不能不实行按劳分配的原因,是在经济上生产力的发展还没有达到足以实行按需分配的社会产品极大丰富并使工农、城乡及脑力劳动和体力劳动等差别归于消灭的那种程度,而劳动人民的觉悟水平也还没有提高到把劳动看成乐生第一需要的程度(自然,这样高的一种觉悟水平也是以高度发展的生产技术水平为基础的)。

由此可知,按劳分配是谁也无法躲避、改变或违抗的社会主义经济规律。

当然,像社会主义社会本身一样,这种分配制度有它的过去,也

---

① 《马克思恩格斯文选》(两卷集)第2卷,人民出版社1962年版,第23页。
② 《马克思恩格斯文选》(两卷集)第2卷,人民出版社1962年版,第21页。

有它的未来,是具有过渡性的。它的过去是它的敌对物"按资分配",是造成一端上财富的积累,另一端上贫困的积累的资本主义分配制度。它的未来是由它上升到更高形式的共产主义分配制度——"各尽所能、按需分配"。

按劳分配,也与社会主义生产方式本身一样,又具有相对的稳定性,其在我国,由于我们经济"穷"和文化"白",它还具有长期的相对稳定性,明确这一点是十分重要的。过去有的同志过分强调了按劳分配的过渡性,特别是强调它具有"资产阶级法权"性质等等"缺点",从而强调现在就该"积极培育按需分配的萌芽",而把事情说成仿佛从社会主义社会存在的第一天起就开始了按劳分配规律的作用范围逐步扩大的过程。这种看法是值得商榷的。因为按劳分配这一经济规律是在整个社会主义的历史阶段内(它在中国是一个相当长的时期)都起支配作用的分配规律。在我国实现了工业、农业和科学文化的三个现代化,建成了经济高度发达的社会主义国家之后,要实现向共产主义过渡也还有一段相当长的距离。即使到了直接向共产主义过渡的时期,我国社会的性质基本上仍然是社会主义社会,在消费品分配方面仍将以按劳分配为主。在这样一个长久的历史阶段内,我们的按劳分配制度必经历一个不断完善、不断巩固和发展的过程。这就是说,这种分配制度在长时期内是客观必然地具有相对稳定性的。因为只有这样的一种生产关系(分配关系是生产关系的一个重要方面)才是最适合于社会主义社会生产力的性质和水平。只有在社会主义公有制和按劳报酬的分配制度之下,才能最迅速地发展社会生产力,从而为将来向按需分配过渡逐步地创造条件。

二、按劳分配主要是体现无产阶级法权

从上面的分析可以知道,若要说到法权或权利的性质的话,那么按劳分配的制度,首先和主要的是体现无产阶级法权或权利。过去

有人一谈到按劳分配，就首先强调它是资产阶级法权，指摘它的种种"缺点"，把它说得一无是处。这当然是一种误解。实际上，如上文所指出，按劳分配关系所体现的，恰恰是"按资分配"、"不劳而获"、"一端一无所有，另一端无所不有"的资本主义分配关系所体现的资产阶级法权的对立物——无产阶级法权。按劳分配既是社会主义生产方式所决定的，是生产资料公有制的产物（即所谓"生产条件本身分配的后果"），它就不能不体现对一切劳动者的平等权利。生产资料公有制意味着全体劳动人民都平等地摆脱了剥削和奴役，平等地共同掌握生产资料，平等地按各人的能力从事劳动（劳动权），从而也就平等地按照各人向社会所提供的劳动量取得报酬，同工同酬、多劳多得、少劳少得、不劳者不得食。此外还有随着生产的增长和劳动生产率的提高而不断提高物质和文化生活水平的权利。虽然，在社会主义阶段还不可能实现真正彻底的平等，即如按需分配制度所表现的那种平等；那种平等是意味着任何差别的消灭。这样的条件在社会主义是不存在的，因而不可能实现真正彻底的平等。但从以上列举的几个方面的权利来看，确实都是在革命地摧毁了资产阶级的社会主义平等权利，也就是无产阶级的法权或权利。

实现这些无产阶级法权，实行按劳取酬的分配原则，对于促进社会主义建设和发展生产力，具有莫大的积极意义。这在社会主义阶段是具有巨大优越性的唯一合理的，就因为它体现着社会主义的客观经济规律；它符合生产关系一定要适合生产力性质的规律。不这样是不可能的。按劳分配制度中贯彻着列宁的物质利益原则；后者要求和促使劳动者从物质利益上去关心自己和同伙们的劳动成果。这个物质利益包括两项内容：一项是企业的福利基金和奖励金，这是集体享受的物质利益；另一项便是个人劳动报酬（在企业是工资，在人民公社是按劳动日或工分计算的报酬）。这里所谓劳动成果就是产品的质和量，这些产品都是国家或人民公社的财产。因此，通过按劳分配的报酬制度来贯彻物质利益原则，使个人、集体和国家三方面的利益很好地结合起来了。这就有利于调动和不断提高劳动者的生产积极性,有利于推动社会主义竞赛,有利于推动先进,鞭策落后,有利于改造一切懒汉和剥削阶级分子,有利于巩固人民内部团结、巩固劳动纪律。总之一句话,有利于发展生产力和加速社会主义建设。因此,在社会主义建设时期,在整个社会主义的历史阶段内,我们必须坚定不移地严格执行按劳分配的原则。

但是马克思主义要求历史地观察和对待一切社会现象,因而在充分估计到按劳分配原则在社会主义历史阶段的巨大积极作用的同时,还必须注意到它的历史局限性。它不可能永远具有优越性,不可能永远是个历史发展的积极因素。它的历史局限性在于它所体现的权利平等,仅仅就其与资本主义剥削制度下的分配关系相比较而言;若从共产主义的要求来看,它还不是真正的、彻底的平等,它还不是人类在分配问题上的最高理想,它还有缺点。因为"每个人付出同别人相等的一份社会劳动,就能领取一份相等的社会产品……。然而每个人是不同的:有的强些,有的弱些;有的结了婚,有的没有结婚;有的子女少些,以及其他等等"。[1] "因此,在同样的劳动下,平等地享受社会消费品的条件下,某一个人在实际上比另一个人领得多一些,这个人就会比另一个人富裕一些等等"。[2] 所以马克思说,这里的平等权利,实际上还是"资产阶级式的法权",它同任何权利一样,是以不平等为前提的。

但是在社会主义阶段内,由于生产力还没有发展到极高的程度,社会产品还不够丰富及其他等等,这种实际上的不平等还是不可避免的;反映这种不平等的按劳分配原则,在现实意义上主要地是它的巨大积极作用;所以列宁说国家"还要保卫容许在事实上存在不平等的'资产阶级式的法权'"。[3] 至于这种表现它的历史局限性的缺点,则在现阶段是没有多大现实意义的。

---

[1] 《列宁选集》第3卷,人民出版社1960年版,第244页。
[2] 《列宁选集》第3卷,人民出版社1960年版,第244页。
[3] 《列宁选集》第3卷,人民出版社1960年版,第246页。

三、怎样理解"在原则上仍然是资产阶级式的法权"一语？

现在让我们试图进一步说明按劳分配原则所体现的资产阶级式法权，究竟是怎么一回事？马克思在说明共产主义第一阶段内劳动者以一种形态给予社会的劳动量，又以另一种形态全部取回来（除去各项必要的扣除）的按劳取酬的原则之后，指出"这里平等的权利在原则上仍然是资产阶级式的法权"[①]一语，究竟是什么意思呢？

对此，作者有一个极不成熟的想法，就是首先应从"正名"入手。作者以为"资产阶级法权"和"资产阶级式的法权"这两个译名虽仅有一字之差，却有着原则性的区别。在西文上同一个辞，在不同的场合有着不同的涵义，因而译名就应有所不同。[②] 作为法律的上层建筑，资产阶级法权是资本主义生产关系的产物。因此，本质上的资产阶级法权，主要是指的私有财产权，即生产资料私有权的神圣不可侵犯和剥削自由、竞争自由等权利。在分配关系上就有上文所说的"按资分配、不劳而获"的权利。这些权利随着无产阶级社会主义革命（其在我国，包括对资本主义工商业的社会主义改造）的胜利而被彻底摧毁。而每一个劳动者，平等地按照一个共同的尺度——劳动来计算应得的报酬，这里所体现的却是反映社会主义经济基础的法律上层建筑——无产阶级法权。这是按劳分配原则的主要的一面。但除这一面外，它还有"原则上仍然是资产阶级式的法权"这一面。这里，"资产阶级式的法权"这一译名是比较正确的。若把它译成"资产阶级法权"，如有些译本中所出现的（有些论文作者似乎也没有分清楚这两个译名），就很容易令人把按劳分配原则中的实际的不平等与上

---

① 《马克思恩格斯文选》（两卷集）第2卷，人民出版社1962年版，第22页。
② 正如资产阶级性的民主革命或资产阶级民主主义性的革命一样，资产阶级法权，也可以译成资产阶级式的法权和资产阶级性的法权，但其间的涵义是互有区别的。

述本质意义上的资产阶级法权混同起来。假如把解放初期工资制代替供给制说成是资产阶级法权的胜利,那就是把按劳分配原则中所包含的资产阶级式的法权当做本质意义上的资产阶级法权了。其实,马克思说的按劳报酬的分配方式,"在原则上仍然是资产阶级式法权",是说的"原则上""资产阶级式的",因为任何资产阶级法权或权利,都贯彻着一条基本原则,也是它的基本特点,那就是在形式平等掩盖之下的实际不平等。马克思指出,按劳取酬这种"不平等的权利,对于不同等的劳动是个不平等的权利"。列宁说:"任何权利都是把统一标准应用在事实上各不相同、各不相等的人身上,因而'不平等的权利'就是不平等……"①因此,这种形式平等而实际不平等,就是"原则上的资产阶级式法权",却不是本质意义上的资产阶级法权。

在这个问题上,我基本上同意郝理同志②对于列宁在《国家与革命》里的一段话的解释。列宁说:"在共产主义之下,在一定的时期内,不仅会保留资产阶级的法权,甚至还会保留没有资产阶级的资产阶级国家!"③郝理同志指出,这里所说的资产阶级国家,只是说无产阶级国家作为专政和维护法权的工具这一职能而言,却并不是说无产阶级国家在本质上或性质上是资产阶级国家。同样,我以为这里所要保留的资产阶级法权,实际上只是资产阶级式的法权,亦即资产阶级法权的一项原则(形式平等而实际不平等),而不是这种法权的本质或性质。也可以说,这是反对资产阶级权利的资产阶级式的法权。

四、按劳分配与各尽所能,物质鼓励与政治思想教育的关系

当我们谈论按劳报酬的分配原则时,我们决不可甩掉各尽所能

---

① 《列宁选集》第3卷,人民出版社1960年版,第244页。
② 郝理:《按劳分配原则是资产阶级法权吗?》,《光明日报》1962年5月21日;《经济学》第137期。
③ 《列宁选集》第3卷,人民出版社1960年版,第250页。

这个前提;因为"各尽所能,按劳分配"是社会主义的原则公式,前后两语形成对立的统一,不可分割。两者的关系是主观与客观的统一,政治思想觉悟与经济物质利益的统一。它们统一于发展社会主义建设事业。各尽所能是按劳取酬的前提,按劳取酬是各尽所能的基础。如果丢开各尽所能这一原则而孤立地、片面地强调按劳分配,那就会使这种分配制度大大缩减其调动人们建设社会主义的积极性的作用,且很可能产生斤斤计较物质待遇的危险倾向。反之,如果不实行按劳分配而采取平均主义的分配方法,则也会大大影响人们各尽所能地为社会主义服务的积极性。只有两者紧密地结合起来,才能促使人们充分地发挥为社会主义服务的积极性,加速祖国的社会主义建设。

怎样才能促使人们各尽其能地为社会主义事业而努力工作呢?如上文所论证,贯彻按照劳动的量和质进行消费品分配的制度是能够起这种作用的。但是单靠按劳分配,单靠物质鼓励来调动和提高人们的积极性,毕竟还是不够的,而且是会有问题的。问题在于:(1)被这样调动起来的积极性有助长个人主义的可能性;(2)它的思想基础不够牢靠,因而难以持久。无疑的,丢开了社会主义、共产主义的政治思想教育而单靠物质鼓励(或称物质刺激)调动起来的积极性,就很有可能成为为个人利益打算的积极性;这是与为人民、为社会主义祖国、为共产主义事业的积极性有矛盾的。它会使个人利益和集体利益、国家利益不协调,甚至相冲突。同时,这样的积极性由于它的思想基础与社会主义存在一定的矛盾,是不够牢靠的,因而就难以持久。

但不能因此而来指摘按劳分配原则本身,仿佛这种缺点是按劳分配制度本身所固有的,如有些同志所断定那样。我以为缺点不存在于按劳分配制度或原则本身,而在于执行方法有问题,在于离开了政治思想教育而鼓励、片面地执行这一制度。(要注意,任何优良的制度和原则,离开了政治挂帅而孤立地执行,都会产生不良的后果。)

因此，为了实现"各尽其能"，单靠物质鼓励是不够的。在物质鼓励之外，首先还必须加强政治思想教育，加强宣扬不辞艰辛，不计报酬，为社会主义、共产主义事业而勤勤恳恳、忘我劳动的共产主义精神风格的思想教育。并且在这里，政治思想教育是主导，物质经济利益是基础。只有当人们不只是为了个人物质利益，而主要是为了六亿五千万人要求迅速改变"一穷二白"面貌，建设一个工业、农业、科学文化都现代化的又富又强的社会主义祖国这一伟大目标而去经常关心自己和伙伴们的劳动成果时，才能经常保持生气勃勃、干劲冲天的劳动热情，经常保持"各尽其能"的生产积极性。所以刘少奇同志说："党的领导是把政治工作和经济工作结合起来，把对群众的政治教育和物质鼓励结合起来，而以政治为灵魂、为统帅。"[①]

当然，片面地强调政治挂帅而忽视群众的物质利益，也会影响群众的积极性，即使可能在一个时期内把群众的干劲鼓舞起来，但如果不同保证物质利益的一定制度（如一定的工资制、奖励制、福利基金制等）密切结合起来，那么群众的积极性也是无法持久的。更有进者，正确贯彻"按劳分配"原则、坚持社会主义的分配制度，本身就是"政治挂帅"的一个重要方面。反之，若不重视"按劳分配"原则，不重视群众的物质利益，那个"政治挂帅"就会落空。由此可知，我们党在分配问题上一贯坚持的政治思想教育与物质鼓励相结合的方针，是十分正确的。这是毛主席所倡导的一项创造性的马克思列宁主义的方针。

最后，还有一个对待工资差别的问题。实行按劳分配，必然会产生所谓实际的不平等，也会产生各人工资的差别。马克思列宁主义对待这个问题的态度是既要承认差别，以便努力准备条件来为将来消灭这种差别；又要反对差别的过分悬殊，因为过分悬殊的工资差别，会制造人民内部矛盾，助长追求个人物质享受的不良风气，这是

[①] 刘少奇：《马克思列宁主义在中国的胜利》，人民出版社1959年版，第21页。

不利于社会主义、共产主义事业的。但这里的问题也不存在于按劳分配原则(制度)本身,而在于对这个原则的执行有偏——比方说,各级工资的差别定得太悬殊。

总而言之,在漫长的社会主义历史阶段内,我们只有严格坚持党中央和毛主席的政治挂帅与物质鼓励相结合的方针,来正确贯彻执行"各尽所能、按劳分配"的原则,才能经常恒久地保持人民群众的冲天干劲和高度的革命战斗精神,把我国的社会主义建设事业引导到不断地从胜利走向更大胜利。

一九六二年八月六日

(原载《文汇报》1962 年 8 月 30 日)

《欣然斋史论集》总序

李亚农

十年以来，著者陆续发表了五本著作，即《中国的奴隶制与封建制》、《周族的氏族制与拓跋族的前封建制》、《殷代社会生活》、《西周与东周》、《中国的封建领主制和地主制》等；其目的在于依照一般社会发展的规律来划分中国历史的发展阶段，并尽可能依照具体的史料来阐述各阶段的人民的生活情况。经过十年的努力，著者认为自己总算替四五千年来的中国历史划了一个框框。至于这个框框是否比他人划的框框更圆一些？结论就不应该由著者来做，而是应该让读者来做了。

著者在抗战前，本来是欢喜搞一点甲骨文、金文什么的。打算在认识几个契文、金文之后，然后在这些最古老的文字中去研究一点古代社会情况。谁知道一钻进这些甲骨、鼎彝堆中，便乐而忘返，竟把古代社会的研究置诸脑后，研究起中国古代文字学本身来了。著者曾经把四五年内研究出来的一点寒伧的成果写在《铁云藏龟零拾》、《金文研究》、《殷契摭佚》、《殷契摭佚续编》等薄薄几本书中；前三本是以李旦丘这个化名发表在抗战之前的，《殷契摭佚续编》则是在解放战争胜利后才出版的。书的外表虽则寒伧，但在其中研究出来的成果，至今思之，仍不无有一些可取之处。或者这是敝帚自珍，也说不定。

志在于搞一点甲骨文、金文的人，其有没有搞中国民族数千年来的社会发展史的雄心,不问可知。其后抗战军兴,书斋中坐不安稳了,只好跑到新四军去跟着同志们打游击;光阴荏苒,一打就是十余年,手不握卷者也是十余年。本来就只有一点既不渊、也不博的可怜的学问,再加以长期的荒疏,即过去仔细看过的书籍,也必有误记、忘记之处。写起东西来就难免有几条小辫子给人抓着,时常供给人们一点讪笑的材料,也是意料中事。不过著者在这一点上,颇有勇气;笑骂由他笑骂,文章我自写之,著作依然是一本接着一本地出版了。每逢给人骂得面红耳赤之时,便常以敝同乡苏东坡的故事来聊以自慰。

坡公写诗,往往误用典故,如:以长桑君为仓公,以摸金校尉为摸金中郎,或者以葱为韭之类。谁知当时有一位伟大的、谨严而又渊博的学者,其名曰严有翼,竟能把坡公的错误,一一指摘出来,攻击得他体无完肤。渊博则诚渊博矣!谨严则诚谨严矣!可是千载之后,中国人民仍然只知道有一个错误百出的苏东坡,并不知道宋朝还有一个伟大的学者——严有翼其人了。坡公的长处,在于他的绝代才华,而其毛病在于他的粗枝大叶,更严重的是在于他的"想当然耳"。①

著者比他晚生几及千年,偏偏走上了同样摇笔杆子的道路;在写作的本领上,我和我的老乡,虽悬殊于才华,却相怜于同病。著者长处之有无,尚在未定之天,而粗枝大叶的毛病,却肯定地远比坡公厉害。因为有了如此这般的毛病,旷代的大诗人尚且逃不了臭骂,那就何况区区了。当然,著者假如满足于引坡公的故事来自慰,而不亟谋匡正错误之道,那就太对不起读者了。所以著者老早下定决心,一俟研究工作告一段落,就立即回头去做改订或增订工作。届时如有读

---

① 坡公应试文,题为刑赏忠厚之至论。其中有:"当尧之时,皋陶为士将杀人。陶曰:'杀之三。'尧曰:'宥之三。'"一段文字。"杀之三"、"宥之三"两句,诸试官均不知其出处。及入谢,欧阳公问其所从出。东坡笑曰:"想当然耳。"闻者为之哄堂。

其实,"想当然耳"的说法,也不能一概而论。如果是依据形式逻辑或辩证逻辑的法则来提出的或根据过去的研究成果来演绎的,那就是科学的假设。对于真正了解近代科学研究方法的人来说,假设,并不是什么神奇古怪的东西。

者对于拙著的错误提出善意的批评,著者仍旧竭诚欢迎;至于恶意的讪笑,则恕不答复,著者实在没有许多精力和时间来浪费笔墨了。

拿研究的进程来说,现在恰好告了一个段落,是应该回头去改订一下旧作的讹谬的时候了;拿著者的健康状态来说,当此驹隙留光、命如朝露之际,也应该是把旧作通盘拿出来整理一下的时候了;假如在纠正旧著的乖谬之前,竟淹忽下世,则贻误后来的读者的责任,是逃不了的。所以著者也急于完成改校工作。无奈病体支离,坐以待旦的苦恼的长夜逐渐增加,终日昏昏沉沉,要考虑问题不容易,要提起笔来写作更困难;在这种情况下,只得向朋友们讨救兵了。

十年以来,不断给病中的著者以协助的杨宽教授,负起了校阅古代史部分的责任;而南北朝、隋、唐史的权威——唐长孺教授也于百忙中挤出时间来,在短期内完成了《拓跋族的前封建制》的校阅工作;著者十年来的五本论著得以改名为《欣然斋史论集》并以现在这样改印合订本的形式与读者相见者,皆出于两君之赐。著者谨于此地向唐、杨两位老友致以最深厚的谢意。

经过唐、杨两位老友精心校雠之后,本论集中所有的错误,理应悉数消除;如果还有乖谬之处存在,责任当然不在代为校雠的唐、杨两位,而在于著者自身了。因为唐、杨两位提议修改的有些意见,著者并没有完全接受。

第一,关于某些历史事实的理解,唐、杨两位往往根据着历代相传的资料,提出了不同的意见,著者则以为旧说虽有来历,但以不合于逻辑(形式的或辩证的)之故,而没有接受;如果因为没有接受校阅者的意见,而保留了原有的错误,则其责任当然在于著者,是十分明白的。

第二,关于同一问题,在前出书中是这样说的,而在后出书中又是那样说的,前后矛盾。校阅者有时也提出了意见,建议改正前说之非,而著者却故意没有改动;只是在某些地方加了一条注,请读者参考后出某处,就算了事。因为著者相信把这种错误保留下来,对于读者不无好处。读者将由此认识到科学研究是如何逐渐地接近客观的史实或真理的。科学研究者假如对于他所研究的问题,都已了解透彻,那就根本无须乎再去研究;其所以还须要继续努力进行研究者,那正是因为研究者对于他所研究的问题还理解不够,或者根本上还不理解。例如著者在未写西周与东周之前,是不懂得什么叫作夏政、戎索、商政、周索的;尽管前人关于这些问题讲得很多,但著者既不能同意他们的说法,而著者本人对于这些问题,也没有任何理解,所以在未写西周与东周之前,只得避而不谈。其后,经过不断的研究和思索,自己认为已经懂得了这些问题(当然是自己以为懂得了);然后将其研究的成果,写在《西周与东周》里,又例如氏族组织与军事编制的问题,又例如"作丘甲"、"赋甲兵"、"用田赋"的问题,都是后说是,而前说非,著者为了保留原著的本来面目,对于原文都未加改动,而只加了一条注。又例如商鞅变法,关于他的废井田、开阡陌的办法,古今中外,不知道到底有多少史学家提出了不同的解释,我们都未能同意,而自己另外提出了新说。这些说法,在前后各书中,虽无前后矛盾之处,但前略而后详,或时时在作补充的情况还是有的,这表现出著者在研究过程中关于这一问题有了逐渐的、深入的、更具体的了解;现在把这种一步一步前进的痕迹保留下来,对于后来有志于研究中国历史的读者,或者不无帮助,所以亦未予以改动。

第三,中国民族的史前史,姑且不谈;单拿成文史来说吧,已长达四五千年之久。拥有数千万、数万万人口的泱泱大国,则其历史内容之丰富与纷繁可知。假使没有一个庞大的历史学家的队伍来长期地进行研究,就想要一下子搞清楚这样一个民族的历史,那是狂妄的;而著者以一人之力,仅仅花十年的工夫,竟替中国几千年的历史发展大致划了一个框框,其粗疏之处之多,也是可想而知的。著者不是完全没有听见有些反对的意见:"你何必那样急?那样忙?急急于要去替几千年的历史划框框?你既然那样匆忙地从事于划框框,当然就会出漏洞;慢一点,仔细一点,把一切细小的问题都弄清楚了之后,然后再来替整个中国历史划分发展阶段也不迟。"但是，我们要说，我们很难接受这种意见。如果真的依照这种研究方法去做，那就应了两句古话："俟河之清，人寿几何？"而我们在建立了人民的政权的今天，就必须马上有一套比较正确的马克思主义的中国史来教育人民，那又怎么办呢？正如人民政府很快地澄清了黄河之水，把数千年来一直威胁着中国人民生存的黄河，改造成造福于中国人民的黄河一样，中国现在的所有的历史学家必须于短时间内很快地协力写出一本马克思主义的比较接近于或者吻合于客观历史事实的中国史，以澄清封建主义的或资本主义的混乱的反动的历史观点。由于这个工作是必须急的，必须忙的，所以著者才不揣冒昧，写起中国社会发展史来了。既然写得很匆忙，那就难免要出漏洞。出了漏洞不要紧，把它弥补起来。今天我们在中国从事于马克思主义的历史学的学徒，只可能抱着这样的态度去做研究工作。今天中国的历史学家不可能把一切细小的问题都先弄清楚了之后，再来写新的中国史，而只能抓着关键性的问题来加以研究，加以解决，以便依靠这些骨干架子，尽可能迅速地写出一本比较正确的中国通史来。这种做法本来就是可能出漏洞的，再加之以著者的个性的粗枝大叶，就更加重了这一毛病。今当出版合订本的时候，虽然得到了唐、杨两位教授的热情的帮助，弥补了不少的漏洞，但由于著者的漏洞太多，恐仍有不少漏了网的漏洞。经过这番校雠之后，本集中如果还有未及校改的错误，仍应由著者来身任其咎，这是理应申明的。

著作在朋友们的不断的协助下，不单是大致完成了替中国史划分阶段的工作，而且能够在有生之日，完成了校改工作，这使著者大大地感到松了一口气；而今而后，贻误后来的读者的责任，其庶乎可以减轻一点。当此论集完成校改工作，行将付印之际，著者一方面虽然私自庆幸得到了减少一点贻误读者的责任的机会；但另一方面也感觉到今天我们对于一本书的要求和态度应该如何？还须考虑一下。

假使说，一本书的内容须要做到绝对没有一点错误，才算是一本好书，那么，著者就怀疑古今中外是否曾经有过这样一部书；连马克思自身的著作，最低限度，早期马克思的著作以及由黑格尔左派到新世界观的树立的转换期的著作，甚至于成熟期的著作——《共产党宣言》（也因其第一句之故），都在可以付之一炬之列；又假如读者对于一本书的要求，只在于采其可取者而弃其可去者，则很多著作（一无可取的海盗海淫的东西以及洋洋洒洒动辄数万言而没有一句说得对的八股文除外）对于一个读者来说，大都是开卷有益的。我们读一本书，主要是想从中得到一点好处，来作为自己的营养；而不是为了专去找坏处来填满自己的脑袋。请问！你拼命去找坏东西来填满自己的头脑之后，又将何所用之？诚然，在有营养的东西里面，有些不免包藏着毒素，一切具有健康的生理机能的人，都应努力于吸收营养而排出毒素；一切具有健全的理智的人，也应作去粗取精，去伪存真的努力，而对于书中的是非好坏，必须有所批判和辨别。然其所以要去粗，主要地是为了取精；其所以要去伪，主要地是为了存真；其所以要排除毒素，主要地是为了吸取营养。倘若终日专从事于排除毒素，日日沉溺于排除毒素，而竟忘去了吸收营养；即使是一个壮健无比的汉子，吾将见其很快地陷于气息奄奄、朝不保夕的险境。

说到这里，著者不能不想起康德哲学的遭遇。从消极方面来批判康德思想的反动性的文章，真可以说汗牛充栋；而从积极方面来研究康德，企图去其粗而取其精，去其伪而存其真，以作为无产阶级的哲学的营养，以作为发展辩证唯物主义哲学的因素的文章，却寥若晨星。康德哲学之为反动的观念论，吾久已知之矣；康德哲学之为不能自圆其说的二元论，吾久已知之矣；对于康德哲学的批判似乎不必再多费笔墨了！而有些哲学家们却乐此不疲，永久地在那里批判，而不见其从中吸取营养来发展新的哲学。难道康德哲学竟是一无菁华可取的糟粕么？恐怕不是这样罢。

我们知道，康德的哲学是继英国的哲学家休谟的怀疑论之后而出现的哲学派别。休谟的怀疑论否认了人类认识客观真理的可能性，而当时自然科学的进步，都天天在证明客观的真理是可以认识的；换一句话说，休谟的怀疑论天天都在挨耳光。康德为了解答休谟所不能解答的问题，于是建立了他自己的哲学体系——二元论的观念论。一方面承认有法则可寻的自然界的存在，另一方面又承认有人类的认识能力所不能达到的"物自体"和不受任何自然法则约束的自由的精神的世界。康德本人认为，这样就可以克服休谟哲学的弱点。但是我们知道，在哲学史上，一切二元论都是不能自圆其说的、自相矛盾的理论；所以在康德之后，又出现了费希特的主观唯心论，企图弥补康德的漏洞。费希特认为绝对的"自我"是他哲学的出发点，世界及其一切规律都是绝对的"自我"从自身中创造出来的；从而在说明客观世界之所以存在，以及如何去认识这个世界的问题上，虽然避开了康德所碰着的暗礁，虽然在理论上避免了二元论的弱点，其奈他自身的条理畅通的极端的唯心论，是完全不符合客观事实的空论何？谁在宇宙中又曾经看到过一个"自我"在那里创造世界呢？这种极端的唯心论是很难说服人的、软弱无力的荒谬的理论。费希特在耶那大学的讲座的接班人是谢林，他为了弥补他的前任者的缺憾，提出了同一哲学（物质与精神的同一）的原理。可是当他的哲学还没有来得及在各方面发生重大影响的时候，他的微弱的呼声，已为抱着同一目的而登场的、风靡一世的黑格尔哲学所压倒了。至于黑格尔哲学，纯就其理论来说，好像一个五官端正、四肢俱全的人，几乎无懈可击；可是用客观的存在来作标准一检查，就变成了两脚朝天头着地的怪物。所以，随黑格尔之后而来的费尔巴哈却从唯心论转到了唯物论。

马克思便是站在黑格尔的辩证法和费尔巴哈的唯物论的基础上建立了他的新世界观——辩证唯物论，从而攀登上了人类的哲学思潮的最高峰。马克思的哲学思想既然对于人类社会做了伟大的贡献，则饮水思源，我们就无法否定黑格尔哲学对于人类社会的贡献；

我们既然无法否定黑格尔在哲学上的贡献，我们又怎么能够否认黑格尔哲学所依据以成立的先行哲学家们的贡献呢？试看康德的名著《纯粹理性批判》中的十二个范畴，在黑格尔的大、小逻辑（或辩证法）中占着何等重要的地位，就可以证明著者的言之非诬。

肯定康德哲学贡献（不单是康德，其实是先行于马克思的一切哲学家的贡献）的时候应该到了。著者记得两年前曾经在一本外国杂志上看到一位哲学家写了一篇文章，其标题曰：伟大的康德。对了！我们已经充分地谈过了康德的反动性，再谈也没有啥味道，反正说来说去不过是那几句话，早已变成了老生常谈，何必再去谈它！现在是应该谈一谈康德的伟大的时候了。去其粗而取其精，并在前人的研究基础上来发展无产阶级的哲学和社会科学的时候应该到了。及至读完了这篇文章之后，著者不禁大失所望。原来这位哲学家仍然花了十分之九的篇幅去批判康德的久已耳熟能详的反动性，而仅仅用了十分之一的篇幅来谈康德在天文学上的成就。他并没有谈出康德之所以伟大，而只谈了康德之所以渺小。试问我们怎么能够从这样的研究中去其粗而取其精，以发展新哲学，以建设新文化呢？

"是存在决定意识，而不是意识决定存在。"由于这一真理太有名了，谁都知道，人们往往因此而忘却另一真理，即"思想一旦形成体系之后，它就具有它自身的发展规律"。每一思想体系都为客观的存在所规定，都是当时的客观的存在的反映，都是客观的存在的产物；同时，每一思想体系皆为先行思想体系所规定，都是先行思想体系的必然的发展；请读者试一回顾近代和古代的哲学的发展过程，就很容易理解后一条真理跟前一条真理同样是颠扑不破的，当我们站在马克思的伟大的著作前面，我们千万不要忘记德国的古典哲学、英国的古典政治经济学、法国的空想社会主义思潮之伟大。这些东西正是伟大的马克思主义的源泉。马克思用尽了心血来研究了这些东西，但是他并没有替我们代劳，我们还必须亲自再去下一番苦功，才能真正有所收获，我们不能只抱着一部《资本论》去大谈其经济学（最近王亚南氏在《人民日报》上提倡研究古典政治经济学,颇有见地)。作为一个马克思主义的学者,假如我们只读几本马克思主义的著作,即引以为满足,那我们不单是没有任何资格来建设无产阶级的新文化,甚且会丧失理解马克思主义本身的能力,因为马克思的著作本身,都是渊源有自的。没有打好理解马克思主义的基础,就没有透彻地理解马克思主义的可能。

为了建设社会主义的新文化,我们不单是应该研究资本主义时代的古典著作,并且还需要研究人类一切时代的古典,从中吸取营养。谁都知道人类的社会生产力是跟随着社会的发展阶段而发展的,人类所创造的文化一般地是跟着生产力的发展而发展的,但并不一定所有文化都是如此。例如欧洲封建时代的社会生产力虽比奴隶制时代的生产力为高,但中世纪的文化(当然,我们不能忘记这个时代的识字的人数的增加和文化地区的扩大,也不能忘记这个时代木犁变成了铁犁),却远不如古典的希腊文化之绚烂夺目,尤其是在诗歌和雕刻方面,马克思简直认为希腊人的创造力发挥到了前无古人、后无来者的程度。我们完全同意马克思的看法。试将文艺复兴时代意大利最伟大的雕刻家米开朗琪罗和近代法国最伟大的雕刻家罗丹的作品和希腊雕刻比起来,我们不得不承认前二人比后者仍有逊色(米氏的毛病有专名叫筋肉过多症)。今之有志于雕刻艺术者,如果要向古典文化吸收营养的话,那你就必须去向古希腊的雕刻家学习;如果你不去向希腊雕刻学习,而专向其他的国度或其他时代的雕刻学习,虽然同样可以学到一些东西,但你却是在去其精华而取其糟粕了;在这种情况下,我们如何能够创造出光辉灿烂的伟大的社会主义的新雕刻艺术呢?我们必须继承人类的一切优良传统(注意:笔者在这里只是说继承优良的,并没有说要继承恶劣的;当然,称这种继承为批判的继承亦可),然后站在这个基础上去开辟前人未踏的新境界,去建设伟大的社会主义新文化。

又例如:"中国新诗的前途,在于很好地去研究古典和民谣",这也是近年来流行于我国的非常有名的一条真理,而且是被中国文学史不止一次地证明其为颠扑不破的真理。宋词和元曲都是结合古典与民谣然后产生出来的生机活泼的新形式的诗,这是熟悉中国文学发展史的人,谁都不能否认的历史事实。所以这一条真理,对于中国的新诗人来说,是极端重要的。可是,我们必须知道,所谓要"研究古典与民谣",乃是既要研究民谣,同时又要研究古典的意思;并不是叫些人来写几首五个字一句的诗,或七个字一句的诗;再叫一些张三李四来随便写几行既不押韵,念起来又不顺口的七长八短的句子,就算研究了"古典与民谣"。更明确地说:就是必须要结合民谣与古典来同时进行研究,并由此而创造出一种既非古典,也非民谣的另一形式的新诗,这才是这一条有名的真理的真谛。而且这一真理暂时还不是向今天中国一般群众来说的,在今天就要求一般群众去研究古典,似乎还做不到;如果今天一般群众真要为了新诗的前途而忙碌,那恐怕是白忙了。研究古典,去其粗而取其精(把过去诗词中值得继承的继承下来),更结合今天的民谣(民谣是在群众中自然产生的歌谣,而不是叫张三李四硬挤出来的呐喊)所表现的新的生活、感情、思想,来创造富有生命力的新诗,这对于今天中国的新诗人来说,实责无旁贷。

  要创造新的,就必须继承过去一切值得继承的;因为这样做,不单是可节省许多劳力,更重要的是能够避免走错路,栽筋斗;这样做法,实为避免碰得头破血流的最好的保障。所以说,继往实所以开来。辩证法中最主要的概念之一,就是"扬弃"(在《小逻辑》和《大逻辑》中出现的次数最多。何止千百次,比任何其它概念出现的次数要多得多,由此可知其重要性。舍此,便无从谈辩证法。"扬弃"二字的德语原文为 aufheben,本由 auf 和 heben 两部分合而成一字的,auf 有"去掉",hebcn 有"抬高"的意思),其意若曰:弃其粗者而保留并发展其精者,这是一切马克思主义者不得忘去的一条。所谓有创造性的东西,决不是忽然从天上掉下来的,也决不是任何人单凭胡思乱想就可以作出来的；必须付出大量的辛勤劳动，到过去的传统中去做一番辨别优劣的工夫，然后去其粗而取其精，更发展其精者，以创造新的文化，并以此启发后人，使人类的文化得以不断地发展和提高；要具有这种承前启后的作用的东西，才配得上"创造性"三个字。例如，毛泽东同志有关中国革命战争的战略问题的著作都是典型的富有创造性的煌煌巨著。在抗日战争和解放战争中，这些伟大的著作领导中国人民从胜利走到了胜利。若没有下功夫去研究继承什么？如何继承？就想随随便便地凭空创造什么新事物，这种做法，简直是盲人骑瞎马，夜半临深池。真有点令人不寒而栗！

要创造新的，就必须继承旧的——把过去一切值得继承的精华全部继承下来，这是任何科学，尤其是社会科学藉以发展的前提，历史科学当然也决不能例外。为了使我们今天的历史科学获得更大的发展，我们必须继承过去历史学方面的所有的精华，对于每一时代的历史学家的研究成果，都必须珍视，而不得有所轩轾于其间，因为正是这些研究的积累，在帮助我们一步一步地更深入地、更生动地理解人类的历史。譬如拿中国古代史的研究来说，除了甲骨文和金文而外，我们藉以研究古史的最早的文献，首推《尚书》和《诗经》两部书，为了正确地理解这些古代文献，我们能重汉学而轻宋学吗？不能。能够重宋学而轻朴学吗？不能。能够重朴学而轻"五四"以后抬头起来的资产阶级的历史学吗？不能。因为每一时代的学者（只要不是冒牌的）站在前人的研究的基础上，对于他所处的时代，都作出了相应的贡献，他的研究的成果，正是后来者做研究的基石。即以《诗经》为例，我们为了理解这部最古的诗歌集，就没有办法离开秦汉之际的经师们的序、传和东汉末期的郑康成的笺。宋儒和近代资产阶级的学者把这些序和传说得一文不值，认为完全是穿凿附会之谈；其实，假如没有那些古代经师和汉儒替我们传下来的一点训诂的话，则宋代名儒和近代硕学是否能够那样目中无人，畅谈古诗，并且痛快地揭露序、传和诗的内容的矛盾，是颇有问题的。诗经的序、传、训诂，在未固定成文字以前,都是师傅口授的;既然是口耳相传下来的东西,就难免有误传;他方面,既然是口耳相传下来的东西,就必有其没有传错的部分。试看传中训诂,我们能够武断地说它都是错误的吗?抱歉得很,离开了这些训诂,哪怕你是宋代的名儒,要想读通这部诗经,那还是办不到的。何况序、传所传,未必全是误传,而必有其吻合于古代的史实者。问题不在于序、传是否完全货真价实,而在于今日之读者是否善于以社会发展史的规律为尺度,去辨别真、伪、是、非,而信其可信者,不信其不可信者。

更具体的例子:诗序之作者为谁?自古就传说不一。有的说大序是子夏作,小序是子夏、毛公合作,《后汉书》又以诗序为卫宏作,隋末则以为诗序是子夏所作,其后毛公、卫敬仲又加以补充。真是众说纷纭,莫衷一是。后来的宋儒、清代的朴学家、资产阶级的史学家都加入了论战,争论得十分热烈;都企图证明子夏、毛公、卫宏诸说,皆为虚谬,甚且是汉朝以后的伪作;但是我们不想被卷入这一漩涡,去考证到底谁是这些序、传的作者,我们只要申述一下下面的见解,即可引以为满足:假如我们放一把火,把这些序、传(包括训诂在内)通通烧掉,那么,哪怕你是一代的硕学、鸿儒,便休想读通这本中国最古的诗集。事实既然如此,则汉以前的学者的贡献是不可抹杀的。不过我们也得申明一下,我们这样热心地替汉学做啦啦队,倒不是存心要帮助汉学去打倒宋学,不过是依照今天的历史观点来两句公道话罢了。

著者肯定汉学在中国文化发展史上作出的巨大贡献,但并不想因此而否定宋学的价值;由于汉儒的顽固的性格,各立门户,各有师承;即以《诗经》而论,在毛诗之外,还有齐、鲁、韩三家,皆各死守师说,而不考虑师说是否符合史实?是否符合逻辑?是否有自相矛盾之处?是否有穿凿附会之谈?连极其明显的讲不通的训诂,他们皆视如拱璧,也一代一代地盲目地传下来,而不敢有所变易。和这样不讲理的汉学比较起来,则宋儒恰好是合理主义者。凡是不符合于他们的宇宙观、人生观、伦理思想以及依据这些观点而制造出来的逻辑（哪怕这种逻辑带有封建的色彩，但终归是一种逻辑，一种道理，是一种封建社会的人们所能承认的道理），他们一概拒绝接受。宋儒站在合理主义的立场上，根据着他们的逻辑，轻而易举地指出了汉学的许多不通之处，汉儒的愚蠢的地方；使后之学者不致迷信古人的一言一语，依照字面价值来接受古书的一字一句，而必须使用自己头脑来辨别是非真伪，这是宋儒在中国学术史上作出的最大贡献。宋学的武器是逻辑，而汉学的根据是师承。汉学虽有不通之处，但其有师承而又合于逻辑者，我们应承认其价值；宋学虽无师承，但其有逻辑的根据者，也就有暗合于历史发展的必然性的可能，我们也不能不承认其价值。"合理的就是现实的"，如果我们不能否认这一条辩证法的话，我们很难像朴学家那样，斥之为空谈而一笔抹杀宋学的贡献。所以著者有时也根据着宋学来讲历史，而并不嫌其缺乏史料价值。

至于朴学家，在中国数千年来的学术史上占有更重要的地位；由于他们的研究方法和近代资本主义的科学研究方法极其接近，所以取得了一些超越前人的成就。另一方面，我们必须指出封建的朴学家的研究方法，虽已接近于资本主义的科学的研究方法，已具有实证主义的精神，但由于他们缺乏逻辑，由于他们的研究只满足于有证据就行，而不管他们的说法合不合理，所以他们的成就，比起资产阶级的学者来，终归略逊一筹。我们必须知道，经过朴学家的考据，而且有了证据的东西，也不一定可信。有清乾嘉时代的朴学家，都是一些伟大的蠹虫。他们把所有的古书读得滚瓜烂熟，无论什么问题，只要是和他们的研究有关的，他们都不难在古书中去找出两三条证据来证明己说之是，而异说之非；即使是关于一个字的古义吧，这些渊博的老先生们都能够到古书中去随便找三两条证据来标新立异。其研究的结果，往往失之于好奇，而不一定是真理；尽管如此，朴学家们在中国学术史上仍然拿出了空前的成绩。

最后，资产阶级的学者，则以王国维为代表，终于出现在中国学术史上了。在这位终身不肯剪掉辫子,以致苦闷得投水而死的王忠悫公的思想中虽然还掺杂着封建的成分,但他所采取的研究方法的确是近代的,因而他取得了巨大的成绩。他的全集达到了六七十册线装书之多,即尽量去其糟粕,然后取其精华,其在中国学术史上的贡献,就颇有可观。"五四"以后,中国资产阶级的科学研究,无论哪一个部门,由于中国资产阶级的没有力量,由于国民党反动派轻视科学研究的结果,大都没有得到充分发展的机会;惟史学得天独厚,出乎意料之外的培养了一批人才,拿出了相当的成绩。一般地说,中国资产阶级历史学的成就,有下列两点:第一,在于它继承了朴学家的优良传统,再加之以资产阶级的实证主义的研究方法(我们必须知道实证主义有它反动的一面,也有它合乎科学的研究的一面),使它有了可能来弄清楚历史上许多个别史实。即以古史辨这一派的疑古的学风而论,尽管他们有为怀疑而怀疑,终于把一切都否定掉的倾向;但在他们否定掉的东西之中,的确有应该否定掉的。凡从事于古史研究的人们,假使不通过这一关,那就会连古文献的真伪都不知辨别,我保证你写起文章来将大闹其笑话。我们必须承认,尽管疑古派有它的缺点,但我们决不能抹杀其成绩。第二,由于弄清楚了许多历史事实,使它有了可能来更具体、更深入地认识中国历史(只要这些认识和资产阶级的利益不发生冲突的时候),从而把一部分史实或历史形象化了,使过去中国人民的生活得以活灵活现地出现在读者脑筋中来,从而帮助了读者更具体地去理解业已过去的中国人民的生活。今姑且举两个例来说,当著者读到张荫麟氏(已故)的《中国史纲》(上古篇)和顾颉刚氏的《浪口村随笔》原稿(乃是一部读史札记,其中不少篇章是有见解的)的时候,就有这种感觉。

至于资产阶级历史学的危害性,首先是其某些著作具有的有意识的反动性,包藏着害人的毒素。例如现代法国的文学家莫罗亚,于法国战败后,曾写了有名的《法国战败了》一书,这部书在抗战初期也曾经轰动过中国的读者界;另外他还写了一部英国史,又轰动了资本主义阵营的读书界。何以一个法国的文学家（而不是历史学家）竟能越俎代庖地（不是英国人）写了一本英国史，并且轰动了资本主义阵营的读书界呢？莫罗亚到底凭什么神通，竟能使其著作发生如是其大的影响呢？原因是这部著作的著者，从浩如烟海的史料中，通过主观的取舍，选择了丰富的合于自己的口味的史料来证明英国人民的历史，绝对不是阶级斗争的历史而是阶级协作的历史。这就很合于全世界资产阶级的需要。他们可以用这种歪曲的历史，来证明英国资产阶级所组织的国家体制，应该是所有的国家的理想目标，而且成为阶级冲突的调和者。莫罗亚通过主观的取舍来歪曲了历史的真相，并藉此以达到反马克思主义的历史唯物论的目的；但他在书中决没有提到他要反对马克思及其阶级斗争学说，只是把一些历史故事，以文学家的叙述故事的天才，娓娓道来，非常动听，从而发挥了极大的吸引力。莫罗亚的反动技术，可谓巧妙已极，其为害就更厉害。

其次，由于资本主义末期的历史学的毛病是在于它的害怕真理，从而不敢积极追求真理，因为走上了为钻研而钻研的游戏的道路，致使它的研究丧失了目的性，而变成没有意义的烦琐不堪的废话。其弊之极，将有如章学诚所云："……贪奇嗜琐，但知日务增华，不过千年，将恐大地不足容架阁矣。"①

第三，资产阶级的历史学，较之过去史学是大大地前进了一步，它既懂得实证的方法，也懂得形式逻辑的法则，但它始终不懂得辩证法。当它为了研究某一问题而收集资料的时候，缺乏发展的观点。材料堆积如山，而不知道这些资料并不属于同一时代；却硬要把这些资料排列起来，硬要使其融会其通，以阐明历史的事实。这种文章令人越读越糊涂，而写作者是比读者更糊涂的。

尽管资产阶级的历史学有如是其严重的毛病，我们不欲建立无产阶级的新史学则已；如欲建立新史学，还必须以资产阶级历史学的

---

① 章学诚的话，虽为某些封建时代的钻牛角尖的史家而发，然亦可适用于为钻研而钻研的一些资产阶级的史家。

研究成果(当然要去其糟粕)为基础,从此出发去进行研究,然后才能够事半功倍。如此说来,我们对于过去的学人的研究成果,这也舍不得抹杀,那也舍不得丢掉,都打算加以批判的继承,则古人所谓"读万卷书"者,殆非大言欺人,而是事实的需要。著者浅学菲才,虽然作了毕生的努力,但是否已经读破万卷,仍旧心中无数;所以虽然写了几篇文章,并不敢自信其以这样的萤烛末光,便能增辉日月;不过是愚者千虑,窃愿献其一得之见耳!

著者一九六二年孟春之初,自序于上海枫林桥畔

老骥伏枥：改革开放显风流

在上海市会计学会成立大会上的讲话

黄逸峰

今天上海市会计学会召开成立大会，我代表筹备会讲几句话。

首先，对社联领导下的会计学会召开成立大会表示热烈的祝贺。上海组织会计学会是十分必要的。上海财会工作人员现有约十万人以上，这是一支分布在各个经济领域，涉及面广，人数众多的队伍，需要有一个群众性的学术组织，来从事会计理论的研究。革命导师马克思、列宁都强调会计对经济工作的作用。因为会计是管理经济必不可少的工具。回顾解放以来，在社会主义经济建设中，会计工作对国民经济的发展，确实起了积极的作用。社会主义经济越发展，会计越重要。在新时期总任务中，发挥会计工作的职能作用，比过去更为必要，是不言而喻的。所以筹组会计学会是适应当前形势发展的需要。今天大会有市财政局领导王眉征同志和市人民银行领导黄朝治同志参加，充分反映了财政、金融部门对会计工作的重视和对会计学会的关心和支持。

其次，我们组织会计学会的目的是要积极宣传会计的重要性，从事会计理论研究，充分发挥会计职能作用，使会计工作更好地为实现新时期总任务做出贡献。这在《成立上海市会计学会缘起》中已经阐明，毋需赘述。如众周知，在社会主义企业里，如果没有会计，没有经济核算和财务管理，其后果是不堪设想的。回忆在"四人帮"横行的日子里，经济工作和会计工作都受到干扰、破坏，许多工厂企业不重视会计工作，认为会计核算可有可无，因而出现账目混乱，人力、物力、财力浪费，企业完不成计划，亏损面扩大，积累水平下降，使国民经济遭到严重破坏，处于崩溃边缘。沉痛的教训，记忆犹新。因此，我们要重新强调会计的重要性，广泛宣传做好会计工作对发展国民经济的重要意义。会计学会要和广大财会工作人员紧密结合起来，贯彻落实《会计人员职权条例》，完成新时期对会计工作提出的新要求。

再次，任何一门自然科学和社会科学都有不少新、老问题有待于我们去探索、研究和解决。会计也不例外，如记账方法，现在大致可分三种：一种是从西方国家学来的借贷记账法，再一种是我国固有的收付记账法，另一种是我们在六十年代创造的增减记账法。究竟哪一种记账方法好？值得大家探讨。讨论记账方法，是否不要去考究它的出处，有没有阶级性，而要着眼于它对我们的经济核算、财务管理有没有好处。我认为会计方法一般是没有阶级性的，资产阶级可以用，无产阶级也可以用，这与我们引进西方的技术没有两样。虽然社会制度不同，只要对我们建设有利的方法，我们都可以采用。学术研究要贯彻百家争鸣的方针，提倡自由辩论。党中央三中全会的精神就是要发扬民主，加强法制，理论一定要由实践来检验，要贯彻"三不"主义，这对开展学术研究是很重要的。要保证大家自由发表意见，自由摆观点，容许犯错误，错了可以改。在工作中要消除过去"文人相轻"的旧社会影响，互相尊重，对于不同的观点和意见，不分古今中外，凡是正确的，大家就拥护。这样，我相信会计学术研究工作一定会有很大的进展。

今天大会，出席人数很多，是关心学会的好现象。希望大会以后,在社联的正确领导下,把各项活动积极开展起来。我离开会计工作已经几十年了,今天作为一个老学生前来参加学会,愿与同志们一起边学边干,把学会办好。发言中如有错误,请大家指正。

(原载《上海会计》1979 年第 1 期)

对上海长远规划指导方针的一些看法

黄逸峰

上海对全国具有重要的作用,上海是全国人民的上海。上海的长远规划,不仅为全市人民所关心,也为全国人民所瞩目。究竟建设一个什么样的上海?现就这个问题的指导方针,提出一些看法:

一、在实现四化的过程中,要允许不平衡

事物发展的不平衡是绝对的。中国这么大,各地区的发展存在着严重的不平衡,上海和西藏,基础不一样,差距极大,因此,发展不能一个样。

过去,有个理论:"社会主义就是拉拉平",搞平均主义。结果,富的拉平了富不起来,穷的愈来愈贫。

应该承认不平衡,允许不平衡,利用不平衡,最后达到缩小不平衡。少数先进地区首先建设好、富起来,就可以更有效地支援和帮助比较落后的地区。

在全国,上海是个经济技术先进地区,它的基础比较好,发展比较快,生产水平比较高,完全有条件同全国其他先进地区一起提前实现四化.

上海提前实现四化,就不能光看国民收入平均每人达到一千美

元的水平。因为上海现在按人口计算的国民收入已经超过了1 000美元。因此,上海提前实现四化,不能光指生产水平,而应当是全面的。中央对北京市的四条建议,上海应当做到,一定要使生产水平、道德风尚、文教科学、清洁卫生、物质文明在全国都属于第一流。

上海和先进地区提前实现四化,就要反对"穷拉平",平均主义是建设的大敌。"不患寡,而患不均",这是孔老二的思想在作怪。

二、体现社会主义生产目的性,发展生产和改善生活要一并规划

长远规划必须体现社会主义生产的目的性。卅年的重要教训在于:我国生产发展的速度虽然相当快,但改善人民生活的步子相当慢。社会主义生产的目的,集中一句话,要改善人民生活。

为此,我们制定的长远规划就不仅是经济发展规划,也包括社会发展规划。也就是说,除了经济发展计划外,还要有文化教育、科学技术、生活福利、城市建设、环境保护等发展计划。

制定规划,不仅有发展生产的指标,而且有改善生活的指标。生活的指标,包括衣、食、住、行、用等。例如,居住面积,今年平均每人3.9平方米,在1990年,应提高到多少平方米,2000年应提高到多少平方米。

制定规划,不仅把生产水平、发展速度作为实现指标的重要标志,而且要把人民生活水平实际提高多少作为最终标志。

总之,把国家发展计划和个人物质利益紧密地结合起来,使群众有奔头,积极性来了,就会关心长远规划,努力实现长远规划。

三、扬长避短,走高精尖的道路

上海是个加工工业的城市。最大的长处是加工工业发达和先

进,最大的短处是原材料不足,几乎全靠外地输入。

今后的发展,决不能再走数量上扩展的道路,而是走质量上提高的道路,也就是走高精尖新的道路。

要发展知识密集工业,也可以适当发展劳动密集工业,但不要再发展资源密集工业。

上海的工业无论是在数量和比重上,不应永久在国内占第一位,但要在质量上和技术上保持全国第一位,并以此来支援兄弟省市的建设,同时,要在上缴和创汇上保持全国第一位,并以此来支援国家的建设。

上海的发展,要从上海的特点出发,不能丢掉自己的长处,硬去发展自己的短处。

四、注重人才投资,发展文化教育

以往的规划,只考虑物的因素,忽视人的因素,因而对人才的开发、投资没有予以足够的重视。

四化四化,主要靠人去化。没有搞现代化的人,也就没有现代化。

日本发展经济的一条根本经验,就是重视人才的培养和教育。

上海这个地方,一无资源,二无能源,地方窄小,城市臃肿,今后为国家现代化多作贡献,不能继续走以输出产品为主的道路,而要逐步做到以输出技术和人才为主。上海应当把技术、管理人才输送到全国去。

人才的培养,一定要有远见,一定要从现在就抓起。

(1) 既要注意理工科人才的培养,又要注意文科人才的培养。资本主义发达国家,像美国培养经济人才、管理人才占很大比重,而我国的比重极小。

(2) 既要注意学校教育,又要注意业余教育;既要注意一次教育,又要重视终身教育。

（3）既要注意普及,要看到现在的文化水平在下降;又要注意在普及的基础上提高,培养大批优秀人才。

五、上海的发展,出路在扩散

上海市区 158 平方公里,[①]工厂 4 033 家,人口 600 多万。人口密度世界第一,工厂高度密集,港口和铁路的吞吐量已经饱和,目前突出的问题是住宅紧张、交通拥挤、污染严重……出路何在,只有扩散。

把工厂扩散出去。要把三废严重、拥挤过度以及重点建设的工厂扩散出去。工厂扩散出去了,人口也就扩散了。

把产品扩散出去。一般工业产品尽可能扩散到外地去,上海可以腾出手来发展高精尖产品,发展自己的优势。

把市政建设扩散出去。重点去发展卫星城镇。那里容纳多了,市区自然松动了。

把技术扩散出去。通过协作的方式和联合的道路向全国输出技术、输出管理,支持兄弟省市发展经济。

把人才扩散出去。上海有责任把技术人才、经济管理人才输送出去。

扩散到何处去?

（1）向浦东扩散。浦东大可开拓,主要是解决过江交通问题。世界上很多大城市都是隔江建设的。

（2）向卫星城镇扩散。卫星城镇大有潜力,已建 12 个,面积 50 平方公里,虽然已经开发,但没有充分发挥作用,关键是解决城乡政策、发展规划以及城镇建设问题。

（3）向郊区扩散。郊区近 6 000 平方公里,有 15 个国营农场,走

---

① 这里指 1980 年上海中心城区的面积。2017 年底,上海中心城区面积 660 平方公里。——编者注

工农联合道路,即可扩散。郊区大大小小城镇 35 个也大可开发。

(4) 向外省扩散。采取举办跨省公司,实行联合经营,开展"补偿贸易"等办法,将加工产品扩散,既发展生产,又减轻上海市区压力。

(5) 向国外扩散。上海可承包国外工程,出口劳务,这方面上海也有一定的经验。

六、实行"调整、改造、挖潜、提高"的方针

考虑到上海比例关系严重失调和已经出现的四个"紧张"(能源、住宅、交通、污染),对上海原来"充分利用,积极发展"的方针要重新加以研究。现在,有些部门看中上海投资少、上马快、收效大,都纷纷到上海来"充分利用,积极发展",大搞生产性基本建设。这样,使上海的比例失调会更加严重。

可是上海实在不能再盲目发展了。一定要采取"调整、改造、挖潜、提高"的方针。

调整,就是调整产业结构,调整产品结构,通过国家计委和有关部门同意,把外地可以生产的产品调整下来,把高精尖产品调整上去,把不符合四少(能源、原材料、"三废"、占地)一高(知识密集程度高)的产品尽可能地调整下来,把符合的调整上去。

改造,就是不能停留在简单再生产水平上,吃老本,而要不断更新落后设备,改造生产手段。

挖潜,就是通过改善经营管理,实行专业化协作,走联合道路,进一步挖掘企业、行业的潜力。

提高,就是提高技术水平,提高管理水平,提高经济效果。

七、改革经济体制,活跃和繁荣社会主义经济

经济要发展,体制要改革。不改革体制,实现经济和社会发展计

划就没有保证。

改革体制,近三年全国不搞大改大革,但适当调整需要的小改小革,一定要积极搞,并为大改大革做准备。

(1) 多种经济成分。国营经济要大力发展;集体经济也要充分发挥其固有的优越性;还要允许个体经济存在,既可解决城市就业问题,又可解决服务、商业网点等问题。

(2) 多种流通渠道。工业、商业都要创造条件,做到多渠道,少环节,产销见面,加速流转,把经济搞活。

(3) 实行两个调节。要有市场调节,不能遇到困难就开放,情况好转就收场,要以计划调节为主,不能放任自流。

(4) 调动企业、群众的积极性。要采取各种措施,实现国家、企业、个人三者利益相结合,调动各方面的积极因素。

八、要有战略思想,敢于改变面貌

制定长远规划,既要从实际出发,又要有战略眼光,战略目标,头脑必须清楚,目光必须远大。同打仗一样,不能光图战术上的局部胜利,而要求得到战略上的全局胜利。

为了争取巨大的长远的利益,要舍得牺牲暂时微小的利益,有得必有失,有失才有得。

以上海的工业和农业为例。上海工业是大头,对全国有重大影响。农业虽然搞得比较先进,但终究是小头。上海经济要发展,能不能把农业的指标稍稍牺牲一点,以便更好地为大城市服务,为工业服务,为出口服务。如果服务得好,工业增产多了,外汇增加多了,反过来不是完全可以轻而易举地把农业损失全部抓回来吗?

再以上海各行各业为例,同全国同行业比较起来,劳动生产率都是比较高的。能不能各行各业都齐头并进,一哄而上?也不行。上海能源有限,运输能力有限,原材料有限,势必只能有的上去,有的甚至还要下来。不从战略上看,这个矛盾是解决不了的。

以解决"三废"为例,就要下决心将一部分"三废"严重的工厂迁走,工厂的搬迁,在一个时期内势必要停产、减产,如果连这些也舍不得,"三废"问题是无法解决的。

总之,有舍才有得,小失才有大得。没有重点,齐头并进的思想要不得。只顾眼前贪小失大的思想也要不得。

刘少奇同志所说的:"吃小亏,占大便宜",就是这个道理。

(原载《社会科学》〈上海〉1980 年第 4 期)

从黄桥战役看陈毅同志的军事思想

——记黄逸峰同志在历史所的一次讲学

王 鲁 整理

今年是黄桥战役四十周年。这是抗日战争进入相持阶段后,新四军在陈毅同志领导下战胜苏北国民党顽固派,打开了局面的一个重要战役,它对于开辟苏北根据地,发展华中抗战局面起了很大的作用。我院院长黄逸峰同志亲身经历了这次重要的斗争,对陈毅同志的军事思想有深切的感受。1980年9月4日,特来我所以"从黄桥战役看陈毅同志的军事思想"为题进行讲学。会议由副所长沈以行主持,全所同志都参加。

关于黄桥战役,电影"东进序曲",话剧"黄桥决战"、"东进!东进!"等都有所反映,但黄逸峰同志认为其中有些情节违背了我军领导者的军事思想,并不符合历史事实。他认为,黄桥战役的胜利,不是由于单纯的军事观点,而是政治工作和军事斗争相结合的结果。毛泽东同志说过"枪杆子里面出政权",这话是极而言之,说明中国革命的道路是武装夺取政权,是战争解决问题,阐明了斯大林关于"在中国,是武装的革命反对武装的反革命。这是中国革命的特点之一,也是中国革命的优点之一"的论述,但有的人却因此认为枪杆子能指挥一切,天下老子打下来,要怎样就怎样。实际上军事战斗离开了政治和其他必要的条件是不能取得胜利的。在文艺作品方面,例如"芦荡火种",原来是以阿庆嫂搞地下工作为主线的,这本来也应该反映,后来改为"沙家浜",一定要"突出阶级斗争",结果离开了政治工作和地下斗争,变成单纯军事观点,十几个伤病员打下沙家浜。又如过去批判所谓"白区工作中心论",其实,刘少奇同志并没有这样强调过,但是,"文化大革命"中却把地下党、地下工作诬蔑得一塌糊涂,好像地下党不是叛徒,就是特务,都是给敌人当情报员的,这完全违反了历史事实。过去在我们党内,部队党员只占百分之二三十,其余都是地方上的。地下党员在敌人残酷统治下坚持斗争,对革命的贡献也是很大的。哪能只说"天下是老子用枪杆子打下来的"呢?所以黄桥战役胜利后,陈毅同志常说:"牡丹虽好,绿叶扶持",牡丹是军事,绿叶就是政治,是地方。军事学上有一句名言:军事是政治的继续。当矛盾发展到激化,政治上不能解决时,就靠军事来解决问题,而军事解决问题又不能离开政治。我们同敌人斗争,就是军事、政治反复交叉运用的过程。

(一) 政治工作开路,打开挺进苏北的局面

黄逸峰以生动具体的事实,阐述了陈毅同志奉中央命令从苏南茅山地区东进苏北,用政治工作为新四军进入苏北打开局面的情况。当时,因为日本侵略者兵力不足,在苏北地区有大片空白地区,为国民党政权所控制,新四军在那里没有什么力量。为了打开局面,陈毅首先进行调查研究,分析苏北地区的形势,认为国民党中央军顽固而不抗战,苛捐杂税,鱼肉人民,镇压爱国运动,摧残抗日力量,因此,虽然在全国范围内是中、日矛盾为主要矛盾,而在苏北,人民和国民党的矛盾非常突出。在国民党军队中,中央军、地方军和杂牌军之间矛盾也很大。韩德勤指挥的10万人中,嫡系主力是中央军八十九军(军长李守维)和独立第六旅(旅长翁达);李明扬部下的几万人是杂牌军,受韩德勤的中央军压迫、歧视,他们之间有时矛盾十分尖锐。苏北是1930年红十四军暴动的策源地,当年的武装斗争虽然失败

了,但在抗战开始后,群众又揭竿而起,武装抗日,有些队伍被韩德勤吞并掉,组成了10个保安旅。另外还有一个国民党财政部的税警总团,团长陈太运,是黄埔军校第一期学生,少数民族。李守维想尽办法要吞并这支部队,甚至把陈太运一度软禁于兴化,因此陈、李矛盾也很深。陈毅同志了解上述基本情况后,首先找关系,交朋友。他发现陈玉生(原是赤卫队员,脱党)是李明扬部第三纵队第八支队的支队长,通过他,可以与李明扬打交道。李明扬缺少弹药,他的同乡、上饶第三战区军长王敬玖送给他五十担弹药,从上饶运到苏北,靠大批民夫肩挑人扛,运输十分困难。李明扬只得通过陈玉生想办法,陈毅同志得知后明确表示"我们可以帮助!"当即派了一个精悍的连队,顺利地完成了任务。李明扬收到军火,十分感激,特地写信给陈毅同志道谢,并邀请陈毅访问李部驻地泰州,这在当时的国民党军队中是少有的。陈毅同志亲自带领少数人前去访问,李明扬组织了盛大的欢迎仪式,并集合他的亲信部队教导队聆听陈毅作抗日民族统一战线的政治报告。李的副手李长江,绰号李大麻子,原是农村手工业者,行伍出身,一向反共激烈,曾镇压江苏农民暴动,这次李明扬派他率部听陈毅同志宣传我党主张,他却感到很高兴。李明扬还特地宴请陈毅同志,邀黄逸峰同志出席作陪。席间,陈毅谈笑风生,畅谈历史,表达团结抗战的诚意,却只字不提新四军运送弹药的支援。他这种气派和得体的政治工作,使李明扬很佩服,对陈毅同志以兄弟相称,从此双方常通声气,交上了朋友。

在时机成熟以后,新四军就派了一支力量很小,不足构成对李明扬威胁的挺进纵队,由叶飞、管文蔚同志带领,在江北大桥一带建立了一个桥头堡。这支部队不收税,不征粮,严格遵守三大纪律八项注意,受到当地人民的欢迎。国民党对新四军的污蔑宣传不攻而自破。这样,新四军有了个立足处,江南、江北的交通建立起来了,后来又增派部队进驻,扩大了立足点。这是政治工作开路的结果,非一日之功,并非像有的戏中所说的那样,忽然有一天陈毅同志如飞将军,从天而降。

（二）争取两李一陈，孤立韩德勤

韩德勤是苏北抗战的主要障碍。要解决苏北问题，就要先向他下手。黄院长说，陈毅同志的战略思想是争取李明扬、李长江和陈太运，孤立韩德勤、李守维。为了配合陈毅开展统战工作，黄逸峰以国民党官方的身份，反复做李明扬的政治工作，向他分析形势，揭露韩德勤力图兼并李部的阴谋，使李明扬对韩的不满更为明确，愿意与新四军交往。黄逸峰进而说服李长江要任用人才，建议他为了取得新四军的友谊，可任用季方和李俊民同志分别担任参谋长和秘书长。于是，李、季二人，一文一武，参加了李部的机要工作，情况掌握比较清楚。从此，新四军不断进入苏北，发展为较大的部队。

后来，挺进纵队攻打了李明扬部驻守的郭村，一直打到泰州。当时驻守黄桥的是保安四旅的部队，新四军要攻占黄桥，一定要经过郭村。纵队采取了军事进攻的办法。正在江南的陈毅同志立即赶回江北，向部队指出：战役和战术的胜利，不等于战略上的胜利。我们要打开苏北局面，非把韩德勤打败不可，要打败韩德勤，就必须争取两李中立，不能使他投奔韩德勤。于是部队迅速停战，并派代表去泰州倡议和平。黄逸峰这时也从重庆赶回来处理善后。部队根据陈毅的决策，把缴获的枪支交还给两李，并遣返了俘虏，又把部队撤出郭村，对此事作了妥善处理。

（三）政治工作和军事斗争交替运用解决苏北问题

毛泽东同志在《〈共产党人〉发刊词》中总结了中国革命的三大法宝：党的建设、武装斗争、统一战线，三者是互有联系的。陈毅同志在苏北对三大法宝运用自如，并有所发展。黄逸峰说，黄桥战役中新四军以5 000人战胜国民党10万人,正是陈毅同志把政治工作与军事斗争结合,减少不利条件,创造和扩大有利条件的结果。他依靠地方党把苏北同我们有关系的人都发动起来,团结一切可以团结的力量,包括参加过革命、以后又脱离革命或脱党的人。对于比较正派、对韩德勤不满、要求抗日的地方士绅,也都作了工作。加上团结争取了两李一陈和保安旅,使他们保持中立,就能孤立韩德勤,从政治上保证了黄桥战役的胜利。

在新四军占领黄桥以后,韩德勤集中优势兵力反攻。他把勾结敌伪、坚决反共的保安第九旅张少华部调到姜堰,以隔断相互靠得很近的李明扬部和陈太运部,将陈部从姜堰赶到曲塘、海安一带。陈毅同志看出韩德勤通过张少华监视李明扬,并企图勾引日伪对我合击,就果断地采取突然袭击,先发制人,用一昼夜的时间攻克姜堰,使韩德勤大为震惊,指责李明扬"引狼入室""勾结新四军",他们之间的矛盾进一步加深。陈毅同志运用军事斗争攻克姜堰后,立即开展政治工作,在姜堰召开了有各方面代表参加的和平会议,陈毅同志慷慨陈词,列举张少华罪状,表示新四军打下姜堰,但是决不要地盘,而是要团结抗战。到会者热烈拥护,当即发表通电,向全国呼吁和平,一致抗日。这时韩德勤的主力部队1.5万人已向姜堰出动,陈毅同志决定主动撤出姜堰,让李明扬接管。部分干部对此一时思想不通,陈毅却说:"若要宝换宝,珍珠换玛瑙。"当黄逸峰通知李明扬"陈司令请你接管姜堰"时,李喜出望外,感动得流出眼泪,说:"陈司令说话是算数的!"这件事在苏北影响很大。陈毅又要黄逸峰将缴获李守维八十九军的战利品送给李明扬和陈太运,作为对他们保持中立的酬谢,他们欣然接受。

在黄桥战役打败韩部以后,陈毅同志抓紧搞好优待俘虏的工作,他请黄逸峰对旅长以上的俘虏讲话,表明去留自愿,保证将被俘情况保密。这样做,政治影响很大。八十九军军长李守维在黄桥战斗过程中狼狈逃窜,淹死在八尺沟河中,他的老婆马邦珍前来收尸,陈毅专门派黄逸峰去接待,做好工作,使她改变了原来对新四军的看法。

陈毅同志善于利用各种时机开展政治工作,发展统一战线。黄桥战役后,李明扬、陈太运提出建立一个缓冲区,由友、我双方各抽一部分兵力组织一个大家信任的部队,并提议由黄逸峰当司令员。陈毅认为组织这个部队本身就是一个统战工作,就接受了这个意见,要黄逸峰同志负责此事。结果,仅仅一个月的时间,就组织了一支1 000多人的部队,尽管开始时没有战斗力,以后经过改造,逐渐加强,发挥了很大的作用。

由上可知,陈毅同志根据不同情况,用不同的方法,交替运用军事斗争和政治工作,赢得了黄桥战役的胜利,这是他军事思想的特点。从而完成了挺进苏北的艰巨任务,取得抗战的领导权,打开了华中抗战的新局面。

(原载上海社会科学院历史研究所《史学情况》第 16 期)

哲学工作者要发扬艾思奇同志的精神

李培南

《艾思奇文集》出版是哲学界的大事。

第一，《艾思奇文集》记载了艾思奇同志从事哲学活动的一生，他的一生，都是在研究和宣传马克思主义哲学，用马克思主义哲学思想进行战斗。

《大众哲学》是在三十年代写的，当时处在国民党统治的特定环境下从事战斗的，这是很了不起的事。试想当时中国有几本自己的马列主义哲学著作呢？那时中央苏区党校里博古同志讲课时还在用俄文版的《马克思主义的三个来源和三个组成部分》。而艾思奇同志的《大众哲学》对传播马克思主义哲学作出了很大的贡献。今天读这本书仍给人很多知识和很多启发，我们哲学工作者可以从艾思奇的著作中吸收营养和知识。

第二，艾思奇同志哲学著作说理清楚，通俗易懂，能发挥启迪教育的作用。他1937年到延安，在抗大任教，此后在哲学研究中有更多的成就。当时我也在抗大任教，他处事为人谦虚谨慎、忠厚诚实，他以实事求是的作风表明了他的哲学思想和世界观是一致的。艾思奇同志长期从事党的理论教育工作，他以马列主义哲学教育了一代青年，其中许多同志已成为党的领导干部，他对宣传和普及马列主义哲学起了很大的作用。

第三,学习艾思奇同志的精神,对我们的哲学工作者和大学的哲学教师来说,应该认真进行调查研究,关心和了解青年学生的思想状况、社会各界的思想状况,使哲学的宣传教育更有针对性、更有说服力。艾思奇同志是在三十年代那种环境下进行战斗的,今天的条件,我们更可以充分地把问题说清楚了。为什么不能更好地发挥哲学的战斗作用呢?

我认为今天我们应该努力写出有时代特点的,有针对性的、有战斗性的,思想理论水平更高的哲学著作。

建议《艾思奇文集》编辑出版的同志,最后能对艾思奇同志用哲学进行战斗的一生作详细的介绍,使今天的读者能进一步理解《艾思奇文集》出版的意义,发扬他的战斗精神。

(原载《社会科学》1982年第3期)

略谈马克思主义在中国的传播和发展

李培南

马克思1818年5月5日诞生，1883年3月14日逝世。今年是他逝世一百周年。

马克思是一位很值得我们永远纪念的伟大思想家、革命家、国际无产阶级的伟大导师。他的学说，马克思主义，即科学社会主义或共产主义思想体系，为人类社会历史的发展指明了方向和道路，是国际无产阶级、一切被压迫人民和被压迫民族争取彻底解放的思想武器。马克思不论在理论上还是实践上都为国际共产主义运动作出了划时代的贡献。马克思主义的创立，像灯塔一样照亮了人类解放的道路。

马克思主义在世界上已经经受了一百多年的历史实践的检验，不管它发展的道路怎样曲折，遭到了什么样的歪曲、污蔑、仇视、查禁和迫害，但正如列宁所说："马克思的学说所以万能，就是因为它正确，它十分完备而严整，它给予人们一个决不同任何迷信、任何反动势力、任何为资产阶级压迫所作的辩护相妥协的完整世界观。"[1]列宁还指出："马克思和恩格斯的具有世界历史意义的伟大功绩，在于他们用科学的分析证明了资本主义必然崩溃，必然过渡到不再有人剥削人的现象的共产主义。"[2]

---

[1] 《马克思主义的三个来源和三个组成部分》，《列宁全集》中文版第19卷第1页。
[2] 《在马克思恩格斯纪念碑揭幕典礼上的讲话》，《列宁全集》中文版第28卷第147页。

中国革命的实践经验最充分地证明了马克思主义这一普遍真理的正确性。我国新民主主义革命、社会主义革命和社会主义建设中的一切胜利都是在马克思主义的指导下取得的。

在纪念马克思逝世一百周年的时候,我想就马克思在中国的传播和发展,扼要地谈点个人的意见。马克思主义传到中国是比较晚的。毛泽东同志说:"十月革命一声炮响,给我们送来了马克思列宁主义。"①这是十分正确的。在此之前,尽管有一些知识分子零星地翻译和介绍马克思主义学说的个别论点和某些著作的片段,但不系统,还没有深入实践而成为中国人民革命的思想武器。只是在十月革命胜利后,在"五四"运动中,马克思主义才为中国先进的知识分子在实践和理论探讨中所接受,他们怀着极大的热情,向中国人民介绍了不少马克思和列宁的著作,这就引起了更多的先进知识分子认真地思考挽救中国危亡所要走的道路。在这里,我们可以看到先进的知识分子在传播马克思列宁主义上和领导中国革命的斗争中所起的重要作用。我们今天建设高度民主、高度文明的社会主义现代化强国,如还不重视知识,不重视知识分子,不发扬知识分子在传播马克思主义和文化科学技术知识方面的作用,那就违背了马克思主义,违背了中国革命的光荣传统,那是非常错误的,而达不到建设社会主义—共产主义的目的。

马克思主义在中国的传播,一开始就遭到反动势力的残酷迫害,处境十分困难。当时在一些帝国主义国家,如果还能允许马克思著作的出版发行的话,那么在中国,反动统治者则完全把马克思主义的著作视为洪水猛兽,严加封锁,出版发行单位被查封,译著者更遭到残酷迫害。不少同志就是为此而牺牲了自己的生命。现在我们能够这样大量出版和发行马克思主义的著作,学习、传播马克思主义不仅合法,而且成为一项光荣的任务,这是一个多么可喜的变化。我们应

---

① 《论人民民主专政》1966 年 7 月横排本《毛泽东选集》第 4 卷第 1408 页。

该充分珍惜革命所取得的胜利,充分利用这个有利条件,勤奋学习马克思主义,努力传播马克思主义,在实践中发展马克思主义,使马克思主义更加发扬光大,更加深入人心。

马克思主义的传播,在我国一开始就同革命实践相联系,同党的活动紧密联系。中国先进的知识分子,特别是具有共产主义思想的知识分子,不管条件如何艰苦,他们勇敢地用实际行动来反对帝国主义和国内反动派的压迫,争取工农大众和民族的解放,创建了中国无产阶级的政党——中国共产党,并宣布以马克思主义作为党的指导思想。从此,党始终把传播、运用和发展马克思主义,当作自己的光荣任务。过去,在国民党统治区,为了宣传马克思主义,党不得不搞秘密的出版发行工作,革命的报刊图书不得不用各式各样的伪装来掩护。在党的领导下,一些进步的书店翻译和出版了一些有关马列主义的哲学、社会科学著作,在知识分子和青年学生中产生了很大的影响。在革命根据地,则尽一切可能克服困难,出版发行马克思列宁主义著作。在各类干部学校中则组织干部学习马克思列宁主义著作,因而马克思主义在根据地,在国民党统治区,在群众中,特别在党员干部中有了比较广泛的传播。我党今天一大批具有一定马克思列宁主义水平的党、政、军老干部,就是在新民主主义革命的艰苦战争环境下培养造就出来的。

几十年来,我们党传播和运用马克思列宁主义丰富的实践经验告诉我们,一定要把学习马克思主义和解决中国革命的实际结合起来,决不能为学习而学习,为传播而传播,为研究而研究,而是为了应用,为了用以指导革命的实践。只有会用马克思主义的立场、观点和方法来解决中国革命实践中提出来的问题,才算真正懂得了马克思主义,才算达到了学习和传播马克思主义的根本目的。这决不是一件容易的事情。比如,在大革命时期,我党的主要领导者就没有真正懂得马克思主义,结果犯了陈独秀右倾投降主义的错误,在强大的敌人突然袭击下,使革命遭到惨痛的失败。此后我党的一些领导人又一再犯"左"倾冒险主义的错误,特别是王明的"左"倾冒险主义错误,使国民党统治区的党组织损失了百分之百,苏维埃地区损失了百分之九十。而问题的严重性还在于这些人自封为百分之百的布尔什维克,并排斥和打击了一大批坚持正确思想的同志,这是十分沉痛的教训。但是中国共产党人在挫折面前,并没有气馁,而是勇于接受教训,改正错误,继续进行战斗。遵义会议后,特别是经过1942年的整风学习,我们党实现了马列主义普遍原理同中国实践的结合,形成了毛泽东思想,使中国革命一步一步地走向胜利,经过抗日战争和解放战争,夺取了全国政权。全国胜利后又成功地进行了社会主义建设和社会主义改造。可惜毛泽东同志在晚年违背了马列主义原则,错误地提出"无产阶级专政下继续革命论",错误地发动了"无产阶级文化大革命",使党、国家和人民遇到建国以来极严重的挫折和损失。

粉碎江青反革命集团以后,从十一届三中全会到六中全会,实现了我党历史上具有深远意义的伟大转折,完成了指导思想上拨乱反正的艰巨任务,从而使党的路线、方针、政策回到了马克思列宁主义毛泽东思想的正确轨道上来,把马列主义、毛泽东思想向前推进一步,这一历史事实证明,马克思主义在中国的传播和发展,是经历了曲折道路的。我们社会主义建设事业不管还要经过多少艰难险阻,最后一定会取得彻底的胜利。因此,对马克思主义的学习和传播,决不能停留在书本上,而要用以指导革命的实践,把理论和实践紧密结合起来。忽视了哪一方面都是错误的。

坚持和发展马克思主义,一定要使马克思主义中国化,使它同中国的情况、中国丰富的革命经验和建设经验结合起来,要反对两种主观主义:一方面,要反对教条主义。它不顾中国的国情,不从中国的实际出发,对经典著作囫囵吞枣,死记片言只语,不求理解;在实际应用上照抄照搬、生搬硬套。我们中国革命吃这种教条主义的亏实在太大了,教训实在太多了,使人不能不常常想到它。另一方面,还要反对经验主义。它轻视理论,把经验绝对化,特别要反对那种盲目地、自以为是地把感性的认识和主观愿望当做客观真理而付诸实施的错误倾向。这种主观主义也会使社会主义建设事业遭到严重损害,这个教训实在太深了,决不能轻易忘记。毛泽东同志晚年所犯的那种脱离实际、脱离群众、脱离马克思主义的主观主义和个人专断的错误,我们要永远记取这个教训。至于说什么现代资本主义已经发生了很大的变化,马克思主义已经"过时了";说什么毛泽东同志晚年犯了错误,就该否定毛泽东思想的科学贡献,否定毛泽东思想对我国革命和社会主义建设的指导作用等等说法,显然是违背历史事实;因而是完全错误的。

中国革命和社会主义建设事业的胜利,是在马克思列宁主义、毛泽东思想指导下取得的,是马克思主义在中国的胜利和发展。如果没有这种发展,中国革命是不能够成功的,中国社会主义建设是不能前进的。《关于建国以来党的若干历史问题的决议》对这个问题作了全面的系统的论述,在这里我只略举几点以说明马克思主义在中国的发展有多么重大的意义。

1. 中国新民主主义革命,有民族资产阶级参加,在特殊条件下还包括一部分大资产阶级,因而革命的领导权问题就成为至关重要的问题。革命的领导权是掌握在无产阶级手里,还是把它交给资产阶级?毛泽东同志反对了陈独秀的资产阶级民主革命应由资产阶级领导的右倾错误,坚决主张要由无产阶级来掌握革命的领导权,从而发展了马克思列宁主义关于无产阶级在民主革命中的领导权思想。不管在同资产阶级结成统一战线时,或者被迫分裂时,任何时候都不能放弃无产阶级的领导权,这是中国革命取得胜利的根本保证。

2. 在大革命失败后,党中央决定了土地革命和武装起义的方针。毛泽东同志领导了农民武装起义,创建了农村革命根据地。他在领导第二次国内革命战争时,不是教条主义地以城市为中心,而是以农村包围城市和最后夺取城市,并用灵活的战略战术,战胜了国民党反动派蒋介石多次的"围剿";在抗日战争、解放战争中,又发展了马克思主义的军事科学,创建了强大的中国人民解放军,为解放全中国,夺取革命的胜利建树了不朽的功勋。

3. 毛泽东同志在战略、战术、政策和策略、党的建设以及思想政治工作、文化教育工作等方面,都有许多新的创造,从而发展了马克思主义。以毛泽东同志为代表的老一辈革命家之所以能够在各方面把马克思主义推向前进,就在于他们能够实事求是,一切从实际出发,理论联系实际,把马克思列宁主义的普遍原理与中国革命的具体实践相结合。反之,理论脱离实际、本本主义、经验主义,背离马克思列宁主义的根本原理,就使中国革命遭到严重的挫折和失败。

所以我们要像毛泽东同志那样坚决反对离开中国社会或中国革命实际去学习、宣传和研究马克思主义。

今天,传播和发展马克思主义应该高度评价毛泽东思想和毛泽东同志的卓越贡献,肯定毛泽东同志在丰富马克思主义思想宝库中的历史贡献,特别应该欢欣鼓舞地看到三中全会到十二大以来,党中央在总结建国后三十多年正反两方面的历史经验,提出了"建设具有中国特色的社会主义"理论,这是我党总结长期历史经验得出的基本结论。这是马列主义、毛泽东思想的重大的新发展。

我们的社会主义事业一定要按照中国的情况来办,依靠中国人民自己的力量,独立自主,自力更生,充分发扬群众的首创精神。

从上述来看,学习、研究和传播马克思主义的目的是应用。因此,发展马克思主义,把马克思主义推向前进,就要研究社会主义建设实践中出现的新情况、新问题、新事物、新经验。如果不发展马克思主义,马克思主义就会变成僵死的教条,就会失去其指导实践的意义,就会失去它强大的生命力,也就不可能指引我们去争取社会主义现代化建设的更大胜利了。

作为马克思主义的理论工作者,我们一定要坚持四项基本原则,在政治上无条件地与党中央保持一致,坚决贯彻三中全会以来党的路线、方针、政策。不是这样,我们能叫做马克思主义的理论工作者吗？作为马克思主义的理论工作者，肩负着艰巨的任务，要做的事情很多，但最关键的工作是要求我们面向实际，面向建设有中国特色的社会主义事业，如果不把深入实际进行系统调查研究作为头等大事，如果我们不面向实际，不面向建设高度文明、高度民主的社会主义现代化强国的伟大事业，不运用马克思主义的立场、观点和方法，对社会主义现代化建设中出现的新情况、新问题，对人民群众的新创造，进行研究分析，作出马克思主义的科学概括，那就不能丰富和发展马克思主义。目前改革之风吹遍全国，这都要求我们奋起直追。不是这样，我们不就自动放弃职守了吗？党的十二大报告指出："我们一定要坚定地继承和学习马克思列宁主义、毛泽东思想的立场、观点和方法，深入各个领域的实际，有系统地进行调查研究，并且善于针对错误倾向，正确地进行批评教育和必要的斗争。我们长期地坚持这样做，就一定能够在新的历史条件下，在新的伟大实践中，积累新的经验，创造新的理论，把马克思列宁主义、毛泽东思想推向前进。"[①]我们一定要不辜负党对我们的最大期望，一定要作出应有的成绩来，为全面开创社会主义新局面做出贡献。

（原载《社会科学》（上海）1983年第3期）

[①] 胡耀邦：《全面开创社会主义现代化建设的新局面》，人民出版社1982年版，第60页。

有关学习《资本论》的几点意见

李培南

编者按：本文是作者应《政治教育》杂志编辑部约稿在今年7月间写出的。此文载1983年《政治教育》第11期。

此文对当前《资本论》研究中的错误倾向，具有一定的针对性。今征得作者的同意，将原副题改为正题予以转载。

在纪念马克思逝世一百周年的时候，我曾发表了一篇谈学习《资本论》的短文，题为《苦读苦学不怕难》。本文就是在这篇文章的基础上作的进一步阐述，供有志学习《资本论》的同志们参考。

（一）

《资本论》是马克思的主要著作。他在书中对资本主义社会的经济运动规律，作了最透彻和精辟的科学说明；作出的理论结论，一直是指导国际工人运动的基本原则。它使全世界无产阶级懂得自己的伟大历史使命，以及如何为完成这种使命而奋斗。因而《资本论》就成为国际无产阶级反对资本主义剥削，推翻资产阶级统治，创立社会主义社会的强大理论武器。

《资本论》是一部伟大的政治经济学文献。马克思从分析商品开始，逐步深入地对"资本的生产过程"、"资本的流通过程"和"资本主义生产的总过程"进行了系统的、全面的、科学的剖析，揭示了资本主义发生、发展、灭亡和必然为社会主义所代替的客观规律。马克思在分析研究过程中有不少重要理论发现。特别是他发现了资本主义生产方式和它所产生的资产阶级社会的特殊的运动规律——剩余价值规律,就使国际无产阶级斗争的理论和实践展现出伟大、光明的前途。马克思的伟大的经济理论,按照列宁的说法,就是马克思理论最深刻、最全面、最详细的证明和运用。

《资本论》不仅是一部伟大的政治经济学著作,也是一部伟大的哲学著作和历史著作,是马克思主义的百科全书。虽然《资本论》不是一部专门哲学著作,但他发现的人类历史的发展规律,即唯物史观和唯物主义地改造了的辩证法,在书中却得到了充分的说明和实际的应用。马克思一再阐明把唯物主义应用于人类社会生活、应用到社会现象上去,不是人们的意识决定人们的存在,恰恰相反,正是人们的社会存在决定人们的意识。同时他也一再说明了他创作《资本论》的方法,是彻底的唯物主义的辩证方法,而不是黑格尔的唯心主义的辩证方法。辩证法不崇拜任何东西,按其本质来说,它是批判的和革命的。

《资本论》所描述的,正是人们所从事的最重要的历史活动,因此完全可以说,《资本论》就是一部资本主义社会的发展史,是整个人类历史的一部分。说它是一部历史著作,是完全合乎历史事实的。不仅如此,《资本论》还谈到了原始社会、奴隶社会和封建社会的生产方式,谈到了社会经济形态历史发展的另几个时代,并且预见到社会主义、共产主义社会的必然出现。如果更具体点说,《资本论》也是一部资本主义的工业史、商业史,以及与资本主义生产方式相适应的上层建筑、意识形态发展变化的历史。不论对物质生产、精神生产或二者的联系,马克思都是从一定的历史的形式来考察的。因为不如此,就不可能理解事物的特征以及事物和事物之间的相互作用。

此外,《资本论》还讲到许多有关政治、法律、文学、艺术和各种思想流派的问题。书中引用了大量的著作、期刊、文学作品和官方的文件、报告,还谈到了许多历史事件和历史人物,充满了各种各样的知识。《资本论》真正是一部马克思主义的百科全书。

由此可见,马克思的《资本论》是一部多么重要的著作。我们要学习马克思主义,在有了政治经济学的一定基础后就应该下决心认真学习《资本论》一书。

(二)

从《资本论》问世起,一百多年来的历史经验特别是俄国十月革命和中国革命的经验,完全证明了《资本论》的思想是伟大正确的,今后人类社会的历史实践还将继续证明这一点,根本不存在什么《资本论》过时不过时的问题。相反,从今天的世界现实情况来看,《资本论》的伟大思想,更具有深刻的实际意义。因此我们在学习《资本论》的时候,要特别注意领会和掌握其基本精神。

首先,要学习和领会马克思在分析资本主义生产方式时的立场、观点和方法。马克思是一位伟大的科学家,但首先是一位伟大的革命家。他不顾一切困难和危险,积极参加推翻资本主义社会和解放现代无产阶级的伟大革命事业,他把科学也看成是一种在历史上起推动作用的、革命的力量。当我们细心阅读《资本论》时,可以看到马克思的无产阶级立场是多么坚定明确,他以大量的确凿无误的事实,无情揭露资本家的贪婪成性和残酷的剥削行为,他对工人阶级特别是苦难的女工和童工,寄以无限的同情。而他的辩证唯物主义和历史唯物主义的观点,使他对资本主义生产方式的分析和说明特别深刻、明确、完整,他所确立的理论原则是颠扑不破的。

其次,马克思在研究和叙述资本主义生产方式、资本主义的经济制度的同时,也谈到了具有一般意义的、在其他社会经济形态下也适用的经济原理。如"资本"、"剩余价值"、"资本积累"等,完全属于资本主义的经济范畴,而"商品"、"货币"、"商品交换"等范畴,既存在于资本主义社会以前的社会,存在于资本主义社会,也存在于我们今天的社会主义社会。再如"生产"、"再生产"、"分配"、"消费"、"积累"和共有的经济规律等等,也不能说仅是资本主义的经济范畴。至于讲到科学技术和自然科学,更不存在什么资本主义的,或者非资本主义的。因此,我们在学习《资本论》时,一定要弄清楚马克思所论述的每个问题的具体内容,千万不要囫囵吞枣。

第三,初学《资本论》,总是先注意马克思对资本主义的经济问题的分析,这是很自然的,也是必要的。但对马克思所论述的其他问题也要同时给以应有的注意,学习他所谈到的广泛的知识。因为《资本论》这部马克思主义的百科全书,能够以更多方面的科学理论知识和历史知识把我们的头脑武装起来,为建设社会主义现代化的伟大事业作出更大的贡献。

总之,学习《资本论》的最根本的目的,在于提高我们的马克思主义理论水平,提高我们认识世界和改造世界的能力,使我们在建设社会主义的伟大斗争中有更多的自由。

(三)

通常初学《资本论》的人,总感到难以理解,特别是没有一定政治经济学基础知识的人,更是如此。其实,《资本论》并不是很难理解的,开头觉得不好懂,总是难免的,遇到这种情况,千万不可打退堂鼓,要耐心地仔细地多看几遍,总可以突破开始时所遇到的困难。马克思在第一版序言中就讲过:除了价值形式那一部分外,不能说这本书难懂。当然,我指的是那些想学到一些新东西、因而愿意自己思考的读者。因此,我觉得要学习《资本论》,首先就要有不怕困难和坚决克服困难的精神。

《资本论》是一部巨著,仅第一、二、三卷就有 2 500 页以上,而且决不会像读一部《三国演义》或者《红楼梦》那样容易,如果不能耐心地、坚持地读下去,就会半途而废。因此,在开始读的时候,就需要订一个长期坚持读书的计划,哪怕每天读几页都可以,关键在于能够认真坚持到底。

为了有利于记忆和理解,每次读后写一点读书笔记是很必要的。能联系实际写一点体会,那当然是好的,即使只作一些要点摘录也是有好处的。至于一些更具体的学习方法,每个人都会有所不同,不必强求一致。但有一点要注意,切不要把主要精力和时间用在阅读其他的参考材料上,而是要认真阅读《资本论》本书。要认真下一番苦功,不惜花费较多的时间坚持学习,否则很难取得应有的效果。

最后,谈一谈学习《资本论》的根本目的、态度和方法问题。学习《资本论》不应当为学习而学习,或者为研究而研究,应该明确我们学习《资本论》和学习马克思列宁主义、毛泽东思想的其他著作一样,要为无产阶级革命、为全人类解放、为在我国全面开创社会主义现代化建设的新局面而努力学习,艰苦奋斗。这样的学习目的,同时又是促进我们努力学习的强大动力。

(原载《社会科学》(上海)1983年11期)

第三编　风范长存

追忆黄逸峰

黄逸峰强调调查研究

陈 绛

1956年1月,在北京召开关于知识分子问题会议。会议号召全党努力学习科学知识,同党外知识分子团结一致,为迅速赶上世界科学先进水平而奋斗。周恩来做《关于知识分子问题的报告》,提出正确对待知识分子问题的政策、方针和方法。我在1月30日的《人民日报》上读到报告全文。《关于知识分子问题的报告》提出了正确对待知识分子问题的政策、方针和方法,总结了我国知识分子自我改造的经验,最后提出制定1956—1967年科学发展的远景规划的任务,发出了向现代科学进军的伟大号召。这给我极大的鼓舞。

读了《关于知识分子问题的报告》,我内心萌发回到书斋做学问的意向。当时想到自己年龄不小了,将近三十"而立"之年,应当回归去研究学术。父亲过去也觉得我不是"搞政治的料",希望我去学校或研究部门。正好这时中央考虑到中国科学院在上海的研究所,都是自然科学的研究所,没有人文社会科学的研究所,决定在上海成立经济和历史两个研究所。当时广州举行知识分子会议,提出向科学进军的号召,我又听到上海经济研究所刚刚成立的消息。我想,此时正是机遇,便以我是复旦经济研究所毕业为理由,向统战部提出"归队"的要求,希望调到上海经济研究所,获得了同意。

1957年2月,我被调入中国科学院上海经济研究所,开始了后半生的学术研究。那天上午,我充满憧憬揣着调动工作的介绍信,来到上海西区一条树影婆娑的小路——靖江路(今桃江路)一座幽雅的小洋楼报到,新诞生的中国科学院上海经济研究所不久前刚从高安路迁到这里。

所长是著名的经济学家沈志远(1902—1965),浙江萧山人。早年因参加爱国学生运动被校方"劝告退学",后赴苏联莫斯科中山劳动大学学习。我过去读过他的1934年5月初版的成名作《新经济学大纲》。1955年中国科学院成立四个学部,他当选为哲学社会科学部委员。1956年初和黄逸峰负责筹备中国科学院上海经济研究所,经济研究所成立后,他担任所长。他不常来所,但我常听他来所时的讲话或报告。

经济所主持日常工作的是副所长黄逸峰(1906—1988)。我进经济所前就知道黄逸峰是位传奇式的人物。他是1925年加入中共的老党员,参加上海工人三次武装起义中,救周恩来于危境。他七次被捕入狱,多次入党,多次被迫出党和重新入党。1954年新"三反"运动中在华东交通部部长兼交通专科学校校长任上,以压制校内学生批评的罪名(这种压制批评的情况今天算不上"罪名",不值一提),被开除出党,并撤销本兼各职。经济所成立前他虽已恢复党籍,却仍身居闲职(市委工业部调研员),便被派来和沈志远共同负责筹建经济所。

那是1951年年尾发生的事。那年12月3日《人民日报》"读者来信"专栏发表了一篇题为《上海华东交通专科学校存在混乱现象》的文章,批评校领导不去设法改善教学设备,却花了20亿元人民币(旧币)盖了一座大礼堂,等等。文尾的署名为"上海华东交通专科学校一群学生"。校方看到《人民日报》这篇文章后,认为文中的批评"不符合事实,是蓄意破坏学校名誉",向兼任校长黄逸峰反映,黄听了汇报以后,指示追查投稿人,并组织职工学生联名给《人民日报》写信要求更正。校方查出该文的作者后,对他施加压力,逼令退学。他面对校方的巨大压力,又向《人民日报》写信申诉,说学校领导压制批评。华东局纪律检查委员会与有关各部门共同组成检查组,前往华东交通专科学校调查。黄逸峰认为这纯属正常建设,没有铺张浪费,对检查组采取不予理睬的傲慢态度,检查组经过初步调查,建议给黄逸峰以党内警告的处分,并要其在《解放日报》上作公开检讨。黄逸峰又拒绝检讨,将事情闹僵。接着,华东局派组织部负责人到北京向中央汇报,毛泽东听到黄逸峰压制批评的情况后,在一份材料上写下了"压制批评,轻则开除党籍,重则交人民公审"的批示。这样一来,黄逸峰就成为压制群众批评的典型。1953年1月,黄逸峰受到了开除党籍和撤销一切行政职务的严重处分。听说当时黄逸峰乘火车去北京,想去找王光美反映(他们在北京军调处时一起工作过),在火车上听到广播胡立教严厉批评他的文章,就知道没有希望了。1953年1月19日,中共中央华东局暨上海市委机关报——《解放日报》,公开发表了《关于开除反党分子黄逸峰的决定》。黄逸峰遭到如此严厉的处分,可能与另一件事有关。那就是他在1947—1949年间担任东北铁路总局副局长、东北铁道兵纵队司令员期间,曾经顶撞过苏联派驻中东铁路的顾问,这位顾问向斯大林告了状,于是反映到毛泽东那里,给毛泽东留下不好的印象,毛泽东因此做出严厉的批示。这就是轰动一时的"黄逸峰事件"。

  我到经济所报到时,同黄逸峰第一次谈话,他对我说:经济所的主要任务是研究上海资本主义的发生、发展和改造。他十分重视调查研究。他说:"我过去的某些过失就失于没有调查。"我在他身边,他经常告诫我们要重视调查研究。他说,革命导师十分重视对社会实际的调查与研究。恩格斯在居留英国期间,曾对英国工人状况和工人运动做了周密的调查研究,写出《英国工人阶级状况》。马克思拟定过关于各国工人阶级状况的统计调查提纲和《工人调查表》。长达40年创作《资本论》的过程,就是他对资本主义社会进行周密调查研究的过程。

那时，我27岁，他50岁，我敬重他，他也看重我。经济所除了政治经济学组从事基础理论研究外，有一个上海资本主义典型企业研究组，下设三个小组，分别对三家历史悠久的著名企业作调查研究，每组三四个人（他们的研究成果便是后来以重视典型调查而受到《红旗》杂志表扬的恒丰纱厂、大隆机器厂和南洋兄弟烟草公司三本厂史）；还有一个研究组以上海资本主义工商业解放后社会主义改造为对象，简称"改造组"，由黄逸峰自己直接领导。我被分配在改造组，我们这个组是三个组中人数最多的一个组。先我来到的黄苇（复旦大学新闻系毕业，来自《解放日报》）、汪熙（美国宾州大学沃顿商学院研究生院毕业，来自银行）、徐雪筠（女，复旦大学会计系毕业，来自市工商联，现在美国）和刚从复旦大学经济系毕业的许维雍（女）等都在这个组，同时还从上海几所高等学校调来有关专业的一些教师参加——这些教师只是短期参加，不久便都回校去了。

调查研究是进行学术活动的基本功。调查指通过各种途径，运用各种方式方法，有计划、有目的地了解事物的真实情况。研究则是指对调查材料进行去粗取精、去伪存真、由此及彼、由表及里的思维加工，以获得对客观事物本质和规律的认识。在黄逸峰主持下，改造组拟定了一份调查提纲，我们组又分成四个小组：黄苇去机电工业局，汪熙去医药公司，徐雪筠去商业局，我去纺织工业局。

纺织工业是上海工业中重要的部门。清光绪十五年（1889年）成立上海机器织布局，开创了上海近代纺织工业的新纪元。上海纺织工业基本上能反映旧中国纺织工业发展的概貌。新中国成立后，国家接收了国民党官僚资本企业，纺织工业在上海工业中所占比重很大。至1956年全行业实行公私合营后，按工业公司归属的行业分别有棉纺织、印染、织布、亚麻、针织内衣、制袜、丝绸、毛巾被单、手帕、制线、织带制绳、制毡制帽篷帆飞花整理、衬衫服装、纺织机械制造、纺织器材等十五个行业，共四千多家企业。市纺织工业局管辖的范围广，资料浩如烟海，按照调查提纲的要求，我们选择织布工业公司为重点,开始对档案的阅读和资料的摘录。当时和我同一小组的有许维雍和一位来自上海音乐学院政治课教师,每个小组还配备一名新分配进所的高中毕业生,我们小组是七桂,一位朴实认真的女生。

黄逸峰是位有影响的老革命,由于他事先已同有关部门的领导打过招呼,各组工作得到他们的重视和支持,进行顺利。我和许维雍等四个人整天待在外滩上海市纺织工业局一个狭小的房间里,夏天,小房间十分闷热,当时既没有空调,又不能开窗通风,一开窗,档案被吹到高楼下外滩马路上,后果便不堪设想。只好靠电风扇,工作条件虽差,但接待人员非常负责周到。对于所要查阅的档案,局里十分慷慨,要什么,提供什么;看完一批,便调来一批,这与今天有些单位视档案为私有奇货,秘不外示,不可同日而语。在那时既没有复印机,更不知电脑为何物,全靠手抄笔摘,一笔一画地抄写,研究条件与今天相比可谓"天壤之别"。幸而当时全行业公私合营高潮刚过去不久,各部门参加对资改造工作的干部大都还在,他们情况熟悉,取阅方便,若干年后,有一次我再去查阅时,他们都调走了,人去楼空,有些档案新来的,工作人员已不知其去向,若此我们的工作就觉得无从着手了。

我们这些人多数在以往工作中对于对资改造直接间接都有过不同程度的接触,我原来在统战部,对上海工商界和纺织系统有所了解,当时我要求"归队",研究所同意吸收我们入所,也许正由于考虑到这一点。利用档案并没有什么困难。在各业务部门查阅档案资料告一段落后,便回所开始对调查提纲作修改补充,写出调查报告。这时邹今朴从市一个财贸部门调来,也加入改造组。我们按照对资改造的时间顺序分工写作。

1957年下半年,经济所因为人员增加,靖江路小洋房不够用,便迁到徐家汇原来一座天主教会的三层楼的大楼(据说原是修女的宿舍)。经济所在二楼,历史所在三楼。也正是在这个时候,"反右"斗争在全国范围开展,我们经济所自然不能幸免。所内五名高级研究人员——沈志远、吴承禧、姜庆湘、杨荫溥已内定为"右派",贾开基最初未定,到后来"反右"补课的扫尾阶段因为名额不够,还缺一名,便被"补"了上去。所内五名"高知"清一色被打成"右派"分子。因为沈志远是民主同盟中央委员、上海市委主委,姜庆湘是民主建国会中央委员,"批斗"他们都是在市里进行,经济所只是配合,运动后期他们在全所人员大会上做了一次检查,我只记得沈志远检查时说自己对党不满,是因为他有钱却在市场上买不到东西(我们那时都觉得钱不够用,生活紧巴巴),听后觉得可笑,所以印象很深。我新从统战部调来不久,被党支部当作积极分子使用,平时和他们都没有什么接触,"揭发"不出什么"重磅炸牌"的问题,只是随大流,根据当时自己的思想水平,违心做了一些应付的表态和肤浅的发言。

(原载郭志坤撰稿:《陈绛口述历史》,上海书店出版社 2016年版)

也谈黄逸峰

邓伟志

读了《中将·部长·教授——奇人黄逸峰》(《上海滩》1990年第7期),又使我忆起了黄逸峰。

我在读初中时,就知道上海有个"坏人",叫黄逸峰。不料1960年大学毕业后,我就分配在他那个单位里。虽不在一个部门,但在同一幢小洋房里,经常见面。后来,我知道有人在奉命查他化名发表的经济文章,不久又看到他上了一份内部简报。简报指责他只讲按比例,不赞成大跃进。我预料他又将大难临头,出于怜悯,便主动与他搭话。简报上的秘密不能泄漏,我便从自己在延安《解放日报》上看到有关的他的消息讲起,请他讲革命故事。没想到他是第一次知道这则旧闻,因此兴致比较大,从旧闻说到电影《东进序曲》。《奇人黄逸峰》里讲的有些事情,我从那次谈话中就听到过。

不过,关于斯大林批评他的事,我如果不读《上海滩》,是一点也不晓得的。文章讲,是在造反派斗他时,他自己讲出来的。不管是斗他的和陪他挨斗的,我几乎全认识,可是谁也没有告诉过我。因此,我对这一点,兴趣特别大。

在国际共产主义运动史上,同时受到两国的伟大领袖批评的人是有的,可是,同时受两国伟大领袖批评的中国共产党人似乎不多。两国领袖都批评,领袖所见大同,照理是不会批错的。

但是,事实证明这两位伟大领袖批错了,这似乎难以理解。——

不过,倘若不把伟大领袖看作"神仙皇帝",那也是容易理解的。

苏联专家向斯大林告状,说黄逸峰瞧不起苏联人。斯大林信了。这叫第一印象,这是任何人都会有的心理活动。

一方面有斯大林的说法,另一方面又有下头告黄逸峰的简报。毛泽东信了。这叫从众心理,这也是任何人都会有的心理活动。

有了毛泽东"轻则开除党籍"的批示,华东局便开除他的党籍。这叫"服从心理",这也是一般人都会有的心理活动。

就是这些可以从普通社会心理学教科书上找到的普通人的心理活动,导致了黄的悲剧。当然,领袖们当时如果能够多一点儿逆向思考,问一问有没有另一种意见,事情不至于发展到这个地步,不致走这么长的直线。

黄逸峰事件的改正,有助于我们进一步破除个人迷信,有助于增强我们掌握辩证法的自觉性。辩证法是人提出来的,辩证法使人聪明,辩证法比人更聪明。

(原载邓伟志:《邓伟志文集》卷3,上海人民出版社2008年版)

开拓理论研究和壮大社科队伍的带头人：怀念黄逸峰同志

张仲礼

1988年11月27日，我们党的优秀党员、著名社会科学家，上海社会科学院原院长、名誉院长黄逸峰同志不幸与世长辞，全院科研工作人员失去了一位好领导、好师长。在沉痛地悼念黄逸峰同志的时刻，我们怀着崇敬的心情回顾他来上海经济研究所和上海社会科学院后带领全体科研人员从事学术研究、同甘共苦的三十几个春秋，追思他在从事科研工作中坚持理论联系实际，注重调查研究，敢于坚持真理，敢于提出创见等优良学风，倍觉黄逸峰同志的这份宝贵的精神财富，值得我们继承并发扬光大。

早在1956年上海经济研究所筹建时，黄逸峰同志就积极倡导理论联系实际，注重调查研究的好学风，确定以调查研究上海资本主义形成、发展和改造的过程及其规律为全所科研工作的中心任务。显然，这是一个上下百余年，资料、文献浩如烟海的大课题。为了制订出切实可行的科研调查规划，全所同志经过调查研究，初步掌握了上海工商各业的历史、现状及资料收藏概况，正确地作出了从点到面、点面结合和由近及远、远近结合的调查研究方案，并选择了一批典型企业及行业作系统的历史调查和研究。由于工作方向明确，方法对头，上海经济研究所仅在1957年4月至1958年8月的一年多时间里，就完成了一批有关上海资本主义工商行业公私合营过程的研究报告以及《南洋兄弟烟草公司史料》《大隆机器厂的发生发展与改造》和《恒丰纱厂的发生发展与改造》等三本企业资料书。另外，还完成和出版了《上海解放前后物价资料汇编》一书，引起了国内外学术界的关注。当时的《红旗》杂志先后发表了有关这三本企业资料书的书评，肯定了从大量资料入手进行科学分析的研究方法。国外学术界也对这些著作给以很高的评价，并大量地予以引用。在整个调查研究过程中，黄逸峰同志为进一步使我们的科研人员树立理论联系实际的正确观点，同大家一起克服了科学院就是读书搞理论、不屑于搞调查、搞资料的思想，克服了调查实际资料没有理论价值的思想。另一方面，为了切实贯彻理论联系实际的方针，上海经济研究所还加强了基础理论的学习，规定了每周用一天时间学习历史唯物主义理论和《资本论》等原著的制度，从而有效地保证了科研人员理论水平的提高。黄逸峰同志的这种好学风，在经济研究所并入上海社会科学院以后的科研工作中也得到贯彻和发扬。以后相继完成的《荣家企业史料》《刘鸿生企业史料》《江南造船厂厂史》《上海资本主义工商业的社会主义改造》等资料书和专著，无不体现出理论与实际、历史与现实、调查与研究紧密结合的优良学风。

　　黄逸峰同志在学术研究上深有造诣。早在1939年在广西大学任教时，他就已著有《簿记学》一书。1954年在上海市委工业部工作期间，他又潜心钻研《资本论》等经典著作，并结合实际写出了《工厂管理基础知识》《工业企业的经济核算制》等有关工厂管理方面的著作。1956年他受命筹建上海经济研究所以后，还在百忙之中亲自动手撰写了不少有关经济史和现实经济理论方面的学术论文。在这些科研论文中，黄逸峰同志坚持实事求是的原则，坚持真理，敢于提出创见，倡导了科研工作上的好学风。60年代初，在学术界对洋务运动评价上一片否定和骂倒声中，黄逸峰同志独树一帜，坚持对洋务运动采取二分法的立场，并对洋务运动的某些客观进步作用给予实事求是的肯定。他当时还高瞻远瞩地指出，开展洋务运动史的研究不但可以推进整个中国近代史的研究,而且对我们今天社会主义工业化建设也有借鉴之处。在对中国民族资产阶级的研究中,黄逸峰同志对理论界因受种种"左"的思潮干扰影响而不敢客观地肯定民族资产阶级具有两面性的倾向,曾撰文提出自己的不同看法。他从查考中国近代民族资产阶级所处的社会经济地位着手,来剖析其阶级性格的形成,从而把对民族资产阶级的政治性格的探讨建立在可靠的理论研究和实际考察的基础上。1980年,他参加中国社会科学访问日本代表团东渡扶桑讲学,所作的学术报告受到日本学术界的重视。他的有关论文收集在1981年出版的《中国近代经济史论文集》一书中。此外,他还同经济研究所的同志合作,共同写出了《旧中国的买办阶级》和《旧中国的民族资产阶级》两部专著,开拓和丰富了中国近代经济史的研究领域。黄逸峰同志不但注重经济史的研究,而且还十分关注现实经济和理论的研究。1959年当学术界出现否定商品生产、价值规律和按劳分配等基本经济理论的倾向时,他不随波逐流,人云亦云,而敢于发表不同观点的文章进行抵制。在十一届三中全会以后,他与人合写的《大力发展商品经济,改革经济管理体制》的文章,是较早地全面论述社会主义制度下发展商品经济的必要性的好文章,获得了市社联的优秀学术成果特别奖。

  黄逸峰同志十分关注中青年科研队伍的建设和培养,从而为所、院两级的科研发展打下了坚实的基础。他在受命筹建上海经济研究所后,曾亲自四出奔走,八方联系,从全市各条战线请调了适合和有志从事科研理论研究的中青年同志。在明确科研方向以后,他交课题,压担子,在实践中培养和锻炼了一大批科研骨干。当时的这批科研基干力量现在都已成为所、院各级科研工作的主要骨干,为今天我院在全国范围内的学术和科研地位奠定了基础。复院以后,黄逸峰同志又在条件较为艰苦的情况下致力于创办我院的研究生部,更加科学地系统地培养较高层次的科研人员。经过多年的创业努力,现在我院的研究生部一共设有26个硕士点、2个博士点,自1979年以来共培养了160名硕士研究生和3名博士研究生,为社会科学院的科研队伍输送了一批能挑起重点科研项目大梁的新生科研骨干力量,使社会科学院的科研队伍后继有人。

　　黄逸峰同志既是我们党在革命战争年代的老战士,又是我们党在和平建设年代的著名理论家。他对我们经济研究所和整个社会科学院的创建和发展有着不可磨灭的开创性贡献。尤其是他那科学严谨的学风和重视培养科研接班人的远见卓识是我院创建以来一份极其宝贵的精神财富。我们今天怀着崇敬和沉痛的心情来悼念他,就是要继承和发扬他的这些好学风,更加重视科研队伍本身的培养和建设,为进一步发展我国的社会科学研究事业做出新的贡献,以告慰他的英灵。

(原载《社会科学》1989年第2期)

黄小峰谈黄逸峰

采访对象：黄小峰（黄逸峰之子）
采访地点：黄小峰寓所
采访时间：2018年7月25日下午
采　访　者：荆有为

提问：第一个问题，请您先讲一下黄逸峰先生一生的经历，不用讲得太细，就是时间点，然后具体在做什么，讲讲主要的就行。

黄小峰：根据他跟我们谈的，他是1923年参加革命活动，1925年入党。这个事情不知道我记得清楚不清楚，他入党介绍人，要跟你们说一下吗？

提问：都讲。

黄小峰：我记得他讲过，入党介绍人是康生。我不知道是不是我记错，你们可以查一下，他的档案里应该有的。这是大革命时期，入党以后参加了五卅运动、上海工人三次武装起义，他是闸北区的负责人。就在这个期间，周恩来正好遇险，他营救周恩来，后来陈独秀表扬他，认为他做得很好，这个事情，是不是这个事情和他后面有关系，我就不清楚了，就是陈独秀接见他，表扬他这个行为，认为他做得很好，是这样的。

以后，他就转入地下，南京地委书记、南通特委书记、江苏省委候补委员、全国铁总秘书长。大概在30年代初的时候，突然间，党组织跟他切断关系了，然后他就等于自谋生路了，没有办法，他就只好流亡到国外。在国外教书，教中学，教书期间，组织进步团体、革命团体，宣传革命，宣传抗日，大概是在1932年、1934年的时候他回国找党的关系，都失败了，大概一直到1938年左右，才总算找到关系。好像中间通过了徐特立，通过了，还有一个人名字我记不清楚了，然后就找到重庆八路军办事处，找到叶剑英和周恩来，他把自己一些情况向组织上做了汇报，然后组织上就把他直接介绍给陈毅，从那以后与陈毅单线联系，从事党的统一战线工作。后来就是担任了苏北参议会议长、联抗司令员兼党委书记、兴东泰特委书记、一分区司令员。

然后就在抗战结束前夕，就是你刚刚说的，确实有一个代表团要去延安参加一个代表大会，他是代表。

他好像是有这么一段，但是我的印象里，由于形势变化还是什么原因，好像没去成，由于什么原因没去成，这个代表大会，由于形势变化还是什么原因，可能会记错。到抗战胜利初，马歇尔来"调停"，成立军调部，他就调到军调部去了，军调部的工作结束以后，调任胶东军区副司令。随着形势的发展，又急调东北。内战期间基本上在东北，担任东北野战军铁道纵队司令员兼党委书记。1949年南下在上海就离开部队了，担任上海市铁路总局的局长兼党委书记。1950年调任为华东军政委员会交通部部长兼党组书记。1952年爆发一个事件，他一段时间靠边了，后来他在这个期间就写书，当时知道中华人民共和国成立以后，要经济建设，对工厂管理，我们很多老同志确实缺乏经验，所以他就写了一本《工厂管理基础知识》，对一些革命干部，当时进城以后怎么管理工业，这些方面还是一个问题。所以他当时写这本书销路还挺好的，那个时候他已经被开除党籍了，打成反党分子，他就写了这本书，还有其他一些小册子。

提问：工商业的这个基础知识的话是因为他……

黄小峰：是《工厂管理基础知识》。

提问：他上大学的时候是不是在学这个商业？

黄小峰：他在抗战初期的时候，一度兼任过广西大学教授，好像教的是会计学，有这么一段过程。

提问：他后来又恢复党籍了。

黄小峰：对，1952年爆发这个事情，1953年是毛主席亲自处理，当时是谭震林向毛主席汇报了，汇报以后，毛主席表了态。但是过了三年，毛主席在中央政治局扩大会议上又提到我父亲，毛主席好像意思就是说，黄逸峰要革命，为什么不让他革命？这样反问。马上让我父亲又重新进入党内，进入党内就安排搞科研工作了，就是中国科学院上海经济研究所的副所长，然后就是从事经济科学的研究，当然也担任一些行政领导工作。一直到"文革"，"文革"当然就靠边了，批斗什么的。

提问：他后来也是上干校是吗？

黄小峰：上干校，多次批斗。

提问：他干校是在社科院上的吗？

黄小峰：社科院。

提问：也是在社科院？

黄小峰：对，也是在社科院，本来他所在的部门是叫中国科学院上海经济研究所，后来上海又成立一个上海社会科学院，这个经济研究所就变成上海社会科学院经济研究所了。

提问：1958年？

黄小峰：1958年。"文化大革命"结束以后，平反了以后，1978年三中全会以后，就担任上海社科院的院长兼党委副书记，以后的事情你们都比较清楚了。

提问：您还是也讲一讲吧，然后他好像说是因为他那时候年纪挺大了，但是他工作也挺努力的，就比较劳累。

黄小峰：确实是。

提问：然后1981年的时候，是去做一个报告的时候中风的是吧？

黄小峰：对。是1980年做报告，1980年还是1981年，我记不清了，不是1980年就是1981年。他在做报告的前一晚上还是开夜车，到华师大，找华师大领导商量，在社科院联合建立一个什么研究所，谈得很晚，他已经70多岁了，晚上很晚才回来，第二天就到交大做报告,做到一半,忽然之间没声音了,后来马上抢救,抢救以后,就发现脑溢血,从此基本上就卧床。卧床以后,还是关心他的工作,他的事业,所以还是看文件、批示,好了以后就回家了,后来过了几年以后又倒下了,这次倒下以后,他再也没起来。他是哪一年,第二次倒下是什么时候就不清楚了。他那段时间,我母亲跟我们讲过,就是要他注意身体,他说我现在抢时间是第一位的,这么多年,我没有做什么工作,我要抢时间,她说你要多注意身体,他说革命不能怕死,现在抢时间是第一位的事情,就是这个意思,原话我也记不太清楚了。我父亲一百周年纪念的时候,我写过一篇东西,那个里面那段意思有,你们查查。登在社科院的专门出了一期报纸上,《社会科学报》专门有一期的,你们可以看看。

我父亲重新工作以后,当时我两个妹妹都在外地,"文革"中由于我父亲的情况,她们都分到外地去了,她们想调回来,当时有这个政策,家里总要有一个人。当时我两个妹妹就说,如果提出来的话,组织上会考虑,因为他总要有一个子女在身边可以照顾。他从来没向组织上提出要求,所以两个妹妹一直在外地。过了好多年以后,一个自己联系才调到上海郊区,还有一个始终在外地。那个时候我们家里人比较多,后来我也调回来了,我弟弟一家人,还有我的小弟弟、我的弟弟、弟媳妇、孙子什么,人很多,还有保姆,房子当时比较拥挤,当时大家都希望我父亲能分房子,这么多年了,这个房子是1955年住过来的,一直住在里面没动过。当时我父亲说是,社科院还有很多科研人员房子没有解决,我怎么能解决呢?要等那些科研人员的房子都分好了,这个我印象非常深。当时我们都挺感动的。

提问:1955年之后你们一家就住在这边了?

黄小峰:1955年,我们1955年搬过来的。

提问:后面一个问题,想请您讲一下,他后来养病的时候,主要是在医院里面还是在家里?

黄小峰:开始在医院里,后来回来了。回来以后就还在继续工作,批示,做指示,讨论工作,等于在家里面边休养边工作。

提问:他是在哪个房间?就是隔壁那个房间是吗?

黄小峰:隔壁房间,你们再过去看看。

提问:换一个问题,在您眼中,您觉得他是怎样的一位父亲?就是这么多年一起生活下来之后你的感觉。作为一个父亲的角度。

黄小峰:他既慈祥又严格,应该可以这么说。你看我们家里面……

提问:有些什么具体的事情?

黄小峰:他50年代还是处于逆境的时候,除了自己写书、写文章和工作以外,还教我们,给我们讲故事,通过故事来教育我们,做怎么样的人。另外还教我们英语,那个时候不大搞英语了,他教我们英语会话,this is a book,我就是那个时候才知道的,我那时候还很小的,那个时候我们中国也没有学英语。

提问:那时候学俄语。

黄小峰:学俄语。经常给我们讲故事,比较慈祥。但是又很严格,我们家里做出规定,到任何地方去,不能接受别人的礼物,作为一个明确规定的,而且不能吃别人的东西,我们都做到了。而且我们,除了我进大学以后,在进大学以前,我们都没有零用钱,我和我弟弟妹妹都没有零用钱,都回家,所以这方面比较严格。

提问:然后您父亲后来生病,包括他年纪越来越大之后,有没有跟你或者跟其他子女聊过他以前的这个,整个的这个经历,包括像多次的,包括像中间开除党籍,包括跟党关系都已经断了,但是我觉得他还是很坚定的,这些东西跟你们有聊过吗?

黄小峰:讲过,跟我讲过。

提问:当时是怎么样一个情况,他讲了一些什么东西,聊一聊。

黄小峰:他就是感觉到,这个是耽误的时间,两段时间耽误的最长,第一段时间更长一点,那就是切断关系以后,他要干革命,这时候组织上跟他切断关系,国民党还要抓他,当时政权还要抓他,共产党又切断关系了,他是共产党一个重要干部,切断关系,他感到非常痛苦,无所适从,这个在晚年他在休养期间,两次跟我谈起这个事,他说我不知道当时到底谁在起这个作用,怎么会这样做的,反问到底谁在起这个作用。肯定和后来的宣传也有关系,可能也是他本人就有看法,他说反复来考虑,他们两个可能性比较大一些,一个是康生,一个是李维汉,他们可能性比较大。因为他说李富春,他们跟我都很好的,李富春,罗亦农,王若飞,他们都跟他很好的,所以他就感到,为什么会这样子,我精力最旺盛的时候,要干革命的时候,切断关系了,被迫让我流亡,流亡在国外又被捕两次还是三次,我父亲去世的时候,他悼词里面有这个经历的,就是七次被捕。

提问:但是即使这样的话,您刚刚也讲到他,他30年代到1938年,重新通过那个重庆的八路军代表处,跟党接上线之后,这期间他还回国三次想去找这个关系。

黄小峰:对,都失败了,都没搞成。

提问:后面可能再有一次的话就是"文革"了。

黄小峰:第二个,后来一段时间,他就是说要抢时间,所以"文革"结束他一平反以后,什么也不顾了,家里他都没有考虑,就是忙于恢复社科院的工作,建立研究所,天天忙到很晚,我母亲都很着急,因为他有高血压、糖尿病,这么干的话是不行的,他说我现在时间不多了,我要抢时间,她说你这个身体不要了,他说干革命还能怕死吗?就这个意思。所以那段时间我母亲是最操心的,他完全不考虑自己,你看他倒下去那一天的前一天开夜车,在华师大,找华师大党委书记讨论联合办研究所,谈的回来很晚,深夜才回来,回来以后第二天一早又去做报告,那当然肯定不行了,一下就倒下去了。

提问:好的。谢谢您。

厉敏之谈黄逸峰

采访对象：厉敏之
采访地点：厉敏之寓所
采访时间：2018年7月26日上午
采 访 者：荆有为

提问：厉老师您好！今天我们专门想请您谈谈您对黄逸峰先生的印象。请问您第一次见到他是什么时候？

厉敏之：我是1945年才第一次见到黄逸峰。实际上黄逸峰同志那个时候已经到了六师十八旅第一军分区当司令员了，已经不在联抗了，我在文工团的时候，文工团有两个同志是跟黄逸峰同志一起从联抗调到军分区来的，那两个同志在文工团，所以他们知道黄逸峰同志的一些历史，我是不了解的。

提问：那后来呢？

厉敏之：黄逸峰到了军分区以后，指挥过好几次战斗，一次是叫三垛伏击战，那是很有名气，三垛伏击战在新四军根据地是战果累累的。

提问：时间是什么时候？

厉敏之：1945年的春天。

提问：好像是歼灭日伪军1 800多人。

厉敏之：是的，后来他又指挥了高邮战争，解放兴化。解放兴化的战斗我们文工团都参加了。我那时候在一分区文工团当支部书记。兴化解放之后，成立一个新七中队，新七中队出了一个模范班长，叫唐炳文，当时军分区领导包括黄逸峰同志都认为这个唐炳文是一个很好的典型,就要我们文工团到新七中队去做调查研究,写一个剧本,广泛地推广这个部队,先进带后进是很重要的。这样我们文工团由组织科长谭肇之同志率领去兴化。那时候文工团深入调查研究,到唐炳文班里头,到其他班,其他连队都去了解唐炳文的情况,我们团长还专门找唐炳文谈了话,确确实实证实了唐炳文这个班长了不起,后来我们文工团就编剧,我们团里有各种人才,所以就写了一个剧本,叫《模范班长唐炳文》,这个剧本写完了之后,就在新七中队首演,首演的时候,那里条件差,都是土台啊,我们都是去老百姓家里借方桌子,一个一个方桌子借好以后,拼作舞台,上台演出。因为唐炳文是真人真事,再加上他这个模范作用确实是内容丰富、事迹动人,所以我们又利用土语,讲苏北话,把群众喜闻乐见的小调、快板等各种各样的形式摆进去,因为大家都是苏北人听得懂,而且形式多样化,非常吸引人,所以演出效果是非常好的。但中间有一段文工团的团长姜旭同志,他是搞戏剧的,他是非常注意舞台效果的。他看到有一个战士在演出的时候,在舞台前面走来走去,就影响演出效果嘛,他就上去把这个战士拉下来,又批评他几句,说你怎么能这样子,讲了几句。这给黄逸峰同志看到了,对此很不满意。但是当时也不好讲什么,因为演出嘛,后来演出结束以后,黄司令就把我们文工团全体团员叫到一个办公室去谈话,他说你们对毛主席延安文艺座谈会讲话学过没有,我们说学过,他说学过了你们文工团就要面向部队,面向人民,面向战士,是不是?在演出期间上去把一个战士拖下来,还要批评人家,这是不对的,这不符合毛主席为人民、为战士思想的。他说你们回去好好地检查一下,以后不可以这样子。新七中队里的都是新兵,他们还没有接受多大的教育,你这样做法对战士来讲效果很不好的。这次演出是我第一次见到黄逸峰同志。

提问: 他后面的经历您了解吗?

厉敏之: 后面到哪里去了我也不了解。我跟他第一次接触就是这次演出,黄司令了不起,这么一件小事情,我认为是小事情,还跟我们全体文工团员上了一课，我觉得他非常爱兵，是一个好领导。我是支部书记，回去之后，就此事过了一次组织生活，大家作了批评和自我批评。

提问：再见面再了解他是什么时候？

厉敏之：再见面再了解他那就是在社科院了。

提问："文革"之后黄逸峰被重新任命为上海社科院的院长，重建社科院，这个过程有些什么事？

厉敏之：是这样，重建的过程我也不了解，因为那个时候我的经历也是很复杂的。"文革"当中还有一个接待指挥部，我也在接待指挥部，后来被机关党委拉回去批斗，批斗完了之后再到干校，干校再批斗，我也没有什么问题，后来就解放，解放了以后叫我去当处局级干部哲学学习班的指导员，魏克夫是原党校的教员，去当学习班教员，还有一个年轻造反派，他当队长，我当指导员。我那时候身体确实很不好，工作了不多时，我就请假回家，回家以后开始市公交组叫我去上钢三厂调查研究，实际上是去劳动的，后来市革会外事组，实际上就是原来的外办，外事组的领导叫冯国柱，冯国柱点名叫我到外办去，因为我在机关党委也经常接待外宾，所以他点名叫我到外办去。外办去了三年，所以尼克松、田中访华我都在外办，我都参加了，我还见过一点儿世面。以后呢，说这个市级机关只有支部没有党委，要成立党委，外办冯国柱找我谈，说厉敏之，要成立机关党委了，你还是到机关党委去工作吧，我说我不要去，我说我到机关党委要走老路的，现在这一套我不干。他说没有办法。那时候还是马徐王，机关党委还是王秀珍兼书记，我是最后一个副书记，我不管事，我还是管宣传。所以他们搞的内部资料，写什么给"四人帮"马徐王跟张春桥的"白头简报"，我都不看的，什么内容也不知道的。我在机关党委心情很不舒畅，我后来因生病就住瑞金医院，高血压、心脏病、胃病毛病很多，又做了甲状腺手术，一直到粉碎"四人帮"之后我才出院。出院以后组织部就分配我两个工作，一个到社科院去当副秘书长，一个就是到戏剧学校去当副院长,戏剧学院、音乐学院派性很厉害的,我是不去的。社科院这些人我比较熟悉,因为除了黄逸峰以外,像李培南什么都是过去党校的,党校的校长啊、副校长啊、党委书记什么,我都熟悉,蓝瑛我更熟悉了,我们四十年代整风的时候我跟蓝瑛都是一个小组的,他是13岁就参加党,大家不相信,13岁怎么参加党。整风嘛,都经过批斗。我是整风运动还没有结束,军分区政工队来借调的,借调以后我就留在部队里了。

提问: 然后咱们还是回头讲"文革"之后您调到社科院之后。

厉敏之: 调到社科院以后,蓝瑛同志带我一个一个地方介绍一下,然后把院长、书记介绍一下,大部分我认识,黄逸峰我不熟悉,但也认识,黄司令。了解了两三天的情况后,黄逸峰就把我叫到他的办公室去了,他说厉敏之你来了,我们很欢迎你。但是我们现在有几个难题,希望你能够想办法解决。他对我抱有很大希望似的,我说什么问题,院长你说好了。他说现在有三大问题,第一个问题就是大礼堂的问题,现在社科院已经成立了一年了,大礼堂问题至今还没有解决。现在差不多和向明中学要打起来了,这边要那边不放,两边要打了。这个问题你想想办法,我们社科院没有大礼堂是不行的,这是一个问题,你想想办法看看。蓝瑛同志他就是只动脑给市委写报告。第二,当时有7个研究所,有的研究所连一间办公的房子都没有,那个大楼只有三层,而且还有社联,罗竹风也要房子,他是社联的负责人了,老同志了。他说他要一半是不行的,起码要给他1/3,房子问题想想办法,能不能加层,这个问题要是不解决,我们社科院周围没有地方可以造房子的呀,这个问题我觉得倒是比较难一点的。我说好的,我了解了解再说。他说还有一个问题,这个问题他说我当院长都要考虑比较周密一点儿,我们社会科学院最好是要搞一个出版社,他说因为我们的东西光叫人民出版社出版是不行的,因为大样、小样都要印刷,有时候印了一部分大家看看提提问题再印,没有一个出版社,没有一个印刷厂不行,社会科学院一定要有一个印刷厂、一个出版社,你看有没有什么办法解决。我说黄院长咱们这个地方连办公的地方都没有,你要办出版社和印刷厂有难度啊。他说想想办法,动动脑筋,因陋就简。我说好,我来动动脑筋吧。这三件事情交给我,他说我们社科院已经建立这么长时间了,现在研究所连办公用房都没有,这个问题是一个大问题,都是棘手的问题,最好能立刻解决,连一个礼堂都没有。房子也是破破烂烂的,因为那个房子后来是有一些老同志关在那里,我们解放了,还有一些老的没有解放关在党校的办公室。后来我就先把蓝瑛同志写的报告,就是解决大礼堂的问题,他写了这么多报告,我看了一下,先了解情况嘛,他就是要"所有权",强调原来是市委党校的房子,现在应该是我们社科院的,大礼堂原来是党校的大礼堂,所以应该是社科院的大礼堂,是这样的报告写给陈毅同志,写给夏征农同志,我看了以后说这个大概不行,我就动脑筋了,我就把王有为,那时候是财务处的处长,张文俊他管行政基建,他们两个一个管行政一个管财务,跟下面打交道,他们手下那批人跟向明中学打交道。我把他们两个叫过来,我说我们到向明中学去一下,去找他们校长、支部书记交流交流、谈谈,是不是有什么办法来解决比较好。这样他们两个陪我去,介绍一下这是我们秘书长。新来的,并介绍一下这是校长、这是支部书记,我就坐下来跟他们比较亲密地交谈。我说大礼堂到底是怎么一回事,我说你们大家都要所有权,我倒觉得没有必要,为什么去争所有权呢?我说我们是不是商量就是使用权,你向明中学要这个大礼堂也没有什么用处,我社会科学院要这个大礼堂也不是天天用,我们是不是要一个使用权,要一个管理权,这样比较好。"文革"之后,大礼堂一塌糊涂,进去脚都踩不进的,很脏很脏,那么我说你们向明中学来修大礼堂也不可能,我社科院主动承担修理这个大礼堂,修好后由我们两家使用,我为主出钱,用咱们两个一起用。结果向明中学说好啊,现在礼堂一塌糊涂,你能够把它修好,我们两家使用,这个办法可行。我们不讲所有权,我们也无所谓。我说这样子,我们修好以后,我们两家是平均使用,我是1 357

四天,名叫社会科学院大礼堂,你是246,名叫向明中学大礼堂,这样行吗?他说这样可以,我说你假使不用的时候,你还可以出租,你还有点儿收入对不对?

提问:然后这个大礼堂事情就解决了?

厉敏之:大礼堂事情我等于是一天就办成了对不对?所以黄逸峰对我很欣赏,你有本事啊,我弄了一年没有解决,你一天就解决了,这个办法好。他说大家都是使用权,这个没有问题,你这个主意出得好,他很满意。我就跟他讲了,我们又不是天天要用这个大礼堂,有了使用权,什么时候用都行,不用的时候也可以出租。他说使用权好、使用权好,他说以后你对向明中学好一点,向明中学有什么困难的话,咱们能帮就帮帮他,关系搞得好一点。我说好的。

提问:老师,后面就可以简要的先过,我想问您另外一个问题,就是黄逸峰同志跟党的领导人,他们之间有交往经历吗?或者交往的故事?您了解吗?

厉敏之:他和党的领导人有没有交往,我不知道。

提问:1927年"四一二"政变,他曾经救过周恩来的故事您了解吗?

厉敏之:这个我也不了解,那时候我还小啊。

提问:包括像他历史上曾经七次被捕,三次被开除出党您也不了解吧?

厉敏之:不了解。

提问:当时建院说黄逸峰自己的工作,好像是跟各个学校合作建研究所、找人,他自己工作您能讲一讲吗?

厉敏之:他自己的工作50年代的我不了解,复院后我觉得黄逸峰同志在社会科学院,对知识分子是非常重视的。因为原来是社科院的同志他都把他们找回来了,但是过去就是两个所,一个历史所,一个经济所,现在成立这么多所,除了原来的同志归队以外,他就是在市级机关年龄比较大一点的,有工作经验的,有文化水平的那些同志，他尽量地去请他们到社科院来，这些他是做了大量工作的，还有我们一些老同志也帮他做工作。

提问：研究生院好像也是"文革"之后建的？

厉敏之：研究生院是我去之前已经招了，研究生院我告诉你，我去了以后我看了，研究生院就是两间房子，一间大房子，双人铺都要爬上爬下的，当时第一届研究生是很艰苦的，但是研究生院因为我是兼机关党委书记，所以研究生院的政治工作我也要管的。黄逸峰同志除了这个以外，最大的特点就是招聘特约研究员，社会上的有资深的，或者被错误批判过、处理过的，甚至于过去在国民党工作过的，只要有学问二级教授、三级教授，过去当过教授的，或者是搞过研究工作的，他都去搜罗过来。这个名字叫"特约研究员"，这是他在社科院的创举，因为那些人在社会上是做不出什么成绩的，动乱嘛，有一些老的研究员回来，就是历史所、经济所，两个所的人不多的。还有一些老党校的教员，也把他搜罗进来。

提问：除此之外，黄逸峰还做了一些什么工作呢？

厉敏之：除此之外黄逸峰还做什么事情呢，我跟你讲，他做的事情是很多很多的，除了加层，什么印刷厂、出版社，都是他在的时候，做是我做的，脑子是他动的。他对这些老同志都很照顾。他说厉敏之，你对这些老同志，这些特约研究员也要关心啊，他们的生活，那些人因为批斗过、处理过，有些人住房什么问题，生活问题你要了解了解帮解决解决，他很关心的。我举一个例子，马伯煌家，我都去看过的，这是二级教授，很好的，但住房只有一间，很艰苦。我们又没有造房子的条件，后来芮杏文、胡立教、汪道涵到社会科学院来调查研究的时候，我是副秘书长，尽管我职务不高，但我参加活动，我的声音大大的，我就大声疾呼，我们社科院要钱没有钱，要房子没有房子，要什么都没有，这些都是知识分子，这些都是研究人员，我说市委不给条件，巧妇难为无米之炊啊。我在那里大声疾呼，所以洪泽同志还把那个记录带回家去，带回家给他老婆看，他说你看厉敏之在这个会议上还敢那么大胆的讲话。他们都不敢大胆,我敢大胆,我为什么敢大胆?黄逸峰给我的胆子,他交给我想办法,我怎么想办法,我就向市委市政府叫啊,你们不叫我来叫,我又不怕犯错误。黄逸峰生病以后,我每一次去看他,他都要问我这些问题怎么样,解决没有,谁谁问题有没有解决,他都很关心。我每次去黄逸峰那里都是很开心的,他看到我像看亲人一样,他保姆还跟我讲,你来黄老最开心,黄逸峰对保姆阿姨很好,黄逸峰走的时候保姆哭得很厉害,说黄老好,怎么好怎么好,黄老对人确实是好。在社科院他是住在瑞华公寓的,社科院的车子他不大乘的,走来走去。严于要求自己,对人家很宽容。我倒反而有车子来接送,因为我住在孩子那里。

提问:黄逸峰在"文革"之前就到社科院了,他最开始的时候曾经当过经济所的副所长。

厉敏之:那是1958年的事情。

提问:然后他曾经还出过一些书,他学术上的事你了解吗?

厉敏之:学术上的事我不大了解,因为我不管这个事。你们要了解他,袁恩桢最了解他的情况,以前经济所的所长。

提问:老所长吗?

厉敏之:对,这里头有他的文章,对黄逸峰。前面你问的问题,蓝瑛同志了解,这本书蓝瑛同志文章也有。因为我年轻,负责行政工作,我不能管这个。

提问:黄逸峰跟社科院的学生或者同事之间还有什么故事是有意思的,您还有了解吗?

厉敏之:跟学生当然,因为学生政治工作也是我管的,那时候学生真是很艰苦的,上下铺,一个房间里头挤挤的,但是学习学得很好,这期学生是最好的学生。那个时候的研究生确实是一流的,现在全都是局级以上的干部,那都是老知识分子了,像张幼文,过去团市委青年团的,我去时他是青年团一个什么小组里头的支部书记,也到我机关党委开会。现在是有名的专家了,我觉得黄逸峰最大的功劳就是请特约研究员,这批特约研究员起了很大的作用,培养出来一些学生应该说是一流的研究员。比如厉无畏曾任全国政协副主席,左学金是上海社科院前常务副院长,沈国明是学法律的市人大常委,后来又到社联当主席,等等。

提问:还有什么生动的个案,厉老师。

厉敏之:还有譬如说,我讲具体例子,那时候社科院很穷,研究生要洗澡,跟后勤打架,后勤烧饭,洗澡有热水器的,研究生说,他们可以在那里洗澡,为什么我们不可以在那里洗澡,跟后勤要打架,后来人家来叫我去,我说对不起,厉无畏他很厉害,年龄最大,他在后面出主意的,他后来是全国政协副主席嘛,也是我们的研究生啊,第一届的研究生。后来我去了,我去劝他不要吵,我说这样,这个不是行政处的问题,行政处那个热水器是很小的,他们在那里工作以后洗洗澡是正常的,你们研究生几十个人,要到那里去洗澡是不可能的,也没有那么多水,我说我给你们想办法,我给你们买洗澡票,到外面好的浴室洗澡,他们说秘书长你有这个权力嘛,现在经费很紧的,我说我有这个权力,我没有权力我还可以请示院长。实际上财务处长他们都非常尊重我,相信我的。财务处长王有为过去跟院长、书记都要吵的,用钱啊。但是我秘书长讲话一句,是不是。因为他们觉得我好像处理问题比较好,我不是自吹自擂啊。所以我后来跟黄院长汇报了,我说这些研究生天热是要洗澡的,我说我们这里条件比较差,我的意见是给他们买洗澡票,选好一点儿浴室,买洗澡票,一个星期洗一到两次,这个经费我来跟财务处商量,你看行不行?他说行,这个办法好,他每次都说我的办法好,你跟财务说,经费没有问题。我跟财务处商量是没有话说的,王有为很听我的话。所以这个院长对研究生还是很关心的,对学生很关心。我把黄院长交给我的三件大事办好了之后,我是专门看天比较好,黄逸峰同志精神比较好,我就叫车队派车子,买了把轮椅(这把轮椅后来还是黄逸峰同志自己出钱的呢,我们办公室主任不同意报销)来把他接回来,先看加好的两层楼,有的研究生已经住进去了。再看印刷厂、出版社、大礼堂,看好以后,黄逸峰开心啊,那时候坐在外事组的接待室,接待外宾的接待室坐下来谈,黄逸峰真是激动得泪流满面啊,说不出话。当时他点头啊,表示他脑子里头有一笔账,他希望把社科院搞成什么什么样子的,他对这次的工作很满意,反正他很关心同志,你看车子他都不乘,有的时候早上去接接,难得的,他说我走走好了。

提问: 在您的眼中,以您跟他的交往,您觉得他是怎样一个人?

厉敏之: 黄逸峰这个人是传奇性的人物,是真正的共产党员。他1925年入党,我1925年出生,他经过被捕那么多次,在国民党都做那么多工作,统一战线。后来跟党的关系又找不到,以后你看再回到共产党里边,黄桥战争以后他才正式工作的,黄桥战争以后,他当联抗司令员,他在国民党也当过军长的。所以这个人的党性非常强,不管在共产党也好,在国民党也好,当领导干部也好,受处分也好,不是共产党员也好,他就是一心一意为党工作。从来没有脱离过党,所以我说他一心一意为党,而且他什么工作都做过,据我了解,他司令员当过,所长也当过,院长也当过,社科院称他为"文武将军",我们写过几篇文章怀念他,我接触过很多领导同志,我觉得黄逸峰是在共产党里面少有的。黄逸峰从来不骂人,他就是有时候脾气有点儿暴躁,他没有跟我发过脾气,一直对我都很好。可惜黄逸峰走,我没有参加他的追悼会,我那时候在华东疗养院疗养,这是我蛮遗憾的。

提问: 厉老师,关于黄逸峰的采访就结束了,谢谢您!

追忆雷经天

审判长雷经天

陈其钦

在全党全社会学习贯彻党的十八届四中全会所作依法治国、建设社会主义法治国家决议精神,以及我国首个"国家宪法日"到来之际,根据延安时期真实事件改编的电影《黄克功案件》在沪首映。77年前成功审理黄克功案,共产党向人民交出了一份满意的答卷。该事件至今仍是反腐倡廉、从严治党、建设社会主义法治国家的活教材。

本报从当年负责审理该案的审判长雷经天同志(曾任上海社会科学院第一任院长)所著《向前集》中,撷取出这一编号为002号案的《陕甘宁边区高等法院刑事判决书》,并特约雷经天的秘书陈其钦同志倾情回忆并评述。

在学习贯彻党的十八届四中全会所作依法治国、建设社会主义法治国家决议精神,拥护党中央从严治党坚决反腐,不断取得成就的喜悦声中,我应邀观看了反映77年前我党历史上处理的一个重大事件——"黄克功案件"的电影。影片思想高尚,政治清明,事理正当清晰,感人至深。案件的处理不仅具有重大历史意义,而且有很强的现实意义和长远的指导意义,是一部从严治党、建设法治国家的好教材。

（一）一桩命案　突发的考试

黄克功案发生前,共产党领导的红军粉碎了蒋介石的围剿,为了北上抗战,历尽艰辛走完长征路,1935年底到达陕北,成立了苏维埃中央政府陕北办事处,根据地建设与北上抗日同步进行。蒋介石一直推行"攘外必先安内"的方略,坚持消极抗战积极反共,甚至要借用日本侵略者的力量消灭延安红色政权。由于国民党进行欺骗宣传,国内外对共产党红军、延安红色政权的真面貌缺乏了解。美国人鲍威尔主编的《密勒氏评论报》（英文周报）1936年先后刊载《中日联合反共是十足的罪恶》《中日联合反共同盟在华北达成口头默契》《中国国民党坚决主张在华北增加日本驻军》等标题鲜明的报道。1936年7月,美国友人埃德加·斯诺带着世人急切了解共产党红军、延安政权真实情况的愿望,成功地访问了延安,采访了毛泽东等领袖人物,了解了红军及延安政权的先进性。11月14日起,《密勒氏评论报》连载埃德加·斯诺的《毛泽东访问记》,这一报道震动了中国,并在国际上引起巨大反响。大批知识分子与青年为了抗击日本侵略者,寄望共产党,集聚延安。1936年"七七"事变后,全国上下团结抗日呼声一片。1936年末的"西安事变"促成了第二次国共合作,抗日民族统一战线形成。陕北苏区改成陕甘宁边区,红军改成"八路军",陕甘宁边区建设与发展走上快车道。1937年9月,八路军"平型关大捷"歼灭日军3 000多人,大挫日寇疯狂进攻气焰。共产党、八路军正成为抗日的重要力量,陕甘宁边区成为集聚抗日志士的摇篮。就在这个时候,发生了震动延安上下的黄克功杀人案。

（二）应　　试

1937年10月5日,抗大第六大队队长黄克功逼婚不成,枪杀了年仅16岁的山西定襄投奔延安抗日的陕北公学女学员刘茜。事件发生后,一石激起千层浪:国难当头,共产党、红军的干部没有把枪口对准日本侵略者,而将来之不易的枪弹为了一己之私,杀死了恋爱对象刘茜,丧失人性,天理难容。然黄克功井冈山时期参加革命,作战英勇,经过十年内战和长征考验幸存下来,是可以为实现党的目标任务发挥作用的骨干,犯下杀人大罪,实为惋惜。能否正确处理黄克功杀人事件,关系到党和八路军的形象,陕甘宁边区稳定、巩固与发展,以及团结抗日大局。党中央、毛主席果断决策,忍痛排毒,决定交由陕甘宁边区高等法院审判。任命雷经天为高等法院代院长、黄克功案审判长,由抗大政治部主任胡耀邦任公诉人。

然而,黄克功案发生时,陕甘宁边区高等法院才成立两个月,初期只有6名工作人员,院长董必武又外出不在位,法院成立后只审过一起偷窃案,审案所依据的法律也还不完备。而且,雷经天在红军长征之前已被含冤开除党籍,贬为战士,加上长征途中,倒在雪地里,爬不起来,差点儿送了命,身体元气大伤;到陕北后分配在中央粮食部工作,由于紧张与劳累,三次发伤寒倒在老乡家,吃喝困难,又无药医治,连耳朵都烧聋了。在这样的情况下,雷经天为了党和人民的利益、为了团结全国人民抗击日本侵略者,毫无畏惧地迎难而上,把大任担肩,全身心地投入黄案审理的各项工作之中。

在中央领导张闻天同志的指导下和公诉人胡耀邦同志的密切配合下,第一步是查清案情事实、性质及证据。黄克功到案后,经过询问与指证,承认杀了刘茜,但非故意,是枪走火,自己爱刘茜,不是要置其于死地的。雷经天经过反复查证,找到了黄克功射向刘茜的第二颗子弹壳与死者身上头上中第二枪的部位,经过质证,驳回了黄克功不是故意杀人是枪走火的避重就轻态度,厘清了案情及其证据,认定黄克功逼婚不成而有意杀死刘茜的事实与性质。第二步,归结当时延安各界对该案处理的重大关切及争议:第一种意见,以投奔延安抗日的知识分子、青年为主,主张杀人偿命,判黄克功死刑;第二种意见是一部分长征过来的老红军、黄克功的老战友,认为黄克功虽犯杀人大罪,但他是经过长征幸存的功臣、战斗英雄,抗日急需人才,是否可以将功折罪,不判死刑;第三种意见,不判死刑,送抗日前线杀鬼子,战死沙场谢罪。黄克功本人也提出战死沙场谢罪的请求,为此还直接向毛泽东主席写信请求与申述。至此,审判长雷经天将黄克功案的主要事实及其证据、性质、处理此案民意、全案审理安排与审判意见向党中央、毛主席汇报。第三步,采取群众路线公开审判、民主断案与五人审判庭裁决。在陕北公学举行有2 500多群众参加审判黄克功大会上,有各界代表12人发言,然后由5人审判庭开会,充分发表各自的意见,就是否判处死刑问题激辩。围绕情与法、官与民、功与罪关系的正确处理,坚持杀人偿命与法律面前人人平等的原则,审判庭统一了意见,一致同意判处黄克功死刑。法庭宣读判决书后,当场收到毛泽东致雷经天的信,并当庭宣读。信的内容不仅指出了黄克功从红军干部变成杀人犯被处死是自己造成,罪有应得,所有红军、党的干部应引以为戒,而且对雷经天审判长及审判庭工作表示支持与肯定。

成功审理黄克功案,共产党向人民交出了一份满意的答卷,对稳定与壮大陕甘宁边区,提高党和八路军的威信,巩固团结抗日民族统一战线,保证夺取抗日战争更大胜利,发挥了重要作用。历史与实践已经证明,坚持依法治国,首先必须坚持依宪治国,而依宪治国,首先就是要坚持中国共产党的领导。今天要保证我党规划两个百年目标的实现,必须使反腐倡廉、从严治党成为常态。审判长雷经天国难当头,为了党和国家民族的利益,听党指挥迎难而上,在整个案件审理过程中,正确认识与处理各种关系,坚持公平正义,坚持法律面前人人平等的原则,所表现出来的智慧与担当,值得我们致敬与学习。

(原载《社会科学报》2014年12月11日)

雷炳坚谈雷经天

采访对象：雷炳坚（雷经天之子）
采访地点：上海社会科学院总部图书馆
采访时间：2018年7月19日上午
采 访 者：荆有为

提问：第一个问题，您从头讲一讲您了解的黄克功案件当中雷经天先生的工作。

雷炳坚：我父亲雷经天在审理黄克功案件的过程中，实际上面临着几个挑战。第一个就是说当时他接手陕甘宁边区高等法院审判庭工作的时候，他既没有法律学习的背景，也没有法律工作经验，可以说是一个法律新人。在这种情况下，他没有忘记一个共产党员为人民、为革命的初心，牢记了党中央对加强边区司法建设的使命，所以毅然决然地挑起了这副担子。

第二个挑战就是说他要审判的对象是一个有着赫赫战功的红军将领，又是一起走过长征的战友。当时面对着怎么样处理黄克功案件，有两种思想：一种是说要依法处理，还有一种是要网开一面，让黄戴罪立功。我父亲因为从他自己的非常坎坷的革命征途当中始终坚守着对革命的忠诚，这样一个人生经历体会。所以他对像黄克功这样危害党的事业和危害人民利益的这种行为，是非常深恶痛绝、疾恶如仇的，他是要坚持秉公执法的。

第三个挑战就是当时在边区没有系统的完整的司法，体系还不够完善。所以怎么样才能体现这个法律的公正来审判黄克功的案件。我父亲就采取了让人民群众广泛参与这个案件的方法，采取公审的方法,来达到司法的公开、公正、公平,维护了法律的尊严。这个案件最后的审理能够得到毛泽东的肯定,也说明了这个案件是我父亲在他的司法生涯当中的一个经典之作。

提问:1945年春,雷经天先生历史问题都已经解决了,就是1925年5月以来的党籍全部恢复了,这里面的情况请您讲一讲。

雷炳坚:我父亲是1925年5月在上海参加五卅运动的时候,由恽代英和贺昌介绍,先是加入中国共产主义青年团,然后再由团员转成中国共产党党员。从那时以后,他就全身心地投入中国革命的洪流之中。但是在整个过程当中,他经历了很多坎坷。他实际上有过三次被开除党籍的经历:第一次被开除党籍是在1927年的12月,广州起义失败之后,他因为跟大部队失去联系,在广州隐蔽了一段时间之后,再想办法从广州逃脱出来到香港接上党组织关系。这时候广东省委就说他是临阵脱逃,欺骗组织,所以给了他开除党籍的处分。后来周恩来知道了这个事情以后,就宣布这个处分无效,所以他的党籍得到了保留。第二次是在1930年的时候,中央当时是李立三在领导,他制定的"左"倾路线,提出来要集中红军的力量去攻打大城市。当时我父亲在红七军和右江苏维埃担任领导工作,他觉得这个方针是错误的,对根据地会有很大的危害,所以他坚决地反对。结果被扣上了反对中央路线的帽子,所以又被开除了党籍。开除党籍以后不久,结果中央又纠正了李立三的"左"倾路线,所以在红七军召开第二次党代会的时候,又恢复了他的党籍,但是这时候他的职务已经被撤销,再也不担任领导职务了。红七军从广西到了江西以后,在中央苏区又遭受了第三次厄运。1931年中央苏区肃反扩大化,我父亲被人诬告成国民党改组派,遭逮捕,然后准备在第二天被枪决。这个时候是邓发,一个完全了解他革命经历的领导同志,当时是国家政治保卫局局长,从枪口下面把他给救出来了,所以他逃脱了死神的威胁。但是从这以后,他就一直是没有党籍的,一直到1934年参加红军长征,包括在两万五千里长征的过程中,他始终是一个没有党籍的老兵,而且政治上还背着一个黑锅。在长征当中他就是做一个普通战士，担任着打仗、侦察、烧饭这些任务。

经过长征的艰苦磨炼，1935 年到达延安之后，根据他在长征当中的突出表现，中央党务委员会同意他重新入党，所以他的党籍当时是从 1935 年算起，前面的 10 年，就是 1925—1935 年的党龄就没有了。一直到 1945 年七大召开之前，中央召开红七军座谈会，把广西当时的这段历史全部审查了一遍，发现他当时坚持的都是正确的路线，另外他也不是国民党改组派，嫌疑被取消了。这时候中央才决定恢复他从 1925 年以来的党籍。

提问：请您简要地说一下雷经天先生一生的经历，包括具体什么时间出生，出生在什么地方，家庭情况，小的时候求学经历，到后面革命时期、解放之后，包括像华东政法学院的工作等。

雷炳坚：我父亲出生在 1904 年的农历五月二十四号，我的祖父是一个有着民主思想的爱国商人，我祖父很早就参加了辛亥革命，也是广西南宁第一个剪辫子的人，所以祖父这种革命的思想对我父亲从小都影响很大。我父亲 1919 年读中学时，正好是北京发生五四运动，他在南宁也组织了 3 000 名中小学生召开大会，声援北京的五四运动。到 1923 年，他到厦门大学读书，又组织了反对厦门大学反动校长专制统治的学潮，被学校开除。当时因为学潮影响很大，受影响的有一大批学生和教授支持我父亲的行动，所以这一大批学生从厦门大学退出来，有一部分到了广州的中山大学，有一部分就在上海成立了大夏大学。他当时还想到广州中山大学去继续读书的，因为广州中山大学愿意吸收这批从厦门大学出来的学生。但是因为广州接收他们的人员当中有共产党员，发现他是一个比较要求进步的学生，就希望他到上海大夏大学去读书，去找恽代英，结果他接受他们的劝告就到上海来，进入了大夏大学，和恽代英接上了联系。从他和恽代英接上联系以后，恽代英对他的思想各方面的影响都很大，把他从一个只是单纯追求革命的进步青年，逐渐锻炼成为一个无产阶级的先锋战士,锻炼成中国共产党党员。当时主要是在五卅运动的时候,他积极地参加学生运动,和工人运动结合在一起,所以在五卅运动当中他加入了共青团和共产党。

五卅运动发生在1925年,1926年,恽代英派他去黄埔军校担任军校政治部宣传科科长,所以他在黄埔军校也待了一段时间。因为在黄埔军校和蒋介石开始反共的行为产生了矛盾,被蒋介石解职,然后又回到上海。回到上海以后,到北伐战争爆发的时候,党组织又派他去北伐军参加政治工作。接着他就参加了南昌起义、广州起义和百色起义,尤其是百色起义,他参与了红七军和右江苏维埃政府的创建,并且担任了右江苏维埃政府的主席。再之后就是红七军从广西转移到江西以后,在江西苏区,因为被诬告险遭杀身之祸,所以被开除了党籍,在长征当中他始终就是一个没有党籍的普通士兵。一直到1935年到达延安以后,才重新入党。重新入党以后,曾经担任过中央粮食部的秘书科长,去为部队征粮。征粮回来以后,就被中央任命为陕甘宁边区高等法院的审判庭庭长。当时的法院刚刚成立,前面两任院长一个是谢觉哉,一个是董必武。后来谢觉哉到了八路军的兰州办事处,董必武到了八路军的武汉办事处,所以他就接任成为代院长,在这期间参与了审理黄克功案件这样一个大案的工作。

从1937年开始到1945年这8年,基本上就和我们国家的全面抗战的时间差不多的这段时间,他都是在陕甘宁边区高等法院院长的任上。

提问: 1945年6月份他的身份还是陕甘宁边区法院院长。

雷炳坚: 这个具体我不是太清楚,反正就是在七大召开之前的红七军座谈会召开以后,他的历史问题全部解决,党籍全部恢复以后,就派他去了部队,就到八路军游击第三支队。

提问: 之前应该还是在法院工作。

雷炳坚: 七大之前是不是在法院,因为我看到有个资料上说,他好像在七大之前已经把法院的工作给移交了,有张照片上面说是

1945年的5月,欢送他。这个时候欢送,就可能是去军队工作的任命已经下来了。

提问：历史问题都解决了。

雷炳坚：历史问题已经解决了。

提问：参加七大。

雷炳坚：他是在七大结束的第二天就率部南下了。他率部南下以后,也是担任过很多职务,但是时间都比较短,最后是在解放战争时期担任了中国人民解放军两广纵队的政委,参加了淮海战役和解放华南的许多战斗,一直打到广西,到广西以后中央决定他参加广西地方的工作,担任了广西省第一届人民政府的副主席。但是在副主席的任上只工作了几个月,就被调到最高人民法院中南分院担任院长,可能也是考虑到他前面那一段司法工作的经历。从中南分院院长之后,然后就是再到1956年,到华东政法学院担任院长。1958年开始筹建上海社会科学院,1959年8月因病去世,终年是55岁。

提问：他筹建社科院的时候是不是已经知道身体不好了?

雷炳坚：现在回想起来,应该是已经开始有问题了,也就是说病魔已经开始侵蚀他的身体了。因为我印象当中,虽然那时候我很小,他去世的时候我才7岁,印象不是特别深,但是有一些印象。听我母亲说,他有时候肝区疼痛,疼得晚上要坐起来。他要办公的时候,就用一个凳子脚顶住自己的肝部。最后确定为肝癌是到1959年,四五月份的时候。当时在上海一直没有诊断出来,只是说他的肝不好,是艰苦环境当中可能留下的后遗症,没有说他是肝癌。所以后来到山东去疗养,在疗养院一下子就查出来,查出来以后疗养院马上送他回来,回来以后就直接去的医院,去了医院以后3个月以后就去世了。

提问：因为我们在书籍当中或者说在历史当中,看到的雷经天先生都是作为一个革命者、一个党员、一个老革命家的身份。既然您是他最亲的家人,想从家人的角度去了解一下。在您的眼中,首先他是怎样的一个父亲,他又是怎样的一个人?您可以想到什么说什么。

雷炳坚：实际上我父亲虽然说是从事政法或者司法工作，可能给人一种庄严或者肃穆的这种感觉，那可能是在工作的状态。在子女眼中，他始终是一个非常慈祥、和蔼的父亲。虽然我7岁的时候他已经去世了，在我记忆当中对他的印象并不是特别的深刻，或者特别的多。但对我印象最深刻的就是他有一个魁梧的身材，不像一般的南方人瘦小的个子。虽然他工作很忙，而且我们接触的时间也不是特别多，但是一旦和我待在一起的时候，他还是非常慈祥，会拉着我去散步，会把我抱在怀里。有时候也会秀一下自己的厨艺，听他的战友说，他很会烧狗肉，两广人嘛，爱吃狗肉。另外他还会打扬琴，他打的扬琴曲我也听过，应该说他是一个很有生活情趣的人。但是因为他的重心应该说还是主要放在工作上，一旦党交给他任何工作，他都会全身心地投入。给我印象最深的一个就是1958年市委开始交给他筹建上海社会科学院的任务以后，正好是我要上小学一年级的时候，肯定这些事情可能会给他造成一些干扰，于是他就让我和我母亲暂时搬离了，我们当时住在华东政法学院的宿舍，他就让我们住到我母亲向她工作单位借的房子。这样他就可以全身心地为社会科学院的战略谋划、筹建、大政方针做更深入细致的考虑。所以社会科学院能够在很短的几个月，从筹建到正式成立，时间并不是很长，我觉得跟他的这种高效率的工作和全身心的投入也是有一定关系的。当然正因为这样，这一段时间也可能是肿瘤病魔开始侵蚀他肌体的时候，而家人可能没有及时地给予他更多的关怀，所以可能使他的病发展得比较快。发现的时候到去世，也只有3个月。但是他并没有因为这个感到有什么后悔，他始终是用一种一息尚存，就要奋斗到底的精神对待党交给他的任务。

提问：其实您已经把后面一个问题讲出来了，后面的问题就是说，在您的记忆里父亲有什么事情令您印象深刻，这就是印象最深刻的地方。

雷炳坚：对。

提问：最后一个问题，关于雷经天先生，您还有什么想讲的。

雷炳坚：用几句话概括一下我父亲，可能不一定全面，我就觉得他可以这样讲：他是一身正气，铁骨铮铮；两袖清风，清正廉洁；三起三落，屡经磨难；四海为家，南北征战。因为在 2014 年 12 月电影黄克功案件北京首映式上，有很多人是这样来概括我父亲的一生，我觉得这样的概括能够体现他这一生的精神。

陈其钦谈雷经天

采访对象：陈其钦
采访地点：上海社会科学院总部图书馆
采访时间：2018年7月31日上午
采 访 者：荆有为

提问：陈老师，您早年曾经是雷经天院长的秘书，可以和我们谈谈您对社科院建院之初的雷院长的印象吗？

陈其钦：1958年建立社科院，雷经天来当院长，开始筹备的时候是筹备的负责人，筹备的方案都是他组织起来写的，他拼命干，实际上已经受到很大的摧残了，不仅心灵上、政治上背着一些包袱，而且身体上这么劳累也是不得了的，他拼命干，拼命干以后找人谈话，召开座谈会各种各样的。所以到1959年初他已经撑不住了，他跟别的领导还不同，别的领导，你写了报告，起草了总结、规划，写了什么文件拿去改一改，可能提个意见，你自己再修改修改。我拿去给他亲自改，勾出来在边上。我建议他，我说雷院长好去看病了。他说，没有事，陈秘书，你去干你的事情。4号楼是一个院办，组织部什么在上面，他的办公室前面都是办公室工作人员，后面朝北的他的办公室。那么到后来吃不消了，黄疸什么都出来了，肝气痛得很，送华东医院，到华东医院没有住几天查一查，就把他送到山东千佛山疗养去，华东医院没有查出来他肝癌，结果到千佛山我们院里还派了一个医护室的护士陪着他，因为他身体已经很不行了，到千佛山第二天一查查出肝癌，马上送回来，送回来再住华东医院，当时家属，我们院，包括雷经天本人也没有埋怨医院，也可能有个过程，这个时候正在市里开党员干部会,反右倾各种事已经开始了。

疾病对于他来讲是摧残,是致命的,但是政治上的打击也很重,病得很严重了,还要叫他离开华东医院,到会场贴他大字报,说他老右倾、老运动员、老反特务。但是中央1945年的结论,中央做的结论在档案里都有的,他的档案不可能到基层,但是这些信息怎么出来的,说他老运动、老反特务,他明明是老革命、老红军、老领导,"三老"。这个话传到他那里去不是对他的最后抢救造成严重的打击吗?要他离开医院到会场去看大字报接受批判,这个是极不公平的。抢救过程我在现场,他最后几乎一直拉血,人骨瘦如柴了,休克过去就没有回来了。我很长一段时间,因为我那个时候还没有结婚,我在党委办公室那个地方搭了一个普通的床,白天我就在医院里,党委书记李培南指示我要这样,要那样,组织抢救,跟市里怎么联系,跟广东怎么联系,跟医生怎么联系,等等。都是我在那儿处理,他表现得很坚强。他那个痛得汗珠子像黄豆大一样。我们院里也有一个医护室护士在陪着,住到医院做一些护理工作,护士说,雷院长,你是不是痛,哭出来。他说我战争年代枪伤那么厉害我也没有怕痛苦,这个疾病我不怕。

后来快要到最后不行了,三四天之前他还关心着社科院第一批毕业生,他提出来希望给毕业生写一封信,当时他讲的话我把它记下来,最后是办公室再去把它形成文的。毕业生在毕业典礼上看到雷院长的信非常感动,觉得你雷院长快要不行了,那么严重的病还关心着我们,所以毕业生派了两个代表到病床前念他们给雷院长的信,这一封信后来还保留下来了。

提问:雷院长写给毕业生的这个信是他口述您记下来?

陈其钦:弄了以后拿到办公室去最后成文的。

提问:他那个信里面有讲到什么东西您还记得吗?

陈其钦:那个内容就是要他们听党的话,服从分配,到祖国需要的地方去,全身心地为党为人民服务,为社会主义建设做贡献,主要内容就是这些。到最后死之前,他还对医务人员说,我看是不行了,贵重的药品还是留给更需要的同志,不要再用到我身上了,他想到别人。我记得在休克过去前三天我忙忙碌碌,没有办法,党委上下左右联系方方面面事情都要处理,有一天快到吃饭了我再到病房去有什么事情跟他讲,他已经昏昏迷迷,他问我,陈秘书,饭吃过没有。他老婆就讲已经1点多了,你吃了没有?华东医院食堂1点多已经没有饭了。结果他要他的老婆拿钱给我到外面去吃饭,在那样生命垂危的情况下他还关心我,我马上就讲我有钱,我转过身去,马上眼泪都掉下来,就是说他想到别人,想到事业,想到党,唯一没有想到自己。这是一个很了不起的人。

对于中南的处理,他留下来"毛主席知道吗"这个话,但事实上他在中南期间最后搞了一个两年的思想小结,小结里面他专门讲到自己为什么能这样忠诚对党。他说:我以一个没有党籍的战士参加了二万五千里长征,任何艰苦的生活不能折磨我始终为党工作的意志。1935年到陕北以后组织才批准我重新入党,到1945年经过留在延安的红七军干部会议对我问题重新做了结论,使我1925年5月的党籍全部恢复,我自始到今从来没有离开过党的领导,没有离开过党的工作,过去我没有犯错误,党给了我处分,我经得起严重的改造,现在我是犯了严重错误,我接受了党的处分,我有更大的决心来改正错误。党决定我调离法院工作,我要求迅速分配我的工作,我不愿意闲着住在招待所里。所以后来分配我到港务局工作,我对工作安心,没有讲过价钱,没有任何埋怨情绪,也没有任何个人计较,决心克服个人主义错误,无论做什么工作只要对党有利,都是为党工作。

他当时仍然能够这样子,而且比照他过去长征之前所受到的挫折、打击,以及到了陕北以后的处境,他说:我从来没有埋怨过党,从来没有离开过党,从来没有不为党工作过。所以他的人格是非常高尚的,品格也是非常高尚的。

他有这么坚定的理想信念,坚强的意志跟毅力,特别是逆境前行,他走的这些路几乎是逆境多,逆境前行这些精神很值得我们不断地学习与发扬。他就是这样一个高尚的人,是一个真正的老革命家、老前辈。

邓伟志谈雷经天

采访对象：邓伟志
采访地点：邓伟志寓所
采访时间：2018 年 7 月 25 日
采　访　者：包蕾萍　于　涛

邓伟志：雷经天跟我直接的故事是 1958 年 9 月，大约是二十几号，社科院是 9 月 1 日正式成立，实际上春天就成立了，但是没有举行仪式。9 月下旬发表陆定一的《教育必须与生产劳动相结合，教育为无产阶级政治服务》这篇大文章，当时我只是学生会的宣传部副部长，兼广播台的台长，我们规定晚上不许广播，因为大家要自修，结果雷院长亲自找到我说，要我打开广播台。我当时就想不是规定不能晚上打开广播嘛，我回答比较迟疑。进广播台需要两把钥匙，我就是台长也不能一个人进去，因为为了安全，防止有人到里面乱讲一通。我就跟他说，那还要有另外一个人要一把钥匙。你猜雷院长怎么说？命令："跑步走"。很严肃，然后我就真跑步去了，把女播音员叫出来开始广播，因为他提前知道了今天广播什么，我们不知道，他提前知道那天晚上要播陆定一的重要文章，这是一个故事。还有一个故事在电影里面有所披露了，他是百色起义的领导人，百色起义领导人有四位，邓小平、张云逸，还有一个李明瑞，再一个就是雷经天，当时百色起义失败之后，中央特派员就去批评他们，这个账最后算在雷经天的账上，最后党内讨论要开除雷经天，中央特派员说，赞成开除雷经天的举手，邓小平没举手，特派员再说一遍，赞成开除雷经天的请举手，邓小平最后举手了，举的最低。然后特派员说好，通过。通过以后呢,部队就从广西开到瑞金去了。想不到被开除党籍、军籍的雷经天继续跟着红七军走。事务长就向邓小平请示了:"他还跟着走怎么办?"邓小平说他要跟着走就跟着走好了,然后事务长说那份饭怎么办？这时候邓小平的智慧就出来了,因为邓小平没有权力给他一份饭吃,因为给他一份饭吃就意味着他在编,既然开除了就没有他的饭吃,邓说:"把我的一份饭分一半给他吃",事务长懂邓小平意思,就给他饭吃了,然后他就跟着到瑞金,也参加了两万五千里长征。这个故事,几年前报刊上写道:在90年代邓小平在旅途中还大谈雷院长的贡献。到了延安雷院长当了审判庭长,人们想不到的是,他当庭长的时候还没有恢复党籍,不是党员,外人不知道。因为他是1931年被开除的,到了1935年到延安,1936、1937年出了黄克功杀死恋人的案件,这个时候毛主席给雷经天写信,这时候他还不是党员,但党对他已经很信任了。这种事情很多的,我说题外话了,夏征农担任复旦党委书记时也不是党员,夏是1926年入党。"四人帮"粉碎了,叫他去当复旦党委书记,级别高要办恢复党籍的手续非常复杂,因为小人物的党籍三五个人开个会就可以定了,大人物要中央批准,中央要批准多少个夏征农一档的党员问题,谁都认为夏有100%把握会恢复党籍,所以叫他当复旦党委书记。历史是复杂的、曲折的,不会是笔直的南京路,是弯弯曲曲的黄浦江。

提问:您应该是第一届毕业生吧？社科院的。

邓伟志:不是,社科院是这样的,我们一进来合并是三年级,当时还有四年级的,比我们高一届。还有两个毕业班的人待分配。像舞蹈学校书记李家华、社科院新学科辞海主编金哲,都比我高两届,是我老大哥。不过,严格意义上讲,我是第二届。社科院袁恩祯等好几位我们都是第二届。

提问:不知道您知道吗,1959年雷经天好像8月份过世的,过世之前有一个事情,他是作为社科院第一任院长,刚好1959年的时候第一届毕业生毕业,雷经天因为身体不好不能出席毕业典礼讲话,就写了一封信给学生,当时学生写了一封回信,相当于集体给他写了一封回信,并且派了代表去病房给雷经天朗读了这封信,这个事你知道吗?

邓伟志:这个事我不知道,因为我是学生部的宣传部副部长,我负责学生当中游行示威,当时游行是先进行为,当时每年至少有五一、十一两次游行,一合并之后就10月1号的游行,到人民广场去,各个高等学校的人争先恐后地去,还拿着小旗子去,小旗子找书法好的同学写字,由我负责。1958年,雷经天在人民广场检阅我们,我们队伍走到他跟前的时候,他在台上跟我们招手,这个印象我永远不忘。游行结束后,他特地看望我们几个游行组织者。还有一件事情是这样的,就是他病逝的时候,庐山会议正在召开,当然是一致认为应当批判彭德怀,但很多人内心里面并不赞成批判彭德怀,雷经天又是老资格,去世了,听说当时出席庐山会议的人都争先恐后地要来参加他的追悼会,说"我和雷经天有关系,我应该去",你也应该去,他也应该去,但是不能都来,所以只批准谢觉哉来了,他当时是最高法院的院长。雷经天好像是中国法学会的理事,还当过中南地区法院院长。谢觉哉在庐山丢下一首批右倾的诗之后,方才来的。其他人想利用参加追悼会来回避批判彭德怀,未能成功。

追忆李培南

老红军李培南二三事

史慰慈

今年 8 月 13 日,是上海社会科学院原党委书记、院长李培南逝世 3 周年。人们怀着深深的敬意,纪念这位老红军、老共产党员。

早在延安时期,李培南的老战友、老同事和许许多多年轻学生,都亲切地直呼他"马克思",这不仅因为他生就一副魁梧的身材、一把络腮胡子,更多的是由于他对马克思主义的执着追求。这位参加过长征的红军战士,以主要的时间、毕生的精力,从事党的干部教育工作和马克思主义理论的普及宣传,确实是个忠实的马克思主义者。

这里记叙的仅仅是这位老共产党员革命生涯中的几个片段。

(一) 党的地下秘密交通员

李培南出身于江苏邳县一个贫苦农民的家庭,早年投身革命,加入了中国共产党。30 年代初受党的派遣来到上海,先后在中央交通局长江线、北平中央北方代表处,从事着秘密交通联络管理工作。

这是一项异常严谨的工作,在白色恐怖的岁月,他不顾个人安危,艰辛奔波,出色地完成了党交给的交通联络任务,保证了党的指示和文件的传递。

李培南跑的交通线有一条是：从上海出发，先到南京将省委文件交给南京市委；从南京再乘车到徐州，将省委文件交给徐海蚌特委；再将特委文件交蚌埠市委，然后从蚌埠回到上海。沿途共经过5个城市，五上五下，要经过10次检查。所带文件有密写，但更多的是明写，必须千方百计应付敌人，避免暴露。李培南严守纪律，注意保密，工作方法科学灵活，加之他那时年轻力壮，上车下车，住旅馆，跑马路，体力应付得了，避过了一次又一次的险情。

一次，他刚回上海，组织上叫他马上送出《红旗》和一批油印文件。他二话没说，就到五洲大药房买了一大盒人丹，内装50小包，他把小包里的人丹、说明书拿出来，把文件叠好放进去，这样"换包"约2/5，即使抽查也不一定能查出。另外，他还买了一份《申报》，把《红旗》夹在里面，拿在手上，又买了4听冠生园糖果。当时上海正在搞"反军阀混战运动周"，敌人检查特别严，进站时检查人员叫他举起手，搜查全身，接着打开藤篮查了4听糖果，而那盒人丹却没注意检查。就这样，安然地进了站。

李培南除管理长江线外，还在市内接待从外地或莫斯科来沪的同志。其中给李培南留下印象最深的是张闻天。

那是1931年初，天气寒冷，李培南到旅馆和张闻天接上头，张闻天将真实姓名告诉了他（按规定，接头后必须将真实姓名告知对方，以便转告中央）。当他听到"张闻天"这名字，顿觉很熟悉，在师范念书时，不就读过张闻天的小说《旅途》吗？他无法形容内心的喜悦。当时，张闻天在那样寒冷的天气，只在长袍外套着一件羽纱长衫，脚穿胶鞋，这装束既冷又不合时令，容易引起特务注意。李培南赶忙给他钱让他买衣服和鞋袜，并把关系从速转给了中央。

为了工作的需要，在上海时李培南曾和赵仲敏住在一起，组成"假夫妻"，以应付居住地的环境。他们在工作中配合得很好，但李培南去瑞金后，就和赵仲敏失去联系。赵仲敏在上海被捕后，牺牲了。李培南一直深深怀念着赵仲敏，以及许许多多默默地把生命奉献在这条无形战线上的好同志。

（二）长征途中坚强一兵

1934年，李培南参加了举世闻名的长征，三过雪山，三过草地，在反对张国焘的分裂主义斗争中，为维护党和红军的团结做了大量的教育工作。

这年11月，李培南才从中央党校调到红军总政治部宣传部，即随军出发，踏上征途。之后，他又从五军政治部调出，到四方面军红军大学工作。红大是在张国焘分裂红军、自立中央后建立起来的，刘伯承任校长，李培南任政治教员和政治教导员。

刘伯承是红军的总参谋长，有丰富的军事政治实践经验和理论素养，大家在他的领导下都能积极地愉快地从事教学和其他工作。当时，红大的政治课很难上，特别是党建课的一些基本原则，都会直接揭露张国焘分裂红军、自立中央的反党行为，当政治教员，怎么能违背党的原则去讲课呢？当时，刘伯承就指出，在张国焘反党反中央的现实情况下，应当用马列主义思想和党的原则，教育和启发四方面军的军政干部。

张国焘也是非常懂得这一点的，他对红大政治课到底讲些什么非常注意，有时亲自出马审查；有时派人躲在教室后的幕布后面偷听；有时就让讲课的人向他汇报讲课内容。一次正值李培南讲"党的中央"这一章，他向张国焘汇报了讲课内容。当张国焘听到党中央是党内一些有丰富实践经验有威望的领袖组成时，禁不住冷笑说：像博古那样的人吗？流露了他内心的极度不满。

在红大期间，李培南坚持党性原则，不仅在党员中，也在在职干部中进行党的建设的教育，以提高干部的觉悟和认识水平。

在刘伯承的直接领导下，红大这场严肃的政治斗争，顺利地进行了下去，并获得了很好的效果。

（三）循循育人桃李满天下

在延安时期李培南就曾被誉为"红色教授"。他从红军大学、抗日军政大学、山东分局和华东局党校，直到上海社会科学院，从做政治教员、主任教员、政治总教到担任学校的主要领导工作，为党为国家培养了成千上万的干部，付出了毕生的精力。

李培南从事党校工作将近11年。1942年8月任山东分局党校副校长时，参与领导山东地方和部队县团以上负责干部的整风学习，为提高干部的马列主义水平和军政素质付出了大量的心血。许世友当时任胶东军区司令员，也参加整风学习，是学员中地位最高的一位。开始时许世友心里不免有疙瘩，心想5个大军区司令为啥只来了他一个，是否党中央与山东分局对他有看法。李培南主动找许世友促膝谈心直至深夜。整风的目的是为了克服宗派、山头和主观主义，为了进一步加强团结，夺取抗日战争的胜利，组织上对他是信任的。亲切赤诚的交谈，使许世友放下了包袱，爽直地说："这是全党的问题，不是个人问题，有这样的机会要很好学习。"抗日战争胜利，许世友分到了九军团，工作很出色。

抗大学生夏琦，当时是新四军团政委，调山东分局后，也参加了整风学习，因为他在历史上与国民党有过一点瓜葛，整风中大家对他提意见，他很恼火，气愤地去找李培南，身上还带着枪。李培南与他耐心地谈了两三个小时，说小组有些同志提法不合分寸，但只要自己实事求是，总会取得同志们的信任。夏琦思想通了，心情也愉快了。

学员们反映，李副校长做思想工作耐心细致，不摆架子，不发脾气，不随便批评人。

解放后，李培南作为南下干部，在温州、浙江工作过之后，还在华东局党校、交通大学等单位从事教育工作。1958年起，他担任了上海社会科学院党委书记、院长，兼哲学研究所所长。在此任期他以极大的精力培育着年轻一代的科学研究人才。

师生之间可真谓手把手地教，踏踏实实地学。年轻的学生总爱请长征过来的老院长讲打仗的故事。李培南却笑哈哈地说："我告诉你们，打仗再多的人，加起来也没几天，大部分时间是跑路。没有跑路就打不了胜仗。查资料，搞调查，就是跑路。跑是为了打，是往冲锋枪里装子弹。"李培南以跑路和打仗来比喻搞研究工作，强调只有脚踏实地做调查研究，多读书、看资料，要甘坐冷板凳，把富贵、享受丢到黄浦江，才能在社会科学战线上有所作为。

（四）做到老学到老

李培南经常告诫他的学生们，学无止境。而李培南在学习上也堪称是他的学生、甚至各条战线上的干部的楷模。

李培南在参加革命前就读于师范学校，爱好语文与数学，1926年底开始读《共产党宣言》《新青年》杂志。入党后组织上让他保藏一批马列主义著作，使他获得了一个学习马列的极好机会。到延安抗大任政治教员后，他自认水平低，曾一再请求调去当文化教员。然而，这是工作的需要。李培南抱着要教好，首先要学好的想法，从《政治经济学》入手，啃读《资本论》。新中国成立后，他更是系统地学习马列经典著作、《毛泽东选集》。1992年6月进行党员评议时，87岁高龄的李培南亲手在用蝇头小楷写下的16页《关于个人学习和生活小结》上，详述了他近年来的学习情况。他又通读了《毛泽东选集》1—5卷，以及邓小平著作、党的十四大文件。为了了解当前正在兴起的股份公司、股票、证券交易所等情况和问题，重读《资本论》商品、资本部分和漆琪生著的《〈资本论〉大纲》。看到这份材料，怎能不深深地为他这种"活到老、学到老"的精神所感动。

李培南还刻苦学习外语，能以英、俄语阅读马列原著，靠词典阅读德文版书籍。他的这些学习成果是在地下工作的艰难条件下，在爬山行军过程中，在身负领导和教学任务的情况下，一点一滴地挤出来的。

1931年李培南在上海工作时，经手订了一份《泰晤士报》，负责给江西中央苏区寄去。邮局每天送来报纸，他总先翻阅后寄出，这样英文的一些单字和词汇逐渐积累了起来。1933年2月调北京工作恰巧住在一家英文报纸排字工人家里，当时他以赋闲研究学问为掩护，故请那位工人以半价订了一份英文日报，既作掩护又可学习。他潜心读了半年英文，很有收获。到1948年，他弄到了一本列昂节也夫著的英文本《政治经济学》，基本上能通读了。1951年他又自学俄语，当时的学习条件比较好，许多同志都参加了俄语学习，而他持之以恒，终于达到了阅读原版的水平。俄文理论书籍中常有不作翻译地摘引德文、法文著作中的文句，不易理解，故他又于1959年自学德语。夏天，他在单位把草席铺在地板上睡午觉，旁边还要放一只教德语的留声机。经过努力，他竟可翻翻字典，勉强阅读马克思的《资本论》。

李培南是满腹经纶的大理论家，"文革"初期他就被作为上海头号"反动理论权威"抛出来。然而，他始终认为理论、知识是革命的武器，他并不畏惧疾风暴雨的冲击。在"五七干校"里，他仍用英、法、德、俄的《资本论》版本，来说明张春桥曲解《资本论》，终于被写进市委简报，告到"四人帮"手里，引来一场又一场批斗。

（五）"捧着一颗心来，不带半根草去"

人们赞誉李培南是位"抱璞守真"的人，为无产阶级事业，守马列主义真理，这样的称颂确实不为过。

他一生恪守党的组织原则，服从党的调度和安排，真正做到能上能下。他在上海社会科学院担任党委书记和院长时，社科院按组织序列，归制于市委宣传部系统，当时在宣传部领导工作的大多是他的后辈，但他丝毫没有摆老资格的味道，非常尊重大家的意见。

李培南在60多年的革命历程中,一直保持着艰苦奋斗的作风,在他身上找不到一丝一毫铺张浪费、搞特殊化的影子和"官气"。他的衣、食、住、行非常简单随便。至今,他家中的陈设完全老化甚至破旧,除一排显眼的书橱,那五斗柜、写字台、小方桌,都还是50年代机关宿舍的家具,唯一待客的是两只旧的小沙发。只有一台彩电和电扇是属于现代化的。他已届耄耋之年,同志们建议他在居室安装空调,他总是笑笑说:"一个人就是老了,也要经得起冷和热的考验,成天生活在冷室和温室里,能有多大好处呢?"

李培南,他"捧着一颗心来,不带半根草去",为党为人民鞠躬尽瘁。他给后辈留下的这笔宝贵的精神财富,永远值得学习。

(原载《上海党史与党建》1996年第5期)

轻松而又沉重的一日调查

——忆陪李培南老师"白相"城隍庙

张文香

1958年9月7日,按照上海市高校院系调整的要求,我由华东政法学院政法系并入上海社会科学院法律系学习,至今已整整50年了。

1960年3月,我从法律系提前毕业,留校工作,分配在哲学研究所毛泽东思想研究室任研究实习员,侧重学习和研究毛泽东著作中的哲学思想。毛泽东思想研究室是个新成立的研究部门,办公地点在陕西北路"荣家花园"。它共有3层,一楼和二楼是办公室,三楼是本院刚毕业留校的青年学生的集体宿舍。我也在三楼,平时,我从三楼宿舍走到一楼大厅上班,都要经过二楼党委书记李培南的办公室,每天至少有4次。当学生时,只能在远处看到台上作报告的院领导;现在距离一下拉近这么多,使我局促不安。有一次,我刚走到二楼,就被李书记叫住了:"小张,要慢慢走路,现在你已经工作了,我们是同事了,以后你叫我老李,也可以叫我李老师,不要过于拘束……"原来李书记是多么平易近人,没有一点"官架子",这使我精神放松了不少。从此,我就一直称呼他为李老师。

1960年9月20日晚,李老师对我说,他想去看看上海的小商品市场,并要我陪他随便逛逛,但时间未定。隔了两天,他对我说:"你陪我到上海城隍庙去一次。"我问要做些什么准备,李老师说:"不用了,你做好上海话翻译就可以了。"接着他顺手递给我5元人民币当差旅费。城隍庙我已经去过好几次,陪领导去"白相",这还是第一次,这使我既高兴又紧张。我回三楼宿舍后,马上查找有关城隍庙商场的资料,以便当好向导。

翌晨不到6时,李老师已在传达室门口等我了,我们一路赶乘公交车到了老城隍庙商场(现改为豫园商场)。一路上,我向李老师介绍了上海城隍庙商场的历史和现状,李老师听得津津有味,要求慢慢看、细细说,准备花一天时间游览,并叮嘱我要精打细算,两人一天的费用不要超过5元钱。

我们先去了"喝"的地方。老城隍庙的第一景,是集九曲桥、湖心亭、荷花池为一体的湖心亭茶馆。清晨,茶馆里已经坐了不少喝茶人。茶的种类有很多,我们花了两角钱泡了两杯龙井茶。喝茶人看来都是上海本地人,是茶馆的老主顾。大家都在低声谈论着什么,李老师是外地人,他听不明白。我静心倾听后知道他们在谈粮食歉收的事情,每个人核定的口粮根本不够吃;浦东有些农村干部不准农民养两只以上的鸡,否则就抓鸡割颈;有的讲江苏镇江农村生活困难,有人靠卖血生活;有的说安徽有些农村饿死人……我把这些情况"翻译"给李老师听后,他沉思不语,接连喝了几口茶,起身说:"我们去看看小商品市场吧!"

清晨的老城隍庙空气新鲜,地面整洁,慢步闲看,令人喜悦。我陪李老师重点看了些有特色的店铺。

奶油五香豆,美名不虚传。清晨,刚开市的五香豆奶油飘香,已有十几个人在排队购买。李老师也要去买1斤(2角钱)。他自己还在旁边,向店长询问有关五香豆的产供销情况。在交谈中,李老师试着向店长建议可以多上一些品种,这样消费者的选择余地会更大一点,店长听了之后,连声说好主意。我感到奇怪:这个在礼堂上做大报告的领导,在办公室正襟端坐、一脸严肃的对德国古典哲学颇有研究的哲学家,人称"上海马克思"的李老师,怎么对"五香豆"这个"小商品"有那么多想法？平时讲话不多，怎么会对"五香豆"说了那么多的看法和意见。

一家"假发店"的玻璃橱窗深深地吸引着我们。橱窗里的男女老少照片，有的端庄秀丽，有的俭朴稳重，有的活泼开朗。李老师饶有兴趣地步入铺内。这是一家两上两下的商铺，看来生意很好。营业员看我们满头有发，不像是来定制假发套的，即使如此还是热情招呼，她详细介绍了假发的种类，并且给我们详细讲述了假发的市场。原来假发不仅是为了满足脱发人的需求，许多文艺工作者也非常需要。李老师听得津津有味，在讲到商品的价格时，李老师问道，价格有随意提高吗？营业员答道："我们虽然做假发套，但价格是货价相符，我们店是'价格信得过'的单位。说得不对的地方，请老同志批评、指教。"不料，李老师却向女营业员主动握手道谢："感谢您的热情介绍！你像个好老师讲课，你没讲以假乱真的话，实话实说就是好！你们'为人民服务'已不是口号，没有停留在口头上，而是已化为美好的愿望凝聚在一丝一缕所精制的'假发套'上，精神可嘉……"我随李老师走出了店铺。心里奇怪：李老师平时看起来严谨，怎么今天会热情洋溢，主动与女营业员握手致谢呢？再说，女营业员的讲话是言简意赅，可也没有什么可以值得夸奖呀！走路时，我将心中的疑问对李老师直讲。李老师面含笑容地回答："女营业员介绍不超过15分钟，便对我启发很大：一是对'假'要作具体分析。以前，一听'假'就要打，实际上，有些'假'是不需要打的；二是做了'假'，要实话实说，不能以'假'乱真，混淆视听；三是小商品生产、个体劳动是不能在一个晚上'割掉尾巴'的；四是每个人都要讲真话，在假发套行业里要说真话，各行各业都要说真话，我们搞社会科学事业的，更应说真话；五是真的有假货，假冒的各类'名牌产品'必须一查到底，一打到底，不能心慈手软，否则，祸害无穷。"

不知不觉，已经到了下午2时。我们早饭中饭都未吃，这时早已是饥肠辘辘，肚子咕咕作响了。李老师说先解决吃饭问题，饭后再

"白相"。

城隍庙不仅是"小商品王国",也是名副其实的"食品王国"。城隍庙的食品、餐饮,历史悠久,品种繁多,风味独特,全国的各种特色风味小吃荟萃在此。我问李老师吃什么,李老师说随便,我说:"你两餐都没有吃了,怎么能随便呢?"李老师说:"那就吃饭吧!"吃饭?那倒是为难了。我去城隍庙很多次,但过去与同学、家乡亲友到城隍庙"白相"时,从来没有吃过饭,只在小店铺或摊边买些大饼油条或豆花充饥,最多买些稍贵几分钱的特色产品尝尝味道。今天,李老师要"吃饭",那就去"老饭店"吧!李老师忙摇手说,今天,我主要来看看服务行业、个体私营的店铺,看看小商品市场,我们就到个体户开的饭店去吃饭吧!我们就前进几步踏进了私人开的"悦来饭店"。该饭店门口贴着醒目的"顾客至上、信誉第一"的红纸,店堂窗明几净。我们点了几个菜,共花了 2.06 元,饭后李老师直夸,不仅点得好,而且饭店也做得好。他让我去向店主表达谢意。店主是个见过世面的人,他见李老师气质不凡,笑着说:"我们饭店是个信得过的食品免检单位,特点是准、快、好、廉,享誉沪上。大师傅是我爸爸,他有一手绝活,就是用精选火腿肉,每两可切 30 片左右,肉薄如纸,是病人、产妇吊胃口的佳品。请老同志下次路过时再来我店用餐!"李老师说:"你父亲手艺那么好,为你掌勺,你真应该高兴!"但店主听后,脸色马上"晴转阴",眼睛湿润了。他讲他父亲在一家市级宾馆做"大师傅",为人耿直,与同事关系很好。但是他心直口快,喜欢提意见,喜欢打抱不平,领导借故难为他。父亲实在气不过,就辞职了。他以前在国营大饭店主勺,很开心;现在待遇不如国家宾馆高,名气不如国营响,我这里是"个体",他现在很后悔。李老师忙说:"对不起,我只是随口问问,别无他意。请转告你父亲,不要为此不高兴。宾馆里烧菜是为顾客服务,在城隍庙'悦来饭店'烧菜也是为顾客服务。以后,你可以扩大你饭店的规模,你父亲可以多带一些徒弟、多发掘一些新的品牌菜,你的生意也会越来越红火。私人饭店虽是个体经济,但它是社会主义国民经济有机体的一个组成部分,是社会主义大家庭中的一员。国营经济要发展,集体经济要发展,个体经济也要发展,大家一起奔向社会主义,你父亲将来会很好的,要有信心。"李老师的一席话,使店主兴奋激动。我也很激动,第一次与李老师在外面饭店吃饭,第一次听李老师对个体店主说了那么多的话,深入浅出地讲述了个体经济需要发展的道理。

时近下午5点,人已经疲惫,应该回去了,只见李老师沉默不语,像在想心事,忽问:"小张!你陪我白相城隍庙,怎么没有见到城隍庙?怎么没见到烧香拜佛人?"此问,使我惊奇。李老师是中共上海市委委员、上海社会科学院党委书记、著名的哲学家、"上海马克思",是典型的唯物主义者,怎么要去看城隍庙的烧香拜佛?我就大胆反问:"这是宗教迷信。你去合适吗?"李老师神定气清地回答:"去,学过哲学的人,应该知道唯物与唯心,既是对立的,也是统一的。你们刚毕业的青年学生,应该在学习法学、哲学的基础上,懂得一些佛学、神学、宗教学。"

上海城隍庙原称"金山庙",明代永乐年间,由时任知县张守约改建扩建为"城隍庙"。面积不大,但香火一直鼎盛。前殿香客多,后殿拜佛的人更多,蒲团上已经跪满了人。有的嘴里喃喃有词,有的痛哭流涕、长跪不起,向城隍老爷诉说愿望及伤悲。我抵挡不住闷热,进殿后即出。李老师看后出来对我说,有位妇女在城隍菩萨前哭得很伤心,有位老太太在号啕大哭,嘴里很多话,不知道说什么,你能否进去问问。我进去后,和她们两个攀谈起来,她们看我还是个诚恳的人,就把心中的不幸告诉了我。那位妇女是为自己的儿子祈祷。她儿子是位大学生,因为对"大炼钢铁"颇有微词,被打成了"右派",下放到了青海。老太太也是为儿子的一家祈祷保佑。她儿子也是因为一些问题,被戴上了"右派"的帽子,并作为"支边"人员,"精简"到了贵州。听完她们的倾诉,我心口也感到有点闷热难熬。刚想转身外出,不料,李老师已早在我身后,朝我说:"我已经听懂一大部分了,你先劝劝她们,你代我向城隍庙老爷鞠个躬吧!也祝这些孩子们健康、平安!"

当我们折返到前殿时,正碰上一对中年夫妇兴高采烈地进来,但奇怪的是每个人手里拎着一只深咖啡色的木马桶。放下马桶后,立刻向"金山神"叩头。我奇怪:拜菩萨怎么各人拎只马桶?只见李老师也打住了脚步,在殿外观看。等他们步出前殿,我不等李老师提示,主动上前问那位中年妇女为什么拎只马桶。那位妇女告诉我们,他们是从镇江赶过来的,女儿国庆节要结婚了,他们到上海来一是为了买木马桶,再者买些其他商品。她说她们家乡附近的山上的树木差不多砍完了,都去炼钢铁了,连做马桶的小块边角料也当柴火烧掉了。没有木马桶了,只好用塑料马桶代替。可是塑料马桶太闷臭,臭得头痛。没办法只好到上海来买。这对夫妇走的时候,顺便塞给我两颗糖,说也祝我生活甜蜜。我把糖递给李老师,他没有接,只见他面部肃穆,抬头看天,挺立不动、闭口不语,好像遇到了大事、难事。过了几分钟,他用低沉的声音对我说:"回去吧!"我看了下手表,已是晚上7时了。我问李老师:晚饭吃什么?他没回答。我们步出大门后,李老师说:"我不想吃。"又走了一程,他指着路边饼摊说:"那就买几只咸饼吧!"

晚上8时余,我们才赶回去,两人一天用去3.28元。我把剩余的1.72元放在他办公桌上。当我向李老师告别,准备回三楼宿舍时,李老师说,若可以的话,你9时左右再下来谈谈几个问题:一是"白相"后有什么感想;二是碰上那些问题,你是怎么看的?

陪李老师"白相"城隍庙后,当晚还要"口试",令我有些忐忑不安。晚9时,我准时来到二楼办公室。见李老师正伏案写作,就简明扼要地谈了自己的一些看法:今天说是我陪李老师"白相"城隍庙,实际上是做了一天的社会调查。调查重点是个体经济,行业众多,内容丰富。调查的心情可以分为两个阶段,在"悦来饭店"吃中饭前,心情是轻松而欢快的,饭后有些沉重和压抑。李老师笑着说,你把一天的"白相"或调查概括为"轻松而沉重"有一定道理。下周，市里要讨论两个问题：一是个体经济的地位和作用、前景和趋势。今天看了后，感到个体经济确实具有填补国民经济活动的空白点，活跃和繁荣市场的能力，经济学界根据工商行政管理部门的实际工作情况，共同归纳为"拾遗补缺"几个字，非常可贵。现在有人提出要"限制""取消"甚至强力"割尾巴"，那是害国害民的错误理论。

二是要讨论划分私营经济的标准和发展趋势。我曾作过长期思考，认为我国经济实力还不够强大，要坚定不移地发展公有经济。但对个体经济、私营经济要采取支持存在、加强引导、积极帮助、鼓励发展的方针。李老师是著名的哲学家，但对经济那么有研究，我连忙用笔记录他的经济学方面的研究成果。但见他急摆手，说：个体经济、私人经济问题理论性强，政策性更强，现在是有感而发，不宜记录。随后，他看了一下表，说现在已经10点多了，你回宿舍休息去吧！我迟疑地问：李老师，你对城隍庙里看到的事情还没说呢？不料，李老师一直不说话。我又问了一次，他摘下老花眼镜，闭目沉思，然后说：今天看到的事情不算多，但涉及的都是沉甸甸的重大政治问题，涉及了"反右"问题、"整风补课"问题、"大炼钢铁"问题、"精简下放"问题、宗教与信仰问题，等等。要思考的问题很多很多，不是一个晚上能说清的，也可能在今后的8年、10年也不一定说得清楚。但要坚信：历史是面镜子，总有一天会说清楚的。你刚从大学出来，要多学习、多看、多思考，要对事情做出合理的判断。我希望你做个理性的、有良知的社会科学工作者。

这一天的调查，确实是"轻松而沉重"。李老师语重心长的话语，撞击着我的心灵。虽然时隔48年，但一直铭记在我心中，鼓励我勤奋学习、艰辛探索。今年是社科院建院50周年，又恰逢改革开放30年，往日历史的阴霾和沉重，随着思想的逐步解放和经济的飞腾发展而一扫而净。历史是曲折的，也是复杂的，作为一名社会科学研究人员,我们不仅要用科学的方法去分析、梳理、归纳、解决问题,更要用一种实事求是的态度去发现问题、澄清问题,这样才能登上社会科学的高峰,才能造福人民、泽被后世!

(作者为1960届政法系本科生,退休前为上海市社会科学界联合会研究员)

(原载《绿叶对根的思念——上海社会科学院校友回忆录》〈内部发行〉)

李小苏谈李培南

采访对象：李小苏（李培南之子）
采访地点：上海社会科学院总部图书馆
采访时间：2018年7月23日
采 访 者：荆有为

提问：李老师，咱们第一个问题就讲讲李先生的一生。

李小苏：我父亲1905年出身在江苏邳县一个农村家庭。他读了私塾、小学，后来考取省立第七师范学校，在徐州。在那儿他开始接触《共产党宣言》。1927年3月，他加入了中国共产党。在徐州师范毕业以后，他在邳县，在家乡那一带学校里面从事教育工作，也开展一些党的活动。

1929年，他被捕了，被捕以后经过营救，后来被释放了。1930年他到上海，因为那时候中共江苏省委在上海，他到那儿做交通工作。后来又在中央交通局，从1930年一直到1933年底、1934年1月，他一直从事党的交通工作，主要是在上海，也在北平，当时叫北平，现在的北京，在那儿也住过一段时间，搞北方局的交通工作。

1933年9月，就10月那样，他撤到江西中央苏区去，在10月到了瑞金，那时候也是在中央交通局，后来因为上海到瑞金的交通都断了，那时候白区被破坏得比较厉害，他从1934年1月调到瑞金的中央党校，担任教学工作，还有白区班的班主任。到1934年10月长征以后，党校也就没有了，他就编到了总政治部、宣传部，长征一开始他是在那儿。到1935年，就是遵义会议以后，他又调到了五军团的政治部。后来跟张国焘四方面军会师以后，五军团编入张国焘这边左路军,后来长征以后又先北上又南下的,所以他当中也是三过雪山、三过草地这样一个过程。

后来大概从北上,就是张国焘北上,后来第一次南下以后,他又调到红四方面军的红军大学。在那儿基本上也就算是开始教学工作,担任政治教员。一直到1936年,一、二、四三个方面军会合以后,后来三个方面军的军校就组成抗日军政大学,就是抗大,他就在抗大工作了。到1938年,抗大要到敌后去办学。所以抗大把两个大队抽出来组成抗大一分校,是到晋东南,就是山西东南,八路军总部在那边。在1938年底出发的,在晋东南待了一年,一年以后,他们又再东迁到山东,就是1939年底再东迁到山东,一直到1940年初到了山东,一分校一直在山东坚持到抗战胜利的。

在这期间,他是担任一分校的政治总教,后来就变成政委兼政治部主任,到了1942年8月的时候,他从一分校调出,调任中共山东分局党校副校长。1945年抗战胜利以后,党校就解散了,他就调到鲁中军区搞党政工作,后来又到淄博特委,一直到1949年南下。1949年南下以后,开始是先到了温州,温州地委副书记,后来1951年又把他调到华东区党校,那时候在苏州。1952年初的时候,华东区党校迁到上海,他也到上海来,从此就一直在上海。

其实1952年党校迁到上海的时候就是在这儿,淮海中路这个地方。到1958年办社科院,把他又调到社科院。

提问: 好像1952年的时候是不是去的交大?

李小苏: 对,同时也在交大担任党委书记。是1952年,就是他到上海以后,华东区党校副校长,同时也兼任交大党委书记,是交大第一任党委书记。1958年以后到社科院,就是一直到"文化大革命"了,"文革"结束以后,1978年10月才又分配他重新回社科院。1979年以后又担任纪委筹备组副组长,后来又到人大副主任。所以,后来就是社科院的职务,后来就辞了。大致是这么一个过程,到1985年离休。

提问：据您了解他跟国家领导人之间的交往，时间、地点，可以重点讲讲朱德在抗大一分校的时候。

李小苏：其实他从来不和我们说这些事的，我也是从后来他的一些回忆了解了一些。除了国家领导人，因为在抗大也好，在党校也好，领导人都经常会去上课的，这个不算。就是直接接触过的，我知道有两个吧，一个是周恩来，那时候他是在上海做地下交通工作的时候，住在一个机关里，反正那个机关因为都是我们自己的同志，曾经有一次他说当时他把文件就放在桌子上，周恩来也经常去那儿的，周恩来后来去那儿就看到了，所以就对他批评教育，就说要注意保密工作，文件不能乱放，这是他提到的，这是1931年在上海。

然后是在1936年底，就是三军会师以后，他是在甘肃，那时候是环县的曲子镇（音），他是四方面军红军大学，二方面军的军校和一方面军都在那儿，三个方面军的军校都在那儿。周恩来有一次也去，当时我父亲是觉得他好像自己做这个教育工作，但是自己其实并没有系统学习过这些理论或者什么，觉得自己底子比较差，他想自己再去学习一下，他就跟周恩来说了，周恩来当时就说，现在三个方面军刚会合，部队里面的团结教育工作很重要的，你已经做了一段时间了，也比较熟悉了，还是先继续做吧。和周恩来的直接接触有那么两次。

另外就是朱德了，朱德平时因为他们到晋东南以后，朱德是每周都要到他们一分校去上课的，给他们学员上课。直接有一次是1939年底，那时候他们已经要动迁到山东，朱德就接见了他们当时一分校的校长、政委和副校长，校长是周承泉（音），我父亲是政委，还有一个副校长卫国清（音），接见了他们三个人，主要是跟他们谈了当时抗战的形势，当时国民党有些妥协倒退的情况，还给他们分析了山东的重要战略地位，指出加强山东抗日武装力量和进步势力的重要性。当时朱德曾经很形象的比喻，把山东比喻成一棵根深叶茂的大树，把山东抗日根据地建成一棵根深叶茂的大树，如果遇到暴风骤雨，就是指国民党妥协投降之类的，那么我们也可以在这棵树下躲雨防风。朱德主要指出山东抗日根据地的重要性,然后还跟他们说了到山东去要注意一些什么问题,就说要和山东党的领导搞好关系这方面。

另外,就说要他们把抗大办好,因为当时山东也是缺干部,所以要他们培训干部去,把抗大越办越大,越办越好。同时朱德还很仔细的要求他们,他们当时大概有东迁的接近3 000人,要求他们每人带100发子弹给山东的部队,也加强他们的力量,另外还叫他们带一些书。

提问:就是在1939年的时候是吧?

李小苏:1939年。

提问:您了解他们怎么穿越敌占区过去的?他们抗大一分校应该人不多吧?

李小苏:3 000人。

提问:还会配部队是吗?

李小苏:对,部队保护他们,分阶段保护他们,因为主要是过铁路、过封锁线,都是有部队,路上也是比较艰苦的,但是部队轮番的,到一个地方就是由这个地方的部队保护。

提问:相当于他们不只身兼教育责任,他们具体的事情,到山东还要运送军事弹药。

李小苏:就是顺便让他们每人带了100发子弹。

提问:之前在上海跟周恩来交往的经历,我听到是交通,这个交通概念当时就是传递情报?

李小苏:对,就是上传下达,把中央的文件送到下面各个省委或者县委,然后再从下面再把他们的报告带到中央。

提问:其实是很重要的传信的角色,要求机敏的。

李小苏:其实地下交通工作,他因为写过一篇交通工作纪实,比较详细地介绍了当时怎么做的、怎么带的。这个倒是有一点细节的。

提问:这个文章您还有吗?

李小苏:有。

提问：有的话可以拍照发给我们。

李小苏：可以。

提问：后面这个问题，就是咱们前面聊的时候讲到了，您可以再详细地讲一讲，关键就是1945年6月前后，就是分局党校，办了4期，第四期刚好就是学生毕业的时候，刚好抗战胜利了，这个情况再详细讲一下。

李小苏：这时间他是到山东分局党校，就是1942年，那时候正好延安整风运动开始了。所以他在分局党校3年，就是这4期主要都是整风学习班，就是他在这3年主要就是领导开展整风运动。第四期是1944年的11月开学的，刚开学的时候是300人，后来因为有调动，毕业的时候是400多人，具体数字我没记。反正那时候就是到抗战胜利，他们就全部结业。

提问：当时他主要是讲授什么课，是政治方面？

李小苏：在党校，因为他说整风主要是学员自学，组织学员支部里面讨论，然后各人是写自传，写这些东西，就是审干一类的，那时候这样叫。所以他当时主要是组织他们的这些活动，好像没有具体提上课，因为他主要是组织。然后他就说如果学员当中，比如说有些什么问题的，他给再解释一下，文件当中有什么问题，有时他给解释一下，有些文化低的还要帮助他们文字上的再介绍一下。

提问：他们当时4期分局党校，主要做的不是教学的事情。

李小苏：主要是开展整风运动。

提问：可能会有些历史情况让他们都说说清楚。

李小苏：对。

提问：就相当于确认这个人没有问题再去重用对吧？

李小苏：重用……

提问：因为我们之前雷经天老院长，当时整风运动，他是老党员。另外一个问题，请您讲一下具体是什么时间到的社科院，具体做了哪些工作？

李小苏：他是 1958 年 9 月，大概是，具体我忘了，反正就是 1958 年到社科院，那时候社科院刚刚开始筹备，也算是刚开始。对于这段，我也不是太了解，我看了他一些回忆，我觉得他到了社科院，他的工作主要是，组织建设或者制度建设这方面，筹备成立各个机构，还有制定一些条例这些方面。当时他们筹建的时候还有学生，因为是政法学院、财经学院合并的，那时候还有一些本科生。所以一开始教学工作走不开，也占了一定的分量。当时他们正好搞无产阶级教育方针、社科工农相结合、社会实践。学生很多都下到农村去、到工厂去，所以教学工作这是一方面，另外就是我刚才讲的组织和制度方面搞了一些。

提问：从 1958 年到"文革"之前他一直在社科院？

李小苏：对。

提问：到后面的工作也是跟刚才您讲的差不多吗？

李小苏：教学工作到 1961 年就没有了，开始的时候是这些，后来开展研究工作了。因为他主要是做党的工作，就是这个意思。这方面也是要搞一些的，到 1978 年以后他又回到社科院，这时候我觉得其实也是一个恢复工作，当时他就提出来，社科院当时到底是新建还是恢复，他认为应该是恢复，所以过去如果在社科院的人，如果他愿意回社科院来，他主张他们都可以回来。所以，是这样一个情况，他提到。

提问："文革"之后他在社科院做了多久？

李小苏："文革"之后应该不是很久，做了大概到八九年，反正几年，不是太长，80 年代初可能就不做的。后来从社科院关系转到人大，最后离休是人大离休的。

提问：是不是可以讲一讲在"文革"期间的事？

李小苏："文革"期间他是很那个的，一开始他是被当时的上海市委抛出来的这批人，最早的一批所谓"走资派"，包括他，还有贺××，反正十来个人，就是所谓市委抛出来的，不是群众揭发出来的，是市委抛出来的。

提问：为了批斗。

李小苏：对，让你们批斗的，所以他自己也完全没有准备的，就是这样莫名其妙一下子被打成了反动派、走资派了。当时还在松江搞"四清"，搞社会主义教育运动，他在那边，然后就被揪回社科院批斗了。

提问：您当时已经十几岁了，对吧？

李小苏：我在中学。

提问：已经有印象了。

李小苏：啊。

提问：当时是怎么一个情况，他天天都回不了家吗？

李小苏：是啊，被隔离了。

提问：红卫兵看着。

李小苏：他被隔离我们就不知道了，社科院的造反派还来找我，算是要做我的工作，给我说他的什么反动罪行。

提问："文革"期间，您从他被批斗开始，您第一次见到他是什么时候？

李小苏：刚开始批斗他还是在家里的。

提问：当时他的状态是怎样的，因为他几十年兢兢业业为事业奉献自己的精力，努力工作，突然这样，我觉得是很大的一个打击，他是怎样的一个状态，您还有印象吗？

李小苏：我们看不出来。

提问：就是他跟平时没有什么大的区别？

李小苏：没有什么变化。

提问：还是很沉稳的？

李小苏：对，因为平时他跟我们交流也不是很多，在家里他不太多说话的。所以，这个时候也还是这个样子，没什么。一开始的时候，他还是在家里的，后来被隔离审查了，就不太在家里了。大概到

1968年的时候,我是1969年1月下乡的,1967、1968两年多我在上海,反正有一段时间是他们都不在上海,都不在家,家里就我一个人,那时候很害怕的。他们后来还有来抄家。

提问：那时候你自己在家里？

李小苏：不,抄家的时候他们还在,我父母都在家里,那时候刚刚开始,8月份,我那时候尽管已经是中学生了,我从来没有加入过任何红卫兵组织,因为我那时候已经属于是出身成分不好的人了。

提问：您后来也是相当于参加"上山下乡"了？

李小苏：对。

提问：您是去哪儿？

李小苏：我去安徽。

提问：多长时间？

李小苏：我是到1976年底,1976年12月我回上海的。

提问：中间也没有回过上海？

李小苏：回过。

提问：有见过父亲吗？

李小苏：见过,回来以后,我是1969年去的,到1970年回来,第一次我没印象了。大概从1971年开始,让他们到干校,后来他们就都到"五七干校"去了,一个月有时候回来一次,那时候我父母都在"五七干校",但是后来大概1971年还是什么时候,他就分到干校九连,都是所谓的老弱病残,也是在这儿,就是到这儿来了,所以那时候他就不在农村了,在九连的时候他是基本上天天回家了。

提问：就相当于说是在这做思想改造、再教育之类的？

李小苏：不是,因为都是年纪大的人,反正就让他们做一些比较轻的活,就是生产组的那种活。

提问：1971年的话,应该是林彪……

李小苏：应该在那之前。那时候"文革"我印象不太深,他们不是后来还有批战高温的,也有很多当时在五七干校的干部,到工厂也有的,这样的情况。后来印象,当时把他们那批人弄到九连,实际上是想让他们退休,提前退,让他们提出退休,当时他们都没有一个人这样做的。

提问:好的。

提问:后面一个问题就是,像"文革"期间这个事情,您父亲后来有机会跟您聊过吗?

李小苏:没有跟我聊过。

提问:他跟他的老同事或许会……

李小苏:跟我母亲可能会。因为他跟我们子女从来不讲工作上的事情,也不谈任何他过去经历的什么事情,那些所谓长征这些东西,他从来都不跟我们说的。

提问:后面一个问题就是您知道他跟社科院学生或者同事之间有没有什么故事?就是比较有趣、比较特别的故事。

李小苏:这个我刚刚也说了,因为他从来不跟我们说的,所以我也不了解这方面的,最多就是从他去世以后一些人的回忆文章里,比如说邓伟志写到过,他说的搞过什么科研,就像长征这些东西。另外还有一个我也是看到,也是你们这个校友录里面有一个叫什么,哲学所的叫高振农(音),他说那时候我父亲在社科院的时候带他去南京学佛学,他在南京学了大概是5年,他说我父亲还有院党委对他还是很关心的,寒暑假回来让他来谈谈,汇报一下,家里有困难还都给他补助。

提问:后面一个问题,在您眼中,他是怎样一个父亲?

李小苏:从父亲角度讲,他从来不会和我们说什么,很少说。但是,他也不是说是一点也没有。比如说,有些方面,对我们还是比较注重教育的,主要是身教,他本身对我们影响更加大一点。如果说从教育上面,有一件我有点印象,那时候我还很小吧,十米岁,最多十来岁上小学的时候,有一年,他们单位组织到瑞金,我们那时候叫瑞金花园,现在瑞金宾馆,就是国庆还是什么时候,反正是节日里去玩,小孩嘛,那时候开的是荷花还是什么花,我可能那时候小,就采了一枝回来,结果给他看到了,然后他就批评我了,意思很清楚,公私要分明,这是公家的你不能随便乱采的,这个印象比较深一点。

另外,从父亲这个角度讲,那时候我在农村的时候,一般家里面寄点食品比较多一点,可能这方面也有寄点,主要是我母亲,他给我寄学习材料。

提问:就是在您下乡的时候?

李小苏:对。

提问:他给你寄学习材料?

李小苏:对。正好前两天整理东西的时候看到的,当时我写给家里的信,我说爸爸寄的什么杂志已经收到了。所以,他比较注重这方面。

提问:那个信你有没有带过来?

李小苏:没有。

提问:那个信您要是方便的话可以拍照发给我。

李小苏:我回家看看拍一张发给你。

提问:对,因为这个东西它很生动。

李小苏:他绝对是有坚定信仰的,所以无论什么艰难风险,他们都能经历,始终能挺住,经历得下来。对他们讲起来,我觉得他真的是一个有坚定信仰,对共产主义有坚定信仰,一个忠诚的共产党员。他一辈子可以讲是搞马克思主义理论的教育宣传普及方面的工作。其实他自己也是按照这方面去做的,他不光是对别人说,他自己嘴巴上说,但是他实际行动,他也是按照这个理论在指导自己的行动。

提问:您这儿还有什么别的想说的?

李小苏:还有一个,我觉得他刻苦学习。

提问:对,这个我忘了问,好像说中间读《资本论》,我最开始的时候,今天我拿提纲想缺一个什么问题,正好您提醒我,当时他学东西很刻苦,很有钻研的精神。好像说他学《资本论》的时候最开始是看英译本，后来又想去看俄译本，因为这个事情又去学俄语，好像中间还去学德语，就是学那个想去看原稿，这个您了解的情况可以给我们讲一下。

李小苏：对。他学习除了学习马列主义，这方面他一边干一边学的，抓紧时间都在学习，这就不说了，学外语这方面，他过去读师范的时候学过一点英语，后来他搞地下工作的时候，他订了一份《泰晤士报》，在上海的时候，经过他手，他就翻翻看看，然后再寄出去，那时候到北平，就是北京了，在那儿做交通的时候，因为他就住在人家家里面，借人家房子，房东也是搞外文的排字的工人，反正也是英文的，他就托这个房东给他订了一份英文报纸，一方面房东订是半价，另外也可以给他做掩护，他算是搞研究的。这样也是自己看看英语。英语是这方面，后来到了新中国成立前，因为条件比较差就没怎样了。到1951年以后，1951年他在华东区党校的时候，他开始跟着广播电台自学俄语，当时有好几个人一道学的，他后来坚持下来了，坚持下来以后，通过字典，就是看看俄文报刊，看看《真理报》，还有看看俄文书籍也可以了。大概是为了了解马列主义理论，因为原著方面。

所以，他到1959年，1959年他都已经五十几岁了，开始自学德语，后来学了几年，反正靠着字典，可以翻翻《资本论》，就属于这样的情况。改革开放以后，上海办了份《中国日报》英文报的，他又去订了一份。其实那段时间因为我也在家里，所以我也跟着看，那段时间我觉得是我英语程度最好的一段时间了。他学外语一直坚持，这么大年纪了，他还是照样自学，而且能够取得一点成绩。

提问：他为什么会对外语、外部的信息，我觉得他还很有兴趣的，就是有那种，好像是发自内心兴趣的人才会去做这个事情。

李小苏：可能是，因为我看到他回忆录里写到，他就说他读师范的时候，除了英语，那时候正好是开始流行世界语，他也曾经去学过，可能对外语也有点兴趣，反正是他一直在学，我们家里现在还有好多外语书，都没用了。他离休以后，他自己比喻他的生活，他说是三看：

看报，看书，看病。因为尤其到90年代那时候，上年纪了，他说他一个礼拜要去医院三次，然后每天要看那些报纸，还看了很多书，在1992年的时候，搞党员评议，他有一个小结，就是自己个人生活思想小结，他列了一下他这段时间，就是从他出医院，那时候大概1991年4月到1992年6月，这14个月时间里他看了哪些书，列了一下，我给他统计一下，有20来种，特别是毛泽东选集、毛泽东著作，还有什么刘少奇选集、周恩来选集这些，还有这些个人传记，包括为了了解现代经济改革方面、股份制，他也去看了《资本论》，不是《资本论》原著，是别人写的资本论大纲的书，这方面的。

提问：您刚才讲的这三看，感觉还有比较诙谐的一面吧，也是比较认真。

李小苏：所以他就讲，因为离休以后也没有工作了，所以他觉得读书是他日常生活的必需，而且也有益于身心健康，因为他没有其他太多的爱好，所以读书既可以增长知识，也可以反思和了解历史，也有益于健康，所以他是这样的。

提问：好的，咱们采访就差不多结束了。

李小苏：好的呀。

邓伟志谈李培南

采访对象：邓伟志
采访地点：邓伟志寓所
采访时间：2018 年 7 月 25 日
采 访 者：包蕾萍　于　涛

提问：老师咱们现在采访，您讲一下您了解李培南先生的经历情况。

邓伟志：李培南先生是社科院的第一任党委书记，社科院一成立他就在《解放日报》发表一篇大文章《加强理论建设》，我1960年毕业之后先在瑞金花园办公。李老的哲学一摊在2号楼，我们学习室一摊在1号楼，虽在一个食堂吃饭，只因级别悬殊，没有细谈过。后来这两摊都搬到陕西北路荣家花园那个小楼。我们办公室在一楼，他的办公室在二楼，又在一个食堂吃饭，我们食堂大概只有四五个桌子，只能坐二三十个人的小食堂，所以对他比较了解。他参加过二万五千里长征。李培南先生从来没有做过抗大的学生，他是抗大的教员，不但是抗大的教员，还是红大（红军大学）的教员。他给我们讲过一次，他到张国焘部队里面去讲课，张国焘还派人监视他，怕他说一些对张国焘不利的话。后来他任山东分局委员。解放初期在温州，任温州地委书记，在那儿时间不长，就到上海担任交大书记，党校副校长了。他治学的精神相当艰苦认真，真是一个学界的泰斗。当年他办公室在二楼的时候，中午休息就一张席子铺在地板上，枕头边上放一个留声机听法文、德文，他就这么认真。所以他后来"文化大革命"在五七干校的时候，当时张春桥的《资产阶级法权》这本书很吃得开,李书记就用法文或德文来说法文的"法权"怎么说,德文的"法权"怎么说,来贬低张春桥这本书,上了内部资料,又把他斗了一番。他生活很俭朴,学习很刻苦。他生活怎么简单呢,到60年代我们在一个楼的那个时候,他冬天还穿当年黄色的军大衣。另外我们一个小食堂吃饭,他固定在一张桌子吃饭。他那个桌子是炊事员把饭送到他的桌子上的,他的菜跟我们是一样的,但他固定有一碟辣椒。他的桌子是固定不动的,就一碟小辣椒放那儿盖着,当然也不光他,包括副院长庞季云也跟他一道吃饭。他就比我们多一碟辣椒。庞季云是山东人,李培南是苏北人。另外,他钻研马列,尽管当时马列的书出的不多,但他都可以通读。在延安出过一个《学习资料》,前面是毛泽东、刘少奇、任弼时,再往后就是陆定一、陈伯达,最后一篇文章就是李培南的,这很了不起。这是公开出版的书,这说明他的政治水平很高。因为他对马列很熟悉,陆定一给他起过一个外号,叫"小马克思",他们领导人之间一见面,不称李培南,而是说"小马克思"来了,"李克思"来了。因为他对马列这么熟悉,所以他的文章能够排在毛主席、刘少奇之后。

提问:跟他形象也有关系是吧,他好像留大胡子。

邓伟志:他没有大胡子,他只是刮胡子比较少,络腮胡子。因为他生活实在太俭朴了,刮的比较少,从来没有长胡子。

提问:后来呢?包括像建设社科院,包括像后面的事情,"文革"啊,以及之后的事情您了解吗?

邓伟志:了解一些,后来我在中共中央华东局,他还是在社科院,最令人伤心的事情,我们五七干校房子是自己盖的,我背纤拉船去买砖头回来盖干校的房子,经过市直干校。当时看见李培南还有其他几个老师,正在拉一个直径一米多长的铁滚铺马路,我心里不是滋味。因这时不少自然科学家已经"给出路"了,李老他们是大理论家,却不让他们搞理论,让他拉铁滚铺路。而且他说了一点儿法文、德文就受到了再批判。他"文革"以后,恢复工作,写了一本回忆录,他送我一本,很薄,他人生的经历,这本书上都有。

提问:我采访到他小女儿,她拿了一本线装的自传。

邓伟志:他送我的是铅印的。他夫人我也很熟,1978年曾有一阵子,我与他夫人戴鹏阿姨在一个办公室办公。

提问:据您了解,他和党的领导人交往经历有哪些?

邓伟志:他和党的理论家交往的比较多一点,陆定一等那些人也有过交往,他在山东,是山东分局的委员,这岗位是很厉害的。那个时候他对山东的一些理论界的人也是比较熟悉。我记得当时广东省委宣传部长也是理论家,我想不起来名字了,写了一本书,大概意思是怎样做一名共产党员的书,很厚的。他请李老指教,李老对全国理论界都很熟悉,因为他代表上海理论界到各地开会。为知识分子脱帽加冕的广州会议,是他向我们传达的。在流行"敢想、敢说、敢干"的"三敢"时,他向我传达还要讲"严肃、严谨、严格"的"三严",即要有"严肃的态度、严谨的学风、严格的要求",这种逆潮流而动的说法,让我终身不忘、终生受用。他原来不大出去,"文革"以后这个省委书记是他的学生请他去,那个省委书记是他学生,请他去。他的学生后来有很多都成为国家的栋梁了。

提问:他在抗大的时候有一个外号叫做"红色教授",很受学生的爱戴,您这个情况了解吗?

邓伟志:他当红色教授,因为他是红大的教授,红军大学。红军大学校长是刘伯承,后来到抗大,大家就叫他红色教授,因为他对马列掌握很透彻,他跟我们在一起讲马列也是头头是道。有一次同一些高等学校的教师一起开会。有位教师讲一句马列的话讲得不准确,他在底下告诉我马克思怎么讲的。还有一次我陪着他到上海团市委系统做报告,在外滩,当时听完了之后好多人都围上来,说"我的父亲是你的学生","我的什么什么人是你的学生",他们知道李老在编一本哲学书,非常有权威性的那本哲学书是他主编的,一位现在还健在的团市委副书记,90多岁了,当时就问他要这本书,很多人向他要书。

提问：1945年6月左右，李先生具体从事哪些工作，我看他履历讲山东分局党校？

邓伟志：他是山东分局委员，当时是从延安过去的。反攻反到山东，他就到了山东。好像他当时是抗大一分校的领导。最近我住医院，与上海的很多老干部拉家常。好几位讲，听过李校长的讲课。

提问：当时工作还是做整风工作？

邓伟志：当时这样，康生到山东去了，康生原来管理论，他也就去了。事物是复杂的。康生是冤枉了不少好人，但也不是一件好事不做。1960年上海大批华师大教授的"唯生产力论"，李培南、庞季云内心是不赞成在吃不饱的日子里批生产力论。听说是李老写信给康生，提出不要再批了。后由康生出面干预，停止了批判。这是对的。

提问：新中国成立之初，李培南先生还曾经兼任过上海交大的校长，上海交大院系调整，还有访问苏联大学的建设这情况你了解吗？

邓伟志：不是很了解，他从温州回来到交大，恢复交大，尤其是在社会科学以及自然科学的学业中做了一些建树，很不容易。因为有些教授当时思想比较多样化，他能够将各种思想、思维方式、各种价值观的人都团结起来，很不容易。交大杨酉老教授跟我说过一些对李老敬佩的故事。

提问：李先生在社科院的工作具体有哪些？

邓伟志：在社科院工作是这样的，那时候社科院的人分工比较明确，他主要是抓哲学、哲学建设。他主编的哲学书是受到中央赞扬的，是作为权威的书向全国推广的，他带领冯契等华师大的教授、党校的教授、复旦的教授、当然还有社科院的研究员来共同集体编这本书。他当时对整个院的工作管得比较少。社科院当时有一个常务副书记叫申玉洁，管各种事务工作，李培南支持他，他们几位常委之间合作得很好，一点儿矛盾没有，你委托人家干，用人不疑，用人也不能挑人刺,正副书记之间当时配合得很好。

提问:您了解李培南先生学术成就有哪些?

邓伟志:就是哲学上,他个人发表的文章少,但是他的理论水平都融合在集体创造之中,很多哲学的书和文章都要他定调子、批准,他指导人修改,用个人名义发表的很少。哲学讲历史唯物主义,李老对经济学也讲过不少,审阅过很多大学者的经济学文章。

提问:我查到资料说,他强调过注重调查研究这个理念?

邓伟志:对,是这样的,尤其是1960年大兴调查研究之风的时候,他强调各个研究所都要注意调查,当时我是在社会科学院学习室,在学习室的时候强调我们写东西,学习室有一位叫强远淦老师,他写了一篇文章,另外呢,我也写一篇文章,《解放日报》这个版由我们学习室包了,当时产生了很大的影响,李培南很高兴,这一版给我们社科院增色添彩,李老、杨院长表扬了一番。

提问:李培南跟社科院的学生或者同事之间有没有什么有意思的故事?

邓伟志:这个我一时想不起来,我想再补充一下刚才那个问题。大兴调查研究之风,他派社科院各个所都要下去调查,而且他跟别的兄弟城市的领导比较熟悉,联系后派人到浙江去调查,到安徽去调查,还派研究员跟随市委书记柯庆施下去调查。我在宝山蕰溪搞调查,到安徽、浙江、江苏,其他地方的,我就不完全了解了。

提问:您怎么看他,他是怎样的一个人?

邓伟志:他是头脑很冷静的人,他也是饱经风霜的,所以他办事很谨慎,不成熟不对外发表,但内部讨论滔滔不绝,对外很慎重,特别是发表文章非常慎重,想问题想的非常深刻,发表出来很少。

追忆杨永直

难忘杨永直

蓝 瑛 邓伟志

在纪念上海社会科学院成立50周年的日子里,我们深深地怀念中共上海市委宣传部原部长、社科院第二任院长杨永直同志。本文第一作者蓝瑛,曾任市委宣传部副部长、是杨永直联系理论界的助手。第二作者邓伟志是杨永直任院长时的本科应届毕业生,被杨永直留在社科院继续深造。我们都多次聆听过杨永直的教诲,也分享过他的关爱。

(一) 非凡的新闻之路

大家都知道,中共上海市委的机关报是《解放日报》。杨永直在20世纪50年代曾任《解放日报》社长、总编。殊不知,延安时期的党中央机关报就叫《解放日报》,而杨永直同志是参加1941年5月14日由博古主持的《解放日报》创刊会议的7名成员之一。

杨永直1936年进复旦大学新闻系读书,当年就参加民先,随即加入中国共产党,1938年初任复旦大学地下党支部书记。他的公开身份是复旦大学抗战文艺习作会会长,一面写作,一面到工矿企业宣传抗日。为了扩大影响,他聘请胡风、方令孺、章靳以为习作会顾问。

校迁重庆后,他同时担任北碚中心区委的负责人。后因身份暴露,川东特委安排杨永直去了延安。博古很看中杨永直的新闻科班出身,邀他一起筹备中央机关报。在此期间,他先后任过《解放日报》国际部主任、采编部主任。在延安他曾写了篇《反对用党八股反对党八股》,切中时弊,气势恢宏,受上下称赞。

在去延安之前,杨永直本名方璞德,是在身份暴露后,由他的姑母、复旦中文系教授方令孺为他改的名字。提起他的姑母,大家想必就能知道杨永直的身世了。杨永直,安徽桐城人,是清代著名学者、桐城派文学家、理学家方东树、方宗诚的后人。在老一辈共产党人中,不少人参加革命是因为受剥削、受压迫,但杨永直出身文豪世家,兄弟姐妹7人为了追求真理,为了解放受剥削、受压迫的劳苦大众,都投身了革命。1947年,在邓拓主持《晋察冀日报》——《人民日报》的前身工作期间,杨永直与范瑾("文革"前为《北京日报》社长)都是其中的佼佼者。在1949年3月太原将要解放时,中央任命杨为《山西日报》社长。毛泽东亲笔题写了"山西日报"四个大字,交杨永直。4月南京解放后,他又任南京《新华日报》总编。1951年起他任《大公报》副社长、党组书记,与王芸生搭档。1956年他在上海市第一次党代会上被选为市委委员,是党内的"一支笔"。

(二)陈独秀向他鞠躬

陈独秀与方家是世交。晚年穷极潦倒、贫病交加的陈独秀,在江津连个住处都找不到,寄宿在杨永直的叔父方孝远家中。为此,陈写了首《与孝远兄同寓江津出纸索书辄赋一绝》:"何处乡关感乱离,蜀山如几好栖迟。相逢须发垂垂老,且喜疏狂性未移。"

就在陈写这首诗时,尚未称"杨永直"的方璞德适来江津建党,顺道来到叔父家。任过五届中共中央总书记的陈独秀见了年轻的杨永直立即深深鞠了一躬,道:"方府五少爷……"杨永直听了别有一番滋味在心头。

——陈独秀呀,陈独秀!你说方是少爷那就是少爷吧!可他此时已是你陈独秀成立的那个党的党员,而你陈独秀此时已不在党内。五少爷这位年轻的党的基层组织负责人,是决不敢把建党的任务向你这位当年的建党领袖透露半句的。至于你说的"性未改",那要留给后人研讨了。

(三)无为而治与有为而治

杨永直长期同高级知识分子打交道,同不同专业、不同学派、不同风格的知识分子打交道。他熟悉知识分子的心,摸得出知识分子跳动着的脉搏。他从不对专家指手划脚。他从1960年初到1964年任上海社科院院长期间,没有整过一个人,没有对一位专家打过棍子。他平心静气,顺其自然。有人说他是"无为而治",不无道理。"无为而治",才是大智,也是"大治"。

可他又善于"有为而治"。他善于用制度激发知识分子的积极性和创造性。这表现在他同社科院领导班子一起,在调查研究的基础上,于1962年元旦颁布了《上海社会科学院工作意见五十五条》,简称《五十五条》。

《五十五条》写道:"鼓励自由探讨,自由发表意见,允许坚持意见、保留意见,允许批评和反批评。""不用多数压服少数","不要把一般的学术上的不同见解以及对政策理解上的偏差,随意引申为政治问题"。《五十五条》主张:"通过自由争论、科学实践、时间考验,逐步达到明辨是非、繁荣与发展学术的目的"。在《五十五条》里,尽管有"左"的影子,可是在当时形势下能认识到这个份上,实在是难能可贵啊!在贯彻《五十五条》时,我们都亲耳听见专家们发自内心的感佩。

（四）院士乎？战士乎？

杨永直在社科院讲理论与实践的关系时，用过院士与战士作比。在"文革"中批他"提倡当院士，反对当战士"；"文革"后，又有人议论他"提倡当战士，反对当院士"。其实呢，都是掐头去尾，断章取义。他的完整意思是：既要当院士，又要当战士。他是依培养目标不同，分别强调一个侧面。他支持一些人走"《资本论》加俄语"的治学之道，要他们不要做李普曼（美国的评论家），要做李约瑟。可是，杨永直来学习室时，因为学习室是培养政论家的，他又说："你们是写千字文的。"然后，他向上一指，指经济所。"他们是写砖头块的。你们是扛冲锋枪的，他们是拉重炮的，各有各的用处。你们要做李普曼。美国总统怕李普曼，过年要给李普曼拜年"。杨永直在区别对待的同时，也引导院士当战士，引导战士学院士。他要求学习室的人要精读马列经典，背诵古代经典。他要求研究所的人下厂下乡下基层。

近半个世纪过去了，回想起杨永直当年讲的这些话，怎么觉得还很鲜活呢？

（原载《解放日报》2008 年 8 月 30 日）

跟杨永直学写作

邓伟志

在纪念杨永直诞辰100周年的日子里,看到杨宁生在他的纪念文章中讲到《为谁谋幸福》一书。这让我回想起杨永直部长写这篇文章的日日夜夜。

《为谁谋幸福》出版于1963年,写于1962年底。那时我在上海社会科学院学习室工作。学习室是由兼任社科院院长的杨永直亲自抓的。组成人员名单是由他在海格大楼宣传部会议室宣布的。他出于对学习室的厚爱,幽默地对副院长兼室主任的庞季云说:"你是室主任,我是班主任。"他经常来学习室讲话。因为学习室的培养目标是政论家,所以他时常对我们讲"为谁学习""为谁写作"。他说这是涉及人生观、世界观的根本问题。这个问题解决得好,文章才能写好。至于如何写文章,他既反对望文生义,又反对无病呻吟,他反对不着边际的对牛弹琴,强调有的放矢和对症下药。这跟今天流行的"问题导向"一说十分相近。他对我们讲,找到了问题的症结,分析的时候不要老调重弹,他反对拾人牙慧形而上学,他是中共中央机关报延安《解放日报》创刊人之一。"反对党八股"时,他在延安《解放日报》著文《反对用党八股反对党八股》,一针见血,言简意赅,在陕甘宁边区引起广泛关注。有一次,他在学习室跟我们讲如何提炼新观点,强调从"实事"中"求是"。庞副院长插话,问我们:"你们知道一百二十多年前宋学派代表方东树吗?"我们羞涩地说:"不知道。"庞季云说："讲出'夫即物穷理,非即实事求是乎?'这一著名论断的方东树是杨永直同志的伯曾祖父,杨永直同志原姓方。"

杨永直要求我们实事求是,他在写《为谁谋幸福》时处处遵循实事求是的思想路线。他十分了解现实生活中不健康的思想,如他书中所批判的"有一位女青年公开声言'谁有钱,我就跟他走'"的错误说法,都是他掌握的第一手资料。同时,他又布置学习室冯德印收集类似的言论。杨永直坚信马克思主义,他在提升新观点时很注意钻研马列主义和毛泽东思想。他还吩咐我为他提供马列有关幸福的论述。由于我们水平太低,成书时,我们提供的资料他采用得不多。实际上他不是指望我们提供材料,而是让我们参与写作实践。

重读《为谁谋幸福》,可以看出他深入了解了很多"实事",正像他在书的开头所写的:"听到许多街谈巷议,也看到许多报刊文章,也读过许多信函书简……"连续三个"许多",说明他是"采得百花酿得蜜"。重读《为谁谋幸福》,可以看出他旁征博引,从马克思、毛泽东到黑格尔、穆勒等人的文章,他都引用得当。重读《为谁谋幸福》,可以看出他观点鲜明,敢于亮剑。正如他在结束语中所说的:"让我们为全世界的无产阶级和一切被压迫被剥削人们的幸福而奋斗吧,个人的幸福亦在其中矣!"

杨永直的《为谁谋幸福》是我们当年,也是今天学习写作的范文。

(原载《文汇报》2017 年 8 月 18 日)

为谁谋幸福

——写在父亲杨永直诞辰100周年之际

杨宁生

今年是父亲杨永直诞辰100周年，回顾他的一生，我印象最深的是父亲在《为谁谋幸福》一书中阐述的人生意义。

父亲原姓方，名璞德，出身官僚地主，是"桐城派"名家方宗诚的曾孙。他享有优渥的家庭物质生活和浓郁的传统文化熏陶。然而，封建大家庭中固有的虚假和远离时代生活的禁锢藩篱，使他感到窒息；"五四"新文化运动对封建制度和腐朽意识的批判，使他觉醒，特别是"九一八"事变发生之后，更使他对蒋介石政府"攘外必先安内"的政策愤怒不已，对中国共产党的主张却充满着期待与向往。他从"桐城派"世家中解脱出来，投身风云际会的社会洪流。

在父亲参加革命之前，他的三哥方琦德、四哥方珂德，都是"一二·九"运动时期清华大学中共地下党的负责人。在他们引领下，父亲世界观发生了根本的变化，他认识到，唯中国共产党没有自身的利益，为人民谋幸福就是共产党人为之奋斗的最高利益和终极目标。1935年父亲就读于中央大学实验附属中学高中部时，在南京参加"一二·九"运动，担任南京学联的负责人。1936年父亲就读复旦大学新闻系时参加"民先"投身革命工作，翌年他加入了中国共产党。

1938年8月，父亲奉时任重庆市委书记廖志高令到四川江津建立被敌人破坏的地下党组织，因身份暴露撤至延安。1941年5月14

日,父亲参加延安《解放日报》的创刊工作,先后担任采访部、通讯部、国际部副主任、主任。从此他战斗在党的宣传、新闻和理论战线。

革命会有曲折,革命者会经受磨难。1943年初,正当父亲在延安《解放日报》忘我工作时,康生等人搞起了"抢救运动",父亲因出生于官僚地主家庭,又在国统区从事党的地下工作,被隔离数月之久。面对考验,父亲坚信党组织一定会查清问题,绝不会冤枉自己的同志。问题查清后,父亲重又精神抖擞地投入到革命斗争中去。经过这次考验,父亲更加坚定地意识到,在实现"为人民谋幸福"崇高理想的征程中,不仅要有革命热情,更要有一种不怕被误解、不怕受委屈、不怕被审查、不怕遭磨难的献身精神。这才是革命者的品格。

父亲在中共上海市委宣传部部长任上时,正值"文革"的发生,他首当其冲遭到严重冲击,对他的批斗不下千次,身心备受摧残。但他依然坚信中国共产党像大海一样,具有自我净化和自我调节的能力,完全能够自行纠正历史中的错误,坚持正确的方向,坚持为人民谋幸福的宗旨而绝不改变。

父亲善于学习,勤于思考。在延安整风中,他在努力学习马克思主义的同时,还和博古等同志在延安清凉山的窑洞里,探讨中国文化的各种学术思想,因为在他掌握了马克思主义的来源之后,就更相信中国革命理论的产生,必然会从中国优秀传统文化中找到渊源,有如他的伯曾祖父、桐城派文学家和理学家方东树在批判清代汉学家对"实事求是"的论述时,明确提出"夫即物穷理,非即实事求是乎"的论断,这是在中国思想史上第一次将"实事求是"与"即物穷理"两个命题有机地统一起来,提高到哲学认识论的层面来理解。而毛泽东同志的论述,更是对"实事求是"这一古老哲学命题进行了马克思主义的改造,成为毛泽东思想的精髓和中国共产党人的思想武器。

父亲在总结了中国革命的经验和教训后深刻认识到,要实现"为人民谋幸福"的崇高理想,就必须坚持党的实事求是的思想路线。父亲看到在党的"实事求是"思想路线的指引下,中国共产党坚持具体问题具体分析,坚持将马克思主义的基本原理与中国革命实践相结合,排除教条主义和经验主义干扰,领导中国人民取得了抗战胜利,推翻蒋介石腐朽政权,建立了新中国。父亲感到自豪的是,亲身参加了这一"为人民谋幸福"的伟大的历史实践和社会革命。

"为谁谋幸福"是父亲在新中国成立后思考得最多的问题。尤其是当他看到和听到一些干部、群众和青年在什么是幸福的问题上,存在着一些模糊认识和错误思想时,他就深入实际,调查研究,于1963年撰写了一本《为谁谋幸福》的专著,用摆事实、讲道理的方法严肃批评了那些只为个人或小团体"谋幸福"的错误思想,提出了"为人民的社会主义贡献出自己最大的力量",既是"集体的幸福",也是"个人的幸福"。文章中,他明确地指出:"在我们为广大人民群众的幸福而奋斗时,个人的幸福亦在其中矣!"

父亲这本《为谁谋幸福》的著作,当年两次印刷,共发行6.5万多册,在干部、群众和青年中引起极大反响,我们姐弟三人更是深受教育。记得在2002年12月,母亲在弥留之际,给我们留下的遗言中,就有"要真正懂得为谁谋幸福"。父亲的信仰就是我们弥足珍贵的家风和人生的方向!

(作者系杨永直之子,杨永直曾任中共上海市委宣传部部长、上海社科院院长、《解放日报》总编辑)

(原载《解放日报》2017年7月27日)

杨沪生谈杨永直

采访对象：杨沪生（杨永直之子）
采访地点：上海社会科学院总部图书馆
采访时间：2018年7月23日
采 访 者：荆有为

提问：您听我问题，我问题提问完之后您讲就可以。第一个问题，请简要说一下杨永直同志一生的经历。

杨沪生：父亲杨永直，原名方璞德，1917年9月15日出生于常熟。我的祖父名叫方时襞，号孝冲，在宣统二年担任苏州常熟县的知县。父亲上个世纪30年代初就读于南京中央大学实验附中，高中毕业时正值"一二·九"学生运动爆发，他在学校里组织了读书会，担任过南京学联的执委和宣传部长，参加了有关的革命活动。

1936年8月，父亲参加中华民族先锋队，投身革命工作。这时他正在上海复旦大学新闻系就读。父亲的胞兄方琦德、方珂德（双胞胎兄弟）都是清华大学毕业生，曾先后担任过中共地下党清华大学党支部书记和北平"一二·九"学生运动负责人。1937年9月，方琦德率平津流亡同学会到南京组织抗日救亡宣传工作，方珂德时任中共地下党南京市委委员，他代表组织介绍父亲加入了中国共产党。

"七七"事变之后，全面抗战爆发。复旦大学整个迁移到了重庆北碚。1938年8月，父亲在重庆从事地下党工作，担任复旦大学地下党支部书记，同时是北碚中心区委的负责人之一，在重庆市委领导下工作。

1938年8月，他奉重庆市委书记廖志高同志令，到四川江津重建被破坏了的党组织。在江津期间,他遇见了陈独秀。父亲的四叔方时简(号孝远)和陈独秀是世交,抗战爆发后从安庆迁移到了四川江津,我祖母杨琴芬也到达了四川江津。陈独秀1938年从重庆到江津。陈独秀在给他三子陈松年的信中讲述了他到达江津后的境遇和方孝远对他的盛情款待。陈独秀此时处境窘迫,十分艰难。

父亲到江津后,立即重建被破坏了的地下党组织,需要联络一些地方上的开明人士,而祖母杨琴芬和父亲的四叔方孝远就是很好的掩护,他在看望方孝远时碰到了陈独秀。陈独秀见到父亲后很兴奋,因是世交,陈独秀给父亲深深鞠了一躬,称作方府五少爷。他并不清楚父亲此时已是中共党员,而父亲也没在他面前说明自己前往江津的工作。这次偶遇成了父亲回忆中的场景。

在重建江津地区党组织的同时,父亲的身份暴露了。为掩护身份,父亲的九姑,著名新月派诗人,复旦大学进步教授方令孺建议父亲随母亲姓,由原名方璞德改为杨永直。1939年初,中共地下党重庆市委暨川东特委安排父亲从重庆撤至延安。到延安后,父亲在中央青委工作,他的同事有许立群(原名杨成栋,"文革"前曾任中宣部常务副部长)、李锐等。1941年5月,"皖南事变"发生后,毛泽东同志和中共中央将中央苏区时期的《红星报》,以及当时一些规模较小的报纸组合成一份大型的中共中央机关报——延安《解放日报》。毛泽东同志委派的主要负责人就是当时中央政治局委员博古。

1941年5月14日,在延安清凉山,博古主持了延安《解放日报》第一次编辑部会议。参加的人员有杨松(1924年入党,从莫斯科留学回国后在延安工作的老共产党人)、丁玲、曹若茗、杨永直、张映吾、王揖等人,他们共同参加了中共中央机关报——延安《解放日报》的创刊工作。

次日,毛泽东同志亲自撰写了延安《解放日报》发刊词。5月16日,出版了第一期延安《解放日报》。1947年3月,胡宗南进犯延安,在撤离的过程中,延安《解放日报》的同志们边办报边撤离,直至1947

年6月才停止报纸发行。

从延安撤离之后，父亲到《晋察冀日报》工作，担任编辑部主任，和邓拓、范瑾等同志共事。

1949年4月，父亲在山西太原前线。根据中央安排，随徐向前、彭德怀所部在解放太原之后担任《山西日报》总编辑。4月24日，也就是太原解放当天，中央指令父亲立即赶往北平。到达北平后，当时中宣部负责人胡乔木对他说：现在战事发展很快，已无暇多谈。你立刻南下，到丹阳总前委三野指挥部报到，随陈老总参加接管上海的报社工作。在此之前，父亲已带领一支30多人的队伍，准备进城参加接管太原，担任《山西日报》总编辑。而此时，父亲又马不停蹄，立刻南下，向陈毅同志报到。陈老总会见了父亲和范长江，陈老总告诉范长江，你随我到上海，创办上海《解放日报》。永直同志回你的老家南京，创办南京《新华日报》（新中国成立之初南京市为直辖市）。陈老总问父亲有什么想法，父亲说已经到了上海门口，现在回南京，南京是我老家，我觉得很好，没有什么想法，坚决服从命令。

1952年，南京市划归江苏省，父亲由南京《新华日报》总编辑转任江苏《新华日报》社长兼总编辑。1954年秋，经中央安排，父亲担任《大公报》党组书记、副社长，和老报人王芸生先生共事。

提问：讲到中华人民共和国成立之后，然后咱们还是接着往后面讲，就是重要的事件和时间点，先把他的一生给捋一下，后面的话咱们有需要展开的地方再展开。

杨沪生：1955年8月，父亲担任上海《解放日报》总编辑。1956年，任中共上海市第一届委员会委员。1958年9月，任中共上海市委宣传部副部长，1960年，他兼任上海社会科学院院长。在兼任上海社会科学院院长期间，他非常注重党的基本路线和思想主张的研究，以及党的理论队伍的建设。在社科院的工作上他倾注了很多精力，亲自制定了上海社科院的"五十五条"。这五十五条很多内容在今天看来都是一种科学管理的方法：一个是对学者的基本态度，另一方面是对学术队伍的基本估计。对当时要建立这样一个高端思想库的初步设想和有关条例,他反复斟酌,广泛听取各部门和有关专家学者的意见。同时,他非常重视《学术月刊》等内刊的建设,这些刊物中的论述和文章很有见地,也很有建树。父亲对有关五四和五卅两个时期的近现代上海史专著和研究十分关注,对李亚农经史学论著和李平心的经济学论著及关于生产力问题的讨论予以关切,曾与他们多次座谈,并和他们个别交谈,为建立上海社科院的理论系统奠定了基础。父亲本人也写过一些关于社科方面的专论和专著,比如,早在1955年,他写过《为什么对资本主义工商业要采取和平改造的方针》,这篇文章直到今天来看也有着现实性和实践性的历史含义。他引用过的一些观点和他自有的意识和主张,对国家资本主义在社会主义建设初期阶段起到的一定的作用,都有比较正确的理解和看法。在社科院人员管理和队伍建设中,包括对知识分子的关怀上,他是很用心力的。有许多老同志,比如已逝的蓝瑛和其他的有关同志,他们都写过文章纪念和缅怀父亲,说得非常真切。

"文革"前夕,父亲在中共上海市委宣传部部长任上时,就保护过上海社科院李培南、黄逸峰、李亚农和冯契等同志,使他们免遭极左路线的批判。"文革"中,这成为造反派组织罗织他一系列罪名中的一项。

提问: 那我们后面可能就是一些展开的问题了,第二个问题请您讲一下杨永直同志家学渊源。

杨沪生: 父亲出身于安徽桐城派世家。他的曾祖父方宗诚,字存之,号柏堂,是桐城派后期名家之一,也是一位著名的理学家。方宗诚的族兄方东树则是清代的文学家和著名的思想家。父亲的家族在安徽桐城被称作"鲁谼方","谼"是山上的大壑的意思。鲁谼山得名就是因为方宗诚在太平天国时期所谓避祸,在山中讲习,写过《俟命录》等理学专著。《俟命录》名驰京都,当时同治帝的师傅倭仁大学士看到此书后,推崇备至,就将此作为经筵课程,也就是同治帝的课本。曾国藩、胡林翼等人想请方宗诚出幕,方宗诚却因与河南巡抚严树森有要约在身,就拒绝了。说到曾国藩,对方宗诚来说,跟曾国藩的交往过程是有一段曲折的。因为方是士大夫,又是理学名宿,很是清高。曾国藩倒也诚恳,再请之。他搞了一个书局(忠义局),请方宗诚来主持。方宗诚就此成了曾国藩的幕僚。曾国藩对他的理学思想和文学思想既十分崇敬,又十分受用。曾国藩以秉承桐城派自诩,自称姚鼐弟子。其实曾国藩并没有见过姚鼐,而方东树的曾祖方泽却是姚鼐的启蒙老师,方东树乃姚鼐高足。方东树在姚鼐死后写的《汉学商兑》,震动了整个学术界。近代史上"汉宋之争"的历史性标志就是方东树的《汉学商兑》。方宗诚将其思想一直传续到近现代。

父亲的祖父方守彝擅诗文,是著名的同光体诗人。他的父亲方时裴,就是我前面讲到过的常熟知县,民国时当过天津海关大沽口的厘金总管。父亲在方时裴逝后,随其母杨琴芬从安庆迁到南京,在成贤街(在原中央考试院附近),以当时的五万大洋之巨,自盖了一栋洋楼。在当时,父亲出身非常富庶,且有深厚的文化历史传承。

父亲的家族庞大,出现了很多文学家、艺术家。比如新月派的女诗人、散文家、复旦大学著名教授方令孺,就是父亲的九姑;著名新月派诗人方玮德是父亲的堂哥;美学家宗白华是父亲的表哥。他们对父亲的人生产生过一定的影响。父亲在回忆录中真切地回顾了他从受桐城派、新月派的影响到成为一名革命者和中国共产党人的历史性转变。

父亲的人生道路和革命历程,都与当时的中国社会和历史发展进程密切相关。

父亲在延安待了8年。这是他成为一个成熟的革命者的重要历程。他在延安《解放日报》初期担任编辑工作。他直接领导过的有穆青、林间、田方等著名记者。后担任编辑部主任,在此期间,他经历了一次严峻的考验,这就是延安的"抢救运动"。1943年,延安"抢救运动"期间,因为父亲在国统区做地下党工作,是官僚地主家庭出身的大学生，又是桐城派方氏后人等原因，康生直接点名，由社会部将父亲关押，说他是"红旗特务"。

关押期间，对父亲进行了逼供。父亲非常明确，非常坚定，告诉他们这是个谬误。康生为此很恼火。父亲在经过审查恢复工作以后，李克农明确告知父亲这是个错案，毛泽东同志则向所有被错捕和错整的同志脱帽敬礼，赔礼道歉。而父亲在经历这样一次严峻考验之后，对党的信念更加坚定。博古同志对父亲委以重任，让他在延安《解放日报》参加社委会工作。

父亲一辈子就在党的宣传和新闻理论战线上不懈奋斗，他和他的战友们都有一个共同特征，那就是党要干啥就干啥！

提问：1945年6月份可以再展开一点，因为你提到说他是国际部主任，他实际上就是说截取国外各种新闻资讯。

杨沪生：1945年的5、6月是抗日战争接近胜利的关键时刻，这个时候延安《解放日报》的信息量、工作量相当大，国际部的工作非常关键。父亲此时担任国际部主任，国际部不仅要时刻分析国内的抗日战场，还分析苏德战场的形势，起到情报分析的作用。那时候国际部的工作极其繁忙，窑洞的煤油灯下，报社的同志们夜以继日，通宵达旦地工作着。来自全世界的电讯稿摞的几尺高，要从这个浩瀚的电讯稿里找出有价值、有现实意义的通讯稿供中央军委和主席了解情况。主席对延安《解放日报》工作亲自抓，非常重视。1945年，美军原子弹在广岛、长崎爆炸了，全城一片火海，原子弹的威力被渲染得神奇之至，《解放日报》登了通栏大标题《日军在原子弹的神威的威胁下招架不住了》。原子弹杀伤力量的详细描绘，每天有几万字的报道。我们的思想上产生了原子弹决定一切的观念，受到毛泽东同志的批评。抗战胜利后，毛泽东同志在《抗日战争胜利后的时局和我们的方针》一文中写道："原子弹能不能解决战争？不能。原子弹不能使日本投降。只有原子弹而没有人民的斗争，原子弹是空的。假如原子弹能够解决战争，为什么还要请苏联出兵？为什么投了两颗原子弹日本还不投降,而苏联一出兵日本就投降了呢?我们有些同志也相信原子弹了不起,这是很错误的。这些同志看问题,还不如一个英国贵族。英国有个勋爵,叫蒙巴顿。他说,认为原子弹能解决战争是最大的错误。我们这些同志比蒙巴顿还落后。这些同志把原子弹看得神乎其神,是受了什么影响呢?是资产阶级的影响。这种影响是从哪里来的呢?是从资产阶级的学校教育中来的,是从资产阶级的报纸、通讯社来的。有两种世界观、方法论:无产阶级的世界观、方法论和资产阶级的世界观、方法论。这些同志把资产阶级的世界观、方法论,经常拿在手里;无产阶级的世界观、方法论,却经常丢在脑后。"我们逐渐清醒起来。事实证明了毛主席的话,日本鬼子于1945年8月宣布无条件投降了,这是中国人民抗日战争和世界人民反法西斯战争的伟大胜利!(引自《解放日报》2004年04月27日刊登杨永直《我在延安〈解放日报〉的日子》)

提问:实际上虽然说1945年6月份的时候党召开七大,然后他们可能作为党员的话会关注这件大事情。

杨沪生:对,在此期间,延安《解放日报》还不只是关注,它还有舆论引导的问题,和对毛泽东思想认识的问题。

提问:但是杨永直同志国际版的话可能还是放的主要是国际新闻,对吧?

杨沪生:对。

提问:七大这个应该是放在国内版的。

杨沪生:国内版也是一部分,但是国际版和国内版它们彼此也有个支撑。就相关的意义上来讲,国际形势的发展和党召开七大的形势是有关联的。党的七大解决的是党内的问题,但实质上也影响着国际社会,和党与国际社会交往过程中的有关政策和方针问题。因为毛泽东同志考虑问题是比较前瞻的。一个是党内的认识要提高到,用我们后来的话叫团结的、胜利的高度。也为今后我党建政在国际社会中做一个基础准备。向从全面抗战开始就支持我党的国际友好人士和友好力量,做好舆论工作。这是个很长远的考虑。所以这个时候国际版的工作,针对性更强,选择性更强,准备性也更强。

提问:后面有一个问题就是杨永直同志跟国家领导人之间的交往经历。

杨沪生:在延安的时候,毛泽东主席就请父亲一起吃过一次饭。席间,主席很风趣地跟父亲讲,你是桐城派的后代……1956年8月,主席在《同音乐工作者的谈话》中也讲到过桐城派,他说,……地主阶级也有文化,做几句旧诗,做几句桐城派的文章,今天用不着。主席这个"用不着"不是对历史文化的否定,而是在我党新的建设历程中,要有自己的文化,要有自己的意识形态,要有自己的理论素养。这是父亲曾经跟我谈到过的,是非常深刻的。

博古与父亲可以说是患难之交,因为在延安整风运动的时候,针对博古同志前期有过的错误是有批评的,博古当时也有情绪。父亲则被康生直接点名而被关押,他们共同经历了这次严峻的历史考验。父亲跟博古私交很好,谈论的问题很多,他们经常在一起谈论桐城派和桐城学派的有关问题。博古于1946年4月8日飞机失事遇难后,他的夫人张越霞即由我母亲李慕琳陪同,一起出席了"4·8"烈士的公祭大会。解放后,张越霞阿姨每次到上海,第一个找的就是我父母。他们经常在一起怀念延安时期的战斗岁月。张越霞阿姨是1927年入党的老党员,时任商业部副部长。她的儿子秦铁,我叫他小侠哥哥。2007年6月24日,博古百年诞辰,在整个华东地区的后代人中间,就我和我的爱人参加了。

父亲跟周恩来总理那就更熟了。父亲的几个兄弟方琦德、方珂德、方琼德都是二次国内革命战争(红军)时期参加革命工作的老一辈中国共产党人。总理对他们非常熟悉。新中国成立后,总理曾经跟父亲开玩笑说,你们方家的琦德、珂德、琼德、琯德几个亲兄弟,我都熟悉,一个一个都能讲的清清楚楚,我不会"乱点鸳鸯谱"。总理说话很幽默。

父亲在中共上海市委宣传部部长任上时，和总理的接触就更多了。在上海电影局搞"四清"时，总理通过红机（保密机），直接指示父亲，对包括赵丹、白杨、于伶、郑君里、张瑞芳和陈鲤庭等在内的知名人士要加以保护，父亲坚决地执行了总理指示。

还有些其他的人，包括林彪。林彪的妻子叶群在延安时，与我母亲在一个党小组，我母亲是组长。林彪和叶群结婚的时候是八路军115师师长，请的干部中间较为年轻的就是我的父母亲。林彪在席间问我父母，听说你们不赞成我同叶群结婚？林彪的问话很尖锐，父亲回答得也很决绝。他说，你问她自己。原来叶群是来自北平的大学生，跟我母亲是很好的朋友，就像闺蜜一样。林彪追求她以后，她当时不愿意，但后来她又同意了，叶群表现得十分矛盾。父亲曾跟叶群说，你要实事求是，想嫁就嫁，你不想嫁就不嫁，不要成天啰里吧嗦。后来，叶群在"文革"中的表现极坏，她为了讨好江青就陷害我母亲。因为母亲李慕琳亲自组织了大型民族芭蕾舞剧《白毛女》的艺术实践，而江青在当时搞了《红色娘子军》，江青说，李慕琳的《白毛女》和我的《红色娘子军》唱对台戏，她是上海市舞蹈学校最大的剥削者。这样一来，我母亲就被隔离审查多年，遭到残酷迫害。随着江青地位不断升高，叶群更是肆无忌惮地伙同江青迫害母亲。

提问： 正好说到这面，"五十五条"您再细讲一讲。

杨沪生： "五十五条"我没看过，但是我知道这个情况。邓伟志跟我谈过。什么时候有机会我看一看再讲一讲。

提问： 后面的话，请您讲一下您了解的杨永直同志跟社科院的学生或者同事之间有什么故事。

杨沪生： 因为是兼职，他跟社科院院部和学术研究领军人物的交往多一些。比如冯契，搞哲学研究的，当过社科院副院长，很有学术素养，父亲对他很关注。和李平心及经济所的一些专家，父亲接触也比较多。历史所的李亚农，他也很关心。在李亚农生病期间和去世后编撰其文集的时候，李亚农的儿子李小骝在回忆文章中谈到，我父亲在当时时局极为复杂的情况下,为了保护李亚农尽了心力。这些人在"文革"初期被批,父亲正在上海市委宣传部部长任上,但他都在力所能及的范围内尽全力给予保护。而这些在之后的"文革"中就成为了他的罪名。说他包庇谁谁谁,比如社科院党委书记李培南。因为李培南在"文革"前,因历史因素,极左路线对他有很多不公之词,到了父亲这里全然不能成立,都不算数。而在"文革"中,这就成了父亲的一大罪名。包括经济所的黄逸峰,是一位资历很深的老同志,父亲对他也是尽其所能进行保护。还有对曹漫之、罗竹风这些老同志,父亲都以他上海市委宣传部部长的身份,尽可能使得他们受到保护。而对于父亲本人,"文革"遭罪亦因此加大。

提问:他是1995年去世的?

杨沪生:父亲是1994年4月27日去世的。粉碎"四人帮"的第二年年底他就开始住院,住了十多年,没出来过。就一直住在华东医院,直至去世。而后就是我母亲。他们从延安抢救运动时起,20多岁的时候就开始经历种种党内斗争的严峻考验。父母从未跟我们说过,也没有半句怨言。很多情况我们作为子女也是后来才知晓的。他们真正做到了愈挫愈奋,对党忠诚,直到他们离开人世而从不动摇。我们现在回顾起来很受教育,更受鼓舞。

提问:他们内心的力量确实非常强。

杨沪生:非常强。对。

提问:后面的问题可能就会偏比较个人的视角,在您眼中杨永直他是怎样的一位父亲?

杨沪生:作为他的儿子,对他的人生经历,尤其在他去世之后,我在审视父亲的整个革命历程中,才有了更深入的了解,也有了回顾性的切身体会。他是一个很儒雅、很厚道、很忠诚,很有理论素养,而且性格非常健康,作风十分民主,一个举重若轻的人。他从来不考虑自身从精神到物质上的利益,是很超然的一个人。他在"文化大革命"被斗那么凶,在延安抢救运动的时候又受那么大委屈,但他跟我们谈起来的时候,可谓谈笑风生。他曾经跟我讲过,在革命的道路上贵在坚持,而坚持不住的人为数不少,就中途夭折了。他说这是一种历史的现象。他说沪生你要记住,自己要明确:一要明确你是共产党人,一个是组织纪律,还有一个是政治纪律,就是理念的问题。

再有一条,他说你要学习,通过学习你还要实践,实践以后你再提高认识,你就会知道你选择的道路为什么是正确的。他指的是道路,不是讲跟哪个人正确与否的问题。在这方面他跟我谈得比较多,也比较经常。谈话过程中他很平和,语气不是十分铿锵有力,或者十分决绝的,但对我的影响却非常深刻。他离开人世二十多年来,他对我的影响我仍然时刻能体会得到。父亲是非常真诚的一个人,对人非常平等,对知识分子,对一些资历比他更老的同志十分尊重,这种尊重是发自内心的。没有因为他是部长,有很多老同志成为他的下属,他就稍微有些架子什么的。他觉得这种东西对他而言是不屑一顾的。就是一句话,他不是一个低级趣味的人,我觉得他是一个有知识、有文化、有党性的人。

提问:在您的记忆里面,您自己跟父亲之间有没有什么事情令您自己印象很深刻的,可以是很小的。

杨沪生:可以举个例子。那时候我结婚不久,有了一个女儿,女儿由爱人带着。在我过生日的那一天,父亲给我写了一封长信,信中他对我说,你是做父亲的人,有一个美丽勤劳的妻子,但你经常高谈阔论,常有朋友聚会,表面上你很振奋,实质上你很不称职。他说,作为家庭元素来讲,我写这封信给你,一个是祝贺你的生日,还有一个是希望看到你的成长。这封信不瞒你说我到现在还留着的。现在回过头来看,他对我实际上批评得很重,批评我作为一个人的人生和作为一个家庭、一个丈夫、一个父亲来讲,是不是那么回事?但他用平铺直叙、很温和的姿态,很讲道理的一番话给我留下了这样的文字,现在倒成了父亲留给我的遗迹了。所以你问我有没有什么文字的东西,我只能告诉你全部被抄光。"文革"中我们的家一天被抄6次,包括吴昌硕、吴湖帆、潘天寿和谢稚柳、吴青霞等人的画,一张不曾留下,全部被抄走。还有一张米芾的字啊!那时候我12岁,我的任务就是接待造反派。那时候我们家住武康路40弄2号,曾是民国首任总理唐绍仪的故居。每天大铁门被打开之后,排着队的造反派,有出版局的、电影局的、文化局的、《解放日报》的、《文汇报》的、《新民晚报》的、社科院的、文联的、作协的、广播电台的……整个宣传系统所属的各大口造反派排队抄家。我们家的家具已全部交还市委造反派组织,所有书籍被洗劫一空,三部工作电话和一部红机(保密机)全部被拆。家里已没任何东西可抄了,他们就在家中的地板上跺着脚喊几句"打倒杨永直"的口号就算完成了他们的"造反使命"。

提问:您当时是一个就只有12岁的小孩子?

杨沪生:12岁,我1954年出生。

提问:当时这种经历对于您的话会有一些影响吧?

杨沪生:当然,会有很大触动的。父母的态度很重要,如果父母和你一起愤怒我们就会更加极端。我父亲曾经讲过一句话,"文革"的错误,是党在发展中的错误,它的结果全党共担。就是说它引起的后果,我们都有责任,从历史发展的角度来看,"文革"的历史错误一定会被我们的党历史地纠正。这句话印象太深了!

提问:非常客观。

杨沪生:非常客观。他说自己是党的成员,人不可能没错,包括他自己,所以它的后果我们全党共担。他说,沪生你要记住,参加革命不是进来分配的,不是为了当官。他举孙中山的例子,他说你要记住孙中山有一句话,要做大事不要做大官。他说马克思并不是官,就是《莱茵报》的一个主笔,而且他没有公民身份,到处被驱逐,但是他的思想理论是为解放全人类的。这一点我父亲讲得非常有水准,所以我到今天,也坚持这样的理念和价值观。我们后人一起聚会时我也跟他们讲这个,不要说我父亲当过什么官,就说父亲经历过什么,把时代烘托出来,给后人参照。我们不是凭空有这个理念的,确实是从父亲母亲言传身教中懂得的。

提问：我这里面加一个问题，您这儿也找到杨老师的《为谁谋幸福》，这本小册子包括这背后您父亲的理念。

杨沪生：父亲的这个理念，是伴随他终生的。父亲的一生就是为人民谋幸福。他告诉我，马克思曾经说过，我们的事业是默默无闻的，然而我们所做的一切却为社会的发展奠定着基础。于我们的残骸之上，将会洒下崇高人们热情的眼泪。我们就要像蠕动的蚂蚁一样，让千百万人从我们的背上踩过去。共产党最终的宗旨就是解放全人类。从小的时候，他就对我们讲解放全人类的问题。还有关于阶级，阶级最后的趋于消亡的问题，他也告诉我，无产者按恩格斯的讲法，最终利益是有产者说出来的。说出来的目的是什么，作为一个阶级对立关系，在阶级消亡的过程中，它们是相对应的，随着资产阶级的灭亡，无产阶级自身也将消亡。

他还曾经讲到公平合理社会的问题，他看的很远。现在我们讲公平讲法治，其实共产党人就有这个理念，他的《为谁谋幸福》和《为什么对资本主义工商业要采取和平改造方针》这两本书内容和他的思维定式是一致的。在《为什么对资本主义工商业要采取和平改造方针》里面，他最后一句话是"人人幸福的社会主义万岁！"《为谁谋幸福》中最后一句话是："当你为解放全人类的时候，无产阶级从这个角度来讲，个人幸福亦在其中。"它们是融通的，这两本书我觉得有必要结合起来看，一个是理论阐述，一个是理想信念的表征。机与理都是一致的，跟他的人生、思维方法和工作性质都是相关的。

提问：不知道我的描述准不准确，我感觉他心里面确实是怀着整个人类的。

杨沪生：是的。他的回忆录正待出版，回忆录结尾中，他引用了美国作家哈里的作品《根》："有如从印第安人到美国资本主义发达社会建制过程中的种种曲折，更不要说我们从事的人类最壮丽的事业——共产主义。共产主义的实现，一定是通过几代人、十几代人、甚至于几十代人的社会实践。它作为一个科学理论实践的过程,并不是一代人或几代人就可以完成的,我们只是做了这一伟大历史进程的开启。"

提问:首先它是一个理想目标,但是你要去实现这个东西你是要通过一代一代人的不断的社会的实践,得到不同的成果,在这个成果之上再往前。

杨沪生:对。而且是不断的修正,但机理不变,他是为全人类工作。所以,我觉得他很自觉,因为他的理想信念不破灭的时候,你就是把他的躯体彻底消灭了,他也无所畏惧。他不是那种意义上的痛苦人生,我们很直观地讲,就是我们个人倒霉了,或者怎么样了,或者从一个家庭看,他不是的,我觉得这是支撑他的强大的思想武器。

提问:他把他自己作为整个事业当中的一分子。

杨沪生:就是藐人生沧海之一粟的那种。这个藐不是渺小的渺,是藐之而然,我觉得很深刻的。所以后来我才觉得这个上海宣传部长不简单,从相位上来认识他。对我个人,除了生日那一次,在他的回忆录里面,45万字,写到我的就一句话:"沪生有优越感,年纪不大,很狂妄,到处问人家什么家庭成分(那时候讲红五类嘛,刚开始我们也不懂事),我们不在他要吃苦的。"就一句话,我翻遍了回忆录,我心里想这个老爷子也太过分了,关于我就一句话呀?!这里面暗示一个什么,他们有家庭概念,但不以此为基准,就这么一个道理。正因为有这样一批老共产党人,不是一个、两个,党和人民才有今天,共和国才有今天。

邓伟志谈杨永直

采访对象：邓伟志
采访地点：邓伟志寓所
采访时间：2018 年 7 月 25 日
采 访 者：包蕾萍　于　涛

邓伟志：杨永直是安徽人，安徽桐城人，我也是安徽人。他不姓杨。他是桐城桐城派的后人，这是我们安徽的骄傲。他是大家族出身，他老一辈都在学术上文学上做出很大的贡献，到他这一辈他的兄弟哥哥崇尚进步，他在复旦当学生的时候就加入共产党，后来复旦搬到重庆他也跟着到重庆去了。这里面有一个故事可以讲，他到重庆去，他也是重庆党组织的负责人之一，派他去到重庆郊区一个县发展党组织，因为他的叔父在这个县的师范教书，担任教务长还是校长之类的领导，他就想利用他叔父的关系建党，但去那儿建党碰到一个大人物——陈独秀。陈独秀一见他就叫他五少爷还是六少爷，还对他鞠躬。因为陈独秀当时是从监狱里面出来，共产党不理他，国民党也不要他，陈独秀和他们是同乡更近一点儿，就在杨永直的叔父那里住下，所以叫杨永直五少爷。杨永直当时跟我们聊天讲过一个事情，他说我去那里建党都不能跟党的创始人讲出来我的任务，他心里也有很多的感触。

提问：然后他后面的经历呢？

邓伟志：他是延安《解放日报》的创始人之一，等于第六、七把手吧，然后他就是担任过《山西日报》的负责人，但工作时间不长，然后就是《新华日报》的总编、《解放日报》的总编，他一直是从事新闻工作的。还担任《大公报》的书记,他一直在新闻界。他还有一个故事,我有点儿离题了。他生活很俭朴,他的夫人你们知道吧,芭蕾舞学校的创始人李校长,李校长生第一个孩子的时候生活艰苦,没有奶喂孩子,这个孩子怎么办啊?这时候博古是高级干部,博古是《解放日报》的创办人,博古就把他自己的牛奶送给杨永直的孩子,救活了杨永直孩子这条命。杨永直的这个孩子就是前两年参加全国政协会议特邀委员,《欧洲时报》的创办人。咱们《参考消息》头版头条常转载的《欧洲时报》消息,咱们办什么事情《参考消息》都有反映,讲法国《欧洲时报》怎么怎么评价我们。他女儿为什么办报纸呢?她是学法语的,到了法国之后,她跟着法国人当翻译。法国人看她有才,就说你到法国还能做什么呢?她说我父亲搞新闻,我也搞新闻吧,正好这时有家《欧洲时报》办不下去了,她就把《欧洲时报》接了过来,从此这家报纸发生质的变化,因为有她办了这个报纸。杨永直对我们学习室格外破格的关怀,可以说三天两头到学习室去,我们学习室的室主任是副院长,他俩在延安就是好朋友,他称庞院长"小庞"。杨院长到其他所去的少,当时管哲学、管经济的都是"大亨",所以他就管我们这个室,我们"室"是和"所"平行的。他和庞季云经常开玩笑,说庞季云"你是室主任,我是班主任"。他们两个主任对我的影响可以说是影响了一辈子,包括我现在一些风格都受他们影响。这什么道理呢?因为我们刚毕业什么也不懂,他叫我们安心,培养我们当评论员。庞季云说砖头块的书让他们去编,砖头块的书并不是一针见血的,你们要写一针见血的文章,砖头块的文章有的是无病呻吟,受体系的制约,社会上暂时不需要,或者不迫切需要。他们要求我们的一定要做到一针见血,千万不要无病呻吟。杨永直赞成庞季云的这番话。杨永直讲过一个例子,当时我们那个年代,美国的评论家叫里普曼,我们翻译成李普曼。他说你们不要小看评论家,说美国总统过年拜年首先拜的是里普曼。说希望你们不要追求当官,党和人民希望你们做观察者,旁观者清,不要介入,把这个社会当成你的研究对象,各个阶层人都当成研究对象,这点对我一生都有很大的影响。还有就是勤奋,他说音乐家要曲不离口,希望你们笔不离手,所以60年来我三天不写手发痒,在实在不能发表文章的时候,我记日记,我一个月记的日记有几万字,因为不能发表,写下心得抒发感想,在能发表的时候就写文章。我最近发现右手食指有点儿痛,不知道是不是写字写得太多了,就受他笔不离手的影响,受他所谓观察员的影响。有次杨永直讲话时,李培南插话说:"叫你们去当参谋,不要去当司令。你们知道吗?在政委、司令两人有不同意见时,参谋一句话就定了。"

提问:1941年5月杨院长作为七个成员之一,他在延安参与创建《解放日报》,当时情况您刚刚说他可能是六把手、七把手,到1945年6月份可能就已经胜任国际版的主任还是副主任,这中间情况您了解吗?

邓伟志:我不是很了解,是这样子的,我那个学习室,全称是"毛主席著作学习室",完整的说法是为迎接毛选四卷出版而设的这个学习室,待毛选四卷出来后,上海将有六七个大理论家要写大文章,让我们先给他们找资料,所以《解放日报》合订本,我一张不少地翻过,当时在毛选第四卷还没有出来时,我们就已经开始学习毛主席在解放战争时的文章了。我们自己编毛选四卷。这都靠李、杨、庞三位告诉我们《解放日报》上哪些没署毛主席名字的文章是毛主席写的。顺便说一下,毛选四卷正式出时,为73篇,抽掉了一篇。到6月份,聂荣臻到上海来谈搞"两弹"的时候,他带来毛选四卷的目录74篇,我们就根据74篇再去找毛主席著作,因为全文不让看,还要修改呢,所以我们就翻《解放日报》,我看过一个材料,《解放日报》成立时,博古他们几个,前面还有几个,杨是最后一个,这是有文件的。他是国际部的正主任、副主任,他应当是《解放日报》前期六把手、七把手,因为那个名单就是6、7个人的名单。

提问:他当社科院院长的时候,应该一直是兼任吧?同时是宣传部长吧?

邓伟志：他是这样，社科院1958年成立，院长是雷经天，雷经天到1959年就去世了，他去世之后，李培南兼任院长，书记兼任院长，兼了一阵子之后，就让杨永直来兼任院长，我的毕业证书上签名的正院长就是"杨永直"，我的毕业分配工作是1960年3月30日，由杨院长在宣传部亲自宣布的，就是海格大楼，就是华山路、乌鲁木齐路那个楼里面，当时成立两个室，一个学术情报室，一个学习室。学习室当时全称"毛主席著作学习室"，后来改为研究室，图章是"研究室"。雷经天、李培南、申玉洁、姚耐、庞季云五位都是中国第一家社科院的创办人、奠基人。咱们已经谈了这么长时间了，我再讲几点鲜为人知的历史故事。雷经天与邓小平等发动"百色起义"失败后，被双开。中央特派员叫大家表决开除雷经天党籍、军籍时，邓小平是举手较迟、举得最低的一位。开除后，雷经天还跟着红七军撤往瑞金。路上司务长问邓小平："他（雷）还跟着走怎么办？"邓回答："他要跟着走，就跟着走好了。"司务长问："他那份饭怎么办？"因为开除了，就没那份饭了。这时邓小平回答得最妙。他说："把我的那份饭分一半给他。"妙在"一半"。如果讲给一份，那就等于否定特派员开除雷的决定。分一半，那是一个人行为，不违上规。就这样，雷到了瑞金，又参加了长征，到了延安。在延安当"庭长"，毛主席给他这位法庭长写那份有名的信时，雷还没恢复党籍，不是党员。还有申玉洁，他是上海市委书记马天水的入党介绍人，可是他调到上海，当了社科院副书记时，他不拉关系，不登马天水的门。是马天水忽然看到申在上海，主动来拜访申的。还有庞季云，他出身穷困，父亲给大财主当厨师。大财主见庞季云学习成绩好，而大财主自己的孩子学习无劲，便主动提出，管庞吃住，让庞与他不学习的儿子一起读书，带好大财主的儿子。这样庞才有继续读书的条件。庞写得一手好文章。我听到好几位老同志赞扬他的文章有思想。

提问：他很多作品都发表在报纸上，他自己著书的就是一些小册子，包括有一本《为谁谋幸福》的书。

邓伟志：是的，昨天我看了你们整理的有关于他的那个材料，上面写的《为人民谋幸福》，他这本《为谁谋幸福》，里面的内容很明确地反复强调结合实际，引用上海纺织厂工人怎么样说的这本书当时搜集的纺织厂的材料，是他叫我和一个冯德印，我俩帮他搜集的。写是他自己写的。他是很能写的。我在延安《解放日报》上看到他的署名文章，题为《不要用党八股反对党八股》，拍案叫绝。这文章对当时、对今天都有意义。《为谁谋幸福》一书的重要观点文字都是他的，我们就给他送资料，他需要什么资料，我们就跑去给他找什么材料，这本书文字不长，但影响很大。当时国家处于困难时期，困难时期人心有点儿浮动，或者说意识上有点儿多元化吧！他这个时候强调我们要为人民谋幸福，意味深长。这本书是上海出版社出版的，60年了，我也一直保存着这本书。

提问：让你们调查纺织厂的时候，有没有交代你们什么事情？

邓伟志：他要写这本书跟我们说，然后就说要用人民先进的思想和模范的行为，我们宗旨是为人民的。他反复强调人民的地位，人民绝对是历史的推动者、决定者，从这个角度让我们帮他搜集一些先进的思想、先进的人物。

提问：您刚才说跟您一起做调研叫冯德印是吧？

邓伟志：对。他做的工作比我多。

提问：德是道德的德？

邓伟志：对，印是印刷厂的印，这个人还健在呢，80多岁了。退休前是市建委纪委书记。

提问：想当年你们都是学习室的人？

邓伟志：对，都是学习室的人。

提问：当时身为院长的杨永直在社科院到所的学习室来的比较多？

邓伟志：他跟副院长，也就是我们的室主任庞季云在延安就是好朋友。杨当院长时间不是很长，主持制定了《社科院工作五十五条》,促进社科研究规范化,极大地调动学者的积极性。杨院长很尊重老同志、老书记李培南。

提问:还有李亚农?

邓伟志:李亚农任历史所所长。

提问:李亚农当时也在是吧?

邓伟志:不,他走得很早,大概在1961年或1962年就病逝了,他是20年代初就入党的老党员。李亚农是这样的,他们开党委常委会就在我们这个楼,182号荣家花园开的。我见过几次李亚农,见过但是没有说过几次话,好像是我工作以后一年还是两年他就去世了。报纸上发过他逝世的消息。历史所还有位徐崙,也是老革命,在老华东局时任理论处长,比张春桥地位还高一点。他喜欢同我们年轻人说笑,历史故事一个接一个地讲给我们听。

提问:杨永直跟社科院的学生和同事之间联系多吗?

邓伟志:他最主要和庞季云(交往比较多),我是社科院的研究实习员,地位最低,我们对庞院长都是非常尊重的,他开会却喊庞院长小庞,大概是这样称呼惯了。他比庞院长大两三岁,当时他们都40多岁。

提问:后面一个问题也是一样,在您眼中,您觉得杨永直是怎样一个人?

邓伟志:他和李培南不一样,李培南是管理论的,很冷静。他(杨永直)因为是宣传部长,他必须要到处发表意见,讲话比较多,所以后来"文革"吃的苦头大,受的委屈也比较厉害,连他10岁的儿子也被关起来。那时候他讲话都没有稿子的,只有一个提纲,不像现在都是念稿子,三句话也念稿子,他们讲两个小时、三个小时也都是只有一个提纲而已,但是听了津津有味。

追忆沈志远

纪念沈志远逝世二十周年[①]

胡　绳

沈志远是一个为传播马克思主义而做过许多贡献的经济学家。他30年代初从苏联回国后,积极从事马克思主义政治经济学、哲学的著述和翻译。那时正是中国革命重要的转折关头。适应客观形势的要求,需要进一步认识中国民族民主革命的经验,需要探讨在日本帝国主义加紧侵略中国的形势下救国的方法和中国的前途,需要更深入了解中国社会的性质和中国革命的性质。为此,迫切需要掌握马克思主义思想武器。那时,已故的林伯修(杜国庠)、王学文、柯柏年和其他许多同志都曾在上海从事翻译马克思主义著作和阐释马克思主义基本理论的工作。沈志远开始工作比上述几位同志晚一点,也是致力于这方面的工作并卓有成绩的。在抗日战争爆发的前几年间,反动政权虽然实行法西斯统治,上海、北平等地马克思主义的宣传、传播工作仍然很有生气,很有影响,这和包括沈志远在内的许多同志的努力是分不开的。他们通过翻译和著述,帮助许多人掌握马克思主义的基本原则和基本方法。他们的功绩是不可埋没的。

我最初认识沈志远是在1936年。那时艾思奇等成立了一个哲

[①] 这是胡绳在中国社会科学院和中国民主同盟纪念沈志远逝世二十周年座谈会上的讲话。

学研究会,每次开会讨论一两个问题。沈志远是参加者之一。由于没有开会的地方,每次开会只能在旅馆里租房间。我就是在旅馆开会时认识沈志远的。那时他已在大学里教书,他所著的《新经济学大纲》已经出版。他的学者和革命者的风度给我留下了印象。不久,他到北平去教书了。

1939年,我到重庆时又遇到了他,并且在一起工作。抗战开始后,他先在西北联大任教,然后到了重庆,担任生活书店总编辑,并主编《理论与现实》,生活书店出版的"大学丛书"也由他主编。在这套丛书中收有马克思主义者邓初民、吕振羽等同志的著作,虽然很少为那时的大学所接受,但在知识界中是有影响的。他主编的《理论与现实》是个大型的理论刊物,提出"理论现实化"和"学术中国化"的宗旨,成为当时马克思主义学者发表论文的一个主要园地。这个杂志在重庆出版了三年,1941年初"皖南事变"发生后,因受到政治压迫,和生活书店出版的其他杂志同时停刊。以后沈志远一直想使这个理论刊物复活。抗日战争结束后,1946年这个刊物虽然在上海复刊,但仅出版了两期。1948年在香港又以《理论与现实丛刊》的名义出版了多期。他主编的断断续续出版的这个杂志是40年代重要马克思主义理论刊物之一。

那时,进步的文化理论工作者不能不过颠沛流离的生活。沈志远在1941年初离开重庆,流亡到香港,然后又因太平洋战争爆发,辗转到重庆、成都。抗战后,又到上海,继至香港。这期间,我和沈志远在工作中有过多次接触。我感到,沈志远无论在什么环境中,对马克思主义的信念是坚定不移的。他坚信马克思主义是科学的真理,并且以传播这个真理为己任。

沈志远在抗战爆发的前几年中,投身于文化界的救亡运动,参加沈钧儒为首的救国会的活动。1948年他和其他朋友一起从香港到解放了的东北,后又转到北京。他作为救国会的代表参加创建中华人民共和国的中国人民政治协商会议第一届全体会议。从新中国成立初期到 1952 年,沈志远到上海工作之前,担任出版总署的编译局局长,我又和沈志远共同工作过一段时间。在他担任编译局局长期间,曾召开全国翻译工作会议,并且主持制定了翻译世界各国主要学术著作的计划,可惜这个计划没有能够实现。

沈志远 1957 年在上海被错划为右派。但他一直坚持马克思主义和社会主义信念。在"大跃进""共产风"造成实际生活中的严重危害的时候,他强调在社会主义阶段必须坚持按劳分配原则;并且指出,不能抛开尊重客观规律的前提而讲发挥主观能动性,不能抛开生产力的决定作用而讲生产关系的改革,不能只求高速度而忽视按比例,等等。由于这些意见,他又遭到毫无道理的"批判"。沈志远逝世于 1965 年,这时他才 63 岁。在他逝世 15 年后,终于为他平反,彻底恢复了他的政治名誉。同时,他所反对的那种在国家建设中的错误路线也被彻底纠正。

沈志远之所以值得纪念,是因为他一生坚持马克思主义,为使马克思主义在中国土壤上传播发展贡献了自己的力量。马克思主义在中国的传播已有近 70 年的历史,70 年来,马克思主义在中国经受了革命实践的考验和各种思想斗争的考验。无数的先进知识分子,无数革命家为传播、应用和发展马克思主义,为使马克思主义的普遍原理和中国革命具体实践相结合,使马克思主义和中国优秀文化传统相结合,付出了艰苦的努力,甚至牺牲了生命。马克思主义在中国发展过程中除了遭受各种各样的攻击外,也遭受到各种各样的怀疑、各种各样的歪曲,但无产阶级领导的民主革命和社会主义革命的胜利,中国走上独立发展的社会主义道路的事实证明了马克思主义的生命力。马克思主义在同其他各种思想流派的竞争和斗争中,在克服教条主义和经验主义的错误倾向的斗争中,证明了自己的生命力。马克思主义在中国发展生长的历史表明,马克思主义不是封闭的僵死的体系,不是教条,而是行动的指南。回顾马克思主义在中国发展的历史,我们忘记不了包括沈志远在内为传播马克思主义而竭尽心力的许多革命知识分子。

现在,在我国社会主义的物质文明和精神文明的建设中,在具有中国特色的社会主义建设中,我们的指导思想是马克思主义。马克思主义必定能够在我国有一个新的发展。我们要坚持马克思主义,要用马克思主义的基本原则和基本方法解决新的历史时期的许多新问题,解答思想界提出的许多新问题,从而丰富和发展马克思主义的内容。我们要以这样的努力来纪念沈志远和一切为马克思主义在中国成长发展做出贡献的前人。

(原载《经济学动态》1986年第2期)

回忆往事，悼念沈志远同志

罗竹风

沈志远这个名字，我30年代在北京大学读书时就知道了。那时我不过20来岁，精力旺盛，兴趣也很广泛；喜欢读书，几乎无书不读。通过多读些书以探求人生的道路，大约是受了胡适"读书救国"论的影响吧？正当"九一八"事变之后，青年学生思想动荡，走到了一个四面交叉的十字路口，难免徘徊彷徨。面临烽火遍地，日本帝国主义由东北而冀东更进一步侵入华北大地，读书救国，还是抗日救亡？这是亟待解答的一个问题。

当时沈志远同志正在北平大学法商学院任教，他和李达等人一起，以"笔耕堂"的名义出版社会科学方面的书籍，《新经济学大纲》就是其中之一。沈志远写的这本书，是以马克思主义观点，阐述社会主义经济学原理的，因而必然要联系到苏联的现实情况，并把它作为"蓝图"来说明问题。这在当时来说，是难能可贵的。我买过这本书，而且也认真读过，以为在经济学方面对读者的启蒙作用，相当于艾思奇在哲学方面的《大众哲学》，不过更有系统、更有深度罢了。

沈志远是一个进步的学者，读过《新经济学大纲》之后，这是我对他的初步而又唯一的印象，一直持续到解放后在上海认识时为止。

我并不了解沈志远的生平事迹，只约略知道，大革命时期，他在上海大学附中教过英文，到莫斯科留过学，后来还在生活书店工作过；抗战时期在大后方，从事进步的文化工作和民主运动，对共产党是友好的。解放初,任北京中央出版总署编译局局长,1952年来上海。事有凑巧,我们两家都住在建国西路懿园的一座房子里,他在二楼,我住三楼,朝夕可以相见。更加凑巧的是,他的爱人崔平和我的爱人张秀珩抗战前是北平一女中的同班同学。这样,关系就有点不同了。我们都在华东军政委员会文委工作,但不在同一个具体工作单位,因而没有公务上的接触。华东大区撤销之后,他家搬到湖南路夏园去了。

1956年初春,向科学进军的呼声响彻云霄,中央提出了繁荣学术研究和文艺创作的"双百"方针之后,学术界、文艺界立即出现一种生动活泼的局面,形势大好,认为春天到了,大家可以"争鸣""齐放"一番了。记得是3月间,中国科学院的潘梓年同志和中央宣传部的于光远同志来上海,在中苏友好大厦电影院作过一次鼓舞人心的报告,对社会科学研究提出了许多看法,引起与会者的兴趣和重视。不久,上海成立了哲学社会科学学术委员会筹委会,当时的设想是准备成立地方性的哲学社会科学学术委员会,统一筹划和领导这一方面的工作。筹委会的委员由上海社会科学方面的知名人士担任。沈志远同志是主任委员,我做秘书长。我们在一起工作,凡事共同商量,合作共事是协调而又愉快的。他有不少很好的见解,主张创办《学术月刊》,作为学术界争鸣的园地。筹委会既要创办专业的研究所,又要成立各种学会,开展群众性的学术活动。当时的确是双管齐下的。为了成立经济、历史两个研究所,以黄逸峰和徐崙两位同志为首分别进行筹备工作。5月间,中央召开全国长期科学工作规划会议,我和吴承禧同志参加了。全国科学家济济一堂,热气腾腾,的确是一片春色满园、欣欣向荣的兴旺景象。回来以后,我们在文化俱乐部召开了全上海市的哲学社会科学工作者会议,分学科进行讨论;也分门别类地制订了一个粗略的长期规划。这个阶段,沈志远同志精神是振奋的,写了不少有关探讨社会主义经济规律的文章,有些刊登在新生的《学术月刊》上。

1957年中央召开全国宣传工作会议,吸收党外民主人士参加,上海也开过同样性质的会议。记得以后还提出了"两个万岁""两个共存"和相互监督之类的口号,接下来又有党开门整风,欢迎党外人士提意见的决定。言犹在耳,大家正在向往一个新天地,突然间很快就开展反右派斗争了。宛如朗朗晴天,霎时浓云密布,狂风四起,下了一阵冰雹,满地只见残枝败叶。沈志远作为上海民盟主委、市政协副主席,七斗八斗,也被划成右派分子,罪名无非那句老话:反党反社会主义。至于据以定案的详细材料,我也不得而知。就沈志远同志一生来说,反右恐怕是他的"分水岭"吧?从此以后,我们也很少见面了。

当时我就产生了一个疑问:反右斗争的对象大半是知识分子,而其中的所谓头面人物又大半是党的同路人,曾经和我们共过患难,而且还在一起战斗过的。为什么恰恰是他们,竟变成右派分子又非打倒不可呢?苦思冥想,唯一的答案只能是:这号人比较了解共产党,希望党更加美好,爱之切则责之严,没料想这却是不现实的。我也经常在想:难道他们真的是对党怀着刻骨仇恨么?这种仇恨又从何而来呢?许多问号一直在我头脑里盘旋浮动了20多年。这次给右派分子平反,才得到了解答,原来都是些错案或冤案。沈志远同志也平反昭雪了,8月20日还由上海市政协举行过追悼会。在悼词里,实事求是地对他的一生作出了公正的评价。

时代的牺牲品么?历史的悲剧么?我以为"庶乎近之"。问题在于这些事情为什么会发生在社会主义社会,那就不是我所能解答的了,还是留待历史学家去认真探索吧。

反右斗争以后,沈志远同志的处境便可想而知了。他的全家搬到愚园路住,从此我们更少见面。因为我和崔平同志都在出版系统工作,而她又是张秀珩同志的老同学,春节有时还到我家坐坐,得知沈志远同志的一些情况。他仍然勤奋,读书写作,一如既往。摘"帽"以后,又当上了市政协委员,并在上海社会科学院经济研究所任研究员,还发表过有关研究"按劳分配"的文章,足证他是关心政治的。这种论文从现在来看,如果再和当时经济界的实际情况相对照,还是有独到见解的。不料又被抓住当作把柄进行批斗,理由也很现成,当然是为复辟资本主义鸣锣开路啰!

社会主义社会应当实行"各尽所能,按劳分配"的原则,这是马克思主义经济学的 ABC,发明权是属于马克思的,为什么沈志远同志加以阐述、论证,就构成一种"罪名"了呢?现在越看越清楚了,沈志远同志对经济学还是有研究的,他还写过有关马克思剩余价值学说的专著,可以称得上是个专家。但是专家又值几文钱一斤呢?在当时乌云弥漫、是非颠倒的情况下,作为一个专家,不过吃的苦头更多更大一些罢了。

透过沈志远同志这样一个为人正直、勤奋好学、热爱社会主义祖国的知识分子来看现实,不是更加发人深省么?粉碎"四人帮"以后,党中央拨乱反正,正本清源,把被颠倒的是非重新颠倒过来,现在一切正在走上正轨。沈志远同志死而有知,也可以含笑于九泉之下了。

然而我们究竟应该吸取什么经验教训呢?主要的是阶级斗争不能扩大化,一抓不灵反而越抓越乱;知识分子是党的依靠力量,是建设社会主义的动力,绝不能把他们当敌人看待,更何况是那些在新民主主义革命时期就具有革命进步倾向的专家学者们呢?像沈志远同志这样一个人,如果能够发挥他的特长,调动他的积极性,贡献一定是会大得多的。以此类推,把所有知识分子和专家学者都算在内,全盘加以估量,那么利弊得失,不是洞若观火,可以更加看得分明了么?

"事后圣人"固然不算高明,即使如此,我也以为能这样,就已经很不容易了。"君子不二过",岂不难矣哉!

1980 年 9 月 18 日

(原载《社会科学》1980 年第 5 期)

怀念沈志远先生

谈家桢

沈志远先生是我国著名的马克思主义经济学家和哲学家、著名的社会活动家,也是我的老领导、老朋友。

我认识沈志远,最早是通过他的著名专著和译著《新经济学大纲》《黑格尔与辩证法》《辩证唯物论与历史唯物论》等,这几本书在我们那一代知识分子中间曾产生过很大的影响。由书见人,从那时开始,我就一直十分敬重这位中国知识界的前辈,马克思主义政治经济学和哲学在中国最早的研究者和传播者之一。据我所知,毛泽东主席在延安时期就曾认真阅看过沈志远翻译的米丁的《辩证唯物论与历史唯物论》,并作过 2 600 余字的批注。

我是 1951 年在浙江大学和苏步青先生一起加入民盟的。1952 年,我的挚友和领导、复旦大学原校长陈望道先生经沈志远的介绍加入民盟,院系调整后,我到复旦任教,经德高望重的望老介绍与沈志远相识。之后我们的接触日益频繁,我和望老对沈志远很敬重,我们彼此之间的友谊也与日俱增。我曾聆听过沈志远多次的演讲和谈话,我常常为他渊博的学识、惊人的记忆力和对中国共产党由衷的热爱所感动,也正是通过他的现身说法,使我亲身感受到中国民主党派人士与中国共产党之间水乳交融、肝胆相照的亲密无间的友情。

沈志远于 1965 年故世,望老在当时特定的政治环境下,不避嫌疑,亲往送别,足见望老对他的敬重及友谊之深。沈志远故世后,望老和我经常谈起他，对这位已逝的老朋友，我们充满了怀念之情。

沈志远是民盟上海市支部第一、二届支部主任委员，第三届民盟上海市委主任委员，1958年以后，望老继任民盟上海市委第四、五、六届主任委员，党的十一届三中全会拨乱反正以后，我继望老之后，担任民盟上海市委第七、八、九、十届主任委员，现在又由张圣坤同志继任民盟上海市委第十一、十二届主任委员。如果说，从20世纪80年代以来，上海民盟组织在中共上海市委和民盟中央的领导下，在中国共产党领导的多党合作事业中，在履行民主党派参政议政职能的进程中，能够尽到一点绵薄之力的话，十分重要的一点，就是我们始终坚持了与中国共产党长期风雨同舟、肝胆相照的优良传统，这也是上海民盟组织进行新老交替、政治交接的一个主要课题，民主党派自觉接受中国共产党的领导，与中国共产党之间亲密无间、水乳交融的合作关系，这是我们长期以来的优良传统，是我们半个多世纪以来一笔至为宝贵的精神财富！今天，我们纪念沈志远先生，缅怀沈志远先生，十分重要的一点，就是要学习和继承他对党、对人民、对我们的祖国和民族无限热爱和高度负责的精神。

根深始能叶茂。沈志远对党的由衷热爱，来自他对党的主张和事业的信仰，来自他长期以来对马克思主义科学真理的孜孜不倦的学习和研究，正是在这种科学和理性的基础上，他一生心悦诚服地敬佩党、热爱党，始终不渝地跟着党走。我常常想到从20世纪50年代起我们民盟组织一直坚持至今的学习传统，我认为，我们一定要坚持和发扬光大这种传统。在进入21世纪，面对中华民族伟大复兴重任的今天，我们更要坚持江泽民同志提出的与时俱进的精神，团结鼓劲，奋发有为，为把民盟建设成新世纪高素质的参政党而努力。

(原载《群言》2002年第12期)

钟祥财谈沈志远

采访对象：钟祥财
采访地点：上海社会科学院总部图书馆
采访时间：2018 年 7 月 25 日上午
采 访 者：荆有为

提问：先请钟老师讲讲沈志远先生一生的简历。

钟祥财：沈志远是 20 世纪中国著名的马克思主义理论家。他 1902 年出生在浙江，1965 年在上海去世，终年 63 岁。他一生大概有这么几个阶段：第一个阶段是在国内求学，到 1925 年入党，追求进步，期间结识了一些著名的我们党的早期的领导人和理论家，包括陈望道，那个时候他就认识了。

第二个阶段，他是到苏联留学。1926 年 12 月到苏联，正式入学是 1927 年 2 月，在莫斯科中山大学，于 1929 年毕业。主要的课程学了很多，包括政治经济学、欧洲社会发展史、辩证唯物主义，掌握了马克思主义的一些原理性的东西。这段时间他还勤勉自学，由于工作需要，英语进一步加强，俄语学好了，也精通了，德语可以看文献，这个学术经历对他后来从事学术研究非常重要。1929 年 6 月在中山大学毕业以后，他就考取了在莫斯科的中国问题研究所，当研究生，其实这段时间他主要是工作。在念莫斯科中山大学的时候，他也做了一些助教的工作，也搞了一些文字的工作，但是做研究生的时候，主要是做一些研究工作，包括翻译，他参加了《列宁选集》六卷的中文版的翻译工作，还做了一些刊物的编辑工作，1931 年毕业，他出去的时候就是受党的委托派遣出去的，回来的时候也是学业完成了，国内的工作需要了，然后他回来了。这是第二个阶段。

1932年回国以后，他开始从事学术著作的翻译编撰和论文的写作，这段时间到过几个地方，在上海、在北京，那个时候叫北平，然后在重庆，又到了香港，在几所大学任教，编撰马克思主义理论的一些书籍。他的工作主要是两方面，一个是哲学，我们今天讲他是经济学家，其实他最早的工作是研究马克思主义的哲学，因为有了哲学，所以他的政治经济学研究非常有力量，他的宣传、他的影响力就很大，这点我等一会儿再讲。大概到1944年的时候，他开始进入政治领域，他早期是中共党员，然后1933年生了一场病，就有一点跟党脱离关系了，这段他主要从事进步的学术研究。到了1944年以后，抗战马上要胜利了，他进入政治领域，在四川重庆参加了民盟，这个也是受党的指示，也是配合党的工作。到1945年11月，就到了上海，也是受党的派遣。

我觉得1932年到新中国成立这一段是第三个阶段，搞学术，然后到了抗战胜利以后，到1949年这一段主要是搞政治了，当然他有学术方面的优势，他进行宣传，但是因为配合党的工作和新中国，抗战以后党的一些统战工作的需要，在民主党派里面他做了很多工作，因为他能够写东西。这就一直延续到1949年。1948年，他是从香港随着一批进步人士，专门从香港直接到北平，参加新中国的筹建工作。然后一直到1952年，他一直在北京，参与一些重要的工作，包括共同起草《共同纲领》，参加第一次全国政协会议，参加政协会议文件草案的整理工作，这些都是非常重要的工作，他都参加了，同时在燕京大学做教授。这是第四个阶段。

1952年，他就到上海了，原来他在北京的时候，在燕京大学做教授的时候，据说是中央想安排他当该校的领导工作，后来因为上海的工作需要，就回到上海。到上海以后是他工作的又一个比较重要的阶段。他1952年到上海参加民盟在上海的组织工作、发展工作，以后在1956年11月被指派担任中国科学院上海经济研究所的筹备处主任,我们经济研究所到1957年才正式成立,但是1956年11月就组建了筹备处,经济所正式成立的时候,沈志远先生当第一任的所长。但是后来因为1957年发生了"反右"的事情,他后来就不担任了。不担任以后,到1958年,我们上海社科院成立了,他这一段在学术上,主要是做上海社会科学院经济研究所的研究员,但是他还有社会职务,因为他1959年就摘掉了"右派"分子的帽子,在《人民日报》有消息,他是第一批摘帽的,他那个时候是有全国影响的。然后他被增选为全国政协委员,重新参加了参政议政的工作。

1958年以后,我觉得对他来说是最后的一个阶段,直到他去世,时间是7年。最后一个阶段他以生命和学术的最后力量,在为国家的发展,在为学术、为马克思主义理论的创新,尽自己最大的努力。我觉得沈志远的一生大概有这么几个阶段。

提问:刚刚您也提到,他曾经赴苏联莫斯科留学,我不知道是他的文字还是其他人的文字,写了当时离开祖国的状态,包括去莫斯科一路上坐着火车,中间还要去砍木柴,给火车蒸汽机添加燃料,很生动地描写,很有活力的一批年轻人,而且从后面的情况来看,他留学的这段经历,为他以后的工作打下了一个很好的基础。就想请您讲一下,您了解1926年12月份去莫斯科的这个情况吗?当时好像还有张闻天、王稼祥他们吧?

钟祥财:这些情况在其他人撰写的回忆文章中也有描述,如陈修良等,至于沈志远是否写过这样的文章,我倒还没有查到。但是我了解到其他一些情况,就是他到了那边以后的情况,路上的情况我倒不熟。

提问:您可以讲一讲。

钟祥财:沈志远先生到苏联留学,是受党组织的委派,因为他1925年就入党了,1926年12月,就是受党的指示,那个时候我们从上海出发的有很多人,有的到苏联去留学,有的到欧洲去留学,很多有志青年,为了追求真理,远离祖国,沈志远也是这一批人里面的一员。他去的时候,路上当然是出现许多情况,你看他12月出发,次年2月才入学,那这一段大部分是在路上,那时交通也不是很发达,政治局势又复杂,我们国内也有战争,各地的军阀割据。

我看到一些文献,讲他在那边的情况。比如他儿子曾提到,沈志远先生这一段时间,个人生活当中有两个比较大的事情,一个他到了那边跟第一个爱人就离婚了,这个好像也是组织上的意思,或者出于政治上的考虑,这个可能对他个人生活有点影响。第二个就是他这段时间,他那边生了第一个小孩,是个儿子,在沈志远回国的时候,就留在那边了。这个事情周恩来是知道的,周恩来和他认识很早,当时我们有很多老一代革命家的小孩,由于各种原因,都是在那边成长的。

沈志远后来回忆说,在苏联留学的时候,课程很紧张,人也很紧张。因为苏联那个时候正在搞肃反,包括中国留学生里面,大学里面,经常会看到某个同学或者某个老师,今天还生龙活虎地在谈笑风生,在做学问,第二天就不见了。到底怎么处理,什么原因,都不知道,所以大家都感到非常紧张,特别是中国留学生。不过对沈志远来说,这种情况反而使他能够心无旁骛地来做学问,就是你什么也不要去多问,你也不要有好奇心,你不要参与学术、学习之外的那些事情,他说这段时间他反而静下心来,因为你不便去打听你不应该知道的事情,你打听知道的事情越多,心里面反而越紧张。所以他说这一段时间自己倒是非常静心地做学问。

据经济所成立初期一些同志回忆,沈志远先生看上去是一个书生,是一个学者,很严谨,很严肃,因为那时候是大领导,但是他讲到自己的经历,讲到自己在苏联那段留学的生活,经常会眉飞色舞,完全变了一个人,像孩子一样。这使得沈志远的形象生动起来了,这也可以帮助我们理解,沈志远在晚年受到不公正待遇以后,何以能坚持学术研究的原因,其实他这个人是很人性化的,完全是一个性情中人。即使搞理论了,受到一些不公正的对待,但是仍然是不忘初心,这个我觉得非常难得。

总之,我觉得他在苏联留学这一段时间,对他以后的学术研究,对他了解中国社会的情况,并且能在开放的视野中思考经济问题,都起了非常重要的基础性作用。

提问:其实这对他本人的性格,他个人的生活也是有影响的。

钟祥财:对。他从苏联回来以后因为生病了,跟党脱离关系,到了40年代,他跟周恩来提出,要重新入党,周恩来说,你还是留在党外作用更大,这样他就服从了。其实他资历很老的,因为他跟陈望道他们早年都是好朋友。

提问:据您了解,他跟党的领导人的交往经历是怎么样的?您刚刚讲到是跟周恩来,您了解的其他情况可以讲一讲。

钟祥财:他跟我们党和国家的几位领导人关系很好。他和周恩来很熟。我们现在可以看到一张照片,即在第一届政协会议期间,周恩来跟民盟一些同志的合影,沈志远也在。可以说沈志远是长期在周恩来领导下工作的,例如新中国成立的时候,他参加《共同纲领》的起草,出席第一届政协,然后在北京工作,后来到上海筹备中国科学院上海经济研究所。我们所里有这么一个说法,但是现在没找到文献资料,就是上海成立经济研究所,是周总理的考虑,叫沈志远到上海,说你反正在上海,1952年就来了,到了1956年,你搞一个经济所,整理研究一下中国资本主义的发生、发展和改造,因为上海是一个近代工商业城市,资本主义工商业在中国的发展改造这个历史,上海有它的典型性,值得研究。当初是有这么一个说法,我也是在一篇文章中看到的,是一个经济所老专家说的,叫姜庆湘,他是中国民主建国会的创始人之一,"文革"后当过全国政协委员。沈志远后来被打成"右派",摘了帽子以后到北京开会,听周总理的报告,就是关于知识分子的报告,他非常振奋,所以他跟周总理的关系是非常密切的。

第二个就是毛泽东。现在有多篇文献提到,就是1950年的时候,在北京有一次开会,沈志远和他的夫人都去了,毛泽东跟沈志远握手的时候,沈志远向毛泽东表示敬意,然后毛泽东就跟他说了一句:"你是人民的哲学家"。毛泽东讲这个话,出处是沈志远夫人的回忆,是他夫人在边上听到的。毛泽东称沈志远是人民的哲学家,是有原因的,因为毛泽东在延安的时候读过沈志远翻译的马克思主义哲学的书,还做了几千个字的读书笔记,对沈志远这个人,毛泽东是有印象的。而且沈志远在新中国成立之前,他的哲学研究,他在宣传马克思主义哲学方面,影响力跟艾思奇是一样的,甚至有的地方比艾思奇影响还要大,因为他不仅搞哲学,还搞政治经济学。后来毛泽东到上海,也曾经向沈志远了解过他对经济问题的想法。

在国家领导人里面,他跟沈钧儒关系很好,就是民盟的中央主席沈钧儒。沈老在新中国成立的时候是中央人民政府副主席。沈志远被打成"右派"以后,沈钧儒有一次到上海,专门跟他说:沈志远同志,我是看了你的书才追求进步的,才追求共产主义的,现在你碰到挫折了,你要振作起来,你过去是我的老师,将来你仍然是我的老师。沈钧儒对他这个鼓励,在这个关键的时候,很困难的时候给他鼓励,他感到非常的温暖。

还有一个就是陈望道,解放以后曾长期担任复旦大学校长,他是《共产党宣言》第一本中译本的译者,也是我们党创建时期的重要成员。陈望道后来从事学术研究了,他是上海民盟的,是沈志远把他发展进来的,沈志远1952年到上海以后,就大量地发展民盟成员,里面有一批高级知识分子,包括《文汇报》的主编徐铸成,包括陈望道。陈望道对他很尊重,特别是沈志远被打成"右派"以后,陈望道开会的时候,总是对他非常有礼貌,请他坐在前面。不像当时社会上有些人,你在台上的时候,老师、老师地叫,一旦打成"右派"了,就翻脸不认识你了。陈望道不是,这也是他们这一辈学者做人的一个准则,尊重人。

但是还有两个政治人物情况不同。一个是康生,康生对沈志远先生批得很厉害,打"右派"的时候,康生曾经说过一句话:像沈志远这样的人，基本上是靠书本讨生活的，他们在马克思主义顺利的时候，就摆马克思主义的摊头，当马克思主义遇到困难的时候，他们就收摊头。就是说他们是机会主义，这个对沈志远的打击是蛮大的，他也感到很伤心，其实沈志远在中国革命低潮的时候，也做了大量的马克思主义的理论研究和宣传工作，并不是一个机会主义者。

另外一个是柯庆施，当时的上海市委书记、市长，他比较左，对知识分子有成见，对沈志远也是打压的。1962年，沈志远写了一篇有关按劳分配的文章，尽管受到不公正对待，沈志远还是满怀着工作的激情和对共产主义事业的忠诚，反思"大跃进"，反思急于求成造成的后果，提出按劳分配原则我们还要坚持。但是这篇文章在《文汇报》登了以后，柯庆施大发脾气，在一次会议上说：资产阶级右派没有资格来教训我们怎么搞分配。这个话一传，对沈志远打击很大。后来沈志远身体状况不好，可能跟他晚年的心情压抑有关。

提问：1945年6月，他具体在从事哪些工作？我通过社科院的老师找到的资料是，他那时候大概是在重庆，编《大学月刊》是吧？

钟祥财：对。你们这个提纲过来，我也查了，我也核对了一些，这段时间应当是在重庆，因为他是1944年以后到了重庆并参加民盟的，1945年在民盟当选为中央委员，由于当时民盟里面领导同志的工作有些调动，沈志远就承担了一些宣传方面的工作，这时候还要编杂志。他1945年11月到上海，到上海也是有任务的，叫他编一本杂志叫《理论与现实》，这个也是党交派的一个任务，至于6月他在干什么，还要查资料，还要找照片，现在有关这段时间的东西比较少。

提问：应该是在编《大学月刊》。

钟祥财：可能。

提问：因为《大学月刊》1945年6月号里面发了一篇他的文章。

钟祥财：他应该是在重庆，如果在重庆，就是在编这个杂志。那个时候还有救国会，其实沈志远参加第一次政协会议时，是作为救国会的代表团成员的，他不在民盟的代表团里。

提问：接着请您再讲一下，他1949年参加《共同纲领》起草工作，还有参加第一次政协会议，以及开国大典等情况，开国大典里面有张照片。

钟祥财：有，他在后边，现在不仅有照片，还有纪录片，是苏联那时候派出的摄制组拍的，彩色的，现在没有完全公开，我估计这个里面也会有，因为他站在毛主席后面一点点的位置。沈志远是1948年从香港直达塘沽天津那边，直接进北京的，当时由周恩来安排，一批在香港的文化界进步人士，和党的一些统战方面的老朋友，包括马寅初等人，都是这样到北京的，因为南方那个时候还没解放。据说在轮船码头，沈钧儒这些老同志、老先生被大家像踢足球一样，举起来，抛向天空，大家欢呼，因为新中国即将诞生，大家都很激动。我看到一个文献说，沈志远当时也在场，他眼眶也是潮湿的，因为这是一个伟大的时刻。应该说，沈志远是新中国成立的参与者和见证人之一。他参加了由25人组成的《共同纲领》起草小组，这里面包括中共的毛泽东、周总理等人，还有各个民主党派的代表人士。沈志远能参与这个起草小组，一个原因是党派的代表性，另一个原因可能就是他具有的理论水平，因为这个《共同纲领》就是建国大纲，类似于宪法的东西，就是要管我们国家未来发展的一个基本性的文件，非常重要。参加《共同纲领》的起草，是沈志远革命生涯中浓墨重彩的一笔。

第二个就是参加第一次政协会议，他是作为救国会的11个人的代表团成员参会的，当然这期间也参加了很多相关的其他活动。

第三个就是在会议结束以后，他又参加了有关《共同纲领》草案的资料整理委员会的工作，这个整理委员会由51个人组成。我们知道第一次政协在开的时候，其实跟后面的政协职能是不一样的，后面的政协是统一战线，而第一届政协实际上就是一次人民代表大会，是一个立法的机构，行使建国的重要职能，我们到1954年才开第一届全国人大，正式地把这两个大会的职能分开，一个是搞统一战线，一个是搞立法。沈志远在1954年第一届人大的时候，也当选为全国人大代表。在第一届政协的时候,他参与了整个的文献起草和整理工作,我觉得这是相当重要的。这段时间他在北京,还有一个中央人民政府出版总署署长的工作,他长期从事文化教育和社会科学研究工作,安排他当出版总署的署长,①也是考虑到他的专业特长和社会威望的。他当时在燕京大学当教授,据说还是燕京大学校长的可能人选,后来全国大学院系调整,燕京大学撤销了,所有的教会大学都撤销了,就把他派到上海来工作。所以北京这一段时间,我觉得是他跟中共高层领导接触最紧密,工作很繁忙的一段时间。

提问:那个开国大典的情况,您自己了解的资料里面,或者您跟沈志远先生的交往当中,您有没有印象他曾经提过,或者说比如在所里边跟大家聊天的时候,有没有说过这个事情?

钟祥财:这个倒没有。我跟沈志远先生没见过,我是1986年到经济所的,我对沈志远先生的了解,一是因为我搞经济思想史研究,对他的论著有兴趣,另一个就是我们每10年要搞建所建院的纪念活动,我们要整理一些回忆文章,我是听一些老同志讲,我跟他没直接见过,他的儿子我见过,就是中国社会科学院的沈骥如先生,我们搞50周年和60周年所庆的时候,他都来了。

提问:好的。后面关于他的工作方面,我这边是拆分了两个问题:一个是沈志远先生的社会工作,这个可能带有一些事务性;另外一个就是他的学术成就,我们可以分开讲,您可以先讲他行政事务方面的情况,他曾经是经济所初创时的所长。

钟祥财:对。

提问:这个讲一下。

钟祥财:沈志远先生参与创办经济所,经济所全名叫中国科学院上海经济研究所,1956年的11月,当时有正式的文件,批准成立筹备处,他是筹备处的主任。

---

① 回忆者有误,当时沈志远担任的是出版总署编译局局长。——编者

他当时非常的忙,我们社科院有一些同事,那个时候还是小青年,现在都已经退休了,回忆说是看不到他人的。他有三个摊子要管,一个是民盟的工作,他是民盟上海市的主委;第二个是社联的工作,当时是上海市哲学社会科学联合会,现在叫社会科学联合会,他也是主席,《学术月刊》这个杂志就是他提议、他主持创刊的;第三个是我们经济研究所。据老同志回忆,他那个时候在经济所的主要工作是做什么呢?主要工作就是要挖人,要研究资本主义工商业在中国的发生发展和改造,首先需要有懂行的人,所以他首先要找人,要请各方面的专家,从现在保存的资料来看,当时上海各个大学的有影响的经济学教授、经济史的研究专家,很多都被他请过来了,他那个时候就坐着小车,到各个单位去请人,复旦大学、华东师范大学,上海的华东政法学院,他到处去做工作,我们这个所建立起来时,科研人员的队伍非常的强大。

经济所正式成立以后,他对如何办所也是非常投入的。我现在找到一份资料,就是他被打成"右派"以后,我们经济研究所批判他,说你这个右派对我们经济研究所的发展,你有一些不好的想法,其实现在看来,他有很多独特的想法,很有意思。1956年的时候,他主要是筹备和找人,到了1957年,就在想办法设计我们这个经济研究所到底怎么搞,在这个文件里面,他提了很多设想。关于经济所的格局,他的主张是:第一,经济研究所不仅要研究资本主义工商业在中国的发生、发展和改造,为了把这个东西研究好,还要研究政治经济学理论,不仅要研究历史,要把那个经济史研究好,首先要掌握理论,要学习和运用好马克思主义的政治经济学;第二,还要研究国际政治、国际经济,要研究国际上的经济变化,因为上海是一个国际性的城市,近代以后逐渐形成的,所以国际经济你也要研究,否则不能深入了解上海的经济发展;第三,社会的现实经济也要研究。他当时就主张,经济研究所应该分四块,经济史是一块,第二块是政治经济学,第三块是国际经济,第四块是现实经济。现在看我们上海社科院,经济片就有三个经济所,我们经济研究所包括经济史和政治经济学,还有一个世界经济研究所,再有一个应用经济研究所,其实这个框架是沈志远在1957年就提出来了。他当时就认识到,要研究经济,要研究得好,一定是四个方面齐头并进,相互配合的。但这个想法后来被批判了,批判者说,国际政治是什么?国际政治就是帝国主义,西方,这种东西你为什么要研究?现实经济则是领导部门的事情。显然,这些指责都是无限上纲,没有道理的。

关于领导方法,他认为搞科研一定要把国家、社会的需要和研究者个人的兴趣专长结合起来,就是不能搞行政化领导,说,张三,你研究这个东西,他如果没有兴趣,他没有专长,他怎么研究?所以他认为学术研究这个工作,一定要注意个人的专长和国家的需要相结合。

他还提出,经济研究所应当由研究员治所,就是要发挥专业人员的作用,这个说法类似于那个时候有人提出的教授治校,"反右"的时候受到批判,那个时候沈志远在上海,在我们所,他的工作计划里面也提到了。所以沈志远那个时候的一些管理见解、领导经济研究所的一些想法,都有符合社会科学研究规律的一些东西。但是那个时候不合时宜,后来"反右"的时候,受到批判了。

提问: 属于一种学术思想。

钟祥财: 学术方法,学术规律,因为他知道。

提问: 我听下来之后,我感觉他的思路非常清晰。

钟祥财: 对。一个人的学术能搞到什么程度,跟他的教育程度和他的生活背景、生活经历是有关系的,沈志远到过苏联,了解苏联的情况,这个既包括了解苏联的正面的情况,也包括看到苏联的一些不够的地方,这个他都有思考,当然不能讲,所以他回来以后都跟人家讲,那个时候我不敢乱说乱动,只能埋头做学问,为什么?他害怕,因为苏联搞肃反,但是这个却养成了他严谨、深刻、辩证的一些做学问的方法。

提问: 我觉得反而当时的苏联的环境,让他可能会……

钟祥财：冷静地思考。

提问：冷静，保持一个客观的态度，由于不是在自己的国家，他能够冷眼旁观地、客观地看。

钟祥财：对，而且他后来一直关注美国等西方资本主义国家的一些经济情况，他晚年重点研究的就是西方国家的垄断问题，联系到他50年代中期对经济研究所的发展规划、经济研究所如何管理等问题的看法，可见这种开放性的视野是一贯的，连续的，虽然当时被批判了，现在看起来这个认识是有远见的。

提问：这个框架设定体现了他的一个大视野……

钟祥财：现在我们社科院经济片，基本上就是这个框架，四大块，经济史、政治经济学、世界经济、部门经济，就这四大块。这个他有开创性的贡献。因为我们上海社科院经济所比中国社科院经济研究所成立得还早。

提问：原来就是中科院的一个经济所。

钟祥财：对。

提问：后来上海成立了社科院，经济所并进去了。

钟祥财：1958年以后，我们两个所，历史所、我们所，再加上复旦的政法，财经学院的金融，一起合并成上海社科院。

提问：历史所和经济所是最先成立的两个所。

钟祥财：对，历史所的李亚农也很厉害。

提问：也是1955年的学部委员。

钟祥财：文科方面上海很少。

提问：上海只有两个，好像是。

钟祥财：历史学我不知道，没有仔细核查，但是经济学我查了一下，1955年的学部委员，经济学有11个学部委员，只有两个是北京之外的，九个都是北京的，一个是厦门大学的王亚南，就是翻译《资本论》的，还有一个就是上海的沈志远，那个时候复旦大学，还有其他一些大学的经济学教授，都不是学部委员，那个时候的学部委员都是中央批的，人数非常少，非常难得。

提问：后面一个问题，来讲一讲沈志远先生的学术成就。

钟祥财：讲到沈志远的学术成就，我要强调的是，沈志远的学术研究有一个非常重要的特点，作为一位马克思主义的理论家，他的马克思主义理论研究，不是局限在一个学科，马克思主义有三个学科，一个是哲学，一个是政治经济学，还有一个科学社会主义，沈志远在三个方面他都涉猎，在哲学和政治经济学领域，他称得上是"比翼双飞"的，他两个方面都做得很好。他1932年回国，1933年开始在大学里面教书，写专著，写文章。他最早就是搞哲学的，研究黑格尔哲学。为什么要研究黑格尔哲学？黑格尔是马克思的老师，你研究马克思主义，怎么可以不研究马克思哲学思想的来源？所以他就研究黑格尔哲学，研究黑格尔哲学才能知道什么叫辩证法，然后再研究德国费尔巴哈的唯物主义。你把哲学研究好了，方法论就有了，你对马克思主义政治经济学的研究和宣传才有力量，才有深度，才能打动人。

我觉得对沈志远的翻译和他的学术研究，都应当注意到他两方面，一个方面是他的哲学，第二方面是他的政治经济学。在政治经济学方面，他的论著也有自己的特点。他较早的一本政治经济学专著是《计划经济学大纲》，这本《计划经济学大纲》不仅在中国是第一本，在整个政治经济学领域，像他这样的提法也是非常超前的，就是直接把苏联的经济体制，就是马克思主义经典作家所设想的公有制建立以后的国民经济的运行体系，用计划经济来进行概括，并且把它和资本主义的经济体制作了比较。这是非常具有创新性的一本专著，这本专著我最近找到了完整的文本，复印了以后仔细阅读，发现书中的很多提法，全书的框架都是他率先提出来的。这个《计划经济学大纲》写好以后，他再写了他的成名作，就是《新经济学大纲》，《新经济学大纲》基础性的准备应该是《计划经济学大纲》。他的成名作当然是后面这本，这本书出了18版，印数非常多，解放以后仍然在用，社会影响很大。为什么？他不断地在修改补充，这一方面体现了他的治学风格，精益求精，另一方面也说明了对马克思主义的方法论，他掌握得非常牢固，因为他懂哲学，知道事物在发展变化，不能故步自封。这一点我觉得在当下是一个比较大的短板，我们现在很多研究经济学的人不懂哲学，那就很伤脑筋。有了这个方法论，他就能够自觉结合中国的情况，写马克思主义的政治经济学，也能够联系世界的情况，关注世界最新的发展。

这些东西结合起来，就形成了沈志远政治经济学研究和宣传的鲜明特点，很顺畅，有解释力，有冲击力，大家都喜欢看他的东西。所以毛泽东那个时候说，"你是人民的哲学家"。很多人因为学了马克思主义的哲学，才去看马克思主义的政治经济学，你哲学方法论有了，然后你用这个方法论去观察社会，那你一定会分析经济，因为经济是最主要的社会现象，你分析了经济情况以后，发现了问题，要去解决所发现的问题，解决的办法就是科学社会主义、阶级斗争学说、无产阶级专政、国家与革命、建立社会主义的生产资料公有制，这个是有逻辑关系的。

沈志远被打成"右派"以后，身体不好，但仍然在思考中国的问题，他一直在坚持，他晚年主要是做经济学的研究。他一生出版了50多部著作，有的是翻译，有的是合著，大多是个人独立的创作，文章就更多了。我现在感到遗憾的是，还没有一套沈志远的文集，他大量的著作和论文都处于零散状态，其实按照他的地位、他的影响力，特别是我们现在讲马克思主义的中国化，整理出版《沈志远文集》这个工作我觉得是应当做起来的。

提问：您讲的这个，我听了也是很有感触。因为哲学这个东西是一个根本性的原理，这种哲学的思路它就是一个思考的逻辑，你的很多观点，你解决问题的办法，你看问题的角度，分析问题的办法，都是从这个里边来的。不仅是研究经济的人要懂哲学，我觉得不管做什么，都得有一套自己的价值观和方法论。

钟祥财：是的。我是搞经济思想史的，现在对改革思想史方面关注较多,我感到,我们中国现在最大的短板就是哲学缺位,就是哲学的创新不够,所以经济学有很多讲不清楚的东西。你经济发展了,经济学里有很多分析工具,你能用,但你的分析大多只能描述经济的增长,而无法解释增长的原因,或者你自以为已经解释了发展的原因,其实这些解释还是肤浅的、技术性的,别人理解不了。你没有哲学,你是解释不了的,你解释不了,跟外国人就没办法谈,人家就很忌讳你,人家就很防范你。你即使做好了、做对了一些事情,人家也会误解你。我觉得这个是一个比较大的问题。

提问:后面请您讲讲学部委员的这个事情,1955年的时候,中国科学院成立了几个学部,沈志远先生是当选了哲学社会科学学部的委员,这个情况您了解的讲一下。

钟祥财:新中国成立以前,评选过中央研究院的院士。50年代成立中国科学院学部,评选学部委员,主要是学习苏联的模式,仿照苏联的一些做法。哲学社会科学学部,其实就是文科,就是我们现在讲的人文和社会科学两大部分。中华人民共和国成立以后,我们搞了许多这方面的制度建设,包括军队授衔,军队评军衔,评十大元帅、十位大将,也是那时候搞的,经济上的计划体制,发展国民经济的五年计划,甚至城市规划、建筑设计,都有苏联的影子。50年代的学部委员,人数很少,标准很严,现在大家都在传,陈寅恪是历史学家,是以前的中央研究院院士,要不要让他当学部委员,大家有争论,说这个人不主张用马克思主义来领导历史学的研究,能当学部委员吗?后来毛泽东说要当,因为他在国内外、学术界有影响,那个时候还比较开放,对学术、对知识分子宽容,沈志远也是。刚才提到,沈志远在筹办经济所时表示,不能用行政化的方式来组织马克思主义理论的进修,可以要求每个科研人员都去学马克思主义,但不能用行政化的办法去规定时间,他说马克思主义的东西不能这样来学。

这个学部委员,沈志远就当了两年,打成"右派"以后就撤销了,不让他当了。当时做学部委员,真的是参加了社会科学的一些规划、管理，发表了自己的真知灼见，他被划为"右派"跟这个是有关系的。他1955年当选为学部委员，1956年党要求知识分子提意见，1957年的时候，他到北京参加过一个学部委员的扩大会议，在这个扩大会议上，他从自己的学科研究的特点出发，提出了一些改进的建议，就是怎么完善经济学研究、哲学研究，主要是对一些比较浮夸的做法、行政化的做法提出了一些批评，很委婉的。但是他的意见后来被"章罗同盟"吸收进他们的科学纲领了，章伯钧、罗隆基两个人向中央提了一个改进工作的系统设想，这个东西里面把沈志远在参加学部委员扩大会议上的一些意见也结合进去了，这可能是他在上海后来被打成"右派"的一个主要的原因。可以说沈志远在担任学部委员期间尽到了自己的责任，也对自己带来了一些冲击，他在那边被挂上钩以后，上海就把他作为民盟的一个典型，你是民盟上海的主委，你在学术上有这个思想，就跟民盟中央的"右派"分子联系上了，加上在经济所的发展计划里也有类似的东西。

对沈志远来说，当选学部委员是亦喜亦悲，开始是一个好事，后来却碰到这个变故，这在特定的历史条件下也是一个知识分子的秉性使然。

提问：对，作为一个认真做学问的人，他不可能预料到这个事情，知道这个里面有问题，却一点态度都没有。

钟祥财：对。

提问：实际上从1955年到他1957年被打成"右派"，中间参与创建经济所，工作很辛苦，却受到这样的对待，这对于他人生来说，应该是最大的一个波折。

钟祥财：对。

提问：前扬后抑，前面很顺，国家也刚成立，欣欣向荣，大家可能真的是基于这个心情，然后去建言，去做研究，去做选题，到后面的时候突然受到了这样的变故，确实对他打击很大，但正如你所说，一直到最后的时候，他还是在做学术。

钟祥财：对。

提问：我不知道怎么来提这个问题，你可以放开地讲，就是在面对人生最大波折的时候，也是最能考验一个人的品质的时候，考验他的性格的时候，尽管心境不好，仍然坚持自己的追求，沈志远的选择应该如何理解？

钟祥财：这是一个比较大的题目。这个题目其实也适合于对顾准的理解。在20世纪上半期，中国有一大批优秀的知识分子，在革命阶段，他们投入了，包括顾准也是这样，贡献了自己的智慧，甚至于很多人都牺牲了。生存下来的人是非常幸运的，革命成功以后，他们想这个理论也应当进一步深化的，革命的理论应当进一步转变为一个发展的理论。因为革命和发展，既相互联系，又各有特点，革命是为了夺取政权，发展是为了巩固政权，归根结底，革命是为了发展。但这两个事情，原来我们的知识分子，我们的理论体系，是把它作为一个问题提出来的，就是先要把政权拿到，然后我们再巩固这个政权，列宁也是这么说的，巩固政权比夺取它还要难。但是在实践中，革命和发展的规律有各自的特点，而我们的许多学者，还有我们的领导、决策层，由于没有经过这个阶段，没有碰到这些问题，往往就是用革命的思路来引导发展的决策。我觉得中华人民共和国成立后30年的经验和失误，这一代知识分子的挫折、彷徨、困惑，有些问题直到现在仍然碰到，都要从这个角度去理解，就是中国这么一个社会，革命阶段行之有效的理论，包括沈志远，包括顾准，可以用马克思主义的这一套理论来指导行动，来解释成功，可是到了发展的阶段，这个理论也是需要发展的。正如顾准所说，原来以为最困难的是取得革命的成功，胜利以后的发展问题很容易解决，因为掌握了政权，发展是很自然的，因为政权是你的，而且这个政权是维护你的利益的，你有什么理由不为了自己的利益去奋斗呢？所以那个发展是很自然的事情。但是实践下来，用革命的理论来指导建设，我们看到的是不发展，经济没有效率，是短缺的，于是想了各种办法来解决，毛泽东就用阶级斗争的办法来解决，为什么没有效率？还是有阶级斗争，还是有人在我们这个事业中搞破坏，所以要坚持不断革命。但是像沈志远、顾准这样的知识分子，他们却开始从另外的角度来思考，就是这个发展的逻辑可能是有另外的一些东西所构成的。比如说怎样认识人性、人的理性选择，在特殊的战争年代和在和平的建设时期，有没有变化？你获得了权力以后，你成了所有权的一分子以后，是不是不用监督，你都会去尽心尽力地发挥你的聪明才智，尽最大的努力去促进生产的发展。还是说你除非有监督，否则的话你就会偷懒，"搭便车"，你就会有道德风险，甚至于如果有权力，你就会腐败，这些问题其实就是一个哲学问题了。

再回过头来说沈志远在逆境中的心态。第一，他被打成"右派"，肯定非常苦恼，他觉得我就是革命的一生，建国大业我也参加了，而且50年代的百废待兴的时候，所有的一些原创性的工作我都出力了，社联、经济所、民盟、马克思主义的理论刊物，我都有贡献，突然之间就把我打成"右派"，觉得我没用了，我错了，我没有错啊，我动机是对的，但是你说我错，那么一定要有个正确的东西。这个正确的东西，沈志远当时没有发现，打倒他的人也没有发现。

提问：我非常认同你刚刚讲那个东西，很深入的一个层次，其实是哲学的东西，体现在历史过程中的那个逻辑，中华人民共和国成立后，共产党要从一个革命党变成一个执政党，需要一个巨大的角色的转换，在这个角色转换的过程当中，许多因素会起作用……

钟祥财：包括他的知识结构，他的人生经验，还有他对风险的掌控力，学者和政治家也不一样，学者可以完全从我们的学理推论，我们要求这个国家怎么走，但是政治家他有一个防范风险的问题，他有一个可行性的问题。所以我觉得这是一个我们现在研究得不够的地方。

提问：理解这个东西，确实要放在一个大的历史背景上，哲学、逻辑这种东西，是融合在历史过程中的。

钟祥财：回到你刚才的问题，就是沈志远在被打成"右派"以后，他自己的研究有一个升华。有的人受到挫折以后，他就消沉了，有的人就圆滑了，圆滑也可以理解，你就什么东西都做，就给人家做，在技术层面提供一些证明，只要不影响饭碗就行。但是顾准跟沈志远，我觉得都是另外一种，因为他们有自己的学术积累，有自己的追求，有思考问题的连续性。顾准受到不公正对待后，通过研究中西历史、追溯哲学源头，不断地在经济学方法论上深化自己的研究，他的质疑是，在社会主义制度下，计划经济能解决所有问题吗？如果计划经济不能解决所有问题，用什么东西来替代？如果由市场机制替代经济计划，理论上怎么解释？哲学上怎么解释？沈志远也是，你看他晚年写的两篇文章，一篇文章就是讲按劳分配问题的，认为我们仍然要按劳分配，我们离按需分配非常遥远，这个直接对应张春桥的文章，张春桥在1958年写过一篇《论资产阶级法权》，毛泽东大加赞赏，其实就是鼓吹消灭商品，消灭货币，直接走向按需分配。而党的十一届三中全会开始的改革开放，恢复马克思主义的按劳分配原则是一个关键举措，这在邓小平的那篇重要讲话中有明确表述。

提问：建设时期沿用阶级斗争的思路就容易冒进。

钟祥财：对。第二个，他晚年写的第二篇文章没有发表，为什么？柯庆施批了他第一篇文章，第二篇文章其实是讲论社会主义的相对稳定性，就是初级阶段，他认为我们建立政权以后，我们生产力和生产关系的矛盾，已经从革命时期的情况发生变化了，需要转变认识了，革命时候我们要解决生产关系的问题，我们宣传的是生产关系对生产力的反作用，但是一旦新的生产关系建立好以后，我们要着力发展生产力，这是马克思主义历史唯物主义根本的东西，而且这个生产力的发展是很长的一个过程，有相对稳定性的特点，所以你不能冒进，不能理想主义，不能急于求成，不能骄傲自满。这个观点具有社会主义初级阶段的特点。这是他晚年的洞见，但是这个文章他没有写完，也没有公开发表。

提问：现在来看，他这个思路……

钟祥财：有前瞻性的。

提问：邓小平的改革开放不就是要解决这些问题吗？

钟祥财：对，我觉得就是，沈志远从哲学和政治经济学角度，他已经看到这些问题。

提问：他的这个结论都是很科学的。

钟祥财：很科学，很有警示性。就是现在，我们也不能掉以轻心，尽管GDP上升了，我国的人均GDP还很低，发展的可持续性有待改善，我觉得这是沈志远学术研究的一抹亮色。

提问：听了你的介绍，了解了沈志远确实是个大家。后面这个话题，比前面的更有实际的意义了，他意识到应该实事求是地推进马克思主义的中国化，实事求是这个东西，也正是改革开放的源头的力量。

钟祥财：思想路线，就是拨乱反正，回归了。

提问：这个东西您讲一讲。

钟祥财：这个观点沈志远一生都在探索，不仅仅是一个书斋里的、学术上的说法。在坚持实事求是、推进马克思主义中国化方面，沈志远的工作具有这么几个特点：一个是他始终把马克思主义理论的研究作为一个推动中国社会发展的重要任务来看待，你看他大量的工作，理论、学术都是大众化的，他写文章没有什么很深奥的模型，很拗口的"硬译"，而是用通俗易懂的本土语言来阐述马克思主义的原理，这个工作在革命阶段有它的重要性，革命需要用"批判的武器"来号召，来动员民众，来启蒙，最大限度地形成社会的共识。

第二，他始终把理论研究和中国的实际结合起来，你看他大量的文章为什么写得好看，为什么有新意？即使是翻译马克思主义的东西，他这个译作，都有中国的案例结合进去。这个也是1949年以前马克思主义理论工作者的一个工作特点，就是你宣传马克思主义，你不能完全是西方的东西，一定要结合中国的情况。因为中国的情况跟马克思的故乡肯定不一样,跟苏联也不一样。

第三个,就是跟他的参政议政活动结合起来。

第四个特点,在一个开放的世界的视角里面认识马克思主义,宣传马克思主义。他写《计划经济学大纲》《新经济学大纲》,都有这个特点,新中国成立以后他写的东西,也都没有忽视西方资本主义国家的情况。他晚年构思的一部著作,只写了大纲和部分章节,就是对垄断资本主义的一个研究。在20世纪60年代,对外开放很有限,所以他的研究是需要理论积淀和探索勇气的。

提问: 刚刚您讲到四点,再讲一下。

钟祥财: 世界眼光?

提问: 对。

钟祥财: 沈志远对马克思主义理论研究的世界眼光体现在两个方面,一是开放性的,二是动态跟踪的。在30年代,他在写《计划经济学大纲》《新经济学大纲》时,已经关注到世界经济的新进展、新情况,后来在参政议政工作中,在研究新中国的现实经济问题的过程中,他也是把中国经济放在国际共产主义运动的大背景下来分析的。他晚年研究垄断资本主义的问题,具有理论上的敏锐性,与顾准的探索可以说殊途同归,处在一个水平上。他们可能已经意识到,整个世界的生产力在发展、科技的进步,一定会带来各种经济的交流、比较、竞争、全球化,一个国家,不可能长期地、关起门来搞经济,必须用马克思主义的基本原理,发现新问题,研究新情况,拓展新道路,也就是用实事求是的态度推进马克思主义的中国化创新,或者说马克思主义的中国化一定是一个开放条件下的创新过程。我觉得沈志远的学术轨迹体现了这一点,当然由于各方面的原因,他最终没有完成自己的著述,只留下13万字的手稿,但这种研究方法在当时是超前的,在当下也是值得提倡的。

提问: 后面还有两个问题,其中一个问题是,您了解沈志远先生跟社科院的学生或者同事之间有没有比较有意思的故事?

钟祥财：我刚才也讲了，沈志远先生是一个书生，工作非常繁忙，社会影响大，他著作等身，这些都是高、大、上的一面，但在我们经济研究所，在我做过的采访中，在选编的回忆文录里面，我也看到了一些材料，觉得沈志远也是一个性情中人。比如说我们经济研究所有一位丁文辉先生，他1956年北大毕业后来到经济所，当时丁先生年纪很轻，又是团支部书记，追求进步。他说我刚到经济所，看到的沈志远总是马不停蹄，到处在奔波，因为要进人，要找人，尽管如此，他对后学仍然很关心。丁文辉在进所的第一年写过一篇哲学方面的小文章，想请沈志远先生看一看，但是沈志远先生没有时间，只能通过他的秘书转给沈志远先生，结果非常意外，过了一个多礼拜，丁先生的文章沈志远先生批改好了，还给他了，他一看，密密麻麻的，批了很多的修改意见，什么地方对的，什么地方不准确，什么地方错的。而且令他惊诧的是，这是一篇哲学方面的文章，沈志远先生居然那么仔细地对一个经济研究所刚进来的小青年的一篇习作，居然这么细心地来修改，沈志远那个时候已经是上海市的政协副主席了，是副部级的领导，却是那样的平易近人。

第二个例子是张仲礼院长在他的回忆里面提到的。张仲礼院长那个时候刚从美国回来，他一到上海，就到经济研究所报到。他说沈志远尽管很忙，也对他们非常客气。给他印象很深的是，沈志远是老干部，高级干部，他的小车是工作时候用的，下班的时候还是和群众一样坐公交。他说那个时候我刚从美国回来，社科院在华东政法学院那边，上下班要乘电车，那个时候下班都是没有一定时间的，好几次就和沈志远一起坐电车回去，在电车上交流学术看法，你看他这么忙，但对一个刚刚从海外归来的科研人员，能在政治上关心，业务上交流，没有什么官架子。

提问：其实最后一个问题我可以不问了，原来的设计是，在您眼中沈志远先生是怎样一个人，我觉得前面的描述都已经很充分的把他讲出来了。

钟祥财：对。沈志远晚年对他的爱人说，我现在这个样子，写的东西肯定不能发表，但是我不搞这个东西，活着有什么意思，就像演员不能演戏，他也知道这个东西很难搞，有风险，搞出来也没有用。顾准也一样，他最精华的东西是读书笔记，是和他弟弟的通信，他知道这些文字是不能发表的。

提问：他们那时研究的按需分配问题、中西历史的差异问题，以及哲学上的方法论问题、垄断资本主义问题，其实都是根本性的课题。

钟祥财：也就是我们现在的问题，全球化的问题。

提问：如果沈志远没有过世，他等到了1978年，他的研究成果直接就可以用。

钟祥财：我跟你讲，我们80年代改革开放为什么那么顺利，除了邓小平的决断，还有就是一批学者还在，孙冶方就没有死，有那么一批有思想的老同志留下来了，他们推动了改革。

提问：这些人的思想是有积淀和深度的。

钟祥财："反右"中、"文革"中大部分学者都被打倒了，有的甚至于生命都结束了，但还是留下来一批，这批人就是我们80年代改革开放的推动者和思想引领者，而且还在深化自己的研究，现在的就是我们这批人了，就是"文化大革命"当中的红卫兵、红小兵，没有读过什么书，陆陆续续也退休了。

提问：没有那么多的经历。

钟祥财：对，所以现在面临的是这个问题。

提问：怎么办呢？

钟祥财：还要靠教育，要有时间，要靠中国人自己来解决。

追忆李亚农

怀念李亚农同志

陈修良

我同李亚农同志在新四军军部工作时开始认识。他给我的印象很深刻，他是一位古代史专家，著有《欣然斋史论集》，在中国古代史研究上留下了光辉的著作。

1942年时我们同在苏北抗日根据地新四军军部工作。他那时在军政治部敌工部任敌工部副部长，我在华中局办的《新华报》任总编辑，我们时有往来。他经常到报社来聊天，谈时事问题，对日本问题谈得特别多。他10岁时就随三哥李初梨到日本留学，日语很好。他同日俘谈话，操着流利的日语对日本士兵说："日本帝国主义是代表日本的财阀来侵略中国领土的，我们人民之间，并无仇恨，根本不需要互相残杀。"他并向日俘宣传新四军的俘虏政策，日俘很受感动。他们表示要求早日停战，中日友好，将来回国以后一定向日本人民说明日本帝国主义者的罪恶。由于中国军队对俘虏的优待，由于李亚农同志对日俘做了大量的政治思想工作，使日俘的思想起了巨大的变化，他们回日本以后大都能够认识与反对日本侵略者的罪行。

李亚农同志在日本留学时参加了中国共产党，进行革命工作被日本警察逮捕入狱，1929年到1931年期间均在牢中度过。1933年离日后返回上海，因当时党中央机关的破坏，失去了党的关系。但他决心研究马列主义,特别是历史学,就在这时期打下了历史学的基础知识。他对郭沫若很钦佩,他在日本时已从事金文、甲骨文的研究,并攻读中国的古代史。

1937年"七七"事变后,李亚农离开了上海孔德研究所,凭着满腔的爱国热忱,决定投笔从戎。1941年他带着简单的行李渡过长江到苏北抗日根据地去找他的熟人彭康、陈同生等同志,要求留在新四军中工作。陈毅军长热忱接待。那时有许多俘虏,需要精通日语的工作人员去做日俘工作,军部决定委任李亚农为军敌工部的副部长。就在这个时候,他经常到华中局新华报社来找我闲谈,他告诉我在日本的情况,要求入党,请求我做他的入党介绍人。经华中局组织部的同意,批准他重新入党,我作为他的入党介绍人之一,在军部举行了入党宣誓仪式。他从此更加努力工作与学习。

抗日战争胜利后,新四军军部迁到淮阴城内,李亚农同志还在忙于日军投降事宜。当时我在淮阴华中建设大学工作,因为抗战胜利,各地需要大批干部,建设大学第一期学员与工作人员全部调配工作,分散各地。1946年春,国共矛盾日益严重。国民党决心要消灭共产党和八路军,向江北进军。我军被迫撤往山东。当时建大第二期的校长正是李亚农。也因为战争关系,建大随军北撤,李亚农等同志渡海到了大连。我奉命去南京工作,我们暂时分手,各奔东西,为伟大的三年自卫战奔驰战地。

1949年4月南京解放,5月间上海解放,李亚农同志随军南下。1950年我从南京调到上海市委,李亚农同志任中国科学院华东分院主任,我们经常在一些会议中见面畅谈。1952年"三反"运动时,社会上空气极为紧张,李亚农同志领导下的许多科研人员多是国民党时代留下来的工作人员,一时情绪紧张,怕被无辜牵连,工作上表示很不安心。李亚农同志对科学界人士的心情是很了解的,他信任他们,又怕发生意外。他有一次在会议期间同我个别谈心,他说"这批科学家是要保护的,不能随便乱碰,一碰就会打碎,带来严重损失"。他很怕有些不懂事理的粗暴行为，所以他忧心忡忡地同我谈"三反"问题。我很同意他的意见，知识分子有很高的自尊心，无辜地被凌辱为"贪污分子"，那会招来严重的后果。所以在李亚农同志领导之下的科学家没有遭到批斗与谩骂，他们还能继续地研究科学。可是有一次有些同志不服从领导意见，用粗暴的行为批斗了一对科学家夫妇，这两位科学家一时气得失去了理智，竟然双双服毒自杀。此事传开后震动很大，市委为此事也进行了一次讨论。李亚农同志极力反对用粗暴简单的办法对待知识分子，要求作为经验教训，严禁各级干部乱搞。"三反"运动必须重视调查研究，不能随意推论，乱扣帽子。经过这件案子后，各系统对"三反"运动中对知识分子的政策重视起来，知识分子自杀事件大大减少。

李亚农同志最有兴趣是谈历史科学，我觉得他对于历史科学的态度和研究方法与众不同。他很少教条主义的味道，他重视史料，善于思考，审慎地做出结论。有些争论不休的问题，如关于奴隶制与封建制的分期问题，他认为，其主要原因是因为许多人不肯耐心研究中国的古代历史，而喜欢抄袭马列主义的现成结论或西方的一些历史学家不真实的结论来论证中国历史的分期问题。中国有许多学者抄袭西方的一些理论不加分析，把中国封建制提早了许多年，也有人把它推迟了许多年。李亚农根据历史的记载和出土文物相核实，他认为周初还是奴隶制社会。大约经过了300多年到了周宣王时期，才开始建立起了封建社会制度。另一问题是关于所有制与社会性质问题。他认为所有制的改变是随着生产工具的改变、生产关系的改变，才能逐步地转化，不可能根据统治者的意志任意改变。社会生产关系成熟之后，要不改变也不可能。例如美国奴隶制与俄国农奴制的改变。中国殷朝灭亡之后的周朝，开始时也并不是立即进入封建制社会，还是存在着奴隶制度。这个由量变到质变的辩证观点对于研究历史者是十分重要的。对于社会主义的特征，并未深入研究，我们只是以为俄国一旦政权移手，就开始了社会主义制度。因此弄出许多笑话,甚至公然有人讲"楼上楼下电灯电话,就是社会主义了"。

1959年人民公社在一纸号令之下,全国立即成立,土地公社化了,人民生活军事化了,吃饭在食堂,连农民世代居住的家屋也实行统一分配,生产工具全部归公,弄得民不聊生,而美其名为社会主义制度,结果如何,不问可知,是路有饿殍,农业生产荒芜不堪,市场经济遭到了严重的破坏。这种不幸的惨祸如果稍稍研究一下中国经济的实际情况,不要把"联共(布)党史"当作圣经,也许我们不至于遭到如此严重的恶果。李亚农同志并不赞成这样做法的,他正陷入严重的癌症中,在感叹中度过苦难的日子。他没有留下应有的理论文章。

其次,关于中国的文化是怎样发展起来的,他对此也很重视。他着眼于殷代600余年的统治,黄河流域一带的文化已经达到了相当的高度,其后周族继殷族之后,继续加以发展,形成了汉族文化。在秦汉之际,发展于北方的汉族文化就传播到珠江流域去了。他的论断对于研究中国古代文化的发展过程与规范很有益处,和西方文化的发展相比较也很有用处,总不至于有人再敢说中国的文化是从西方流传过来的吧。

李亚农同志精心研究中国的古代史对于有同好的沙文汉同志颇有影响,他重视李亚农的文章。他在着手研究古代史的时候,也正在肺心病十分严重的时代。李亚农同志死于1962年,沙文汉死于1964年1月,他们二人都有一个共同的志愿,要解决奴隶制与封建制的分期问题,但都不幸被病魔夺去了生命。沙文汉生前留下了《中国奴隶制度的探讨》一书(已由上海社会科学院出版社出版)。他们都各有自己的论证,也有类似的观点,他们同郭沫若和苏联的大百科辞典对中国奴隶制问题的观点很不相同。沙文汉生前说要解决这个问题,可惜没有彻底完成,许多同志尚待继续研究。我期望后一代的历史学家继续研究,把李亚农、沙文汉二位同志没有完成的志愿,能有一天做出光辉的结论。

李亚农同志说过:"要创造新的,就必须继承过去的一切值得继承的。"这句话可以作为我们的座右铭。对于那些轻视继承性,侈谈"新理论"的人应当向李亚农同志学习。对于不了解历史的人是不足同其谈论马克思主义的,因为任何社会问题的发生都有它的历史渊源。不知过去,就无法知道现在和将来,对于研究任何学科,我想都有一个共同规律的吧!抛弃了中国固有的社会经济政治传统,盲目抄袭外国的革命经验,曾使中国革命遭到严重的失败。这个教训在纪念李亚农同志的时候,也是要永远地记住的。

1986年8月13日抗战纪念日

(原载《史林》1986年第3期)

挽亚农：史笔千秋在，翰墨一代香

陈同生

晨起走过护士办公室，护士同志用悲伤和沉重的语气告诉我："李亚农同志逝世了！"

顺手接过她递给我的《解放日报》，这不幸的噩耗，载在第一版上。

近四五年已记不清有多少次得到亚农病危的消息，我也常分担同志和朋友应当分担的一部分惊恐。但当我去看他时，却已化险为夷，他仍是有说有笑的。我心底佩服他对疾病的顽强抵抗力；也为他从病魔手上又一次夺回生命感到欢欣。这次听到他逝世的噩耗，我真欲哭无泪，真想飞上高空，大呼几声亚农！亚农！魂兮归来！

对于亚农近几年的心情，我绝不敢谬托知己，说有什么了解，我常常在怀疑自己视听。虽说我认识亚农近三十年了，但我常感到，让一个健康的人了解一个久病的人，好像让一个天真烂漫的青少年去了解一个饱经忧患的老年人心情一样，是很难设想的。

得到逝世消息，从早到晚，我想了一天，直到医学院送来亚农的"病情报告"，我才发现亚农的病情，比我早点所知道的更为严重。

由此，我们可以了解亚农在这相当长岁月中，一面要与多种难治之症作斗争，一面还坚持他的研究与著作，是怎样的难能而可贵了。

我对亚农的健康不良是早知道的，但经过了多次"病危"之后，虽说一到他家里便看到氧气筒，看到一些急救药品，我也看惯了，也产生一些麻痹。我对他生命力的强盛,产生了一种过高的估计。特别在去年亚农的体重有些增加,我去看他,他自己也当一件大喜事告诉我的。他说:

"看来,我这人并不是走向消亡,而是在生长。"接着他谈到些医学上的问题,治疗上的问题,我这不但医学外行、科学水平也低下的人很难置喙,我看即使是医学专家,恐怕解答亦非易事。他虽很高兴,但我从他的谈话、行动等各方面观察,他的乐观态度,与其说是自慰,不如说是慰人,接下去他对我说:

"老兄的病也是难治之症,但你的体力至少比我好,你最大的毛病,不是别的,便是没有长期治疗的打算,好一点便工作,不久又会垮下来,这正是我们嘲笑过国民党的'补巴技术'。我们做工作、治病,一切都要有计划,'补巴技术'打不倒敌人,做不好工作,也治不好病。"

他的话真是语重心长。在他谈话时,我从脸色、表情和一些小动作上,看得出他容易兴奋,也容易疲劳。我告辞,他又要挽留,但我毕竟走了。回来,我总觉得亚农过去是一年不如一年。这不祥的预感,常纠缠着我,也可说它常啃着我的心灵。

今年春节,医师允许我暂时出院,我与逸城带着小海风一同去看亚农,正遇着亚农一个人在沙发上。我们进去,他似乎很费些眼力才看清楚,海风即抱着他的双膝叫"伯伯",亚农并叫元直同志拿茶、拿糖给海风吃,孩子走近亚农的书斋,看墙上挂的古画,小桌上的一些小古董,这样看看,那样摸摸,大笑大闹,真是开心极了。我们知道,亚农搜集这些文物,不知花了多少心血,很担心孩子不小心,会损坏了它们,只许孩子看,不许他动手去拿。亚农却不然,他毫不在乎地似乎对这顽皮的孩子十分信任,一件件放在孩子面前。亚农精神越来越好,我又从他的动作上看出,他是有点勉力支撑,他似乎在说:

"我的病,不像医生说的那样厉害,你看,我不是很好吗?"虽说,他脸上无倦意,还要留我们在他家吃四川饭,我内心深处的不祥预感又出现了,只好向他告辞。临行之前,我又对他说了:要少看,少写,少说,千万别激动,静养要紧等这类的话。

元直同志送我下楼,告诉我亚农近来性情非常容易激动,亚农的哥哥初梨同志过上海时也劝过他,还是好一阵,不好一阵的。听了她的话,我内心的不祥预感更加深了。

以后王仲良、王一平、陈其五同志,历史研究所沈以行、奚原同志等来看我,常谈到亚农病况。我读到他发表在《学术月刊》上的《欣然斋史论集》序言《承先启后》,我将他历年赠我的书再一看,并从他口头知道他自己的研究与著作的一些打算。他是乐观的人,对他的书斋题上"欣然"两字,也可见他一些心情,但是我真担心,他很难完成历史和他自己给他规定的任务。我绝不将亚农比成为才如江海的诗人,可是他的命已如游丝了。

今夏最热的日子,又得到亚农病势转危的消息,我向医院请一次假去看望他,他已暂时移住到"衡山宾馆"。他坐在一张软椅内,形容枯槁,好似一个入定的老僧一样,头垂着,眼半闭对着写字桌,我以为他睡着了。轻轻坐上他侧边沙发上,才看出他眼睛露出些微光,直落在桌上一本仿宋版《资治通鉴》上。

同时,他也看到我了,要站起来,我扶着他说:"老兄别动了。"他说话很吃力,但还是想多谈,我劝阻了他,向他劝说:

"你的健康情况,最近更不好了。你自己是很明白的,再不要看书、写东西,更要少想一些,将来好了再做是来得及的。"

他慢慢地,也是很吃力地答复我:

"不看,不写,日长似岁,我们不能等死,老兄,我真担心自己来不及做完自己想做的事。看来要做什么,得赶紧些做。"

亚农同志从未说过这种令人沮丧的话,这更加深了我的不祥预感,不料我们这次谈话却成了永别。

前三天其五同志来看我,告诉我亚农病情更趋恶化,神智有时很不清楚,其五同志去探望他,在病室中坐了40多分钟,亚农在昏痛中

清醒过来时,对他断断续续说过三句话:

"我很感激党的关怀,同志们的照顾。"

"希望再活三年……完成我目前预定的研究和写作。"

最后,用了极大气力说出最后一句话:

"彼此,彼此,……"

这句话的意思是说:我们都是多病的人,要互相珍重。

亚农同志虽多病,关心同志总是超过关心自己的,这里我想起一些旧事。

1934年,我早已变成了职业革命者了。除了做革命工作,完全是无业的人。许多有名作家,在国民党"文化围剿"三年之后,都弄得饱一顿,饿几顿,何况我这革命大兵出身奉命冒充的文化人,更感到生活的压力之大了。当时我们早已过惯了流浪人的生活,一切都不大在乎。最困难的还是牺牲的同志们的孩子,我们总不能眼望着革命后一代流浪到街头,要设法使他们有住、有吃、有点抗御风寒的衣服,我们几个同志正为两个十二三岁的革命后代的生存,感到无比的忧虑。

一天黄昏时我回到家里,房东告诉我:

"有客人访问您,留下名片。"

我看名片上印的是:

> 李旦丘
> 四川江津

背面写着"来访未遇,晚间请留步"。

回到房间里,还不到几分钟,有人敲门,来访者却是亚农同志。

现在我还记不起,最初在什么时候、什么地方见到亚农同志的。可是我们一见面,便像老朋友一样,无所顾忌地谈了许多问题,这次见面,他首先便问我:

"有两个革命同志的孩子,你们感到照顾很困难,交我负责好吗?"

这自然是喜出望外的好事,但我想到亚农收入并不很好,他看出我的迟疑,接着说:

"不用客气,我总算是有职业的,虽没有什么富有的朋友,但相识中尚有几位可通缓急的人,这个担子,让我挑着,还是适当的。"

我同意了亚农同志的意见,与有关同志商量,将两个革命后代交与亚农带到北平。他当时在孔德学院教历史,收入不多,其他便靠出卖几篇学术论文了。但他却要负担两个孩子的生活、教育等一切费用。这件事,亚农未向人提过,亚农与我们很多同志一样有一共同的特点,对自己帮助过别人,当成革命者应尽的义务,是不愿挂在嘴上的。

亚农与我从上海分别后,到1943年才得到他的信,他已到新四军军部,担任瓦解敌伪军的工作。我在苏中,常有人往来上海,他来信要买些书籍,其中大部分是日本书和一些中国历史书。那年冬天我到军部,亚农住在军政治部所在地大王庄,他住的一间茅草房,四面墙用土砖砌成,南北开了两个窗后,墙壁用旧报纸裱糊,书桌上笔墨纸砚俱全,还有一个大花瓶,插了一些山花,桌子上或围壁的木制书架上,有不少纸装书和日文书。他在戎马倥偬之余,总是挤出时间来刻苦地读书和治学。

我看他正在写给日本人反战同盟(后来改为日本人民解放联盟)盟员看的有关国际形势教育材料,当时华东被我军在战争中解放过来的日本人、朝鲜人已不少。我们办了工农学校,加以教育,解放区精通日文的人甚少,亚农同志这位敌军工作部部长,便要担负更多的责任,他常冒着严寒或酷热,经过夜行军渡过封锁线,由这一块根据地到那一块根据地去进行工作。我发现他走路吃力,以为他未过惯军队生活,后来见他骑马也常感到不适。一次到淮北,我们同行曾见过他,他说:

"大致是这身体缺乏锻炼吧!"

还是在上海时,同志们曾告诉我,亚农1927年在日本参加党,1929年日本法西斯军阀对共产党进行大逮捕,他经过三年多监狱生活,出狱之后他的健康从各方面看都很不好。

上海解放后,第二年我调到华东局做统战工作,亚农担任科学院上海办事处主任。这样多年来,由于工作上需要,我们才接近比较多一些。他是一个肝胆相照的人,对同志对朋友都是赤诚相见。一个受过亚农批评的老专家,曾对我说:

"李主任听我们提的意见、批评,从未发过脾气,而且真是面无难色;他的心早交与我们了,我们的心也愿交与他。因此,我对他的批评,并无抗拒的感情,即使被他骂一顿,我也是舒服的,何况他未骂过人,因为他对人是无恶意的。我们相处虽短,这一点是互相信任得过的。"

亚农在学术上经过几十年的努力,他的已完成的和未完成的遗著,将成为一笔有价值的遗产,这留给专家们去评价,但他的工作的精神,他的治学的热情,则是他对革命事业无限忠诚的表现。

疾病可以夺去革命战士的生命,但夺不去革命战士的业绩!

永别了,亚农同志! 安息吧! 亚农同志!

1962年9月3日深夜于华东医院

(原载《解放日报》1962年9月6日)

我的父亲李亚农

口述：李小骝　采访、整理：樊波成

【整理者按】著名历史学家、中国科学院学部委员李亚农先生，1906年6月2日生于四川省江津县（今属重庆市），1916年赴日本留学，1927年在京都帝国大学加入中国共产党。1929年因从事革命工作，被日本警方逮捕，未加审判，入狱3年，后因身体不支，借保外就医之机会偷渡回国。先后执教于北平孔德学校、北平中法大学、北平大学。1937年来沪，在上海孔德研究所工作，从事甲骨文、金文研究。1941年赴苏北抗日根据地，任新四军政治部敌工部副部长。解放战争中，任华中建设大学校长兼党委书记、华东研究院院长等职。1949年上海解放后，负责接管华东各科学研究机构，并主持中科院华东分院的党政工作。此外，他还负责创办了上海博物馆、上海图书馆和中科院上海历史所（上海社科院历史研究所），为新中国的成立和发展做出了卓越的贡献。但是在日本监狱遭受的非人待遇以及常年的超负荷工作和研究严重损害了李亚农的身体，1962年，因肺癌大面积扩散及心脏病突发，在上海去世。

由于时间关系，而且又经历了"文革"，相关数据的寻觅已经非常困难。故而我们采访了李亚农先生的三子、中国科学院上海植物生理生态研究所李小骝副所长，他讲述了过去很多不为我们所知的故事，不仅对于还原史实颇有裨益，很多问题也值得我们深思。现将采访材料整理发表。

（一）李亚农和新四军

李亚农是我父亲。他在家里的兄弟中（不含四位姐妹）排行第四，父亲、二伯父、①三伯父②都是在日本留学的，只有大伯父没有出国。听长辈们说，大伯父从小聪慧，学堂考试通常难不倒他，但因学习无长性，屡屡中途辍学，后来干脆当了云游和尚，在地方行医治病。父亲10岁就去日本留学，过去一些传记说他是由三伯父李初梨带到日本去的，这一点后经伯父本人回忆，带父亲去日本的应该是同乡漆树芬，③漆先生当时正好要东渡日本，所以就把父亲带到了那里。

父亲考入的高中是日本的一所官费名校。④ 这类学校颇热衷于向学生灌输"精英"意识，那里的学生往往也目空一切，自视甚高，平日穿着类似于士官服的校服，在公共场所大街上随地吐痰、喧哗，甚至随处小便，民众对他们十分宽容，总以为他们将来都是社会的栋梁。父亲或多或少也受了这些影响，给后来的工作交往、待人接物方面留下了一些个性的印记。

---

① 李祚督（1896—？），四川江津（今属重庆）人，曾入日本东京高等工业学校机械系学习，后在成都四川省立工学院、四川省立工业实验所、成都蜀康机械厂、川南工业专科学校等多所高校及企业任职，1935年8月任重庆大学工学院教授。

② 李初梨（1900—1994），四川江津（今属重庆）人，原名李祚利，曾用名李初黎。1925年入京都帝国大学文学部学习，后与田汉、成仿吾等来往，接触了马列主义，从事革命工作。1927年加入左翼文学组织"创造社"，为该社后期的重要成员。1928年加入中国共产党，1928年被选举为中国著作家协会执行委员。1929年开始，历任中共上海闸北区委宣传部长、江苏省委宣传部秘书长、中共巡视团沪东巡视组组长；抗日战争爆发，又任新华社社长、中共中央南方工作委员会秘书、军委总政治部敌工部长等职。1946年起，先后任军事调停处执行部双城小组和沈阳小组组长等职。新中国成立后，历任华侨事务委员会办公厅主任、中联部副部长、党委书记。——整理者

③ 漆树芬（南熏，1892—1927），四川江津（今属重庆）人，革命烈士。早年入同盟会，1915年留学日本，师从河上肇，学习马克思主义经济学。回国后，任国民党（左派）重庆市党部执委，兼任国民革命军第二十军向时俊师政治部主任，"三三一"惨案中惨遭杀害。——整理者

④ 即京都第三高等学校，系京都帝国大学之预科。——整理者

1927年，父亲在京都帝国大学入党，后来因为参加革命活动而坐牢，在牢里度过了3年，风湿性心脏病就是在那时候患上的。后来之所以能放出来，也是因为保外就医。出狱的时候便衣还是一路尾随，不过那个便衣还是比较客气，见了面甚至还相互点点头，打打招呼。不久，父亲在朋友的帮助下，甩掉了便衣警察那个尾巴，回到国内。

回国以后，父亲热衷于古文字学金文的研究，乐不知返。他虽未恢复组织关系，但也力所能及地为党作了一些的有益工作。[1] 到了抗战时期，书斋再也坐不安稳了，经上海地下党安排，投笔从戎参加了新四军。沿途受到了叶飞副师长的热情接待与其部属的一路护送。

父亲一到军部，因其过去党内的经历及专长，就被中央军委委以重任，[2] 担任敌工部副部长，主要从事日俘的教育和团结工作。在我的童年记忆里就有好些日本战俘夫妇回国前相约来我家辞行，有些甚至在中国加入了共产党。重要的节日他们和父亲还总不忘互通贺卡书信致以问候。

听母亲讲，抗日战争结束时，日军只愿向美军和国民党军队投降，而不愿意向浴血抗战八年的新四军投降。当时新四军军部就在日军投降大部队集结地的附近，我们的军队数量不多，势单力薄，但又必须坚决执行总部命令，让日军就地放下武器，缴械投降。形势一触即发，紧张得让人透不过气。总部派出的军事代表在谈判桌上义正辞严，针锋相对，寸土不让；痛疽在身的父亲当时作为敌工部副部长，又是日本通，一方面与之闲聊日本的乡土风情以联络感情，另一方面又分析国际国内政治军事形势，晓以利害。文武之道，上下其手，终于迫使日军向我方无条件投降。为此，饶漱石政委还专程去医院看望正在住院的父亲以示慰问。

---

[1] 陈同生：《挽亚农，史事千秋在，翰墨一代香》，《解放日报》，1962年9月6日。
[2] 蒋洪斌：《陈毅传》，上海人民出版社1992年版，第508页。——整理者

内战爆发后,华中建设大学的教授们由父亲带队撤退到大连,在后方休整待命。到了准备反攻的时候,部队后勤迫切需要周边的很多军工厂,特别是日本中央试验所①的帮助。父亲当时负责接收这些军工厂,但是日本技术专家起初非常不合作,尤其以荻原定司②最为顽固。所以父亲就不断和他交流,做工作,终于感化了荻原。③ 荻原定司不仅完全转变了对我们的态度,还公布了他以前一直藏着的冶金技术。④ 粟裕将军说"华东地区的解放,离不开山东的小推车和大连的大炮弹",而这20万发炮弹技术上的关键就是荻原定司提供的帮助。⑤ 荻原后来担任日本国际贸易促进协会副会长,在中日还没有建交的时候,是我们和日本民间商贸沟通的桥梁。他每次来中国,见到周总理常提起父亲,日程安排允许的话,也会来我们家,所以荻原

---

① 满铁中央试验所(1907—1945),日本在华侵略时期建立的具有代表性的殖民科研机构,抗战胜利后被苏军接管。在中苏交接试验所之前,该所部分设备被苏联人拆运回国,并改名为"科学研究所",1949年3月,改为大连大学科学研究所,即后来之中科院大连物理化学研究所。当时所长为丸泽常哉。——整理者

② 荻原定司,1905年生,1932年东京帝国大学理学部物理化学科毕业,1939年,由导师柴田雄次教授向丸泽常故博士推荐,入满铁中央试验所从事研究工作。时任残留中央实验所资料室主任。战败后,随丸泽常哉留在大连。1954年回国,1955年入日本国际贸易促进协会,1962年任日本国际贸易促进协会事务局长,1974年任理事长,1978年任副会长兼理事长。对中日友好事业贡献巨大。参杉山望:《满铁中央试验所:大陆に梦を赌けた男たちを》,戦略経営研究所电子文文件,(原书系东京讲谈社1990年版)第六章,第7—8页。——整理者

③ 不仅是荻原定司,当时许多残留的研究人员都视李亚农为恩人,并且希望将来把研究所转交给中国时,由李亚农担任所长。驻留中央试验所所长丸泽常哉对于李亚农的突然离开非常伤感。参丸泽常哉:《新中国生活十年的思い出》,非卖品,昭和36年,第72页。及杉山望:《满铁中央试验所:大陆に梦を赌けた男たちを》第六章,第3—4页。——整理者

④ 荻原定司最为不配合,和厂方闹对立,煽动怠工,而厂方不会沟通关系,使得情况越来越糟。李亚农与之沟通,并访问其夫人,做了各种解释工作。荻原终于被感动了,他说:"我有一个别人不会的技术,就是关于硬质合金的制造方法,本来我看厂方对我很不好,不愿公开,这次李先生的诚恳态度使我感激,我愿意把此技术贡献给你们。"然后把一个没有公开的对于硬质合金的制作方式,告知了中共的技术人员。根据这项技术,建新公司成功炼出了合金钢,荻原也被授予特等功臣。杜永生:《关于建新工业公司对日籍技术人员工作的情况》,辽宁军工史料选编第一辑《解放战争时期》,1987年2月,第71—72页。——整理者

⑤ 参见吴运锋:《为淮海战役制造20万发炮弹》,《建国工程师》,《瞭望东方周刊》2009年第39期。——整理者

我见过多次。

我们打小就知道,父亲最为佩服和敬重的领导就是陈老总,他对父亲是有知遇之恩的。有一件事情值得一提,在黄花塘事件中,饶漱石鼓动一批不明真相的军部高级干部联名致电中央,排挤和打压陈毅,为此还专门找父亲个别谈话,父亲只是装糊涂,硬是没有在电文上签名,当然这件事情也得罪了饶漱石。但可能也正因为如此,父亲和陈毅部属间的情谊经受了时间的考验,一直延续到父亲生命的终结。

解放战争时期,陈毅通电华野各部,凡挖战壕挖到的或者收缴上来的文物统一交由父亲集中保管,后来这批文物成为上海博物馆建馆的首批藏品。到了上海,父亲一方面忙于接管中央研究院在华东的研究单位,同时还主持和负责市文管会的组建工作。文管会拿的钱非常多,占了文化局拨款的一半。而新中国成立初期,百废待兴。不少工农干部当时很不理解,批评和指责声四起,说父亲是个老古董,花费几万元甚至十几万去买这些破铜烂铁、坛坛罐罐,简直是糟蹋国家的钱,弄得博物馆上上下下惶惶然。亏得当时有陈老总作后盾,出面解围,帮父亲顶住了压力。当时博物馆只要收进了什么新宝贝,父亲总不忘通知陈老总过来欣赏,他也总是兴趣盎然,有请必到。现在这些文物,不少已成为上海博物馆的镇馆之宝、蜚声中外的国之重器。

(二)李亚农在科学院

上海解放前夕,父亲担任华东研究院院长,上海一解放,陈毅司令员和粟裕副司令员就委派他为接管中央研究院的军代表。民国期间,重要的科学研究单位北方是北平研究院,南方是中央研究院。父亲接管了华东六省中央研究院十余个研究所以及紫金山天文台等科研机构。稍后华东六省科学院系统的研究单位统由华东办事处管辖，父亲于是担任了中国科学院华东办事处主任兼党委书记。①

父亲在主持华东地区科研期间，很多管理理念和方法实际上取自世界通行的常规，借鉴发达国家的成功经验，就好比有专家评论杰出的教育家蔡元培先生革新北大，开"学术"与"自由"之风，并非完全为个人创见，更多的是一份对现代教育理念的坚持和对规律的尊重。父亲10岁就出国，长期在日本留学，亲眼看到日本的大学、科研机构是怎么办的；回国后又在一些大学和研究所当教授，所以对国外以及民国时期大学、研究所的情况相当熟悉，不仅是耳濡目染，更有亲身体验。

听一位"老分院"的阿姨说，军管之初，科研机关的大门按规定设了解放军岗哨，但不到一个星期就给父亲撤了，换上了普通门卫，说这里是学术机构不是政府"衙门"，要注意科研人员的感受。大院的前身是日本人的自然科学研究所，建于20世纪20年代末，当初他们在院子里面种植了很多樱花，②春令时节樱花如雪，非常漂亮，成了院子的一大景观。陈老总当时住在汾阳路的一栋法式花园洋房里，与岳阳路大院相邻，所以忙中抽闲，常过来观赏。为保持原有的建筑绿化格局（即便以今天的眼光看也不输于任何国家的名校或科研机构），父亲明令，未经他的许可不得随意变动。要盖科研大楼，可向市里打报告征地。科学家搞科研，需要的是相对精良的实验装备，藏书丰富的文献图书馆，还有就是有怡人的绿化环境。为了说服工农干部，他总是强调，这并非是他个人的见解，而是列宁的主张。给科学家生活以照顾，尽可能提供优厚的待遇是执政党最为明智和最经济的办法。

父亲作为一个懂行的党的知识分子干部，本身又是一位学者、文

---

① 中国科学院华东地区各科研院所的总领导机构名称变换频繁，1949年11月设中国科学院华东办事处，李亚农任主任；1950年3月，中国科学院华东办事处成立，李亚农任主任委员；1951年2月，华东办事处改为上海、南京两个区域办事处，李亚农作为中国科学院党组成员、院办公厅副主任领导沪、宁两区域办事处；1954年3月，上海、南京两办事处合并为华东办事处，李亚农担任主任；1958年在上海办事处的基础上，成立中科院华东分院。——整理者

② 中国科学院上海分院（或华东办事处）原址为日本政府用庚子赔款所建之上海自然科学研究所（1931年设立），建筑外形仿造旧东京帝国大学。

化人,对于科学家,在政治上爱护他们,在学术上尊重和理解他们是很自然的事,当然也就受到了科学家们的理解和信任。记忆当中冯德培先生和他夫人来我们家的次数是比较多的。他原来是中央研究院院士,1955年当选中国科学院学部委员(即当今院士),他也是华东分院的副院长,"文革"以后还担任中科院的副院长。冯德培是位学术大家,有风骨,很敢讲,是当时科学家中的领袖人物,科研人员不少重要的意见和想法都是由他向政府高层反映的,有些还通过了父亲。陈老总法国留学时的同学朱洗先生也是很受父亲器重和保护的,他是实验生物研究所的所长,基础和应用研究样样在行,父亲在任上曾破例同意为他在岳阳路320号大院建了一栋实验楼"蚕室"。朱洗先生的一项重大科研成果,就和我们现在常讲的"克隆"有关(早在60年代初,他的人工单性生殖研究成果就已经发表。还拍成了科教电影《没有外祖父的癞蛤蟆》,得了百花奖)。① 不仅是朱洗,我们植生所的罗宗洛先生和他关系也不错,还有沈善炯院士提到父亲时的真情流露,常使我们后辈感动。父亲很敬重那些科学家中的将帅之才,来访商谈公务不忘出门迎送。但听科学院的老人说,为了工作,他有时也会批评他们,即便是自尊心和个性都很强的冯德培院士。又比如罗宗洛先生曾就对父亲说,过去国民政府重视留英美的科学家,使得他们留日派很受压抑,现在新政府成立,希望同样是留日出身的他能给留日派支持。②

---

① 实验生物所罗登先生回忆:朱洗的"人工单性生殖""卵球成熟与受精"等研究一开始不但有人指责他"研究癞蛤蟆有什么用",还有人讥讽他是"癞蛤蟆专家"。他一生气,就把蟾蜍、青蛙等所有的试验材料都倒掉了。后来,在上海市长陈毅同志和中科院上海办事处主任李亚农同志的亲自关注和支持下,他的相关工作才慢慢恢复了起来。熊卫民:《五六十年代的科研管理干部与科学家——罗登先生访谈录》,《中国科技史杂志》2005年第3期。——整理者

② 沈善炯院士也说:"我在中央研究院等机构待过,那儿的确有宗派主义。凡是属于不同学校出身的,甚至不同老师教导的都成一派,以至那留洋回国的也成什么留日派、留美派等,彼此相互排斥。科学工作者之间不是在工作上竞争和合作,而是相互妒忌。我认为,那些旧社会所遗留下来的不良风气确实应该清洗掉,为了中国的科学事业,每个人都应该洗洗脑筋。"熊卫民:《科学离不开民主,民主离不开科学——听沈善炯谈民主与科学》,《民主与科学》2010年第1期。——整理者

而父亲则表示共产党会一碗水端平，大家一视同仁。尽管他也有和科学家们意见不一致的时候，但在政治上是非常爱护和力挺他们的。父亲说不能要求他们人人都是共产党，只要爱国就行了，政治运动千万不要去冲击他们。所以虽然他当时拒绝了罗宗洛先生，但是罗先生在回忆录里面对他的印象还是蛮正面的。罗宗洛先生是中国现代植物科学的奠基人，为人正直，极有风骨，是为数不多的几个敢于在"大跃进"时代，犯上直言，刊文质疑"亩产万斤"说法的植物学家。他也将为此留名青史，受学界景仰，被后人所缅怀。

父亲管理科研单位的思路和当时盛行的极左环境显得格格不入。由于他的个性和曾有过的部队经历，说话率真大胆，不吐不快。在政治运动中常说"整天敲锣打鼓，科学院迟早要完蛋的"，"好的研究机构不在人多，研究人员要精干，要有真才实学"之类明显有违"群众观点"的话，小辫子一抓一大把。"思想改造"中，一位姓柳的专家受不了群众运动的冲击，跳楼自杀了，他是柳大纲[①]的兄弟，我与他女儿柳惠是小学同学。柳大纲院士三兄弟都是科学家，除了柳大纲后来去了北京，其余两位都留在上海。事发后，父亲很震惊。后来，薄一波作为中央工作组的组长到上海检查指导工作，父亲立刻向上汇报反映。鉴于当时的群众运动冲击科研机构，声势很大，单位组织根本无法阻拦，因此他希望中央能给一些政策，划一条线，给科学家以保护，不能让运动冲击有成就的科学家，影响科学研究。得到认可后，他就在党委内部会议上提出：凡是要批判高研（副研究员）以上的，都需要经过他的同意。于是他就是很"霸道"地推行这样一个土政策，顶着压力，想方设法给运动降温。尽管当时持反对意见的干部不在少数，但是他和后任王仲良伯伯等一些开明干部始终有着高度的共识和默契，并且也都是敢于担当的人。

当然，仅仅靠父亲这一级干部，要扛住这样的政治压力几乎是不

[①] 柳大纲（1904—1991），江苏仪征人，著名化学家，美国罗斯特大学研究院博士，中央研究院研究员，中国科学院化学所所长、名誉所长，首届学部委员。——整理者

可能的。对科研单位、高校知识分子的保护更为重要的只能来自党内高层中央政治局。50年代,分管科教文卫的领导,先是陈老总,后来是聂老总,他们早年都曾在国外留学,这种留洋经历,带给他们的不仅仅是宽阔的视野和对现代文明和科学技术的深刻理解,还有对科学家、文化人开明友好的态度和发自内心的尊重。陈老总在分管科学院时,对父亲依然是一如既往地给予充分信任,重视父亲的意见。饶漱石主政时科学院华东办事处的地位不高,隶属市府机关。"高饶反党集团"事件发生后,陈老总主持华东局工作,随即让华东办事处党委直接隶属于华东局,①从此机关外出打交道办事方便多了。但是对于陈毅,父亲也有固执己见的时候,比如华东局在上报中科院副院长人选方案时,陈毅举荐陶某某担任中科院副院长,书生气十足的他并不赞同(李亚农推荐名单为李四光和竺可桢②)。但是总的来说,陈老总是很支持他的。后来父亲身体不好,办事处想要干部,由于当时地方普遍缺少干部,军队干部也不愿意去知识分子扎堆的地方,所以华东办事处一直要不到,也是陈老总帮忙开绿灯,于是父亲要来了王仲良等一批部队下来的老干部。

知识分子政策能否得以正确执行,中国科学院是承上启下的重要环节。拿建院60年以来最具人望的老领导张劲夫副院长(时任科学院党组书记)来说,他和父亲同为陈老总部下,1956年初,中央调他到科学院工作,张劲夫请示政治局分管领导陈老总怎么做今后的工作,陈老总说:"各个学科的学术领导人,是科学元帅,绝不要从行政隶属关系来看待,要从学术成就来看待。尊重科学,首先要做到尊重学者。中国的科学家是我们的宝贵财富。一定要发挥科学家的作用。"老院长在回忆文章中提到,父亲凡听到陈老总类似的坦言宏论,总是兴奋不已,回去就传达,得到不少著名老科学家的赞佩(由于后

---

① 1953年8月,中共中央华东局决定建立中国科学院华东办事处党委,组织关系由市府机关转到华东局,李亚农为书记。(来源:《中科院上海分院大事记》。)——整理者

② 樊洪业、王德禄、尉红宁:《黄宗甄访谈录》,《中国科技史料》2000年第4期。

来工作的关系,本人亲身感受了为共和国科学事业立下不朽功勋的几代科学家他们发自内心地对老院长的景仰,这种感念之情也深深地教育和激励了我)。老院长张劲夫可谓深得陈老总思想之精髓,为了保护各学科领域有成就的领军学者免受运动冲击,甚至直接跑到毛主席那儿,"公然讨要"庇护政策,连主席都说他"胆子不小"。后来搞了一个"科技十四条",被小平同志赞誉为"科技宪法",相当完整准确地体现了党的知识分子政策,对国家当今的科技创新仍具有着重要的指导和现实意义。

还有比较幸运的就是,除了上面提到的陈毅、聂荣臻二位老总和张劲夫老院长,往下一直到基层华东分院(办事处)及所属各研究所,应该说是一根"红线"上下贯穿。陈毅、聂荣臻的开明和远见卓识固然很重要,但在极左的大环境里,哪一个层面或环节掉链子都会出问题。[①] 当年的华东分院(办事处)内部,和其他系统一样也有不少受极左思潮影响的干部,且能量不小。但居于主导地位的领导如父亲、王仲良、边伯民、刘梦溪以及巴延年、罗登、王芷涯、万中汉等(分)院、所级干部都十分开明,有一份历史的担当,不惜牺牲个人的仕途来换取科学事业的进步。在那样的年代里,运动一个接着一个,我们的高研(副研究员以上)没有一个被打成右派,这在全国其他地方简直是难以想象的。相对宽松的政治环境,全心全意服务科学家、服务科研一线的氛围,使华东分院成为国家科学重镇,并且科研成果居于全国前列,这绝非偶然。[②] 当时岳阳路大院产出的重要科研成果可能也是全

[①] 罗登先生也持此观点,参见熊卫民:《五六十年代的科研管理干部与科学家——罗登先生访谈录》,《中国科技史杂志》2005年第3期。——整理者

[②] 沈善炯回忆道:"在张劲夫、王仲良等人的保护下,科学院划的右派相对较少。在我的印象里,上海地区自然科学方面的研究所似乎没有高研人员被打成右派……柯庆施保护科学家?没那回事!黄鸣龙等人都是王仲良在柯庆施面前据理力争保下的,这件事情我知道。柯庆施当时就批评王仲良'右倾',后来基于这个原因把他调离了科学院……我比较幸运,碰到的几个领导,李亚农啊,王仲良啊,都对我非常好,所以我对他们没什么意见可提。"熊卫民:《科学离不开民主,民主离不开科学——听沈善炯谈民主与科学》,《民主与科学》2010年第1期。——整理者

国范围内最多的,如获国家自然科学一等奖、至今与"两弹一星"并提的人工合成胰岛素,以及人工合成核糖核酸、人工单性生殖等。而其实国家当年的投入相当有限,生物研究所每年的科研经费在两三百万上下(折合今日三千来万元),与当今年度科研经费动辄上亿元相比,不得不令人深思感慨。

还应该提及的是王仲良伯伯。他部队转业前是华东野战军的卫生部政委,具有丰富的政治思想工作经验,而且资历老,骨头硬,作风正派,无私无畏,对党的科学事业忠贞不渝。虽然只有高小文化,但勤奋好学,作为一个外行,他花了不少心思与科学家打成一片,比如打桥牌、下围棋、组织郊游等。关系之融洽,在科技界传为美谈。听王仲良的儿子讲起,他父亲生前曾说,如何办研究所,怎么搞科研,他受了不少父亲的影响。他们之间彼此信任,无话不谈,记忆中有时甚至一谈就是通宵,周末晚上来,第二天清晨让单位派车把他接回去。不过王伯伯毕竟是政治工作出身,更善于、也更注重将科研任务与政治思想相结合。父亲有些观点他也并不完全同意,可能在他的眼里,父亲还是过于"右"了些。作为一个"外行",王伯伯领导起内行来毫不逊色。有些科研方面的事他确实不懂,但正如殷宏章院士的女婿、原植生所副所长王天铎常说的,他知道向谁去请教,与谁讨论,听取谁的意见。当时科技界曾一度大张旗鼓地批判"白专"道路,批判成名成家的资产阶级腐朽思想。主持华东分院党委工作的王伯伯,顺势掀起了培养和造就大批"又红又专"的科技工作者的运动热潮,其中的政治智慧,可圈可点。在一次市委常委会上,讨论和研究科学院运动中出现的事关政策性的问题。王仲良在会上力陈科学家是爱国的,是国家不可多得的人才和宝贝,建议市委要保护朱洗等一批卓有成就的科学家。柯庆施警告王仲良:"你的意见从策略上是可以的,但是你的思想是右倾的!"不久就把他调离了。当时科学家们听说这位与他们朝夕相处的老朋友、运动中为他们遮风挡雨的老领导要调离,还激起了不小的震动和波澜。冯德培先生为此还只身前往市委反映,言众人之不敢言,代表大家极力挽留王仲良。这段感人的情景在沈善炯院士回忆录里面也提及了。一位"老分院"告诉我们,父亲去世那几天,他们听到王院长在自己的办公室里痛哭失声,或许是为自己少了一位挚友和知音吧。

(三) 与"时代"不合拍的李亚农

由于父亲管理华东地区科研机构的思路和理念都是按照国际通例的,在当时免不了被说成是"右倾"的和资产阶级的。其实不仅是在管理科研机构方面,在其他问题上,父亲也从不人云亦云。他当时对斯大林晚年错误,对"大跃进"放卫星、大炼钢铁、急躁浮夸风等都有他自己的看法,对所谓的"三面红旗"也多有讥讽。特别是"大跃进"灾难性后果逐渐显现,通晓中外历史的他更是忧心忡忡,心急如焚。曾有一段日子,他私下与母亲商量,要给主席进言,想当然地认为只要在专门寄去的书中画出"治大国,若烹小鲜"这一段,相信主席一定能明白,一派读书人的天真,在母亲苦劝之下方才作罢。后来母亲常对我们说,是她救了父亲。

因为父亲讲话少有顾忌,在管理科学院的时候又被认为有资产阶级思想,所以每次有政治运动,我们家就没有人来了;等到运动的风暴渐渐平息,才陆陆续续有人上门走动。由于父亲和大人们谈话,一般并不避开我们小孩,放学回家到书房请安,总能似懂非懂地听到他和朋友们谈论国事和政治形势,听后那种莫名的紧张至今记忆犹新。母亲为此长期担惊受怕,唯恐连累朋友,祸及家人。这些言论要是放在其他人身上,无疑是要被打成"右派"的,不过历次运动还是有惊无险。

陈老总对父亲始终是理解和信任的,父亲的意见依然受到他的关注和重视。在一次政治局会议上,陈老总转述了父亲反映的科学家意见,无非是一些单位,在执行知识分子政策中出现了一些偏差,在一些有影响的科学家当中引发了不满和牢骚,于是父亲希望中央给予关注。柯庆施听后大为恼火,当即在会上回应说这是"李亚农造谣"。[1] 不知是谁的安排,让一位记者来父亲这里作"钓鱼式"采访,之后发了内参。柯庆施看后当然大为不满,在市委常委会上发脾气,将父亲痛批一顿,称之为典型的右派言论。

80年代去美国读学位的一位邻居、发小,说起在华人报上看到一篇原上海历史研究所老人撰写的文章,提到父亲政治上颇有胆识,学术方面有见地,有思想,管理上也懂行,但所内的同仁都认为,父亲和"上面"的思路明显不一致。父亲最终没有被打成党内"右派",还在一定程度上推行了自己的办所主张,大家都觉得不可思议,至今还仍是个谜。

(四)视学术为生命的历史学家

早在50年代初,父亲身体就每况愈下,特别是心脏有问题,经历了多次抢救。而他又兼任多个单位的党政一把手,不堪重负。1955年前后,市委宣传部陈其五副部长代表市委找父亲谈话——他和父亲在新四军军部就相熟,是当时的宣传部副部长。谈话的大致内容是市委考虑到父亲的身体,征求父亲意见,是否愿意负责组建历史研究所,今后主要搞些学术研究。分院的工作,拟安排时任市委组织部的王一平部长接任。父亲听后欣然同意。因为即便在政务繁忙的日子,父亲依然放心不下手头的学术研究,这也是他一辈子真正的兴趣所在,最急的还是想写东西。

---

[1] 1961年夏,父亲去北京休养,安排其住在西山亚洲学生疗养院,陈毅亲自看望。李亚农转述了科学家们的意见。陈毅向柯庆施提出,柯庆施认为是李亚农"造谣"。(洪廷彦:《李亚农先生片忆》,《往事掇英——上海社会科学院五十周年回忆录》,上海社会科学院出版社2008年版,第265页。)——整理者

《欣然斋史论集》中的第一本书,①父亲写完之后交北京,希望他们能出版。但是北京的范文澜不同意此书出版,因为与其观点不一致,于是此书的出版被搁置下来。父亲很生气,写信投诉到中宣部。中宣部给了他一个很短的回复,表示学术研究应允许自由争论。后来在当时副市长潘汉年的帮助下,这本书才交由上海出版,这些材料后来在"文革"中被我母亲销毁了。顺便一提的是"杨树达先生出书"公案,我们家人注意到学术界流传一种说法,认为是杨先生的大作因没有通过父亲和唐兰先生的评审而无法出版。试想,在当时的环境下,同属马克思主义史学研究范畴的父亲,因学术观点与党内权威范文澜有异,专著尚且不得出版,作为旧学术、唯心史观的代表人物的杨公,其著作出版受阻,则更不难理解;而且父亲出书的遭遇本身也说明父亲根本没有拍板出书的权力。关于《欣然斋史论集》改名为《李亚农史论集》一事,是在父亲去世以后,由时任市委宣传部副部长的杨永直(后曾任上海社科院院长)约见我母亲,他们希望此书能够再版。出于好意,婉转地告诉我母亲,希望能把总序拿掉,并把书名改为《李亚农史论集》。总序中的一些观点,在当时被视为与马克思主义史学研究的正统不合,对康德评价又过高。而现在看来,序文纵然谈古论今,争鸣于学林,但多半是一些常识性的、涉及人类共同文化价值的东西。放到今天,或许还会被当今的学术界贬为"左"文和概念化的东西。

　　父亲后来身体越来越差,最后癌细胞扩散得很厉害,已经到了脑部,②但是他特别着急要写东西,身体越来越差,想写的东西越来越多。因为心脏无法忍受上海的黄梅天,那年出不去,就住在衡山宾馆

---

　　① 即《中国奴隶制与封建制》,华东人民出版社1954年版。此书1952年10月31日在史学会(李亚农为会长)会议上讨论,12月28日李亚农又在海光图书馆答辩两小时半。顾颉刚:《顾颉刚日记》,联经出版有限责任公司2007年版,第329页。后此书"曾送北京有关学者征求意见,上海人民出版社询问北京有关出版社,答复道'谁也不同意他的观点,你们也不宜出版此书'。"参见张玫:《关于〈李亚农同志传略〉》,《史林》1987第1期。——整理者

　　② 1962年8月21日,林葆骆临行前告知顾颉刚"心脏有五种病,肺有四种病,为不治之症",得知顾颉刚关心其病情"泪随之下,又以肺癌暗不成声","临死之时,喊'毛主席万岁'而绝"。《顾颉刚日记》第九卷,第539、540页。——整理者

的高层,好像是九层,印象中是市里帮助安排的,因为父亲呼吸有困难,气压高一点就舒服一点。父亲也是在那里去世的。当时他已经离不开氧气瓶,人瘦得几乎和骷髅一样,体重只有五六十斤,已经拿不动书了,只得专门让科学院的小工厂制作了书架,一边插着氧气,一边看书、写东西,直到他去世。据一位随父亲南下进上海接管中央研究院的万钟汉叔叔回忆,病入膏肓的父亲见到他,就操着四川官话口音说:"人啊,应该心肠热,头脑冷。现在不对了,是头脑热,心肠冷。"一边说,还一边比画着。当时万叔叔并不理解,等到他真正理解此话的含义,近半个世纪过去了。

1962年9月2日那天,我印象很深刻,那时正值9月初开学,我一回到家里,马上有电话来叫我到衡山宾馆去,到了那里已经是哭声一片,我大哥守在父亲床边。父亲患有很严重的肺癌,但导致他去世的直接原因是急性心力衰竭,也就是当年在日本监狱里患上的老毛病风湿性心脏病。华东医院的解剖报告里面说,父亲的肺癌细胞已广泛转移扩散到脑部、肺门、肠系膜、胃小弯、纵隔膜、右锁骨上淋巴结、左心室及左肾上腺等多处,大脑组织都呈豆腐渣状。后来据说市委领导看了这份报告,得知父亲在这样恶劣的身体条件下,还在玩命地看书,写东西,修订旧著,生命不息,研究不止,似乎也有了些许感动,对父亲的脾气和言论多了一些理解。

(原载《史林》2011年口述史增刊)

李小骝谈李亚农

采访对象：李小骝（李亚农之子）
采访地点：上海社会科学院总部图书馆
采访时间：2018 年 7 月 24 日
采 访 者：荆有为

提问：李老师，您好，您可以先谈谈您心目中对父亲的印象吗？

李小骝：在我心目当中，父亲的印象，他是一位党内的知识分子干部，更像是一个文化人。他自己也说他是读书人，和当时社会上弥漫的一种极左思潮格格不入的。所以，我们兄弟几个从小就或多或少体验到一种莫名的担惊受怕。父亲病逝时我还很小，才 10 岁。总觉得他说的话和外面听到的好像有一点不对劲，挺担心的，就怕出问题。

这段经历等到我成年了，到科学院工作了，他的那些独立思考、思想和看法，对我影响至深。我在研究所担任了十多年的领导工作，对"左"的东西天生的反感，避之唯恐不及，少年时期在父亲身边的耳濡目染影响是很大的。

再有一个，我想特别提一下就是父亲他对史学研究的热爱和兴趣，可能要超过党务行政管理工作。他在史论集的序言里就提到了，30 年代搞古文字研究时乐不思蜀，抗日军兴书斋里坐不安稳了，他就和同志们一道去打游击。这方面的情况在后面的谈话里我们可能还会提及。

新中国成立以后，父亲担任的工作是十分繁重的，陈老总对父亲信任有加。当时他除了委派父亲去接管国民政府的中央研究院（包括北平研究院)在华东、沪区各所,大约十来个所吧(当时国民政府中央研究院也就十几个所)。同时,又负责筹备成立了上海市文管会,创办了上海市图书馆、上海市博物馆。工作忙,身体又极差。在日本坐了3年牢,落下了风湿性心脏病的病根,频繁发作。即便在那个时候,他居然还忙里抽闲尽量挤出时间写史学方面的书。这只能说是他的兴趣所在了。后来可能是科学院考虑他的身体,在1956年前后,基本让他从党务行政领导岗位上解脱出来。明确由他负责筹备成立上海历史所。具体的工作交由所里其他领导负责,一些大事还是到我们家来开会商议。从此父亲不再上班,基本上就是在家里养病了。

养病期间父亲仍笔耕不辍。他写书的习惯是晚上写书白天休息,跟我们亲属是完全倒了个个。直到他生命临终之前,肺癌细胞已全身转移了,人都瘦的不成样了,氧气罩一刻都不能摘了,书也举不起了,一咳嗽痰里都有血丝。实在无法,父亲让科学院小工厂做了一个书架,放在床上,强打精神,硬撑着看资料书,修改他的旧著,他总是说要对读者负责,这种生存状况一直持续到最后一刻。这一点给我们兄弟几个留下强烈的印象,十余年如一日,常年的病痛环境下仍然坚持不懈,只有父亲对我国史学事业充满着无比热爱和浓厚的兴趣,才能做到的。

提问:据我的了解,1945年6月,李亚农先生还在新四军敌工部吧?

李小骝:新四军政治部敌工部副部长。

提问:这个事情您有了解吗?

李小骝:我仅有的了解也是看资料,这个资料好像有两个版本。其中一个版本是1945年末,当时是邓子恢,一位新四军领导,政治部主任兼校长,父亲是副校长。然后到1946年,国内战争重启,乌云又密布了,邓子恢组织上另有重用,父亲转任校长兼党委书记。还有一个版本,校长是华中局宣传部长彭康兼任,副校长是张劲夫。他们二位的任职在前。1945年6月是哪一届班子,我就不清楚了。

提问:这个学校是什么?

李小骊:抗战之后是这样,1945、1946年,当时国共双方边和谈边备战,各方都在努力争取更多的知识分子、建国的人才加入。我们党为了建设新中国,培养和团结广大知识分子,延揽人才的任务刻不容缓。所以,新四军创办了一个不同于以往一般的干部轮训的党校,而是多学科设置、相对正规的华中建设大学。

提问:您有印象李亚农先生跟社科院的学生或者同事之间有什么故事您了解的吗?

李小骊:提到这个,印象应该比较淡薄了,因为父亲去世的时候我才10岁。记得常来我们家的一些老领导有,历史所的奚原书记,徐苾副所长,他既是一位老资格的党员干部,同时也是一个学术方面很有造诣的专家。还有就是杨宽先生经常来,给我的印象讨论写书这方面的事。其他印象就很淡了。总之,父亲对研究所究竟应该如何办,他的想法是比较成熟的。我个人认为这些见解可能并不是他个人的创建,而是一些国际上通行的办所的规律、常识。比如做学问的人要少而精,要有真才实学;研究所要有一个好的图书馆便于研究人员查阅资料;还要有很好的绿化环境,研究人员都是脑力劳动者,他特别强调绿色有氧的环境对研究工作来讲太重要了。这些观点我理解跟国外的一些办所理念,很多地方都是相通的,他受这个影响也是很大的。

因此,当时上面总有一些人,包括不少群众认为他这些思想是右的,我想在那个年代这也是很自然的。他从来不赞成把研究人员搞得很多,认为人多未必能出好的学术成果。说到这里我想提一下我曾工作过的科学院生化所,60年代人工合成胰岛素搞大兵团作战初战以失败告终就是一个典型案例。最后还是科学院党组张劲夫等老领导听取了我们一位了不起的老科学家王应睐的意见,精干了科研队伍,全国范围仅保留了4个研究小组,科学组织分工合作,科研才出现了重大转机。国际首创人工合成胰岛素终获成功,再次证明了社会科学与自然科学都应遵循客观规律,急于求成搞运动、搞浮夸只能是欲速不达。但是,这个主张同当时国内的政治形势显然是格格不入的。

提问:还想请您讲一下,简单讲一下他的一生重要的时间节点,包括像几几年出生在什么地方、几几年在求学,从头到尾点一下时间点就可以。

李小骊:好的。说到主要的一些经历,我倒还是做了一些功课,查了一下。是这样,1906年父亲出生于四川江津县,一个破落地主家庭。父亲、三伯父对我的爷爷总体上说是负面印象居多,但是唯有一点,在当时的社会条件下,愿意把他们都送出国留学培养是相当开明的,他们为此感激他一辈子的。

第二点,就是有一些关于父亲的传记也好,文章也好,提到父亲到日本留学年纪很小,1916年那年才10岁,是我三伯父带去的。三伯父李初梨也是党内一位老同志,他和我父亲从某种意义上来讲,可能还是一个同行,抗战时期他是八路军敌工部的部长。后来看到了一些资料,这个倒是听伯父自己讲的,父亲1916年东渡日本是一个叫漆树芬的同乡带去的,他是国民党的左派,国民革命军的一位师长,后来被人民政府追认为烈士,应该说这段史料是比较可靠的。

提问:年纪很小。

李小骊:10岁,现在我都不可想象,小小年纪怎么敢去的,好在我的二伯父当时也在日本留学,因为从小过继给一个富裕人家,他自然年长一些,会有一些钱物方面的帮助。但是毕竟10岁呀,在日本平日都由谁照顾,怎么生活,还是贪玩的年纪如何自觉学习,真是不可思议。听到有些长辈说起,父亲饿的时候只能经常喝自来水,或偶尔到同学家去蹭一顿,兜里没钱苦不堪言。直到考取了官费生,父亲的生活才有了着落。

提问:我一直印象他可能跟大多数留学的人,18岁、20岁左右出去的,没想到他10岁,在别的材料里面没看到。那他在日本的时间也是很久了?

李小骊:很久,所以他回国的时候中国话都不大会讲,这是一个日本人的文章当中提到,他因为从小就在那边,熟练运用中国话那还是后来的事。

提问:他回国的时候有20岁吗?

李小骊:父亲回国前1927年在日本京都帝国大学参加中国共产党,1929年被日本警方抓入大牢。入狱3年,除了严刑拷打之外,牢里潮湿的环境极大地损害了父亲的身体,风湿性心脏病就是那个时候得的。后来保外就医,因为半条命就被日本当局放了出来。1931年出狱之后,这里倒是有一段故事的,父亲平日外出总有个尾巴日本便衣尾随其后,反正彼此都心知肚明。在几位热心同学朋友的策划帮助下,父亲总算甩掉了这个烦人的尾巴,安全回到了魂牵梦绕的祖国。时间节点梳理一下:1916年父亲10岁那年去的日本,1927年考入京都帝国大学文学部,同年入党,1929年被捕入狱。1931年出狱后返回故土。

回国以后,他先后任职于北平大学、孔德研究所等,担任教授和研究员。接下来应该讲到1942年的时候,用父亲在他的序言里的说法是抗日军兴,他就和同志们一起去打游击了,参加了新四军。到了军部以后,陈老总十分重视,任命父亲为新四军政治部敌工部副部长。负责战俘的思想教育、团结统战工作。战俘思想教育改造历来是我们党的一个非常重要的优良传统,在强有力的政策感召之下,很多日本俘虏转变了世界观,加入了反战联盟,有些骨干甚至参加了共产党。为我国反法西斯斗争、和平解放事业做出巨大的贡献。其中比较突出的一件事,就是在解放战争时期,当时有一个广为流传的说法,淮海战役的胜利是老区人民用小车推出来的。其实粟裕将军还说了另一句话,打胜仗离不开大连制造的20万发炮弹。这位功臣就是一个日本的战俘,他掌握了生产的关键技术,但思想极为顽固。经父亲深入细致的思想工作,立场有了根本转变,心悦诚服地贡献了他的才智,解决了我军后勤保障供应的难题。

提问: 再后面的话你可以接着讲了,后来抗战之后。

1949年5月上海解放,受军管会的委托,父亲奉命接管国民党时期的中央研究院华东地区,上海、南京的所有的研究所(包括部分北平研究院下属研究所)。这是解放初期,之后中国科学院成立了,中国科学院成立是在1949年的11月1日,成立之后父亲被政务院任命为科学院华东办事处的主任兼党委书记,任命书现存科学院档案馆,网上可以查到的。

50年代初,父亲还受命成立了上海市文物保管委员会,创办了刚才提到的上海市博物馆、图书馆。1959年,根据科学院的部署,负责组建了上海历史所,担任所长。实际上这段时间父亲在家里上班了,身体已经非常不行了,三天两头心脏出毛病,全家整日提心吊胆的。最后去世的时候,一个非常严重的问题就是肺癌全身扩散转移了。脑子里所有的地方都是癌细胞。父亲是1962年9月2日去世的,我印象太深了,因为9月1日小学开学。开学的第二天,一个电话把我从永嘉路的家里叫到衡山宾馆,我就知道坏事了,心里发毛,一路小跑,到了衡山宾馆的时候父亲已经过去了。

提问: 那时候应该是小学三年级?

李小骊: 我也是10岁,三年级,差不多。从小就是担惊受怕,除了他的身体,还有就是有形无形的政治压力。

提问: 您这种状态有个词叫早慧,就是有的小孩很懂事。

李小骊: 早慧不敢当,但是有一点比较敏感,这一点是肯定有的。

提问: 因为有些小孩只知道玩,大人的事不太管。

李小骊: 我们那个时候挺操心的,父亲带我们出去的时候,他最后路都走不动了,心脏病,都有一个手推轮椅塞在小车里,然后我记得就是拎着一个小塑料袋。派什么用处呢?父亲用它吐痰吐血,他每口痰都带血,就是这样子的。

提问: 癌症晚期是很痛的。

李小骊: 对呀,医院居然没有查出来他得了癌症,这也挺奇怪的。所以最后解剖了,因为父亲在临终之前的身体很不好,脾气很大。别人也可能会有些想法,包括组织上可能也会有。后来看了那个解剖报告,华东医院的解剖报告,这一下就全明白了,脑子已呈豆腐渣状,全是癌细胞,全身所有的地方都扩散了。

提问: 那得是多强的意志力,在最后阶段还在看书。

李小骊: 他还在看书。

提问: 我想问的话大概差不多讲了,还想问的话,虽然他过世的时候您年纪比较小,但是除了之前讲过的这些东西,再早以前,比如说在家庭生活当中,对于一个父亲,有一些很平凡的,但是你却记得的小事你能讲一讲吗?

李小骊: 有一件事我印象很深,因为父亲身体不好,晚上随时可能要送医院,救护车不一定赶得及。怎么办呢,科学院就安排一辆伏尔加停在我们家的车库里,每天都停过来。因为父亲平时也不出门,一早这辆车就开到机关去了。我读书是在中科院子弟小学,驾驶员当然出于好心了,有时会顺路把我带过去。但是有一次给父亲知道了,把我狠狠臭骂一顿,再也不准许了。这事给我的印象是很深的。

提问: 您当时理解吗?

李小骊: 还是理解的,因为当时我们在学校和社会接受的都是这方面的教育。但是父亲发这么大的火,这么大的脾气,我还是惊吓不已的。还有一件事,大约是1960年吧,放暑假期间,父亲因为身体越来越不行了,估计他也意识到去北京的机会不多了,自己提出要去北京。去北京以后住在西郊的亚非疗养院,他又表示了想去见见陈老总,因为陈老总知道父亲半条命了,讲还是他过来方便一些。那次我在边上,印象挺深的。我8岁吧,印象中父亲是称呼陈老总叫军长,谈什么我就不得而知了。那次应该是他们最后一次见面,我们全家都很清楚,陈老总对父亲是有知遇之恩的。父亲有的那些想法,与当时的政治形势并不合拍,但是陈老总在父亲身体许可情况下都委以重任,我想这是陈老总对父亲的信任和认可。你看这么多工作,身体又不好,都放手让他去负责处理,挺说明问题的。

提问:这个工作也是很关键的,保护这么多科学家。

李小骊:当然不是我父亲一个人,我有一个观点,保护科学家是要一根红线从上贯穿到下的。在那个年代任何一个环节掉链子,科学家都难逃厄运。当时政治局,先是陈老总,后头接任的是聂老总。再有就是我特别要提到,科学院的老领导张劲夫老院长,这也是口碑极好的。到目前为止,中科院最令人敬仰的领导之一就是张劲夫。在90年代末他到上海来,我们生化所是人工合成胰岛素主要参加单位,不少老科学家想念他,请他来所,相聚的场面非常感人。所以,有了这层领导,然后在华东地区,我父亲是前一段,后一段我特别要提到接我父亲班的党委书记、副院长王仲良,他也是很不容易的。高小文化,对知识分子出自内心的尊重、信任、爱护。以至于有些外地的高校,曾听到一位西安交大的教授都说起华东地区有一个王仲良,保护不少老专家免遭厄运,没有被打成"右派",对此敬佩不已。回顾这段历史(详见《我的父亲李亚农》一文),我们这个岳阳路320号大院,为国家贡献了好几个自然科学一等奖等重大成果,和这些老领导政治上的尊重、保护科学家是分不开的。我在科学院服务30年对此感受至深。

汤志钧谈李亚农

采访对象：汤志钧
采访地点：华东医院
采访时间：2018年7月24日
采 访 者：荆有为

提问：汤老师，咱们就开始采访，第一个问题想请您讲一下您了解的李亚农先生的个人经历。

汤志钧：李亚农先生是我的领导，也就是历史所筹建的时候他在那里做领导工作的。亚农同志本来我并不熟悉，这样他就找了我去，我对他的印象是这样子的：他看到我就说了，你叫什么名字呀，我说我叫汤志钧。又问：你今年多少年龄了？我那个时候多少年龄忘掉了，30岁大概。他说你30岁就写论文集了？太早了吧，清朝末年、民国初年的学者，一般都是50岁以后再做论文集，你怎么30岁就做论文集了？这样我对他的印象就不好了。

我想别人50岁后可以出论文集，我30岁就不好出吗？那个时候年轻，社会阅历浅，因此说出的话来，带有年轻人的一种气概。但是接着他又说你现在写了论文集，你论文集里都讲的什么东西呀？他是很坦率的，我就和他讲了，是研究哪一个方面的。他接着就说了：我认为一般人还是论文晚一点出的好，早出的话以后会懊悔的。我当时还是不服气，心想：这有什么好懊悔的，一个人总是由年轻到年老的，总有一个过程，老了以后觉得不够的地方也是会有的，但没有讲出来。

我到他家里面去的时候，看到书非常之多，一个很大的房间里面堆满了书。那个时候最著名的就是百衲本二十四史,许多版本拼起来最好的一种二十四史,就放在那里。他又说:那你可以讲一讲你现在是什么样子的研究法?我说我就是看书、念书、写书,我也很简单的。他也很坦率,说你年纪很轻,你就谈谈你自己的学习和写作经历吧。

我就和他讲了我是江苏常州人,江苏常州在清代的时候,在经学方面是比较出色的,今文经学的发展和成为一个体系,就是从常州开始的。他说你既然是常州人,你现在到了上海,你是怎么样子跑到我们这里来的呢?我说你们招聘,要我我就来了;同时,你们是中国科学院,我来了也很光荣。他听着认为还可以。他就说我总感觉到你呀年龄比较轻,不应该出论文集,还是隔几年后再出比较好,否则要懊悔的。我还是不服气,认为一个人总是由年轻到老,总有一个过程。后来看到比以前进步那也是很自然的情况。后来亚农先生跟我讲,你出书可以,写文章写书也可以,我的意见是你还是比较晚一点出比较好,亚农先生是十分诚恳的。那时候他家里书确实很多,比我这个房间里面要大得多了,当然还有公家的书。那个时候的书很便宜,买起来也很方便,刚才讲了百衲本二十四史只要40块钱一套,现在就不得了了,这个价格不知道要多少万了。亚农先生还问我准备研究哪一个方面?我讲我是常州人,可以从经学方面展开探究,而清代的今文经学正是在常州起源并发展,逐步成为体系的,后经魏源、龚自珍的推崇,借今文经学讥议时政,抨击封建末世,提倡"改革"。康有为倡变法以图强,今文经学又成为变法维新的理论依据。他听了点点头。

接着他就说,你现在怎么到我们这里来了?我说你们不是有招聘委员会吗,我应聘来的,你们招了去就招了去,不招了去我还可以考虑其他。他笑一笑,说这句话等一会儿再讲,我再问你几个问题。结果他就问了几个关于清代经学的一些问题,我回答了一下,并不是太深。只是,具体什么问题我不是记得太清楚,不记得了,不是记得太清楚了。正是这次面试之后,我就被录取了。这是第一次见到亚农同志。

他很少到历史所来,因为身体不好。历史所的人对他也很不理解。为什么呢?他每天早晨天刚刚亮,他有车子的,就叫驾驶员开车到外面郊区兜一个圈子,再回来,他说这样一口气就上来了。他说得很奇怪,哪里有这样奇怪的事?后来亚农同志去世,解剖后才知道,严重的疾病折磨他,体内的某些器官(如大脑)都病变了,不知道他是怎样坚持下来的。因此后来大家对他很惋惜,也很同情他,猜想他一定是痛得不得了了,太难受了,所以一清早要到外面去喘口气,分散一点痛苦。

他的学问很好,他在日本学习、工作过一个时期,他学问很高,他问的问题也不是太浅,所以我和他谈了之后,对他的印象很好,我也十分敬重他。这样我还经常到他家里去。

我感觉到亚农同志在历史所最大的贡献有两个:一个是引进人才,我不算人才也算是一个研究人员吧,所里还引进了一些人。第二个就是给资料室买图书,我们上海社会科学院及历史所的许多藏书,可以说最初是他打下的基础。当时给的经费大概是2万块钱的图书资料费,李亚农对有关部门的领导说:钱太少,要加一倍。有关部门说我们一共也没有多少钱,怎么好加?他说这事我说了算。有关部门的人见了他都害怕,只能他说了算。这样历史所有经费了,买的书也比较多了。

那个时候的书很便宜,刚才讲了百衲本二十四史只有40块钱,其他的书更是便宜。我们图书馆里面,你们将来也可以记得的,有位叫杨康年,这个人在历史所里面是有贡献的,他懂书,他家里面有很多书,也会购书。我们社会科学院的许多书,而且有许多是很珍贵的书都是他头的。那个时候书便宜,刚才讲了,因为社会科学院历史所刚刚成立的时候什么都没有,没有什么东西的,都是他去买进来的。历史所在筹建中,这位同志我看不要忘掉他,杨康年,他既能够读书,又能够看准书，认准书。

最初我和杨康年一起去购书，到四马路（福州路）等处去看去买书的时候，看到当时的书好便宜，刚才讲过了，便宜得不得了。有一个地方叫文物仓库，就是刚解放时，地主资产阶级家的许多书抄家抄来以后堆在那里的，所以叫作文物仓库，我们去的时候已经解放几年了，仓库内很脏。所里叫我去选购，还有其他同志一起去的，有人第二次就不去了，因为身上落的都是灰，脏得不得了。杨康年和我两个人太怪了，不怕脏。但是这个脏总还是脏的，因此回到家里后，身上都是灰，鼻子也是黑的，我宁可回去给他（长子汤仁泽）的妈妈（夫人郁慕云）骂一顿，下一次仍旧去了，去一次骂一次，身上实在脏得不得了。那里面的书真是宝贝，而且文物仓库里面的书有些可以免费拿走，当然是要有单位的介绍信，才可以去拿，因此我们就选了很大一部分书。

刚才讲了，第一次选书的时候去了几个人，到第二次以后就我和杨康年两个人。身上灰得不得了，鼻孔都是黑的，回去也是挨骂。历史所最初的藏书就是这样搜藏起来的。刚才讲的是书，还要讲什么？

提问：就是您了解李亚农跟党的领导人有没有什么交往经历？

汤志钧：有，李亚农的一个兄弟，也是党内的中央领导。另外，亚农同志在日本的时候，受到日本反共势力的迫害，被关押在监狱数年。他与陈毅是四川同乡，所以他和陈毅非常要好。

提问：陈毅是吧？

汤志钧：陈毅，上海市长。

提问：去新四军，陈毅也是野战军的军长。

汤志钧：新四军军长。

提问：包括后来陈毅委派他接手上海的中科院，这个情况您了解吗，您可以讲一讲？

汤志钧：晓是晓得一点，那个时候中科院刚刚成立的时候，我记得怎么样子一个事情，他给我们还写了好几个字，现在没有了。

提问：陈毅写的？

汤志钧：陈毅写的，写了送给科学院的。陈毅同志我也见过，这也是很早的事情了。

以上说的购买图书，现在看起来非常珍贵了，那个时候真便宜啊。我们到文物仓库里面去的时候有些书不要钱，就是灰太大，都是地主资产阶级的书，收了之后堆在那里，也没有人去拿，也没有人要，所以后来我和杨康年两个人去采购了，现在社科院有许多好的书就是那个时候购买的，所以我说这个杨康年是我们社科院的一个功臣。

提问：汤老师，您刚才说后来李亚农先生过世之后知道他是因为癌症，据他儿子讲，他更严重的病是风湿性心脏病。

汤志钧：这是一个发病的根源。

提问：是在日本坐牢的时候留下来的，他在日本的事情，包括他因为坐牢之后跟党失去联系这个事情您了解吗？

汤志钧：我不是太了解，因为我也不是党员。但他身体状况很差是在日本坐牢时受折磨造成的。

提问：1955年当选中国科学院学部委员，这个情况您了解吗？

汤志钧：那个倒晓得的。

提问：您可以简单讲一讲您了解的情况。

汤志钧：1955年召开中国科学院第一次学部成立大会，上海当选哲学社会科学部委员的只有两个人，一个是沈志远，一个就是他。沈志远是研究经济的，一个是他，研究历史的，所以上海最初的时候中国科学院里面就建立两个所，一个经济所，一个历史所。沈志远是怎样有名的呢？他是解放前最早翻译马列著作的人，最早翻译出版的书中，很多都是他翻译的。

提问：您是不是了解李亚农先生后来创办上海博物馆和图书馆的事？

汤志钧：图书馆、博物馆的创办，他是主持的，也是参加筹备的。但是具体最早什么样子，究竟怎样？我就不知道了，不清楚了。

提问：李亚农先生在社科院那面的话,好像他还有一个事情,对于人才,包括"反右"这些阶段,他可能对下面的人都挺注意的,当时好像定了一个规定,说是高研以上的人,假如要批斗的话必须要他批准,这个事情你知道吗?

汤志钧：有的,他要鉴定一下,看一看。

提问：就是咱们下面高研的研究员也好,或者社科院的同事对他的用人方面有一些什么评价没有?

汤志钧：用人方面他是比较严格的,他能够见到的、面试的人比较少,他很坦率,他认识的人中,会直截了当地批评。比如他说某一个人很聪明,也可以发展,就是欢喜玩,礼拜天,他一定要是礼拜天,他要玩一天,就是这样讲的。这个人我就不讲了,他就是这样坦率的。我对他印象很不错,刚才讲了,他就说你为什么这么早出论文集,我当时不满意,后来感觉还是有点道理的。

提问：您觉得李亚农先生他是怎样的一个人呢?

汤志钧：李亚农先生说话很爽快,有什么就说什么,他也没有什么避讳,没有什么回避,该批评的他马上就批评,所以我对他印象还是很深的。

提问：他研究的主要是包括像甲骨文,上古时期的奴隶制、封建制这些东西,他学术这些东西,他研究哪些内容您能讲一下吗?

汤志钧：我因为不是搞这方面研究的,所以了解的不是太深。就是这些方面,他的研究也可以说是开辟了新路的。就是说过去的研究,是以经谈经,以史谈史,而到了他,经史结合起来谈,在这一方面,我感觉到他研究学问方面可以说是有一种新的步骤的。

提问：关于1945年6月的时候他在做什么事情您知道吗?就是在抗战结束之前,他有跟你们聊起或者有什么你们听说过没有?

汤志钧：我记不清楚了。

提问：李亚农先生跟咱们社科院的学生或者同事之间还有一些什么别的有意思的故事吗?

汤志钧：那就不多。因为他一般人都不见的，他身体不好，就是在家里面，所以历史所里面的人，一辈子没见过李亚农的人很多，见到的人比较少，他不大来所里。

提问：身体不好。

汤志钧：身体不好，有的时候也来，来一两次看看，兜一个圈子走了，我对他印象倒是很深的，很好。

提问：好的，基本就是这样。

汤志钧：当时他说你30岁就出书了。但是，写好了书稿之后要送出去，因为要进中科院要审查成果，送去的成果他看到了，就是这本书。结果他一方面说你30岁就出书了怎么怎么，但这本书还是他介绍去出版的。所以说他人品很好，一方面待人很严格，另一方面能够帮助的尽量帮助。

提问：之前的时候他只是对于你的一种告诫可能是？

汤志钧：是。

提问：中国一句话叫枪打出头鸟，年轻的时候可能锋芒太露，他可能是出于有爱护你的角度，希望你学术的这些东西更成熟以后。

汤志钧：是。我的年龄与写的东西好像有差距，年龄不大，却研究很古的东西。

提问：这本书的名字叫什么？

汤志钧：《戊戌变法史论丛》，这几个字是吕思勉先生写的。

后　　记

2018年7、8月间,为了庆祝上海社会科学院建院60周年,由上海社会科学院党委组织部和院老干部办公室牵头,筹拍了以纪念社科院建院之初若干老前辈的红色人生为主题的院庆纪录片《他们从这里走来》。纪录片完成后,受到了各方面的关注和好评,并且获得了上海市宣传系统"党的诞生地"文艺创新党课一等奖。

当时参与纪录片拍摄的老师来自院部分机关处室和研究所,包括中国马克思主义研究所轩传树,历史研究所王健,经济研究所徐昂,研究生院侯伟东、答浩、邱华婷,团委任捷,党委组织部周嗣婧等同志。为了做好这项工作,大家齐心协力,在拍摄前赶写了脚本,搜集了相关史料,并且还对一些健在的老同志进行了访谈,为纪录片的成功拍摄提供了必要的条件。

在拍摄完成后,为了使当时搜集的这些资料和相关访谈内容继续发挥其应有的作用,而不至于流散湮没,在院党委的支持下,我们决定对其加以重新整理,并公开出版。

这项工作既为存史,也为方便以后相关院史研究同志参考利用,当然还可以让更多的同仁和学生了解院史、学习院史,从这些为社科院的发展奠下基石的老前辈身上汲取精神力量,更好地砥砺前行,为我院建设国家高端智库的工作贡献力量!

本书编纂始于2019年上半年,总体上由我院历史研究所研究员王健同志和院老干部办公室于涛同志主持,王健负责书稿的具体编纂工作,他在前期所搜集资料的基础上,又补充了大量文稿和图片,并拟定了全书的篇章结构,使得相关内容显得更为丰富和饱满。于涛同志则主要负责整体流程和时间节点的把控,以及与书中所涉及六位老前辈后人的联系沟通。

在全书编写过程中,作为各位前辈生前的亲友、同事或学生,黄小峰、雷炳坚、李小苏、杨沪生、李小骝、厉敏之、陈其钦、邓伟志、汤志钧、钟祥财等同志都给予了极大的帮助,在此一并致谢!

如今,作为上海社会科学院院史资料之一种,本书终于可以和读者见面了,我们也谨以此向中国共产党建党100周年献礼!

编　者
2021年3月18日

图书在版编目(CIP)数据

他们从这里走来 / 上海社会科学院老干部办公室，上海社会科学院党委组织部编 . — 上海 : 上海社会科学院出版社，2021
　ISBN 978 - 7 - 5520 - 3237 - 6

　Ⅰ.①他… Ⅱ.①上… ②上… Ⅲ.①社会科学家—生平事迹—上海—现代 Ⅳ.①K825.1

中国版本图书馆 CIP 数据核字(2020)第 260712 号

他们从这里走来

编　　者：	上海社会科学院老干部办公室 上海社会科学院党委组织部
出 品 人：	佘　凌
责任编辑：	董汉玲
封面设计：	周清华
出版发行：	上海社会科学院出版社 　上海顺昌路 622 号　邮编 200025 　电话总机 021 - 63315947　销售热线 021 - 53063735 　http://www.sassp.cn　E-mail：sassp@sassp.cn
排　　版：	南京展望文化发展有限公司
印　　刷：	上海市崇明县裕安印刷厂
开　　本：	710 毫米×1010 毫米　1/16
印　　张：	33.5
插　　页：	25
字　　数：	475 千字
版　　次：	2021 年 4 月第 1 版　2021 年 4 月第 1 次印刷

ISBN 978 - 7 - 5520 - 3237 - 6/K・588　　　　定价：168.00 元

版权所有　翻印必究